위기의 시대, 기독교교리에 묻다

위기의 시대, 기독교교리에 묻다

초판 1쇄 인쇄 | 2025년 2월 1일
초판 1쇄 발행 | 2025년 2월 5일

지은이 김도훈
펴낸이 김운용
펴낸곳 장로회신학대학교 출판부

등록 제1979-2호
주소 (우)04965 서울시 광진구 광장로5길 25-1(광장동)
전화 02-450-0795
팩스 02-450-0797
이메일 ptpress@puts.ac.kr
홈페이지 http://www.puts.ac.kr

값 20,000원
ISBN 978-89-7369-384-9   93230

• 잘못된 책은 바꿔 드립니다.
• 이 책은 저작권법의 보호를 받는 저작물이므로 무단 전재와 복제를 금합니다.

| 김도훈 지음 |

위기의 시대, 기독교교리에 묻다

Raising Questions to Christian Doctrine

장로회신학대학교출판부

머리말

오늘날 우리는 전례 없는 변화와 도전의 시대를 살아가고 있다. 수많은 도전이 있지만, 이 책이 기본적으로 염두에 두고 있는 위기와 도전은 다음과 같다. 첫째는 탈교회 시대의 도래다. 탈-교회 현상이나 탈-종교 현상이 다만 서구만의 현상은 아니다. 우리에게서도 급격히 일어나고 있다. 둘째는 환경 위기, 특히 기후 위기의 현상이다. 지구 온난화, 극단적 기상 현상, 생태계 파괴 등은 더 이상 먼 미래의 이야기가 아닌 현재 진행형의 심각한 위협이다. 이는 우리의 생존과 직결된 문제일 뿐만 아니라, 하나님의 피조물의 오염과 파괴라는 신앙적 문제에 직면해 있음을 의미한다. 셋째는 무신론의 발흥과 확산의 도전이다. 과학기술의 발전과 함께 전통적인 신앙에 대한 회의가 깊어지고 있으며, 무신론적 세계관이 급속히 확산되고 있다. 넷째는 팬데믹이 교회에 끼친 결과이다. 팬데믹 이후 교회는 이전 상태로 회복하지 못했다는 것은 주지의 사실이다. 이런 문제를 염두에 두고 이 책은 작성되었다. 그러나 모든 교리를 다루거나, 과거의 교리를 반복하려는 것이 필자의 의도는 아니다. 오늘날의 위기 상황에서 기독교 신앙의 본질을 재발견하고 그 의미를 새롭게 조명하고자 했을 뿐이다. 이런 의미에서 이 책의 제목을 『위기의 시대, 기독교교리에 묻다』이라고 붙여 보았다.

이 책은 2014년에 출판되었다가 현재는 절판된 필자의 교양서적 『길 위의 하나님』을 보완하여 재출판하는 과정에서 탄생했다. 욕심으로는 『길 위의 하나님』을 전면 수정 보완 확대하고 싶었으나 여러 이유로 가능하지 않아 아쉬운 마음뿐이다. 그래서 『길 위의 하나님』의 일부와 2022년 3월부터 2023년 3월까지 『한국기독공보』에 『알기 쉽게 풀어쓴 교리』라는 이름으로

연재했던 글들을 함께 모아 본서를 출판하게 되었다. 또한 이 책에는 『목회와 신학』, 『교육교회』 등 여러 기독교 간행물에 실렸던 필자의 글들도 함께 수록되어 있다. 그리고 이글을 작성하면서 필자의 기旣출판된 책인 『포스트모던과 디지털 시대의 성경적 변증적 성육신적 교회론』, 『성경적 개혁신학적 종말론』, 『생태신학과 생태영성』에서 발췌한 부분도 있음을 밝힌다. 이 책은 기독교 교리라는 전문적인 영역을 다루고 있으나, 복잡한 학술적 논의를 지양하고, 기독교에 대한 기본 소양을 갖춘 독자들이 쉽게 이해할 수 있도록 평이하게 서술하는 것을 목표로 했기 때문에, 출처 표기를 본문에 간략하게 처리하였다. 참고한 책은 참고 문헌에 수록해 놓았으므로 참고한다면 도움이 되리라 생각한다.

　　이 책의 출판을 위해 애써 주신 장신대 출판부와 2024년 한 해 동안 석좌교수의 직을 허락해 주신 큰은혜교회의 이규호 목사님과 성도 여러분께 깊은 감사를 드린다.

2024년 세밑
심재당心齋堂에서 김도훈

차 례

제 1 장
기독교의 교리에 대하여

—

1. 왜 우리는 교리를 알아야 하는가 — 교리의 정의와 역할

기독교 신문에서 필자에게 『알기 쉽게 풀어 쓴 교리』를 주제로 글을 써 줄 것을 요청한 일이 있다. 이 요청에는 교리가 어떤 이유로든 알기 쉽지 않다는 생각, 그러나 교리가 중요하니 우리가 알아야 한다는 생각이 동시에 내포되어 있다. 교리의 내용을 풀어쓰기 전에 교리가 무엇인지, 어떻게 생성되었는지, 교리의 역할이 무엇인지 생각해 볼 필요가 있다.

일반적으로 교리는 설명이나 해석이 필요한, 오래되고 난해한 것으로 생각하는 경향이 있다. 신조나 신앙고백서들의 형성 과정을 보면 그렇게 생각할 법도 하다. 대체로 오랜 과거에 형성되었기 때문이다. 마치 박물관 어느 구석에 먼지를 뒤집어쓴 채 놓여 있는 고대 문서처럼 말이다. 게다가 어떤 이는 교리를 편협하고 고루하며 경직된 것으로 여기며 삶이나 역동적인 신앙과는 관계없는 것으로 보기도 한다. 다른 이는 인간 행위의 자율성이나 신앙과 생각의 자유를 억압하는 것으로 보기도 한다. 중세 종교재판이나 권위주의적 명령을 연상하는 것도 이 때문일지도 모른다. 그래서 위르겐 몰트만Jürgen Moltmann은 자신의 저술에 '교의'Dogma라는 단어를 붙이고 싶지 않다고 말한다. 도그마라는 단어를 사용하면 "더 이상 수정될 수 없는 판단의 냄새 내지 성격이 여기에 숨어 있을" Moltmann, 『삼위일체와 하나님의 나라』, 8 수 있기 때문이다. 그리고 "그것은 자신의 사고를 주입시키고자 하지, 듣는 사람으로 하여금 사고하게 하지 않기" Moltmann, 『삼위일체와 하나님의 나라』, 8 때문이다. 몰트만의 생각에 다 동의하는 것은 아니지만, 이처럼 도그마교리에 대한 무의식적 편견이 어느 정도 있을 수는 있다. 다른 한편으로 교리는 아예 무관심의 대상이기도 하다. 교리 없이도 성경을 읽는 데 아무 지장이 없고, 신앙생활 하는 데, 그리고 구원 얼는 데 아무 상관이 없는데 굳이 어려운 교리를 알아야 하느냐는 분위기다.

그러나 이 모든 생각들은 교리가 무엇인지, 무엇 때문에 생겨났는지 제대로 알지 못하는 탓이다. 또한 교회가 역사 속에서 교리를 잘못 해석했거나 오용 및 남용했기 때문이기도 하다. 이렇게 질문해 보자. 정말 우리는 교리에 무관심해도 되는가? 교리를 낡고 경직된 것으로만 생각해도 되는 것일까? 인간의 생각과 행동을 제약하고 억압하는 것이라고만 이해해도 되는 것일까? 이에 대한 답은 교리가 무엇인지, 왜 생겨났는지, 그 역할과 기능은 무엇인지와 관련이 있다.

교리는, 간단히 정의하자면, 우리가 무엇을 믿는지에 대한 공교회의 고백이다. 성경에 대한 체계적 진술이며, 기독교 복음과 진리에 대한 신앙공동체의 진술이다, 그러므로 교리는 공교회의 정체성에 대한 문제라고 할 수 있다. 좀 더 좁혀서 교회인 우리의 정체성에 대한 고백이다. 매주 우리가 『사도신경』을 예배 속에서 고백하는 이유이며, 교리를 우리가 소홀히 할 수 없는 이유다.

여기서 교리가 왜 생겨났는지를 함께 생각해 볼 필요가 있다. 간단히 설명할 문제는 아니나, 예수 그리스도가 누구인지를 설명하고 고백하는 과정에서 생겨난 것은 분명하다. 그래서 몰트만은 교리를 "유일회적으로 일어난 그리스도 사건에 대한 고백적 진술" '조직신학', 102이라 정의하기도 한다. 쉽게 말하자면 교리는 예수 그리스도의 인격과 생애와 십자가와 부활이 우리에게 어떤 의미가 있는지를 설명하려는 시도로부터 생성된 것이다. 예를 들어 삼위일체 교리는 "예수는 하나님이시다"라는 신앙고백에서 출발하여 수많은 논쟁을 거쳐 형성되었다. 염두에 두어야 할 것은 교리가 아무런 희생 없이 만들어진 것이 아니라는 점이다. 이단이나 무신론과 엄청나게 투쟁한 결과로, 그리고 교회 내부의 많은 논쟁을 통해 만들어진 것이다. 우리의 신앙의 선조들은 기독교의 복음과 진리를 설명하고 수호하기 위해 생명을 걸었다.

우리에게 이런 질문을 던져 보자. 우리가 이단이 아닌지, 잘 믿고 있는지 아니면 잘못 믿고 있는지를 무엇으로 알 수 있는가? 우리의 설교와 행위와 실천과 도덕이 올바른지 무엇으로 알 수 있는가? 우리 그리스도인의 사상과 생각이 바른지 무엇으로 알 수 있는가? 교회의 방향이 바른지, 어디로 가고 있는지 무엇으로 알 수 있는가? 당연히 그 답은 성경이다. 성경은 우리의 규범이고 기준이다. 이것을 우리는 일차 규범 norma normans, 또는 근본적 규범이라 한다. 그래서 1986년의 『대한예수교장로회 신앙고백서』는 다음과 같이 선언한다. "우리는 신구약성경이 하나님의 말씀이며, 종교개혁자들이 내건 '성경만'이라는 기치처럼 우리의 신앙과 행위에 대한 정확무오한 유일의 법칙임을 믿는다. 신비 체험이나 기적 등이 신앙에 도움이 될 수는 있으나 그 근거는 될 수 없다. 성경은 신앙과 행위에 관한 가장 정확한 표준이므로 그것에 관련된 모든 것은 성경에 의해서 판단 받아야 한다." 『대한예수교장로회 신앙고백서』, 1.1

그렇다면 왜 교리가 필요한가? 성경이면 족하지 않은가? 교리의 역할과 기능을 안다면 교리가 왜 필요한지를 잘 이해할 수 있을 것이다. 첫째, 교리는 성경의 체계적, 핵심적 진술을 의미하므로 성경의 핵심적인 내용을 서술하여 고백하게 하고, 성경을 자의적으로 해석하지 못하도록 한다. 둘째, 교리는 성경을 근거로 하여 나온 공교회의 고백이므로 교회의 정체성을 드러내고 유지하는 역할을 한다. 셋째, 교리는 이단으로부터 교회를 안전하게 보호하는 기능을 가진다. 넷째, 교리는 교회의 신앙과 행위의 기준과 규범이 된다. 우리가 무엇을 믿어야 하는지를 체계적으로 요약 및 정리하여 줌으로써 기독교의 진리가 무엇인지를 이해하게 하고 아울러 흔들리지 않는 믿음을 제공하여 준다. 이 모든 것을 고려해 볼 때, 교리는 그리스도인들의 살아 있는 고백이 되어야 하며, 오늘에 맞게 해석되어야 하고, 교육을 통해 후대에 지속적으로 전달되어야 한다.

우리가 교리를 말할 때 주의할 것이 있다. 교리와 신앙고백은 어느 정도 특정 상황을 반영하고 있다는 점이다. 고대 교회의 신조들인 『니케아신조』나 『사도신경』은 가장 기본적이나 당시의 신학적 논쟁을 반영하여 교회의 고백을 담은 것이다. 종교개혁 이후의 많은 고백서들은 자신만의 강조점과 특징들이 있고, 각각이 만들어진 동기가 있다. 그러므로 각각의 고백서들을 소중히 생각하면서 교리들이 만들어진 배경과 동기를 충분히 이해하고, 오늘의 상황과 문화에 맞게 창조적으로 재해석해야 한다. 그리고 오늘의 상황에 적합한 신앙고백이 필요하리라고 생각한다. 오늘의 상황에는 오늘의 고백이 필요하기 때문이다. 또 하나 기억해야 할 것은 어떠한 교리나 문서나 신학도 하나님을 다 담을 수 없다는 것이다. 삼위일체 하나님은 그 어떤 문서나 고백보다 더 크신 분이시다. 또한 교리가 성령의 역사를 축소하거나, 하나님의 위대하심을 소홀히 하는 문서가 되어서는 안 된다는 것도 유념해야 할 것이다.

2. "나는 … 믿습니다" — 『사도신경』credo

교리는 교회공동체의 공적 고백이자 자기 정체성에 대한 확인이며, 그래서 교리는 여러 이유에서 매우 중요한 역할과 기능을 가지고 있다고 앞장에서 이야기하였다. 현장에서도 교리가 중요하므로 교회 현장에서 기독교 진리의 핵심인 교리를 가르쳐야 한다는 생각이 점증하고 있다. 감사한 일이다. 그런데 교리가 무엇인지, 어떤 내용으로 가르쳐야 하는지는 각자 소견대로다. 구체적인 교리를 소개하기 전에 우리가 고백하고 있는 교리 문서인 신조Symbolum 와 신앙고백서들Confessiones 을 먼저 소개할 필요가 있겠다. 신조신경 는 『사도신경』Symbolum Apostolicum 이나 『니케아신조』Symbolum Nicaenum 처럼 "공적으로 사용하기 위한 신앙고백, 또는 신앙의 내용을 언어 형태로 표현하되 그것에 특별한 권위를 부여하여 구원을 위해서는 필요불가결한 것으로 여기거나 최소한 건전한 기독교회를 유지하기 위해 없어서는 안 될 것으로 간주한 것"Schaff, 『신조학』, 7 을 의미한다.

우선 소개할 문서는 당연히 『사도신경』이다. 총회 헌법 교리 편의 첫 번째 자리를 차지하고 있는 『사도신경』의 중요성이야 새삼 말할 필요도 없다. 이 신경은 하나님의 창조에서 시작하여 그리스도에 대한 고백을 거쳐 성령과 교회에 대해 고백한 다음, 마지막으로 종말 신앙을 고백하고 마친다. 매주 공예배에서 『사도신경』을 고백하고, 오늘날의 많은 신학자들이 『사도신경』의 체계와 순서에 따라 조직신학을 저술하며, 또한 자신의 연구를 집약하여 『사도신경』 설명서들을 내놓는 것을 보면, 『사도신경』이 기독교 교리의 핵심 문서인 것은 틀림없다. 짧은 문서이니만큼 상세하고 다양한 내용이 담겨 있는 것은 아니나 고대교회가 처한 상황 속에서 고백할 수 있는 내용은 충분히 담겨 있다고 볼 수 있다.

『사도신경』은 Credo^{나는 … 믿습니다}로 시작한다. 믿음의 조항이라는 말이다. 그렇다면 이런 질문을 해볼 필요가 있다. 믿음 혹은 신앙이란 무엇인가 하고 말이다. 스위스의 개혁신학자인 로흐만^{Milič Lochman}은 이렇게 답한다. "신앙은 진리에 관계된다. 신앙은 결코 비이성적이고 맹목적인 행위가 아니다. 신앙은 이해, 통찰, 인식을 지향한다… 그러나 신앙은 객관적으로 서술된 의미에서의 앎이 아니고 사랑과 신뢰 안에서 인격적인 경험을 의미하는 인식이다."^{Lochman, 『사도신경해설』, 29}

바르트^{Karl Barth} 역시 『사도신경』을 해설하면서 신앙을 세 가지로 설명한다.^{Barth, 『교의학개요/사도신경해설』, 21ff.} "신뢰", "지식", "고백". 그에 의하면 믿음은 삼위일체 하나님에 대한 믿음이다. "내가 믿사오니"라고 외칠 수 있는 대상은 우리를 만나기 위해 오시는 성부와 성자와 성령 하나님뿐이다. 그러므로 믿음은 우리를 찾아오시는 하나님과의 "만남"이며, 그 만남은 우리에게 놀라운 "선물"이다.^{Barth, 『교의학개요/사도신경해설』, 23f} 따라서 신앙은 하나님에 대한 우리의 "신뢰"다. "신앙은 하나님은 신실하시며 우리가 하나님의 약속과 인도하심을 붙들 수 있다는 신뢰이다."^{Barth, 『교의학개요/사도신경해설』, 27} 결국 바르트는 이렇게 외친다. "사도신경은 언제나 동시에 복음이고, 인간을 향한 하나님의 기쁜 소식이며, 하나님이 우리를 향하여 우리와 함께 계신다는 임마누엘의 메시지입니

다." Barth, 『교의학개요/사도신경해설』, 27 바르트의 선언이 과한 듯하지만, 『사도신경』의
의미와 중요성을 더 이상 잘 표현한 말도 없을 듯하다.

　　바르트가 말한 신앙의 두 번째 측면은 지식이다. 이 지식은 단순히 무엇
무엇에 대한 객관적 지식이 아니라 바로 진리이신 예수 그리스도에 대한 앎
이다. 그리고 그것은 예수 그리스도에 대한 객관적 정보를 의미하는 것이 아
니라 "그리스도의 진리 안에서 살아가는 것을 의미한다." Barth, 『교의학개요/사도신경해
설』, 36 우리는 예수 그리스도라는 진리 안에서 살기 때문에, 그것은 곧 "우리
의 존재의 의미를 알게 해주며, 일어난 모든 것의 근거와 목표를 확실하게 해
준다." Barth, 『교의학개요/사도신경해설』, 36 신앙의 세 번째 측면은 고백이다. 이 고백은
단순히 말의 행위로써의 고백이 아니다. 하나님에 대한 신뢰와 그리스도에
대한 지식에 걸맞는 결단, 행동하게 하는 결단이다. Barth, 『교의학개요/사도신경해설』, 38ff.
교회 안에서의 결단이고, 세상을 향한 결단이다. 매 주일 마다 『사도신경』을
암송하는가? 암송은 암송으로 끝나서는 안 된다. 신뢰이며, 앎이며, 고백의
결단임을, 세상을 향한 행동의 요청임을 기억해야 한다.

　　『사도신경』의 몇 가지 내용과 특징을 열거하자면 다음과 같다. 첫째는
창조주 하나님에 대한 고백이다. 수많은 철학과 우상의 현실 속에서 다른 존
재가 아닌 바로 성경의 하나님이 온 우주를 창조하셨다고 고백한다. 이 고백
은 신경이 만들어질 당시에만 필요했던 고백이 아니다. 오늘날에 더 절실히
필요한 고백이다. 유물론자들과 무신론자들과 회의주의자들이 하나님이 어
디 있느냐, 있다면 증명해 보라고, 증명할 수 없는 신을 믿다니 비과학적이고
맹신적이고 미신적이라고 비난하고 조롱한다. 그러나 창조주 하나님은 고백
과 찬양의 대상이지 증명의 대상은 아니다. 증명되었다고 존재하고, 증명되
지 않았다고 존재하지 않는 하나님이 아니다. 그는 존재하신다! 기독교 창조
론에 대한 많은 도전들, 특히 무신론 과학의 도전을 생각해 볼 때, 창조주 하
나님에 대한 찬양을 더 많이 부르고, 불러야 하지 않겠는가.

1. 저 높고 푸른 하늘과 수 없는 빛난 별들을/
   지으신 이는 창조주 그 솜씨 크고 크셔라
   날마다 뜨는 저 태양 하나님 크신 권능을/
   만백성 모두 보라고 만방에 두루 비치네
2. 해 지고 황혼 깃들 때 동편에 달이 떠올라/
   밤마다 귀한 소식을 이 땅에 두루 전하네
   행성과 항성 모든 별 저마다 제 길 돌면서/
   창조의 기쁜 소식을 온 세상 널리 전하네
3. 엄숙한 침묵 속에서 뭇별이 제 길 따르며/
   지구를 싸고돌 때에 들리는 소리 없어도
   내 마음 귀가 열리면 그 말씀 밝히 들리네/
   우리를 지어 내신 이 대 주재 성부 하나님 아멘

『찬송가』, 78장

둘째는 예수 그리스도에 관한 내용이 다른 내용에 비해 상당한 분량을 차지하고 있다는 점이다. 이것은 고대 교회가 예수 그리스도가 누구인가를 해명하는 데 온 힘을 기울였다는 것을 의미한다. 이는 쉬운 고백이 아니었다. 핍박을 감수해야 했고, 목숨을 걸어야 했던 고백이었다. 오늘날의 우리의 관심과 고백은 어디에 있는가. 어떤 상황에서도 예수 그리스도가 나의 구주라고 당당히 고백할 수 있는가? 예수 그리스도의 동정녀 탄생과 십자가의 고난, 그의 부활과 승천과 재림을 분명 모든 이들 앞에서 믿고 고백할 수 있는가?

셋째는 성령에 대한 언급이 너무나 간단하게 언급되어 있다는 것과 교회가 신앙고백의 대상으로 언급되고 있다는 점이다. 『사도신경』은 "거룩한 공교회를 믿는다" Credo … sanctam ecclesiam catholicam 고 고백하고 있다. 교회를 믿느냐고 묻는다면 아마도 많은 그리스도인들이 고개를 저을 것이다. 교회를 사람들의 모임으로 생각하기 때문이다. 그렇다. 교회는 그리스도의 이름으로 모였다 하더라도 사람들의 공동체인 것은 틀림없다. 그러므로 삼위일체 하나님을 믿고 경배하고 예배하듯이 교회를 믿어야 하는 것은 아니다. 다시 한번 말하지만, 교회는 결코 하나님이 아니므로 이러한 믿음의 대상은 아니다. 그럼에도 『사도신경』이 교회를 믿음의 대상으로 고백하고 있는 이유는 무엇인가? 간단히 결론적으로 말하자면, 이것은 교회가 자신의 힘이나 능력이 아니라, 철저히 하나님이 선택하시고, 그리스도의 보혈로 씻겨지고, 성령의 거룩하게 하심을 따라 거룩하게 된 공동체임을 고백하며, 또한 교회는 차별이 없는 보편적인 복음의 터 위에 세워져 있음을 믿고 고백한다는 말이다.

마지막으로 언급할 것은 바로 몸의 부활과 영생에 대한 소망이다. 몸을 무시하던 당시의 헬라적 상황 속에서, 죽음으로 육체는 사라지고 영혼만이 영원토록 존재한다는 헬라적 영혼 불멸의 생각을 거부하고 몸의 부활을 언급하고 있다는 것은 매우 의미 있는 일이다. 영광스럽게 변화된 몸으로 우리는 새하늘과 새땅에 참여한다. 그러므로 우리는 "몸이 다시 사는 것과 영원히 사는 것"을 고백할 때마다, 그리스도의 부활을 통해 은혜로 우리에게 약속된 몸의 부활과 영생의 소망을 품고 감격과 감사의 신앙생활을 이 땅에서 주님 오시는 날까지 이어가야 할 것이다.

3. 1907년 장로교회의 신앙고백 문서 — 『신조』

많은 장로교인이나 교회에 친숙하지 않지만 중요한 교리 문서가 있다. 바로 12개 항목으로 구성되어 "12 신조"라 불리는 장로교 『신조』다. 복음이 이 땅에 전해지고 교회가 세워지면서 그리스도인들의 수가 증가하기 시작했다. 1907년 한국 교회에 독노회가 설립되면서 교회가 공식적으로 고백하고 가르칠 신앙고백서가 필요하게 되었다. 그래서 같은 해에 이 『(12) 신조』가 한국장로교회에 의해 공식 교리 문서로 채택되었다. 사실 이 문서는 한국장로교회가 직접 작성한 문서는 아니다. 당시 한국 교회의 여러 상황을 고려하여 인도 장로교회가 채택한『장로교 신조』를 선교사들이 한국 교회에 도입한 것이다. 현재, 이『신조』는 우리 총회 헌법 교리 편에 두 번째로 수록되어 있다.

『신조』는 12개 조항의 짧고 간결한 신조이지만 기독교의 핵심을 드러내고 그 진리를 설명하고 가르치는 데 결코 부족함이 없는 문서다. 그 내용을 간단히 살펴보자.『웨스트민스터 신앙고백서』처럼 제일 먼저 성경을 다룬다. 성경은 "하나님의 말씀"이므로 "신앙과 행위에 대하여 정확무오한 유일의 법칙"임을 선언한다. 다음으로 우리가 익히 알고 있는 하나님의 유일성, 품성, 삼위일체를 소개하고, 이어서 하나님의 창조와 섭리를 언급한다. 하나님은 보이는 것과 보이지 않는 모든 것을 창조하시고 보존하시는 분이시다. 그다음으로, 인간 창조와 타락, 그리고 예수 그리스도를 통한 구원에 관한 생각을 차례로 진술한다. 하나님의 형상으로 지음받은 인간이 타락하였고, 그 타락한 인간의 구원을 위해 예수 그리스도께서 이 땅에 오셨고, 그를 통하여서만 구원을 얻을 수 있다는 관점이다. 제7항 예수 그리스도에 대한 항목에는 마치『사도신경』을 옮겨놓은 듯한 고백이 포함되어 있다. 다음으로 아버지 '그리고 아들로부터 filioque' 오신 성령의 사역을 언급한다.

이 문서의 특징 중 하나는 장로교회의 신앙고백서답게 하나님의 예정을 길게 다루고 있다는 점이다. 일반적으로 하나님의 예정을 이해할 수 없는 것으로, 또는 무서운 하나님의 작정으로 이해하는 경향이 있다. 이는 나의 믿음과는 무관하게 유기 버림받음의 상태로 예정되었을지 모른다는 두려움 때문이다. 그러나 이『신조』는 하나님의 예정을 긍정적이고 복음적으로 재해석하고 있다. 영생으로의 선택과 영원한 멸망으로의 유기라는 이중예정의 긴장을 이 문서에서는 찾아볼 수 없다. 오히려 에베소서에서 말하고 있는 그리스도 안에서의 예정을 핵심적으로 잘 보여 주고 있다. 그뿐만 아니라 우리가 흔히 갈등하는 하나님의 예정과 "믿음으로 얻는 구원" 사이의 긴장 관계를 조화롭게 통전적으로 잘 해결하고 있다. 이 문서에서 말하는 하나님의 예정은 "하나님이 세상을 창조하시기 전에 그리스도 안에서 자기 백성을 택하셔서 사랑하시므로 그 앞에서 거룩하고 흠이 없게 하시고 그 기쁘신 뜻대로 저희를 미리 작정하셔서 예수 그리스도로 말미암아 자기의 자녀로 삼으시는" 하나님의 행위다. 여기에서의 강조는 당연히 "예수 그리스도 안에서의", "예수 그리스도로 말미암은" 예정이다. 이것이 바로 하나님이 기뻐하시는 뜻이다. 그러므로 "내가 구원으로 예정되었을까" 하는 두려움의 의문을 가질 필요가 없다. 이 신조가 말하는 "그리스도 안에서의 예정"은 "그리스도를 믿고 복종하는 자는 구원을 얻는다"라는 최고의 기쁜 소식과 다를 바 없기 때문이다. 그러므로 예수 그리스도를 믿는 자들은 "이 세상에서도 구원얻는 것을 확실히 알 수 있고 기뻐해야 할 것이다."

이어서 성례전, 그리스도인의 본분, 마지막 날에 일어날 죽은 자의 부활을 차례로 언급하고 신조를 마무리한다. 이 『신조』는 간결하지만, 기독교의 핵심을 잘 설명한 신앙고백문이다. 따라서 그리스도인들의 신앙교육이나 교리교육을 위해 『웨스트민스터 신앙고백서』나 『소요리 문답서』가 길고 방대하다면 『(12) 신조』를 교회 현장에서 사용해도 매우 유익할 것으로 생각된다.

4. "사람의 제일되 는 목적은 …" ─ 『소요리문답서』

"사람의 제일 되는 목적은 무엇이뇨?" 웬만한 신앙의 이력이 있는 그리스도인이라면 아마 익숙한 질문일 것이다. 이 질문에 "사람의 제일 되는 목적은 하나님을 영화롭게 하고 영원토록 그를 즐거워하는 것입니다"하고 반사적으로 대답했던 기억이 생생하다. 이 문답을 담고 있는 문서가 바로 우리 총회가 공식적으로 인정하고 있는 세 번째 문서, 『웨스트민스터 소요리문답서』다.

이 문서가 작성될 당시 영국은 전쟁과 권력투쟁으로 혼란했다. 그 이면에는 장로교적 특성을 보이는 청교도들과 국교도와의 교리적 논쟁도 한몫하였다. 이런 혼란을 해결하기 위하여 영국의회는 1643년부터 런던의 웨스트민스터 대성당에서 총회를 개최하였다. 긴 과정을 거쳐 1647년에 이르러 전반적으로 장로교회의 특성을 담은 『웨스트민스터 신앙고백서』가 작성되었다. 그리고 이것은 오늘날 전 세계 장로교회의 표준 교리 문서가 되었다.

당시 만들어진 문서는 고백문 형식의 『웨스트민스터 신앙고백서』만이 아니다. 문답 형식의 『웨스트민스터 대요리문답서』와 『웨스트민스터 소요리문답서』도 함께 만들어져 배포되었다. 이 문서들은 개혁신학, 좀 더 세부적이고 구체적으로 말한다면 칼빈Jean Calvin의 생각과 정신이 잘 담겨 있는 문서라고 할 수 있다. 총회에 모인 신학자들이 대부분 장로교도였으니 칼빈의 신학을 수용한 것은 당연한 일이었을 것이다. 이 고백서는 미국으로 건너가 약간의 보완을 거친 뒤, 선교사들을 통해 한국장로교회에까지 이르게 되었다.

이 중 『소요리문답』은 107개의 간결한 문답으로 구성되어 있다. 특히 어린 세대들이나 초신자들을 교육하고 암송하게 하는 데 매우 유익하다. 그리고 기독교 교리의 핵심을 이해하게 하고 장로교의 정체성을 발견할 수 있게 한다. 그래서 리처드 박스터Richard Baxter는 이 문서에 대해 "최고의 요리문답이요 기독교 신앙과 교리를 가장 잘 요약해 놓은 요리문답이며, 정통사상을 가르치고 있는지를 시험에 보기에 가장 적합한 요리문답이다"Schaff, 『신조학』, 270라고 평가한다. 신앙고백 연구의 대가인 필립 샤프Philip Schaff가 이 말을 인용하는 것을 볼 때 『소요리문답』의 효용성이나 가치가 우수함에는 틀림없는 듯하다. 『하이델베르크 요리문답』이나 루터Martin Luther의 요리문답과 견주어도 손색이 없는 문서라고 하니Schaff, 『신조학』, 270 세례문답이나 교리교육을 위해 다시 한번 꺼내어 활용해 볼 만하다.

『소요리문답』의 내용과 방식을 간단히 소개해 본다. 성경의 권위와 하나님의 주권 및 예정을 강조하는 개혁교회의 문서답게 성경이 하나님의 말씀임을, 그리고 "어떻게 하나님을 영화롭게 하며 그를 즐거워할 것인가를 우리에게 지시해 주는 유일한 법칙"임을 선언하는 것으로 시작한다. 그리고 창조주 하나님, 인간의 타락, 구속주 예수 그리스도, 성령을 통한 구원의 과정, 신자들의 유익, 신자들을 향한 하나님의 도덕적 요구인 십계명, 구원의 효과적 방편으로서 성례전, 주님의 기도를 차례로 묻고 답하는 방식으로 이어간다.

그리고 개혁교회의 또 하나의 특징인 "하나님의 예정"에 대해 『소요리문답』은 이렇게 답변한다. "하나님의 예정이란 그가 뜻하시는 바를 따라 정하신 그의 영원한 목적이며, 이 목적에 의하여 하나님은 자기의 영광을 위하여서 장차 일어날 모든 것을 미리 정해놓으신 것입니다." 『소요리문답』, 문7 이 답변에서 보듯, 『소요리문답』은 초보자용 요리문답이기 때문에 『웨스트민스터 신앙고백서』가 포함하고 있는 선택과 유기의 이중예정을 자세히 언급하고 있지는 않다. 현재의 한국교회의 세례교육이나 새신자 교육은 대체로 교회 나름의 방식과 내용으로 시행하고 있을 것이다. 교리를 가르치기 위해서 나름의 교재도 필요하겠지만 이 『소요리문답』을 사용하는 것도 유익할 것이다.

샤프가 인용한 카알라일Thomas Carlyle의 말로 마치려 한다. 한 번쯤 곰곰이 묵상해 보자. 어렸을 때부터 하나님을 영화롭게 하는 법을 가르치는 것이 어떤지…. "나는 나이가 들어갈수록 내가 어렸을 때 배운 이 요리문답서의 제1문으로 되돌아가고 있다. 그리고 그 의미가 점점 더 심오하고 자세하게 물어진다. 사람의 제일되는 목적은 무엇인가? 하나님을 영화롭게 하고 그를 영원토록 기쁘시게 하는 것이다." Schaff, 『신조학』, 270

5. 오직 하나님께 영광Soli Deo Gloria —『웨스트민스터 신앙고백서』

여기서 언급할 문서는 1968년 우리 총회가 채택한 『웨스트민스터 신앙고백서』다. 이 신앙고백서는 전 세계 장로교회가 대부분 채택하고 있는 표준적 장로교 교리 문서다. 그 내용과 의도, 작성 당시의 역사적 정황, 그리고 그 이후의 영향 등을 고려한다면 결코 소홀히 할 수 없는 중요한 문서임이 틀림없다. 이 문서에 대한 깊은 묵상을 호소하면서, 이 신앙고백서의 전체적인 내용과 개혁신학적 주요 특징만을 간단히 소개하고자 한다. 『웨스트민스터 신앙고백서』는 성경에 대한 고백으로부터 시작하여 하나님의 성품과 삼위일체 하나님, 하나님의 영원한 결정, 창조와 섭리 등의 주제를 다루고, 인간의 타락과 그 결과, 그리고 구원의 중보자이신 예수 그리스도의 인격과 구원 사역을 다루며, 소명, 칭의, 양자 됨, 성화, 믿음, 회개와 성도의 견인과 같은 구원의 방법과 과정을 다룬다. 이어 그리스도인들의 삶의 문제를 언급하고, 그다음 교회, 성례전, 부활과 최후의 심판을 다루고 마친다. 이후의 마지막 두 장은 미국 교회가 후에 추가한 항목으로서 "성령"과 "하나님의 사랑의 복음과 선교"를 주제로 하고 있다.

　　『웨스트민스터 신앙고백서』의 개혁신학적 특징은 필립 샤프가 "칼빈주의 체계를 성숙한 학문적 형식으로 나타내고 있다" Schaff, 『신조학』, 257 라고 평가한 데서 잘 드러난다. 몇 가지만 지적해 보면 다음과 같다. 첫째는 전체적인 내용은 물론이고 각각의 체계나 전개 방식이 칼빈의 『기독교강요』와 매우 유사하다는 점이다. 둘째는 성경에 대한 고백이 문서의 제일 앞자리에 배치되어 있다는 점이다. 많은 고백서가 성경에 대한 진술을 생략하고 바로 하나님으로 시작하는 반면, 『웨스트민스터 신앙고백서』는 성경에 대한 고백으로 그 첫 장을 연다. 성경은 하나님의 계시이자 정확무오한 하나님의 말씀으로서 권위를 가지며, 오로지 성경만이 Sola Scriptura 우리의 신앙과 삶의 규범이 되는 책이기 때문이다. 셋째는 성령에 대한 언급이 풍부하다는 점이다. 종종 『웨스트민스터 신앙고백서』는 성령에 대한 항목이 독립적으로 존재하지 않아 성령에 대한 고백이 결여되어 있다고 평가된다. 그러나 이것은 잘못된 평가다. 자세히 읽어 보면 첫 번째 장인 '성경에 대하여'부터, 그리스도, 구원의 과정,

성례전, 신자들의 삶에 이르기까지 성령이 곳곳에 언급되어 있다. 하나님의 영, 그리스도의 영을 포함하여 성령에 대한 언급이 50회 가까이 등장하는 것을 보면, 이 고백서를 성령에 대한 고백서라고 지칭해도 과언은 아닐 것이다. 마치 칼빈의 『기독교강요』에 독립적인 장은 없지만, 본문에는 성령에 대한 언급이 풍부히 들어 있어 칼빈을 성령의 학자라고 칭하는 것처럼 말이다. 넷째는 하나님의 예정에 관한 언급이다. 혹자는 이 신앙고백서를 예정론에 지나치게 경도되어 있어 복음의 보편성에 대한 언급이 부족한 문서라고 평하기도 한다. 그러나 그런 평가는 적절치 않다고 본다. 오히려 이 문서는 성경의 정신과 아우구스티누스 Aurelius Augustinus, 칼빈으로 이어지는 기독교 전통을 잘 드러내는 문서다. 선택 electio 과 유기 reprobatio 라는 이중예정 praedestinatio gemina 을 언급하고 있으나 전체적으로 선택과 유기를 같은 비중으로 보고 있지는 않다. 오히려 예정의 긍정적인 측면인 하나님의 주권적인 은총의 선택에 훨씬 더 많은 관심을 보이고 있다. 예정을 구원론의 관점으로 다루는 칼빈의 예정론에 잇닿아 있다.

이외에도 성례전이나 구원의 서정, 언약 신학, 교회론, 종말론 등도 개혁신학의 특징을 잘 보여 주고 있으나 이에 대한 자세한 설명은 생략한다. 마지막으로 이 문서의 이면에 흐르고 있는 하나님의 주권과 영광에 대한 사상만을 소개하고 마치려 한다. 이 문서의 곳곳에는 "하나님을 기쁘게", "하나님께 영광을", "하나님의 영광", "영광스러운 이름", "하나님께 모든 영광을 돌리는 것", "하나님이 자기의 영광을 위하여", "하나님의 영광을 나타내기 위한 예정", "주권적 권능의 영광" 등의 표현이 나타난다. 이러한 표현들은 이 문서가 "하나님의(께) 영광"에 대하여 얼마나 깊이 묵상하고 있는가를 잘 알려준다. "오직 하나님께 영광" Soli Deo Gloria 이라는 찬양과 감사의 외침으로 이 글을 닫는다.

6. "우리의 신앙 내용을 우리 교회의 오늘의 말로…"
— 『대한예수교장로회 신앙고백서』와 『21세기 대한예수교장로회 신앙고백서』

이번 장에서는 우리 신앙고백서 2개를 간단히 소개하고자 한다. 그것은 바로 『대한예수교장로회 신앙고백서』와 『21세기 대한예수교장로회 신앙고백서』다. 전자는 선교 백 주년을 기념하여, 후자는 21세기의 다양한 교회의 상황을 반영하여 만든 문서다. 두 문서 모두 우리의 손으로 직접 만들어 선포한 중요한 문서다. 우리의 신앙과 상황과 정서를 그대로 반영한 문서이다.

1985년은 한국기독교 역사에 있어서 중요한 해였다. 수많은 어려움과 난관 속에서도 은혜로 이어져 온 개신교 선교 100주년이 되는 해였기 때문이다. 이를 기념하여 우리 총회는 이듬해인 1986년에 『대한예수교장로회 신앙고백서』를 발표하였다. 다음은 이 고백서의 진술 중 일부다.

> 우리 교회가 100주년을 맞는 이 역사적인 시점에 그간 우리 교회가 지켜 온 신조들과 총회가 채택한 신앙지침서 등을 골격으로 한 우리의 신앙 내용을 우리 교회의 오늘의 말로 정리하여, 보다 조직적으로 제시함으로써 우리의 신앙과 신학을 통일하고, 보다 조화된 신앙공동체로서 계속적인 전진을 촉진하고자 한다.

이 문서의 의의는 "우리의 신앙 내용을 우리 교회의 오늘의 말로 정리"하여 제시했다는 데 있다. 이 문서는 『웨스트민스터 신앙고백서』에 비해 상당히 간결하게 작성되어 있지만, 그 내용은 성경에 충실하고 짜임새 있게 잘 조직되어 있다. 『웨스트민스터 신앙고백서』가 길게 다뤘던 "하나님의 영원한 결정", 곧 예정론의 항목을 삭제하고 "성령" 항목과 "선교"라는 항목을 제시한 것도 중요한 특징이다. "선교"를 설명하는 장에서 복음의 보편성, 즉 "모든 사람이 하나님의 지으심을 받은 것과 같이 모든 사람이 예수 그리스도의 십자가의 구속의 은총의 대상"이라는 것을 강조하고, 모든 사람이 복음 선교의 대상임을 천명하였다. 마지막에 타종교에는 "구원에 이르는 복음이 있음을 인정할 수 없다"고 선언하여 종교다원주의를 배격하는 특징도 보인다.

이 신앙고백서가 작성된 이후 10여 년이 흐르는 동안, 총회는 수많은 도전에 직면해 있는 교회의 현실을 목격하게 되었다. 지구화의 문제, 과학 기술의 발전, 정보화 혁명과 사이버 세계의 확산, 디지털 혁명 및 생명공학의 발달, 거대한 환경파괴, 개인주의와 상대주의와 다원주의, 후기근대주의의 부정적인 가치들 등으로 나타나는 위기에 직면해 있음을 보았다. 이런 다양한 위기 현상을 직시하면서 만든 문서가 바로 『21세기 대한예수교장로회 신앙고백서』다. 이 문서의 의미는 "세계사적 도전과 이 시대의 징조들을 바로 읽고, 우리의 신앙과 신학의 방향을"[서문] 안내하려 했다는 점이다. 이 문서의 문제의식은 매우 날카롭다. 오늘날에도 여전히 지속되고 있는 문제들이며, 앞으로도 지속될 교회를 향한 도전들이기 때문이다. 교회는 세상과는 분명히 다르나, 여전히 세상 안에 있는 공동체다. 그러므로 교회는 교회의 본질적 기능과 사명을 상실하지 않으면서 사회적 문제의 해결을 위해 애써야 할 것이다. 이 문서의 의도는 에큐메니컬적 대화이기에, 서문에서 다음과 같이 고백한다.

우리 자신의 정체성을 확실히 하면서 다른 장로교회들과의 일치운동은 물론, 다른 교회들과도 일치 연합하는 운동에 적극 참여하여 이 시대가 요구하는 복음전도와 하나님의 선교[missio Dei]에 정진해야 할 것이다.

사실상 대화는 타자의 정체성에 관한 인식 작업이기도 하지만 자신의 정체성에 관한 확인 작업이기도 하다. 정체성을 상실한 대화는 대화가 아니라 독백이고 획일화일 것이다. 『21세기 대한예수교장로회 신앙고백서』는 기존의 신앙 정체성과 구속사적 관점을 잃지 않는다. 전통적 고백을 담고 있으며, 창조와 타락과 회복을 포함하고 있다. 그러면서 동시에 에큐메니컬 대화를 염두에 두고 전개되었다. 또한 이 문서에서는 오늘날의 심각한 환경위기 속에서 하나님의 피조물인 자연을 생각하게 한다는 점에서도 그 의의를 찾을 수 있다.

이 문서의 중요한 특징은 코이노니아를 핵심 내용으로 다룬다는 점이다. 문서의 곳곳에 등장하는 "생명의 교제로 부르시는 분", "죄로 인해 하나님과 인간과 피조물 사이에 깨어진 교제", "복음을 통하여 새롭게 창조된 하나님과 인간과 피조물 사이의 교제", "성령을 통하여 이 땅 위에 실현되는 하나님과 인간과 피조물 사이의 교제", "성도의 교제", "영원한 교제를 이루는 영생의 나라" 등의 언급들을 보면 이 문서의 특징을 잘 알 수 있다. 『21세기 대한예수교장로회 신앙고백서』의 중요한 의의를 지적하라고 한다면 그것은 『니케아-콘스탄티노플 신조』[381년]를 수록하여 우리 교회의 공식 신앙고백으로 인정하였다는 점이다. 역사적 근거가 분명한 이 신조를 우리의 공식 문서로 인정한 것은 늦었지만, 대단히 환영할 일이다. 우리의 신앙고백서들에 대한 소개는 이 정도에서 마무리하려 한다. 간단하지만 이런 작업을 시도한 것은 우리의 신앙적 정체성에 대한 고백인 우리의 교리 문서들을 익히고 소중히 여겼으면 하는 마음 때문이다.

제 2 장
믿음 소망 사랑의 교회론

—

1. 에클레시아 — 예배를 위한 성도들의 정기적인 가시적 모임

오늘 우리의 교회에 대한 도전은 무엇일까? 앞선 1장에서 지적한 문제와 아울러 "코로나 이후의 교회와 예배"의 회복에 관한 고민일 것이다. 앞에서 지적한 사회적·정신적·경제적·문화적 변화보다, 얼마 전까지 직접 경험한 팬데믹이 더 시급한 문제로 다가온다. 실제로 코로나는 교회의 많은 것을 변화시켰다. 성만찬 형식이 바뀌고, 심방과 교제가 축소되고, 설교 매체가 변했다. 아울러 예배의 형식과 참여 수단이 달라졌다. 그로 인해 예배에 대한 의식이 달라지고, 예배 모임에 대한 열정이 사그라들었다. 이런 현상을 인정하고 체념하는 분위기도 읽힌다. 그렇다면 이런 위기 앞에서 무엇을, 어떻게 해야 하는가? 많은 계획과 프로그램이 있겠지만, 더욱 중요한 것은 본질로, 기본으로, 복음으로 돌아가는 것이다. 말씀으로 돌아가 하나님 앞에 무릎 꿇는 것이다. 이와 아울러 신학적 대안으로 필자가 제시하고자 하는 것은 교회론의 강조다. 에클레시아의 의미를 진지하게 성찰하고 설교하고 실천해 보자는 것이다.

교회란 무엇인가? 교회^{에클레시아}는 단순 명료한 교리적 정의로는 "성도들의 모임", 혹은 "선택된 자들의 모임"이다. 그러나 오늘 우리에게 중요한 것은 모임이라는 교회의 정의 자체가 아니다. "모여야 교회가 된다"는 생각과 실천이다. 모임이라고 정의했으면 모여야 한다. 이것이 교회다. 에클레시아가 등장하는 성경의 몇 구절들을 인용해 보려 한다.

"유대에 있는 하나님의 교회들"^{살후 2:14}, "갈라디아에 있는 여러 교회들"^{갈 1:2}, "고린도에 있는 하나님의 교회"^{고전 1:2}, "아시아의 교회들"^{고전}

16:19, "마게도냐 교회들"고후 8:1, "유대에 있는 교회들"갈 1:22, "아굴라와 브리스가와 그 집에 있는 교회"고전 16:19, "아킵보와 네 집에 있는 교회"몬 1:2, "아시아에 있는 일곱 교회"계 1:4, "예루살렘"행 5:11; 8:1, 3; 11:2;, 12:1; 14:27 등과 "안디옥의 교회"행 11:26; 13:1; 15:3, 41 등.

이 구절들을 보면 궁금증이 생긴다. 바울은 어떤 의미로 교회에클레시아를 사용했을까. 왜 바울은 교회 앞에 항상 지역 명칭을 부여하고 있을까? 위 본문들을 보면 바울은 실존하고 현존하는 가시적 지역교회를 교회라고 생각했음이 분명하다. 바울에 의하면 교회는 보이지 않는 저 너머 어느 곳에 있는 모임이 아니라, 마게도니아에, 고린도에, 아굴라와 브리스가의 집 안에, 아킵보의 집 안에 있는 모임이었다. 추상적인 모임이 아니라 구체적이고 실질적이고 지역에 현존하는 모임이었다. 이것은 일차적으로 오늘날 내가 몸을 담고 있는 교회, 나의 신앙의 뿌리가 되는 실재實在 지역교회가 교회임을 의미한다. 이것을 강조하는 것이 오늘날 매우 중요하다. 내가 지금 모이고 있는 교회를 소중하게 여길 수 있는 생각이기 때문이다.

한 가지 추가할 것은 교회가 실질적이고 정기적인 모임이라는 점이다. 피터 오브라이언Peter O'Brien은 바울의 교회를 "백성들의 실질적인 모임 혹은 정규적으로 구성된 집회로 모이는 그룹"O'Brien, 『골로새서·빌레몬서』, 157 으로 보았다. 저명 신학자 던James Dunn은 바울의 교회를 이렇게 해석한다. "바울은 그리스도인들이 교회로서 함께 모여서 교회가 된다고 생각했다. 바울에게 신자들은 고립된 개개인들로서는 하나님의 교회 역할을 할 수 없었다."Dunn, 『바울신학』, 725

그러면 특정한 장소에 정기적이고 구체적으로 모인다고 교회가 되는가? 바울은 단순한 모임이 아니라 예배를 위한 모임을 염두에 두었다. 던의 해석을 보자. "신자들이 예배를 위하여 서로를 붙들어 주기 위하여 함께 모일 때에야 비로소 그들은 하나님의 회중 역할을 할 수 있었다."Dunn, 『바울신학』, 725 던은 독일의 성서학자 롤로프J. Roloff의 말을 인용하여 "개개인들이 교회로서 모일 때마다 그것이 교회"Dunn, 『바울신학』, 725라고 정의하면서 예배를 위한 모임이 교회임을 강조하였다. 그래서 그는 바울의 에클레시아의 의미를 이렇게 강조하였다. "예배를 위한 모임은 교회의 삶의 중심이자 기준이다. 여기에서 그것이 진정으로 하나님의 교회인지 아닌지 판가름 난다."Dunn, 『바울신학』, 725

아무리 인터넷 연결망이 발전하고, 코로나로 인해 예배 드리는 현실이 어려워졌다 하더라도 그것은 잠정적이어야 한다. 거듭 말하지만, 교회의 기본적인 의미는 예배를 위한 성도들의 정기적인 모임이다. 그러므로 예배를 위한 모임을 폐기하거나 소홀히 해서는 안 된다. 교회의 교회됨은 우선 예배 모임에 있기 때문이다. 다시 한번 예배의 부흥이 있기를 소망한다.

2. 왜 우리는 "교회를 믿는다"고 고백하는가? — 믿음의 교회론

탈-기독교 시대, 탈-교회 시대, 이 기막힌 말은 서구 교회의 역사와 상황을 반영한 말이나 우리에게도 더 이상 생경하지 않은, 낯익은 단어다. 서구와 달리, 우리는 기독교 국가라는 제도적 교회를 경험한 적이 없다. 그러나 우리 역시 탈-교회 시대를 맞고 있다. 교회가 쇠락하고 있으며, 제도적 교회에 대한 이미지가 왜곡되고 있다. 더 이상 교회에 신뢰를 주려 하지 않고, 냉소적으로 바라보는 시선이 점증한다. 영향력을 점차 상실해 가고 있다. 한마디로 교회의 위기다.

무엇 때문인가? 급변하는 문화 때문일 수 있다. 과학기술 문명 탓일 수도 있다. 다원주의와 급진적 상대주의와 무신론적 유물론 등의 정신적 사조도 한몫을 차지한다. 그런데 문제는 우리 안에도 있다. 위와 같은 외부 상황에 잘 대처하지 못하는 우리의 부족함도 문제지만, 교회에 대한 우리의 잘못된 생각과 태도도 문제다. 우리는 너무나 손쉽게 교회를 비난하고 정죄한다. 마치 나는 교회 밖에 있는 사람인 양 말이다. 탈-교회 시대를 극복하기 위해서는 교회에 대한 우리의 생각부터 바꾸어야 한다. 교회는 믿음의 대상이며, 이 땅에 있는 하나님의 희망의 대상이자 도구이며, 사랑의 대상이다. 앞으로 이에 대해 차례로 살피고자 한다. 이러한 정의들은 교회를 소중히 여기고 교회의 위기를 극복하는 데 중요한 신학적 대안이 될 것이다. 생각은 실천을 낳고 행동을 바꾸기 때문이다.

교회론이란 무엇인가? 교회를 어떻게 바라보느냐의 시선이 교회론이다. 여기서는 '믿음 대상으로서의 교회에 대한 해명'이라는 관점에 초점을 맞추고자 한다. 『사도신경』을 소개하면서 이 내용을 간단히 언급한 바 있으나 여기서 좀 더 상세히 설명하고자 한다. 사실상 교회가 믿음의 대상이라는 말은 매우 조심스러운 말이다. 교회는 기본적으로 사람들의 모임이므로 믿음의 대상은 아니기 때문이다. 그런데 놀라운 것은 중요 교리서들이 "교회를 믿는다"고 고백하고 있다는 점이다. 더 놀라운 것은 교인들은 매주 교회를 믿는다고 고백하면서도 "교회를 믿는다"는 고백을 해 본 적이 없다고 답하는 사람들이 매우 많다는 슬픈 현실이다.

『사도신경』은 "나는 거룩한 공교회를 믿는다"고 고백하고 있고, 『니케아-콘스탄티노플 신경』은 "나는 하나의, 거룩하고 보편적이며 사도적인 교회를 믿는다"라고 고백하고 있다. 『하이델베르크 요리문답』은 "'거룩한 보편적 교회'에 관하여 당신은 무엇을 믿습니까?"라고 질문한 뒤, 다음과 같이 답한다. "나는 하나님의 아들이 세상의 처음부터 마지막 날까지 모든 인류 가운데서 영생을 위하여 선택하신 교회를 참된 믿음으로 하나가 되도록 그의 말씀과 성신으로 자신을 위하여 불러 모으고 보호하고 보존하심을 믿습니다. 나는 지금 이 교회의 살아 있는 지체이며 영원히 그러할 것을 믿습니다." 이 글들에서 유념할 것은 교회 앞에 "거룩한", "보편적" "사도적", "하나" 등의 수식어가 첨부되어 있다는 점이다. 이것은 단순히 교회 자체를 믿는다는 말이 아님을 알 수 있다.

신앙고백서만이 아니다. 칼빈의 정신을 이어받은 개혁교회 정통주의자들 역시 다양한 이유로 교회를 신앙의 대상으로 주장하였다. 부카누스William Bucanus는 "이 교회는 세계가 시작할 때부터 존재해 왔으며 지금도 존재하고 앞으로 세상 끝 날까지 존재할 모든 신자와 선택받은 자로 구성되기 때문에, 모두가 함께 모이며, 따라서 결코 아무도 육체의 눈으로는 볼 수 없다. 분명히 교회는 믿음의 대상이지 시각의 대상이 아니다"Heppe, 『개혁파 정통교의학』, 934라고 주장하였다. 올레비아누스Caspar Olevianus는 "하나님이 영원한 사망 이외의 아무런 공로도 없는 사람들의 마음에 그의 은혜를 심어 주었기 때문에 교회의 존재는 신앙의 조항이다"Heppe, 『개혁파 정통교의학』, 934라고 언급하였다.

3. "교회를 믿는다"는 고백은 무엇을 의미하는가?

교회를 믿는다credo ecclesiam? 앞글에서 교회는 경배나 숭배나 예배의 대상이 아님을 분명히 했다. 하나님이 아니기 때문이다. 그런데 우리는 매 주일 사도신경을 암송한다. 아무런 망설임 없이 "거룩한 공교회"를 믿는다고 고백한다. 머리를 숙이고 하나님 앞에 "거룩한 공회"를 믿는다고 기도한다. 이 의미만을 되새겨도 지금의 나의 교회를 이처럼 소홀히 하지는 않을 것이다. 오히려 내가 하나님의 교회 된 것이 진정으로 감사하고 감격스러울 것이다. 그리고 교회를 매우 아끼고 소중히 여기고 사랑할 것이다.

『사도신경』으로 돌아가 보자. "나는 거룩한 공교회를 믿습니다." 어떤 의미를 갖는가? 첫째는 "나의" 신앙고백이라는 점이다. 교회를 믿는다고 고백하는 주체는 다른 이가 아닌 바로 "나"다. 『사도신경』이 고대 교회에서는 세례 문답에서 사용되었다. 회중들 앞에서 "나는 거룩한 공교회를 믿습니다"라고 고백했던 것이다. 나의 신앙뿐만 아니라 나의 정체성, 즉 내가 이제 신앙공동체에 속함을 공적으로 증언하는 것이었다. 그래서 바르트는 이렇게 주장한다. "내가 그곳에 속해 있고 내가 그 속에서 신앙으로 부름받았고, 그 속에서 나의 신앙에 대하여 책임을 지며, 내가 그 안에서 봉사를 하는 회중이 하나의 거룩하고 보편적인 교회라는 사실을 믿는 것을 의미합니다" Barth, 『교의학개요/사도신경해설』, 199 라고. 현재는 이 신앙고백이 대체로 하나님 앞에서의 기도와 고백으로 사용되고 있다. 교회에 대한 믿음을 하나님께 기도로 고백하고 있는 것이다. 그러므로 하나님께 대하여든, 세례 시 청중들 앞에서의 고백이든, 이 고백은 결코 소홀히 할 수 없는 중요한 고백이다.

둘째로 생각할 것은 이 신앙고백서가 생각하는 교회의 개념이다. 순서상 성령에 대한 고백 다음에 교회에 대한 고백이 나온다. 성령과 교회는 서로 연결되어 있음을 의미한다. 그래서 바르트는 성령의 부르심을 강조하여, "성령을 통해 예수 그리스도에게 속해 있는 사람들이 함께 모여 있는 것" Barth, 『교의학개요/사도신경해설』, 199 으로 교회를 정의한다. 여기서 중요한 것은 교회, 즉 "성령에 의해 부르심을 받은 그리스도 공동체"는 "가시적 공동체"라는 것이다. 다시 말해 사도신경의 교회는 불가시적 교회가 아니라 "열두 사도와 함께 시작한 전적으로 가시적인 모임" Barth, 『교의학개요/사도신경해설』, 199 을 의미한다. 그의 말을 소개해 본다. "만약 교회가 이런 가시성을 가지고 있지 않다면, 그것은 교회가 아닙니다. 내가 회중을 언급할 때, 나는 일차적으로 특별한 장소에 있는 회중의 구체적인 형태를 생각하고 있습니다." Barth, 『교의학개요/사도신경해설』, 199 그러므로 "나는 교회를 믿습니다"라는 사도신경의 고백은 바로 "내가 여기, 이 장소에서, 이 가시적인 모임 속에서 성령의 역사가 일어나고 있다는 사실을 믿는 것을 의미" Barth, 『교의학개요/사도신경해설』, 199 한다.

한스 큉 Hans Küng 역시 교회를 "신앙의 대상" Küng, Die Kirche, 38ff. 으로 보고 있다. 그는 오늘날 그리스도인들이 새겨 들어야 할 말로 시작한다. 교회는 신앙의 대상이기 때문에 교회를 믿지 않으면 신자의 공동체인 교회의 본질을 결코 이해할 수 없다는 것이다. 그는 교회를 믿어야 할 이유를 다음과 같이 밝힌다. 첫째는 "교회는 하나님의 은혜에 의해 신앙을 통해 이루어지기" Küng, Die Kirche, 49 때문이다. 둘째는, "신앙이 하나님의 은혜에 의해 교회를 통해 생겨나기" 때문이며, "신앙하는 교회 공동체 없이 개인이 신앙에 이르는 것은 불가능하기" 때문이다. Küng, *Die Kirche*, 49

정리하자면, 교회를 믿는다는 것은 오로지 삼위일체 하나님의 은혜로 교회가 존재함을 믿고 고백한다는 말이다. 그리고 이 보이는 교회 공동체 가운데 성령님이 함께하심을 믿고 고백한다는 말이며, 나아가서 이 교회는 그리스도의 몸이며, 또한 그리스도가 그의 피로 값을 지불하고 사신 거룩하고도 보편적인 공동체임을 믿고 고백한다는 말이다. 그러므로 교회에 냉소적이고 비판적인 오늘의 한국 사회에서, 교회가 무엇인지, 교회로 부름을 받았다는 것이 무엇인지, 교회를 믿는다는 것이 무엇인지, 그것이 우리에게 무엇을 의미하는지를 깊이 숙고해 보기를 소망한다.

4. "숨을 쉬는 한 나는 희망한다" dum spiro spero — 소망의 교회론

희망을 이야기할 때마다 우리는 어김없이 절망을 이야기한다. 마치 희망의 반대는 절망인 것처럼 말이다. 이런 질문이 생긴다. 혹시 그리스도인인 우리에게 희망의 반대는 절망이 아니라 죄가 아닐까 하는 질문이다. 과연 "절망은 죄인가 an desperatio sit peccatum?" 답은 그리 간단치 않다. 절망하지 않는 인간이 어디 있으며, 좌절하고 실망하지 않는 인간이 어디 있는가. 인간은 누구나 사소한 것에 실망하고, 이루지 못하는 것에 실망하고, 자신의 나약함에 실망한다. 삶이 허무하여 절망하고 막혀 있는 벽 앞에서 절망하고, 나락의 밑바닥에서 절망한다. 그러나 분명한 것은 절망이 반드시 절망을 낳는 것만은 아니라는 점이다. 그래서 어느 시인은 절망의 역설을 말한다.

> 시인의 절망은 아름다워 시를 짓고
> 화가의 절망은 명화를 남기고,

음악가의 절망은 명곡을 만드는데

송정숙, "절망"

그렇다면 그리스도인의 절망은 무엇을 낳는가?

분명한 것은 절망이기 때문에 절망이 아니며, 희망 없음 때문에 절망이 아니며, 위기이기 때문에 절망인 것은 아니다. 절망은 결코 절망으로부터 오지 않는다. 절망을 절망으로 보기 때문에 절망은 찾아온다. 절망을 절대화하고 절망밖에 없다고 절망하기 때문에 절망은 온다. 모든 절망이 죄는 아니다. 절망이 죄인 것은 절망이 절망으로 끝날 때다. 그래서 삶을 포기하고 하나님의 신실하심과 능력, 그리고 하나님이 일으키신 사건과 능력을 믿지 못할 때이다. 몰트만의 말대로, 절망이 "약속의 하나님을 신뢰하는 희망의 인내를 거역" Moltmann, 『희망의 신학』, 30 하는 것이라면 그것은 단순한 절망이 아니라 죄일 것이다.

교회의 위기라고 부르짖는 시대, 교회에 소망이 없다고 말하는 시대, 그래도 우리는 이렇게 외쳐야 한다. "그래도 교회가 희망이다", "그래도 소망은 교회에 있다"라고. 교회에 냉소적이고 교회에 절망하는 시대, 교회의 위기라고 부르짖는 시대에 필요한 또 하나의 교회론이 있다면, 그것은 교회를 삼위일체 하나님의 소망 공동체로 바라보는 희망의 교회론이다. 여기서 희망의 교회론을 구체적으로 말하기 전에 희망에 대한 짧은 나의 단상을 끄집어내보려 한다.

필자의 신학적 관심은 오래전부터 희망과 용서와 감사와 기쁨과 행복이었다. 그때 던졌던 물음은 지금도 나의 기억에 생생하다. "왜 그리스도교 신학은 희망을 내팽개쳤는가" Moltmann, 『희망의 신학』, 6 하고 반문하던 몰트만의 질문이 떠올랐기 때문이다. 이차대전의 비참한 대학살 사건으로 인하여 사람들은 이런 상황 속에서 "어떻게 우리는 하나님을 말할 수 있는가" Moltmann, 『삼위일체와 하나님의 역사』, 329 하고 절망하였다. 몰트만은 반문했다. "만약 하나님에 관해 말하지 않는다면, 아우슈비츠 이후에 도대체 우리가 무엇에 관해 말해야 한다는 말인가?!" Moltmann, 『삼위일체와 하나님의 역사』, 329f. 이 몰트만의 절규는 나에게 한 줄기 도전이었고 나의 희망의 신학의 자극이었다. 그래서 이렇게 물었다. 왜 우리는 하나님을 말하면서 동시에 절망을 말하는가. 왜 교회는 하나님을 전하면서 희망과 용기보다 현실의 위기와 불안과 절망을 더 많이 말하는가. 우리가 믿는 하나님은 소망의 하나님이고 약속의 하나님이 아닌가. 기독교는 부활의 종교이고 희망의 종교 아닌가.

반기룡은 다음과 같이 쓴다.

> 절벽에 대롱대롱 매달려 있는 동백나무도
> 삶의 의지만 충만하다면 꽃을 피울 수 있다.
>
> 진달래가 깎아지른 듯한 언덕빼기에서
> 토사와 싸우며 무던히 버티려는 혼만 있다면
> 뿌리를 내릴 수 있고 만개의 기쁨을 누릴 수 있다.
> …
>
> 절망 속에서 피는 꽃은
> 어떤 조건과 환경에도
> 버팅기는 기력이 있기에
> 희망의 꽃봉오리를 한아름 안고
> 무장무장 다가온다.
>
> 반기룡, "절망 속에서 피는 꽃"

어떤 절망적인 상황 속에서도 삶을 향한 의지만 있다면, 앞이 보이지 않아도 버틸 영혼만 있다면, 오히려 절망이 씨앗이 되어 반드시 희망을 그 결실로 보게 된다고 위로한다. 절망의 꽃은 절망이 아니라 희망이라는 것이다. 그것은 그리스도인에게도, 교회공동체도 마찬가지 아니겠는가. 그러니 희망을 말하기 어려운 시대에 그래도 우리는 희망을 말해야 한다. 우리의 호흡이 존재하는 한 희망해야 한다.

5. 교회 ─ 하나님의 소망, 세상의 소망

교회는 소망공동체다. 그 이유는 무엇 때문인가. 첫째, 교회가 믿는 삼위일체 하나님은 소망과 기쁨의 근원이시기 때문이다. "나의 영혼아 잠잠히 하나님만 바라라 무릇 나의 소망이 그로부터 나오는도다."시 62:5 교회에 희망을 걸 수 있는 이유가 무엇인가? 교회는 희망공동체이기 때문이다. 교회가 희망이 될 수 있고 희망의 공동체가 되는 이유는 교회 자체에 있지 않다. 그 이유는 교회가 믿고 고백하는 삼위일체 하나님께 있다. 그분이 바로 소망과 희망의 하나님이시기 때문이다. 교회는 이 소망의 하나님의 백성이기 때문이다. 교회는 절망할 필요가 없다. 절망해서도 안 된다. 절망할 수도 없다. 교회를 향해서도 절망할 필요가 없다. 하나님이 소망이시기 때문이다. 소망은 어둠과 고통과 환난의 터널 속에서 보이는 불빛이요, 사망의 음침한 골짜기에서 의지할 수 있는 하나님의 지팡이다. 하나님! 모든 절망에서 인간과 교회가 가질 수 있는 유일한 소망이다.

둘째, 교회는 예수 그리스도의 부활의 소망과 약속 위에 세워진 공동체이기 때문이다. 하나님은 약속하시는 하나님이시다. 하나님은 언제나 약속하시고 성취하시는 분이시다. 하나님의 결정적인 약속의 성취 사건은 바로 예수 그리스도다. 어둠과 절망의 세계 속으로 그가 오셨고, 우리의 구원이 되어 주셨다. 억눌린 자를 해방하게 하시고, 영육의 질병을 치유하며, 비인간적 상황에서 인간을 회복시키고, 소외된 자와 약자들을 위로하셨다. 그는 바로 희망 자체였다. 결정적인 소망의 사건은 바로 그의 부활 사건이다. 이는, 거대한 죽음과 절망과 좌절의 극복이자, 곧 우리의 기쁨이고 희망의 근원이며, 우리의 미래의 부활에 대한 하나님의 약속이자 징표이다. 그것은 교회의 터전이 되었고 존재 이유가 되었고 선포가 되었고 소망이 되었다. 그러므로 성경은 "예수 그리스도가 우리의 영광의 소망"이라고 선포한다. 골 1:27

셋째, 교회는 기쁨과 소망의 영이신 성령의 전이며 피조물이기 때문이다. 교회는 오순절 성령 충만 사건 이후 구체화되었고 지상에 현존하게 되었다. 교회는 그리스도의 터 위에 하나님의 성령이 세우신 공동체다. 성령은 기쁨의 영이고 우리의 삶을 의미 있게 하고 생동하게 하는 영이며 소망으로 충만하게 하시는 영이시다. 바울은 로마교회를 향하여 이렇게 소원한다. "소망의 하나님이 모든 기쁨과 평강을 믿음 안에서 너희에게 충만하게 하사 성령의 능력으로 소망이 넘치게 하시기를 원하노라." 롬 15:13 성령은 우리의 삶을 긍정적으로 바라보게 하며 기쁨과 소망으로 채우신다. 따라서 성령으로 충만한 교회는 자신을 절대 부정적으로 바라보지 않고, 오히려 소망과 기쁨의 공동체로 인식한다. 그러므로 소망 공동체로서의 교회는 삶의 모든 아픔과 고난과 슬픔과 고통과 같은 부정적 모습을 부정적으로 보지 않고, 오히려 그것을 극복하여 더 나은 삶을 영위할 수 있는 단계로 나아가게 하며, 고난당하고 아픈 삶도 긍정적으로 바라보게 하며, 고난 속에서도 자기 삶의 의미를 발견하도록 성령의 역사하심을 소망하게 해야 할 것이다. 그리스도인의 삶은 성령으로 인해 가치 있는 삶이며, 예수 그리스도로 인해 진정한 기쁨과 행복을 가진다. 그리스도인의 삶은 이 세상에서 참된 의미를 지닌 삶이기 때문이다.

넷째, 교회는 여전히 하나님의 소망과 꿈을 이루어 가는 하나님의 도구이기 때문이다. 이스라엘 백성을 통해 구원을 이루어 가신 하나님께서 하나님의 때에 교회를 선택하셨고 지금까지 구원의 도구로, 하나님 나라의 소망의 도구로 사용해 오셨다. 때로는 타락하고 때로는 절망하고 때로는 부족하고 때로는 연약했지만 하나님은 교회를 사용하셨다. 지금도 교회는 하나님의 계약 백성이며 하나님의 도구다. 모든 피조물의 구원의 완성을 선포하고 기다리는 공동체이다. 그러므로 이제 교회는 절망에서 벗어나 희망을 선포해야 한다. 구원의 기쁜 소식과 세상을 향하신 삼위일체 하나님의 희망을 교회가 아니면 어디서 들을 수 있겠는가. 교회는 세상의 희망이며 또 세상의 희망이 되어야 한다.

6. 교회 사랑학으로서의 교회론 ― 사랑의 교회론

"예수님처럼, 바울처럼 그렇게 살 순 없을까?" 이 노래를 듣노라면 작사가의 소망뿐 아니라 안타까움도 절절히 느껴진다. 필자도 한때 열심히 불렀다. 바울처럼 살고 싶었기 때문이다. 그러나 그때마다 좌절감과도 같은 것을 느꼈다. "남을 위하여 당신들의 온몸을 온전히 버리셨던 것처럼" 사는 게 불가능하다고 생각했기 때문이다. 그러면서도 늘 반문하고 곱씹었다. "바울처럼 사는 게 뭘까"하고. 어느 날 성경을 읽다 고린도전서에 이르게 되었다. "고린도에 있는 하나님의 교회"라는 말이 또렷이 보였다. 그리고 교회를 향한 바울의 마음이 보였다. 사실상 고린도 교회는 그리 모범적인 교회는 아니었다. 오히려 문제투성이의 교회였다. 도덕적 타락과 파벌로 인한 분열, 우상 제물 논쟁, 성령의 은사 문제로 인한 논쟁, 성만찬 논쟁, 부활 논쟁 등 많은 문제로 가득 찬 교회였다. 오늘날 여기에 있었더라면 엄청난 비난 때문에 존폐 위기에 처했을지도 모를, 그런 교회였다. 그런 교회를 향하여 바울은 "고린도에 있는 하나님의 교회"라고 불렀을 뿐만 아니라 하나님께 감사한다고까지 표현하였다. 그리고 하나님의 은혜와 평강을 빌었다.

빌립보 교회에 대한 바울의 마음도 마찬가지다. 빌립보 교회라고 문제가 없었겠는가. 그럼에도 그는 "나의 사랑하고 사모하는 형제들, 나의 기쁨이요 면류관인 사랑하는 자"빌 4:1라고 불렀다. 그뿐 아니다. 지극한 사랑으로

"내가 예수 그리스도의 심장으로 너희 무리를 얼마나 사모하는지 하나님이 내 증인이시니라"빌 1:8라고 까지 고백하였다. 마치 연애편지의 서두 같은 느낌이다. 정말 바울처럼 살고 싶은가. 교회를 향한 바울의 마음을 읽는 것에서부터 시작해 보자. 그리스도의 심장으로 교회를 사랑했던 바울의 마음으로 교회를 생각해 보자.

그런데 우리는 현실에 존재하는 지역교회를 긍정적이기보다는 부정적으로 생각하는 경향이 강하다. 이런 경향을 이해할 수 없는 것은 아니다. 현실교회들이 여러 이유로 교회답지 못한 모습을 보여 줄 때가 많기 때문이다. 교회의 부패와 타락은 비단 오늘만의 문제는 아니다. 교회는 발생한 이래로 부정적이고 타락한 모습을 보여 왔다. 이상적 교회의 모델로 언급되는 초대교회 역시 분열과 타락이 존재했었다. 바울이 끊임없이 교회의 잘못들을 훈계하고, 개혁하고자 했던 것이 바로 그 이유다. 그러나 그는 교회를 냉소하지 않았다. 교회의 부정적 모습을 직시하면서도 이 현실교회들을 하나님의 교회, 왕 같은 제사장, 부름을 받은 자들, 선택받은 자들, 그리스도의 몸이라고 불렀다. 문제없는 교회는 없다. 연약하고 타락한 인간들의 모임이기 때문이다. 하지만 그 교회도 교회다. 부족하고, 연약하여 깨지기 쉽고, 쉽게 분열하고, 상처 주고 상처받는 우리가 바로 교회다.

칼빈도 교회에 부정적인 상황에 바울의 심정으로 이렇게 강변하였다. "고린도 신자들 가운데는 타락한 사람이 적지 않았으며, 사실 거의 회중 전체가 감염되었었다. 한 가지 죄가 아니라 아주 많았으며, 그것도 경미한 과실 정도가 아닌 무서운 비행이었다. 도덕적 방면뿐만 아니라 교리적인 방면에까지 부패가 있었다. 성령의 도구요 그의 증거에 의해서 교회의 존망이 결정될 저 거룩한 사도 바울은 이 사태를 어떻게 처리하였는가? 그는 이런 교회에서는 손을 떼라고 하는가? 그리스도의 나라에서 그들을 몰아내는가? 최종적인 저주의 벼락으로 그들을 때려 부수는가? 그는 이런 일을 하지 않을 뿐만 아니라 심지어는 그들을 그리스도의 교회와 성도의 공동체라고 인정하며 선언

한다." ^{Calvin, 『기독교강요』, 28}

　　교회론은 '교회 사랑학'이다. 바울이 우리에게 가르친 "가장 좋은 길"이 있다. 바로 "사랑"이다. 우리는 모든 것을 사랑으로 하는지 돌아볼 필요가 있다. 교회 안에서도, 교회를 향해서도 말이다. "사랑이 없으면 아무것도 아니다." 천사의 말을 할지라도, 산을 옮길 만한 믿음이 있을지라도, 자기 몸을 불사르게 내어 줄지라도, 가진 모든 것으로 구제할지라도 말이다. 우리는 종종 고린도전서 13장의 사랑을 단순한 주례사처럼 여긴다. 하지만 이 말씀은 본래 파벌로 분열된 고린도교회를 향한 것이었다. 이는 또한, 오늘날 한국 교회를 향한 말씀이 아니겠는가. 우리에게는 서로를, 그리고 교회를 사랑할 책임이 있다. 그것은 하나님을 사랑하는 우리의 운명이자, 주님을 사랑하는 우리의 사명이다. 바울처럼 살고 싶은 우리의 과제다. "교회론은 '교회 사랑학'이다."

제 3 장
탈-교회^{post-church} 시대와 팬데믹 이후의 교회론

—

1. 탈-기독교 post-christianity, 탈-교회 post-church 시대의 운명 앞에 선 교회

서구 사회는 기독교 토대 위에 건설된 크리스텐덤이었다. 기독교의 신념과 가치가 사회의 정신과 질서의 토대가 되고 교회의 권위가 항상 우선되었다. 그러나 근대 이후, 특히 계몽주의 이후로 기독교는 엄청난 변화를 겪게되었다. 존 드레인 John William Drane 의 말처럼 근대성, 특히 계몽주의는 "지난 2천년간 교회를 황폐하게 한 어떤 적이나 박해자보다 더 큰 파괴력을 교회에행사했다." Frost and Hirsch, 『새로운 교회가 온다』, 37 교회는 급격히 쇠퇴하고, 기독교는 공적 영역에서 밀려나 주변화되었고, 신앙은 개인의 사적 영역으로 제한되었으며, 그 신념과 가치는 메타내러티브로 더 이상 유효하지 않게 되었다. 그래서프로스트 Michael Frost 와 허쉬 Alan Hirsch 는 "역동적이고 혁명적이며 사회적이고 영적인 운동이었던 기독교가 구조와 사제 조직과 성례식을 갖춘 종교 제도가되었다" Frost and Hirsch, 『새로운 교회가 온다』, 27 고 탄식한다.

깁스 Eddie Gibbs 와 볼저 Ryan K. Bolger 는 *Emerging Churches*라는 탁월한 저서에서 오늘날의 탈-교회 및 탈-기독교 현상을 심도 있게 분석해 내놓았다. 교회는 "313년 로마 황제인 콘스탄틴의 개종 이후 거의 20세기 중반에 이르기까지 교회는 서구 사회의 중심이었다." Gibbs and Bolger, *Emerging Churches*, 17 "교회는 이 긴 기간 동안 핵심적인 사회기관으로서 안정과 안전을 제공해 주었다." Gibbs and Bolger, *Emerging Churches*, 17 그러나 이제 모든 것이 달라지고 말았다. 기나긴 기독교 시대가 막을 내렸다. 그리고 탈-기독교 시대가 되었다. 그것은 무엇을 의미하는가? 기독교의 가치관이 더 이상 통용되지 않는 시대가 되었다는 것을 의미한다.

그렇다면 탈-기독교 시대의 주요 사상적 흐름은 무엇일까? 깁스와 볼

저의 분석에 따르면 다원주의와 급진적 상대주의다. Gibbs and Bolger, *Emerging Churches*, 17 탈-기독교 시대는 오로지 "종교를 사회학적, 심리학적 의미에서만 이해할 뿐이다. 하나님의 계시와 절대적 진리에 대한 어떤 주장도 무시된다." Gibbs and Bolger, *Emerging Churches*, 17 미국 드류 Drew 대학의 기독교 미래학자인 레너드 스윗 Leonard Sweet 은 이 "종교적 폭풍"을 "후기기독교 post-christianity 시대의 허리케인" Gibbs and Bolger, *Emerging Churches*, 14 이라고 부른다. 그의 분석은 자못 매섭고 두렵다. 서구 근본 종교인 기독교는 점점 죽어가고 있다는 것이다. 이젠 더 이상 사회를 유지해 줄 수 있는 시멘트가 아니며, 더 이상 문화의 공동배경이나 접착제도 아니라는 것이다. 혹시기독교의 무엇인가가 남아 있다고 해도 그것은 다만 "쓸모없는 겉치레"일 뿐이다. Gibbs and Bolger, *Emerging Churches*, 15 이러한 진단이 미국이나 유럽 교회에 대한 적절하고도 정확한 분석인가 하는 것은 논란의 여지가 있다. 그러나 그것이 기독교의 쇠퇴와 그 중심적 역할의 지속적인 상실을 경고하는 분석임이 틀림없다.

그런데 문제는 탈-기독교 현상, 탈-교회 현상, 아니 좀 더 넓혀 탈-종교 post-religion 현상이 서구만의 현상은 아니다. 우리에게서도 급격히 일어나고 있는 현상이다. 『월간중앙』 2017년 분석자료에 의하면 한국의 비종교인의 수가 모든 종교인의 수를 합친 것보다 더 많다는 것이다. 이것은 탈-종교화가 한국에서도 빠른 속도로 진행되고 있음을 의미한다. 심지어 무신론자의 수가 15퍼센트에 이르러 전 세계 5위에 도달했다니, 그 급속한 변화의 속도에 놀랄 뿐이다. 원인이야 어떻든 탈-교회 현상이 한국에서도 빠르게 진행되고 있다고 보아도 잘못된 분석은 아닐 것이다.

그렇다면 그 원인은 무엇인가? 깁스의 분석에 의하면, 그 원인은 모든 것이 변했다는 데 있다. 사회가 변하고, 문화가 변하고, 가치관과 신념이 변했다. 그 변화를 꼽아보면, "첫째, 모던 사회에서 포스트모던으로 변하는 한복판에 서 있다는 것, 둘째, 서구화에서 지구화에로의 변화 속에 잠겨 있다는 것, 셋째, 프린트 문화에서 전자에 근거한 문화로 변화되는, 정보혁명을 겪고 있는 것, 넷째, 국가 경제나 산업경제에서 국제경제, 정보에 기초한 경제, 소비자 중심의 경제로 바뀌고 있는 것에서 알 수 있듯이, 경제적 생산방식의 극적 변화의 한가운데 있다는 것, 다섯째, 생물학적 인간 이해에 있어서 의미 있는 진보를 이뤄내기 시작했다는 것, 여섯째, 여러 세기 동안 경험하지 못했던, 과학과 종교의 수렴 현상을 보고 있다는 것"Gibbs and Bolger, *Emerging Churches*, 18 이다. 적절한 분석이다. 그러나 사회가 변했다고 항상 탈교회 현상으로 이어지는 것은 아니다. 그것은 사회의 변동에 있다기보다 사회변동에 대한 교회의 대처가 미흡하거나, 잘못되었거나, 사회의 변화를 무시했다는 데 있을 것이다.

탈-교회, 혹은 탈-기독교 현상에는 여러 원인이 있다. 가장 눈에 띄는 것은 출생률 감소다. 이는 주일학교 학생 수 감소로 직결되어, 우리는 그 영향을 직접 목격하고 있다. 많은 교회에서 청년대학부는 물론 고등부마저 사라지고 있으며, 교회 현장에서 이러한 변화를 뚜렷이 실감할 수 있다. 더욱 우려되는 점은 주일학교 감소율이 출생률 감소율을 크게 웃돈다는 사실이다. 이는 단순한 인구 감소 외에도 다른 요인이 작용하고 있음을 시사한다. 출생률 감소는 탈-교회 현상의 유일한 원인은 아니지만, 분명 간과할 수 없는 중요한 요인이다. 여기에 더해 경제 성장, 과학·의학·사회복지의 발달, 시민단체 활동의 증가, 그리고 요가, 명상, 뉴에이지와 같은 대체 종교나 영성의 부상도 이러한 현상에 영향을 미치고 있다.

종교다원주의나 포스트모더니즘, 무신론의 집요한 도전, 이념적 반기독교 세계관 같은 사상적 정신적 요인도 탈-교회 현상을 부추기는 요인이다. 기독교의 배타성을 완화하거나 제거한다는 명분으로, 복음을 전혀 접하지 못한 사람의 구원 문제를 해결한다는 이유로, 다종교 문화와 같은 한국적 상황 속에서 일어날 수 있는 종교 간의 충돌을 방지하며 종교의 자유 혹은 종교로부터의 자유를 보장할 수 있다는 이유로 옹호되고 있는 종교다원주의 역시 기독교의 성장과 선교를 저해하는 요소로 작용할 수 있다.

또한 최근의 과격한 과학적 무신론자들의 적극적인 활동도 교회의 이미지를 왜곡하여 탈-교회 현상을 부추기는데 크게 작용하고 있다. 그들은 교회나 기독교를 집요하게 공격한다. 그들은 무신론을 전파하기 위해 무신론 학교나 언론뿐 아니라 무신론 교회공동체를 만들고 있다. 노래도 하고 강연도 하고 친교도 한다. 교회를 타파해야 한다면서 교회조직을 모델로 그들의 조직을 만든다. 참으로 아이러니하다. 그리고 그들은 거리에 "하나님이 없다"는 간판을 세우고, 기독교를 비판하는 저술을 쏟아내고, "하나님 없으니 인생 즐기라"는 문구를 버스에 달고 다니고, 공공기관의 친 종교적 정책에 대해 반대 시위를 하거나 소송을 낸다. 세계적으로 활동하는 반기독교 단체들과 공공 영역에서 기독교를 배제하려는 단체들의 현황은 또 어떠한가.

이외에도 기독교 세계관과 기독교 진리에 대한 확신의 결여, 놀이문화나 오락문화의 광범위한 영향, 소셜네트워크와 인터넷 등의 디지털 문화에 대한 무관심과 무대응, 신앙의 대 잇기 교육의 부재와 부모들의 가치관과 신념의 변화 등도 적지 않게 한몫한다. 여기에 기독교 영성의 상실, 기독교적 에토스나 파토스의 상실, 신비적 경험의 부재 등의 요소가 결합되면 교회의 쇠락은 불 보듯 뻔하다. 그러나 중요한 것은 내부의 문제다. 교회 내부의 문제로 갈등이 일어나거나 분열이 일어난다면 아무리 외적 변화에 민감하고 적절히 대처한다 해도 교회의 위기는 가속화될 수밖에 없을 것이다.

2. 위기 시대의 섬김과 나눔, 그리고 코이노니아

우리는 지독한 팬데믹 공포와 아픔과 어려움을 겪었다. 이제 코로나가 지나가는 듯하다. 그럼에도 그 여파는 여전히 우리를 둘러싸고 있다. 여기저기 헤집어 놓은 상처가 깊어 쉽게 나을 것 같지 않다. 이뿐 아니다. 엄청난 자연재해로 인한 아픔과 고통 또한 우리를 훑고 지나갔다. 산과 집이 타고 마음도 함께 타버렸다. 게다가 세계는 전쟁의 고난과 위협을 몸소 경험하고 있다. 마치 종말의 징조가 한꺼번에 몰려오는 듯하다. 세계 도처로부터 비명과 아우성이 들린다.

갑자기 십자가가 떠올랐다. "하나님 어찌하여 나를 버리십니까"라고 아들이 외칠 때에 잠잠하시던 하나님의 침묵이 생각났다. 아들은 큰 소리를 지르시고 운명하셨다. 이어 성전 휘장이 찢어졌다. 찢어지는 하나님의 마음이 내 머릿속에 오버랩되었다. 오늘의 현실과 겹치면서 이 세계를 바라보시는 하나님의 마음은 어떠실까, 지금 이 상황이 혹시 우리를 부르시는 하나님의 손길이 아닐까 하는 생각이 스쳐 지나갔다.

이런 상황 속에서 하나님의 부르심에 응답하는 교회론, 세상의 아우성에 대응하는 교회론, 이 교회론이 바로 코이노니아 교회론이다. 그러므로 코이노니아 교회론은 오늘날에 가장 시급한 교회론임이 틀림없다. 일반적으로 코이노니아는 섬김과 나눔과 참여와 사귐을 의미한다. 그래서 코이노니아를 단순히 성도들 간의 친교와 나눔 정도로 생각하는 경향이 있다. 물론 그런 의미도 담고 있지만 보다 더 신학적 의미 또한 담고 있다. 성경은 가난한 자들과 약자들과 어려움에 처한 사람들을 위한 연보 역시 코이노니아라고 부른다. 코이노니아에 대한 다양한 의미를 밝히기 전에 우선 전통적 교리들이 코이노니아에 대해 어떻게 말하고 있는지 소개해 보고자 한다.

코이노니아를 언급하고 있는 가장 기초적인 문서는 바로 『사도신경』이다. "성령"과 "거룩한 공교회"와 함께 성도의 교제 sanctorum communio 를 믿는다고 고백하고 있다. 『하이델베르크 요리문답』은 "성도의 교제를 믿는다는 말이 무엇을 의미하는가"라는 질문에 다음과 같이 답변한다. "첫째로 주 그리스도와 그의 모든 보배와 선물의 동참자로서의 모든 신자들은 한 교제를 가질 것이라는 것입니다. 둘째로, 신자 한 사람 한 사람은 자기가 그가 주시는 선물을 다른 회원들의 유익과 복지를 위하여 자유롭게 또한 기쁨으로 사용할 의무가 있다는 것을 알아야 한다는 것입니다."

우리의 교리 문서인 『웨스트민스터 신앙고백서』는 비교적 상세하게 성도의 교제를 다루고 있다. 세분하여 정리하면 다음과 같다.[26장]

1. "모든 성도는 그리스도의 은총과 고난과 죽음의 부활과 영광 안에서 그와 교제를 가진다." 2. "성도들끼리는 사랑으로 각자가 받은 은사와 은총을 나눈다." 3. 성도들은 모든 면에서 "상호 간의 선을 이루기 위한 의무를 행해야 한다." 4. "공적으로 성도의 생활을 하겠다고 공포한 성도는 하나님께 대한 예배에 있어서 거룩한 교제와 교통을 지속할 의무가 있다." 5. "상호간 덕을 세우는 것에 도움이 될 수 있는 다른 영적 봉사를 해야 한다." 6. "물질적으로도 각자의 능력과 필요성에 의해서 서로 도와야 한다." 7. "하나님이 부여해 주신 이 교제는 어느 곳에서든지 주 예수의 이름을 부르는 모든 사람에게까지 확장되어야 한다."

우리 교단의 문서 중 『21세기 신앙고백서』는 코이노니아를 기본 개념으로 담고 있다. 첫 부분을 이렇게 시작한다.

하나님께서는 온 인류와 우주만물을 창조하시고, 지탱하시며, 구속하여 성화시키시고, 새 하늘과 새 땅으로 인도하사 영화롭게 하시며, 영원한 사랑의 교제[코이노니아]를 누리게 하신다. 하나님께서는 개인의 완전한 자유와 인류사회의 공동체성, 교회의 통일성과 다양성, 사람들과 모든 피조물들 가운데 사랑과 생명의 교제의 근거이시다.

하나님이 만드신 이 교제는 인간의 타락으로 인하여 깨어졌으나 예수 그리스도를 통하여 새로운 교제를 만드시고, 성령을 통하여 이 교제가 이 땅에 실현되어 새 하늘과 새 땅에서 영원한 교제가 완성된다고 고백하고 있다.

이외의 문서들에도 코이노니아의 개념을 중요하게 다루고 있다. 그러므로 코이노니아는 단지 남을 돕고 섬긴다는 의미만을 갖는 것이 아니라 보다 더 근본적인 의미를 갖는다.

3. 코이노니아, 예수 그리스도에 참여하는 것

코이노니아의 의미를 좀 더 깊이 묵상해 보자. 코이노니아를 단순히 성도 간의 사귐으로만 축소해서는 안 된다. 더 근본적인 의미를 담고 있기 때문이다. 그것은 바로 그리스도와의 교제, 그리스도에 참여하는 것을 의미한다. "너희로 우리와 사귐^{코이노니아}이 있게 하려 함이니 우리의 사귐은 아버지와 그의 아들 예수 그리스도와 더불어 누림이라"^{요일 1:3}라는 구절과 "예수 그리스도 우리 주와 더불어 교제^{코이노니아}"^{고전 1:9}를 언급한 구절에서 그것이 잘 드러난다.

그렇다면 코이노니아, 즉 예수 그리스도에 참여한다는 것은 구체적으로 무엇을 의미하는가? 첫째, 성찬을 통해 그리스도의 몸에 참여하는 것을 의미한다. 바울은 다음과 같이 말한다. "우리가 축복하는 바 축복의 잔은 그리스도의 피에 참여함^{코이노니아}이 아니며 우리가 떼는 떡은 그리스도의 몸에 참여함^{코이노니아}이 아니냐 떡이 하나요 많은 우리가 한 몸이니 이는 우리가 다 한 떡에 참여함이라."^{고전 10:16-17} 바울에 의하면 코이노니아는 성찬을 통해 그리스도에 참여하여 그와 사귐을 갖는 것이며, 그리스도의 몸에 참여하는 교회 공동체가 하나가 되는 성령의 사건이다. 우리가 성찬에서 성령의 임재를 기원하는 이유가 여기에 있다. 성령은 우리를 그리스도와 하나 되게 하며, 우리를 서로 하나 되게 하시기 때문이다.

둘째, 주님과의 코이노니아를 일으키는 성찬은 과거를 현재화하는 회상적인 사건인 동시에 하나님 나라의 잔치를 미리 맛보는 선취적 사건을 의미한다. 몰트만의 말대로, 그 식사는 "우리를 위해서 죽으셨고 우리 앞에서 부활하신 그리스도의 기쁨의 식사로서 그것은 오고 있는 그 나라를 미리 맛보는 것" Moltmann, 『성령의 능력 안에 있는 교회』, 364 이며, "독특한 방식으로 과거와 미래, 역사와 종말론을 결합하고 해방하는 은혜의 표징이 된다." 따라서 성찬 참여자들은 "이 만찬에서 그리스도의 죽음을 회상하고", "부활하신 자의 현재[현존]를 인식하고", "영광 속에서의 그의 나라의 도래를 기쁨으로 희망"하게 된다. Moltmann, 『성령의 능력 안에 있는 교회』, 370 그러므로 성찬에 참여하는 코이노니아 공동체는 "자유로운 감사를 통하여 해방하는 은혜에 응답" Moltmann, 『성령의 능력 안에 있는 교회』, 370 해야 한다. 교회 공동체에 기쁨과 감격이 없다면, 그리고 분쟁과 나뉨으로 고통당한다면 코이노니아의 의미를 담아 성찬을 시행해 볼 것을 권한다.

셋째, 코이노니아는 그리스도의 고난과 부활에 참여하는 것을 의미한다. 바로 앞에서는 성찬을 통한 참여를 소개하였다. 그러나 그리스도의 고난과 부활에 참여하는 것이 성찬을 통해서만 일어나는 것은 아니다. 그리스도인의 삶 자체가 그리스도의 고난과 부활에 참여하는 코이노니아의 삶이어야 한다. 바울의 말을 인용해 본다. "내가 그리스도와 그 부활의 권능과 그 고난에 참여함 코이노니아 을 알고자 하여 그의 죽으심을 본받아 어떻게 해서든지 죽은 자 가운데서 부활에 이르려 하노니." 빌 3:10-11 이 본문에서 바울은 "모든 신자들이 그리스도 안에 들어가 그리스도와 결합되어 죽음과 부활을 비롯한 그의 생애의 모든 사건을 그와 함께 나눈다" Hawthorne, 『빌립보서』, 288 는 생각을 표현하고 있다. "그리스도인은 그리스도와 함께 죽었다가 부활해서, 지금은 그리스도의 부활한 생명의 능력 안에서 살고 있다" Hawthorne, 『빌립보서』, 288 는 것이다. 그러나 바울의 의도는 단지 현재 그리스도인의 삶에 참여하는 것만을 의미하지 않는다. 미래적 종말도 함께 포함하고 있다. "모든 갈등이 해결되고, 모든 불법이 영원히 바로 잡히게 될 미래의 부활에 대한 소망" Hawthorne, 『빌립보서』, 289 도 아울러 표현하고 있다. 그러므로 그리스도의 고난에 참여하는 것은 그리스도인들과 교회의 소망이며, 그리스도의 위로에 참여하는 것이며, "그의 영광을 나타내실 때에…즐거워하고 기뻐하게 하려 함이다." 벧전 4:13

현재의 교회는 도상의 존재다. 완성된 영광의 상태에 있는 공동체가 아니라 하나님 나라를 향한 순례의 공동체다. 순례의 도상에서 그리스도의 십자가, 그리스도를 위한 십자가는 당연한 실존이다. 그리스도의 십자가를 비켜 가는 교회는 교회가 아니다. 교회의 교회됨은 그리스도의 고난에 참여함에 있다. 고난에 참여하는 것은 고통이라기보다 오히려 기쁨이요 감사이다. 이것이 바로 코이노니아 교회의 본질이다. 그러므로 그리스도인과 교회에게 고난은 기뻐할 일이다. 고난은 결코 고난으로 끝나는 것이 아니라 그리스도의 부활에 참여하는 것이며, 그의 영광에 참여하는 것이기 때문이다. 한가지 기억할 것은, 그리스도와의 코이노니아를 가능케 하시는 이는 성령이라는 점이다. 성령은 그리스도의 영이시기 때문이다.

4. 코이노니아로서의 연보 ─ 연보의 성경적·신학적 의미

연보는 코이노니아다. 코이노니아의 구체적 형태가 연보다. 바울은 그의 서신에서 연보에 중요한 의미를 부여하고 있다. 몇 구절만 인용해 본다.

마게도냐와 아가야 사람들이 예루살렘 성도 중 가난한 자들을 위하여 기쁘게 얼마를 연보하였음이라 저희가 기뻐서 하였거니와 또한 저희는 그들에게 빚진 자니 만일 이방인들이 그들의 영적인 것을 나눠 가졌으면 육적인 것으로 그들을 섬기는 것이 마땅하니라. 롬 15:26-27

형제들아 하나님께서 마게도냐 교회들에게 주신 은혜를 우리가 너희에게 알리노니 환난의 많은 시련 가운데서 그들의 넘치는 기쁨과 극

심한 가난이 그들의 풍성한 연보를 넘치도록 하게 하였느니라 내가 증언하노니 그들이 힘대로 할 뿐 아니라 힘에 지나도록 자원하여 이 은혜와 성도 섬기는 일에 참여함에 대하여 우리에게 간절히 구하니 우리가 바라던 것뿐 아니라 그들이 먼저 자신을 주께 드리고 또 하나님의 뜻을 따라 우리에게 주었도다.^{고후 8:1-5}

이 직무로 증거를 삼아 너희가 그리스도의 복음을 진실히 믿고 복종하는 것과 그들과 모든 사람을 섬기는 너희의 후한 연보^{코이노니아}로 말미암아 하나님께 영광을 돌리고.^{고후 9:13}

이 구절들이 언급하고 있는 연보의 의미와 연관 용어들을 이미 파악했으리라 믿는다. 나눔과 섬김과 참여와 감사와 기쁨과 은혜가 연관어들이다. 그러므로 바울은 연보를 단순히 가난한 자들과 예루살렘 교회를 돕는 것에 한정하지 않는다. 이방인 그리스도인들과 유대 그리스도인들이 하나됨과 믿음의 교제를 의미하는 행위로 확장한다. 이것을 랠프 마틴^{Ralph P. Martin}은 다음과 설명한다. "연보는 기독교회를 이루고 있는 양 날개인 유대인들과 이방인들이 하나가 되었다는 것을 보여 주는 강력한 방식"^{Martin, 『고린도후서』, 521} 이라는 것이다. 던 역시도 연보를 "공동체의 화합과 뿔뿔이 흩어진 회중들의 통일된 정체성을 위해 불가결한 책무로"^{Dunn, 『로마서 (하)』, 585} 보았다. 바울이 이렇게 생각한 것은 언제나 교회는 하나라는 생각 때문이었다. 그에게 이방인 교회가 따로 있고 유대인 교회가 따로 있는 것이 아니었다. 오로지 한 성령 안에서 한 그리스도의 몸으로서 하나의 교회만 있을 뿐이었다. 그러므로 물질적으로든 영적으로든 서로 돕는다는 것은 지극히 당연한 것이었다. 연보를 통해 서로 도움으로써 교회는 하나 되어야 한다는 것을 가르치기 위함이기도 했다.

나아가 바울은 연보 행위에 구속사적인 의미를 담았다. 연보는 "같은 그리스도인 사이의 상호 섬김의 행위였을 뿐만 아니라 구원사의 연속성과 그것으로부터 이익을 얻는 사람들의 서로의 상호 의존성을 표현하려는 시도"「로마서 (하)」, 584 였다. 또한 "그의 전도를 통해서 믿은 자들에게 그들이 받은 모든 유익들이 메시아 신앙에 대한 이스라엘의 소망 덕분임을 깨달아서 그들에 대하여 감사하는 마음을 가져야 한다는 것을 일깨우기 위한 것"Martin, 「고린도후서」, 521 이었다. 그들이 하나님의 구원의 은혜에 참여할 수 있었던 것은 예루살렘에서 시작된 복음 때문이었다. 그리고 그들이 메시아 소망을 갖고 살아갈 수 있었던 것은 유대의 메시아 사상 때문이었다. 한마디로 이방인들은 유대인들에게 신앙의 빚진 자들이었다. 그러므로 바울에게 있어서 연보는 단순한 나눔과 도움의 표시가 아니라 구원의 기쁨과 감사의 징표였고, 하나님의 은혜에 참여하는 것이었으며, 구원의 빚을 갚는 것이었을 뿐만 아니라 하나님께 영광을 돌리도록 하는 것이었다.

이제 우리에게 돌아와 보자. 바울은 우리에게 연보의 의미를 되새기게 해준다. 수직적으로, 연보는 삼위일체 하나님의 코이노니아에 참여하는 것이고, 하나님의 구속의 적색은총에 감사하는 것이며, 일상의 모든 삶에서 베풀어 주시는 하나님의 창조의 녹색 은총에 응답하는 것이다. 그리고 수평적으로는, 섬기며 나누며 사랑으로 참여하는 것이며 우리의 이웃들에게 감사하는 것이다. 또 아름다운 성도의 교제에 참여하는 것이고, 공동체의 사귐을 돕는 것이며, 모든 그리스도인들이 그리스도 안에서 하나임을 확인하는 것이다. 그러므로 연보는, 로마서에서 바울이 한 말처럼, 우리 안에서 구제하는 것, 위로하는 것, 여러 은사를 함께 나누는 것, 긍휼을 베풀며 성도의 쓸 것을 공급하고 손 대접하는 것, 마음을 같이 하고 서로 섬기는 것, 화목하게 지내는 것을 풍성하게 한다. 우리는 다 빚진 자들이다. 오늘 이 시대에 연보가 무엇인지, 왜 해야 하는지 다시 한번 깊이 생각해 보자.

5. 위기 시대의 복음의 증인공동체로서의 교회

복음의 증인공동체는 예수 그리스도의 터 위에, 예수 그리스도의 복음 위에 세워진 공동체다. 교회는 그리스도의 교회이며, 머리이신 그리스도의 몸이다. 이미 마태는 교회를 예수 그리스도의 교회로 선언하였다. 바울 역시 "그리스도의 모든 교회"롬 16:16, "그리스도 안에 있는 유대의 교회들"갈 1:22 이라고 표현하였다. 고린도전서 3장 9-11절은 그리스도를 건축물의 터에 비유하고 있으며, 에베소 기자는 그리스도를 모퉁이 돌에 비유하였다. 물론 예수가 직접적으로 가시적 교회를 세운 적은 없다. 하지만 예수가 교회의 기초를 놓은 것은 틀림없다. 십자가와 부활 신앙이 교회의 터와 기초가 되었고, 예수가 만든 제자 공동체가 가시적 교회로 전환되었기 때문이다.

그러나 또한 교회는 성령의 역사와 분리되어 생각할 수 없다. 성령의 불길로부터 생성되었고, 성령의 능력으로 증인공동체가 되었고, 경계를 넘어 확장되어 갔기 때문이다. 몰트만은 그의 초기작인 『성령의 능력 안에 있는 교회』에서 "교회의 기원을 묻는다면 성령강림절과 '성령의 부어주심'으로부터 부활절과 사도의 소명의 환상에로 이끌려간다. 부활절은 명백히 십자가를 지시한다. 그러므로 이 질문의 틀에서 교회의 기원을 십자가에 달린 분에게서 보는 것이 정당하다. …갈보리 산에서의 그리스도의 옆구리 상처에서 발생한 교회는 성령 강림절의 불에 단련되었으며, 강물처럼 흘러가며, 불길처럼 타오른다"Moltmann, 『성령의 능력 안에 있는 교회』, 101고 주장한다.

중요한 것은 성령이 제자들을 예수의 증인, 복음의 증인으로 만들었다는 점이다. 오순절에 모인 제자들은 모두 성령을 체험했지만, 그들이 나가서 선포한 것은 성령이 아닌 예수 그리스도였다. 성령과 관련한 한국교회의 메시지는 성령을 받아야 한다는 것에 강조점이 있다. 물론 성령을 받아야 하고, 성령 충만해야 한다. 이는 결코 잘못된 메시지가 아니다. 그러나 우리가 정확하게 인식해야 할 것은 초기 기독교공동체의 메시지는 오로지 복음이었다는 점이다. 제자들은 성령의 역사를 직접 체험한 직후에 성령을 받으라고 전하는 대신 예수 그리스도의 복음을 선포했다. 그들이 전한 복음의 핵심은 다음과 같다: 예수 그리스도께서 십자가에서 돌아가셨고, 하나님께서 그를 다시 살리셨으며, 제자들이 이 사건의 증인이 되었다는 것이다. 또한 하나님께서 예수를 주와 그리스도가 되게 하셨고, 예수께서 약속하신 성령을 보내주셨다는 것이다. 사도행전 10장의 설교도 유사한 내용이다. 초기 교회 공동체는 십자가에 죽으심과 부활을 선포하였고, 그들이 그 일의 증인임을 선포하였다. 왜 성령으로 충만한 그들이 예수의 복음을 선포했을까? 성령은 그리스도의 영이기 때문이다. 성령은 자신의 증인이 아니라 예수의 증인이 되도록 하시기 때문이다. 여기서 성경이 말하고 있는 중요한 점은 모든 사람이 예수의 증인이 되는 것은 아니라는 점이다. 예수 그리스도의 행한 일과 부활의 증인이 되는 것은 하나님의 선택의 은총이다. 우리는 이 은총 속에 있다. 그렇다면 우리의 사명은 무엇이어야 하는가?

6. 다시 들어야 할, 다시 들려주어야 할 복음 — 증인공동체의 삶과 사명

우리에게 관심을 돌려보자. 우리는 스스로에게 에클레시아, 즉 증인공동체로서 삶을 살고 있는지 물어보아야 한다. 우리는 성령의 능력으로 예수 그리스도의 십자가와 부활에 참여한 자들이 아닌가. 그렇다면 우리는 누구이며, 무엇을 해야 하는가? 이미 보았듯이 성경은 우리의 정체성을 증인이라고 규정한다. 증인으로 부름 받은 자들이라고 말이다. 증인의 사명은 증언이다. 증인의 삶은 선포요 전도다. "우리에게 명하사 백성에게 전도하되 하나님이 살아 있는 자와 죽은 자의 재판장으로 정하신 자가 곧 이 사람인 것을 증언하게 하셨고 그에 대하여 모든 선지자도 증언하되 그를 믿는 사람들이 다 그의 이름을 힘입어 죄 사함을 받는다 하였느니라."행 10:42-43 이 본문은 예수의 이름으로 얻게되는 죄의 용서를 증언하라고, 전도하라고 요청한다. 왜냐하면 전도는 증인에게 요청하는 하나님의 명령이기 때문이다.

지금 한국 교회에는 전도가 안 되고 개척이 어려우며, 교회 성장이 불가능하기 때문에 현상 유지만 해도 성공이며 교회의 쇠퇴는 필연적인 결과라고 생각하는, 패배주의적 유령이 떠돌고 있다. 전도가 힘들고 개척이 힘든 것은 사실이다. 하루에도 몇 개의 교회가 사라지고 넘어지고 있다는 이야기를 많이 듣는다. 문제는 전도가 힘들다는 것에 있는 것이 아니라, 전도가 힘들다는 것을 신화처럼 받들어 전도하지 않는 것이 문제다. 과거에는 길거리에, 가가호호家家戶戶에 전도자들이 넘쳐났다. 열정과 사명감을 가지고 복음을 전했다. 필자의 어렸을 때를 회고해 보건대 예배드리는 시간 이외의 교회 활동은 주로 전도였다. 가가호호 전도지를 뿌렸고, 북을 치고 찬송을 부르며 예수 믿으라고 소리치며 거리를 활보했다. 심지어는 무당에게도 예수 믿으라고 외쳤다. 우리는 그것을 우리에게 주어진 이 시대의 마지막 사명으로 알았다. 전도 방식이 옳았는지, 그렇게 해서 몇 명이나 그리스도인이 되었는지는 모르나 전혀 부끄럽지 않았다. 사람들의 비난과 조롱을 오히려 기쁘게 생각했다. 주를 위해 당하는 고난이라 생각했기 때문이다. 그러나 오늘날은 어떤가. 전도의 열정이 식은 것은 말할 것도 없고, 열차에서 거리에서 전도하는 사람들을 보며 비웃는 그리스도인들도 있다. 과학 만능의 시대에, 인터넷과 SNS 시대에, 그리고 제 4차 산업혁명을 운운하는 시대에 저렇게 옛 방식으로 전도해서 효과가 있겠는가 하고 말이다. 사실 그렇다. 얼마나 효과가 있는지, 혹 기독교의 이미지를 오히려 더 깎아내리는 것은 아닌지 의문이 들 때가 있다. 하지만 전도 방식이 문제라며 전도하지 않는 것이 더 문제 아닌가.

복음에 대한 열정으로 충만했던, 증인의 사명을 잘 감당한 사람은 바울이다. 그는 하나님의 복음을 위해 부름을 받았다고 증인의 정체성을 분명히 했다. "이 복음은 하나님이 선지자들을 통하여 그의 아들에 관하여 성경에 미리 약속하신 것이라. 그의 아들에 관하여 말하면 육신으로는 다윗의 혈통에서 나셨고 성결의 영으로는 죽은 자들 가운데서 부활하사 능력으로 하나님의 아들로 선포되셨으니 곧 우리 주 예수 그리스도시니라."롬 1:2-4 이 복음을 바울은 로마 교인들에게 들려주고자 했다. "나는 할 수 있는 대로 로마에 있는 너희에게도 복음 전하기를 원하노라."롬 1:15 이것이 바울의 마음이었다. 그런데 특이한 것은 복음을 전하려고 한 대상은 결코 복음을 알지 못하는 사람들이 아니었다. 그들은 오히려 "예수 그리스도의 것으로 부르심을 받은 자"이며, "로마에서 하나님의 사랑하심을 받고 성도로 부르심을 받은 자들"롬 1:6-7 이었다. 그런데 왜 바울은 이미 복음을 알고 있는 로마 교인들에게 복음을 전하고 싶다고 했는가? 복음은 그리스도인들도 여전히 거듭거듭 들어야 하는 것이기 때문이다. 우리는 증인이기 때문에 증언의 내용을 끊임없이 들어야 한다. 그리고 들려주어야 한다. 모든 이들에게, 그리스도인이든 이방인이든 상관없이. 이것이 증인과 교회공동체의 삶이자 사명이다. 위기의 시대에 필요한 교회론은? 복음의 증인공동체!

7. 공동체를 살리시는 성령 하나님의 능력

부흥을 다시 사는 것, 회복과 소성이라고 한다면 단연코 이것은 성령의 사역이며 성령의 능력이다. 성령은 인간뿐 아니라 모든 만물에 생명을 주시는 분이시다. 간단히 말하면 성령은 생명을 살리는 영이다. 역동적으로 살아 움직이게 하는 영이시다. 생명의 영, 살리고 회복하시는 영에 대한 이러한 이해는 다름 아닌 성경에 근거한 것이다. 우리는 보통 성령의 능력을 언급할 때 사도행전에 의존하는 경향이 있다. 전적으로 옳은 말이다. 사도들의 행전은 곧 성령의 행전이기 때문이다. 그러나 먼저 우리는 구약에 주목할 필요가 있다. 구약에도 하나님의 역사와 능력이 매우 다양하게 나타나고 있기 때문이다. 사사기에는 부흥케 하는 하나님의 영에 대한 언급이 자주 나타난다. 집단적 타락과 위기와 불안과 공포 속에 있는 이스라엘에 하나님은 한 사사를 보내신다. 그는 하나님의 능력으로 그들을 해방하시고 구원한다. 이것은 전형적인 하나님의 영의 능력에 대한 언급이다. 오늘의 교회 공동체의 위기와 사사시대의 이스라엘 공동체의 위기는 서로 닮은 점이 있다. 바로 인간 집단이 보여주는 끊임없는 나약함과 오류, 그리고 실패이다. 이런 상황에 하나님의 영이 임한다. 이 하나님의 영은 "하나님의 백성 안에 새로운 단결심을 만들어내며, 죄로 인해 스스로 책임져야 할 무력함의 결과로부터 그 백성을 해방시키며, 억압되었던 삶을 다시 일으켜 세우는"Welker, 『하나님의 영: 성령의 신학』, 84-85 하나님의 능력이다. 하나님의 영은 이스라엘을 회복하게 하고 다시 하나님 앞으로 돌아오게 하는 영적 각성을 일으키신다. 이스라엘의 집단적 무력감으로부터, 노예의 신음으로부터, 불확실성의 공포로부터 해방하시는 영이다.Welker, 『하나님의 영: 성령의 신학』, 89

성령의 능력은 고치시고, 회복시키며, 죽음에서 다시 소생케 하는 능력이다. 에스겔은 이를 매우 적절하게 증언한다. 하나님의 영의 능력으로 에스겔이 본 이스라엘은 죽은 것과 다름없었다. 골짜기의 마른 뼈와 같았다. "우리의 뼈들이 말랐고 우리의 소망이 없어졌으니 우리는 다 멸절되었다"겔 37:11고 고백할 수밖에 없는 상태였다. 왜냐하면 백성은 유일한 생명의 근원이신 야웨로부터 분리되었기 때문이다. 그리고 그 순간 하나님이 선언하신다. "내가 또 내 영을 너희 속에 두어 너희가 살아나게 하고 내가 또 너희를 너희 고국 땅에 두리니 나 여호와가 이 일을 말하고 이룬 줄을 너희가 알리라 여호와의 말씀이니라."겔 37:14 에스겔서의 구절에서 우리가 주목할 것은 하나님의 영의 공동체적 사역이다. 성령은 개인에게만 역사하시는 영이 아니다. 하나님은 그의 영을 그의 백성에게 두어 그들을 회복하시고 살아나게 하신다.

내가 너희를 여러 나라 가운데에서 인도하여 내고 여러 민족 가운데에서 모아 데리고 고국 땅에 들어가서 맑은 물을 너희에게 뿌려서 너희로 정결하게 하되 곧 너희 모든 더러운 것에서와 모든 우상 숭배에서 너희를 정결하게 할 것이며 또 새 영을 너희 속에 두고 새 마음을 너희에게 주되 너희 육신에서 굳은 마음을 제거하고 부드러운 마음을 줄 것이며 또 내 영을 너희 속에 두어 너희로 내 율례를 행하게 하리니 너희가 내 규례를 지켜 행할지라 내가 너희 조상들에게 준 땅에서 너희가 거주하면서 내 백성이 되고 나는 너희 하나님이 되리라. 겔 36:24-28

신약에서 하나님의 백성은 교회다. 성령은 교회를 살리시며 회복시키시는 영이시다. 교회의 아픔과 상처를 치유하시며 위로하신다. 하나님은 그의 영을 교회에 두신다. 그리고 굳은 심장을 제거하고 부드러운 새 심장을 허락하신다. 만일 그가 교회에 거하시지 않고 교회를 외면하신다면 교회는 먼지로 돌아갈 뿐이다. 이제 하나님의 영의 능력으로 살아가는 교회 공동체는 살아있는 공동체이며, 살리는 공동체이며, 살리고 회복하시는 영의 사역을 이 땅에서 이루어 나가는 공동체다. 그러므로 성령의 능력 안에서 살아가는 교회는 진심으로 생명을 살리는 하나님의 영의 사역에 동참하여야 한다. "애통하는 자를 위로하는 일, 병든 자를 고치는 일, 나그네를 영접하는 일과 죄인을 용서하는 일, 즉 위협받고 상처받는 생명을 파괴의 세력으로부터 건져내는 일"Moltman, 『생명의 샘』, 36과 같은 생명의 복음을 전하고 실천하는 일에 힘써야 한다. 또한 "생명을 다시 끔찍이 존중하고 사랑함으로써, …죽음과 또 죽음을 퍼뜨리는 모든 세력들에게 대항"Moltman, 『생명의 샘』, 36할 수 있어야 한다. 교회는 "생명이 있는 곳, 폭력과 죽음이 생명을 위협하는 곳, 삶의 용기가 상실되어 삶이 위축된 곳이라면, 그 어디서나 생명의 선교를"Moltman, 『생명의 샘』, 37 시작해야 한다.

8. 성령의 능력으로 부흥하고 성장하는 교회

한동안 "부흥"이라는 노래가 유행했었다. "이 땅의 황무함을 보소서"라는 말로 시작하여 "우리의 죄악을 용서하소서"로 이어지며 결국은 성령의 불이 임하여 새날이 오고, 주님 나라가 이 땅에 임하길 원한다는 노래다. 적절한 부흥의 의미가 담겼다고 생각된다. 일반적으로 부흥은 이런 기조에서 논의 되어왔다. 부흥의 사전적 의미는 "쇠퇴하였던 것이 다시 일어남, 죽었다가 다시 깨어남" 등이다. 이런 사전적 의미의 부흥을 성경적 단어로 바꾼다면 아마 소성蘇醒이라는 단어가 잘 어울릴 것이다. 『웹스터 사전』은 부흥을 여러 가지로 정의한다. 죽음에서 삶으로 돌아오는 것, 즉 생명의 회복, 정신이 돌아오는 것과 같은, 나른함의 상태에서 깨어나 활동의 상태에 이르는 것, 망각이나 모호함이나 우울의 상태에서 깨어나거나 회복되는 것, 영적 관심을 일깨우는 것, 즉 영적 쇠퇴에 대응하고 영적 모멘텀을 만들어 내는 것, 기쁨과 희망으로 새롭게 되는 것 등이다.

반스 하브너 Vance Havner 는 부흥을 "하나님의 백성들 사이에서 일어나는 하나님의 영의 역사"로 보았고, 마틴 로이드 존스 David Martyn Lloyd-Jones 는 "부흥의 본질은 성령이 많은 사람에게 함께 임하는 것", 즉 전체 교회, 여러 교회, 지역 또는 국가 전체에 임하는 것"으로 정의하고 있으며, 토저 Aiden Wilson Tozer 는 부흥을 "공동체의 도덕적 분위기를 바꾸는 것"으로 생각하고 있다. 오르 James Edwin Orr 는 부흥을 "영적 각성"으로, 그 영적 각성은 초대교회의 부흥을 가져온 성령 운동으로 주장한다. 그러면서 그것은 개인과 신자들의 모임과 도시와 국가와 심지어 세계를 변화시키는 것이며, 부흥한 교회는 전도와 교육과 사회 활동에 열심이었다고 부가하고 있다. Re-Digging The Wells of Revival

프리스트 Gerald L. Priest 는 다음과 같이 말한다. "'부흥'은 '다시 사는 것' 또는 '의식이나 생명으로 돌아가거나 회복하는 것'을 의미하는 라틴어 revivere 에서 파생된 동사 'revive'의 명사 형태다. 부흥은 또한 '무언가의 참된 성격과 목적을 회복하는 것'일 수도 있다. 또한 이 용어는 사회도덕이나 교리의 근본적인 변화와 같이 '개혁'을 의미할 수도 있다. 예를 들어 개신교 종교개혁을 이런 의미로 이해할 수 있을 것이다. 성경적으로나 역사적으로 볼 때 이 용어는 도덕적인 결과를 수반하는 운동으로 정의할 수도 있을 것이다. 개혁은 본질적으로 잃어버린 자를 구원하고 구원받은 자를 성화시키는 성령의 강력한 사역이다."[Budiselić]

토마스 킷[Thomas S. Kidd]에 따르면, "부흥주의는 종종 회심, 회개, 거룩함에 대한 헌신을 포함하여 교회의 영적 쇄신에 대한 열망을 의미한다. …일반적으로 부흥의 개념은 한때 번성했지만 쇠퇴한 교회를 전제로 한다."[Budiselić] 앤드류 머레이[Andrew Murray]에게 부흥은 "살아 있었지만 소위 차가운 상태, 즉 죽은 상태에 빠진 사람들을 다시 살리는 것"을 의미한다. 그러므로 그는 "첫사랑으로 되돌리고 회심의 입구가 될 영적인 삶의 건전한 성장을 되찾기 위해서는 부흥을 필요로 한다"고 말한다.[Budiselić] 폴 울프[Paul Wolfe]는 부흥을 "교회와 그리스도인 개개인이 하나님의 실재와 임재에 대한 새로운 감각을 경험하고 그에 따라 반응하여 하나님의 성령을 소멸시켜 그의 뜻을 이루는 사역을 소멸시키지 않는 하나님의 역사"라 소개한다.[Budiselić]

케빈 드 영[Kevin DeYoung]은 참된 부흥의 특징을 다음과 같이 5가지로 제시한다: 1. 하나님의 말씀의 회복 2. 회복된 의미의 하나님 경외하기 3. 고백과 회개를 통해 하나님께로 돌아가기 4. 갱신된 영적 헌신과 책임 5. 참된 경건의 개혁[Kevin DeYoung, "What Is True Revival?"]. 부흥을 언급하면서 사도행전의 교회를 언급하지 않을 수 없을 것이다. 진정한 교회 부흥의 모델이라고 할 수 있기 때문이다. 한국 교회의 부흥을 위해 눈여겨보는 것이 필요할 것으로 생각하여, 요셉 캐슬베리[Joseph Castleberry]가 사도행전 2장에 근거하여 언급한 부흥의 특징을 다음과 같이 소개한다. "예수를 전하는 데 최우선 순위를 둠, 회개와 삶의 방식의 변화, 기도에 대한 열정, 말씀에 대한 갈망, 잃어버린 자들에 대한 부담, 목회와 선교에 대한 긴급한 소명, 구원 받은 자들의 증가, 하나님의 임재, 하나님의 사역을 향한 관대함, 예배와 기도와 말씀을 위한 빈번한 집단적 모임, 성도들의 교제, 공동체에 대한 호의적 태도" Castleberry, "12 Signs of Revival".

지금까지 다양한 부흥의 정의와 의미를 소개하였다. 교회의 역사를 보면 다양한 부흥의 순간들이 있었다. 사도행전의 교회가 그러했으며 종교 개혁 운동이 그러했고 웨슬리와 미국의 여러 각성 운동이 그러했고 한국교회의 부흥 운동이 그러했다. 그런 운동은 교회의 잘못과 타락에 대한 회개 운동이었으며 말씀으로 돌아가자는 운동이었고, 성령의 능력에 의존한 하나님의 갱신 운동이었다. 주목할 것은 교회의 역사 속에 부흥 운동들이 있었다는 것은 역으로 교회의 위기와 침체와 타락이 있었다는 것을 전제로 한다. 오늘날의 한국 교회의 위기 상황이 무엇이든, 성령의 능력으로 부흥이 필요한 시점이라는 것은 분명한 사실이다.

교회의 성장은 부흥의 결과라고 할 수 있을 것이다. 영적인 각성, 회개 운동, 다양한 부흥은 수적 성장의 결과를 가져올 수 있다. 물론 부흥 운동이 일어났다고 해서 반드시 수적 성장을 가져오는 것은 아니다. 부흥의 증거가 반드시 외적으로 측정할 수 있는 것도 아니다. 그러나 수적 성장을 배척할 필요는 없다. 오늘날의 교회 위기를 부르짖는다. 이것은 교회가 영적 침체의 늪에 빠져 있어서 외치는 소리이기도 하지만 교인 수의 감소로 인해 갖는 위기의식의 발로이기도 하다. 한국교회의 위기 현상에 대한 분석은 대체로 이러한 기조 위에 서 있다. 영적 침체도 물론 위기려니와 수적 침체도 교회의 매우 심대한 위기라는 것이다. 이러한 상황 속에서 교회에 관한 성경의 가르침을 살펴볼 필요가 있다.

먼저 에베소서의 구절을 인용하고자 한다. "그의 안에서 건물마다 서로 연결하여 주 안에서 성전이 되어 가고 너희도 성령 안에서 하나님이 거하실 처소가 되기 위하여 그리스도 예수 안에서 함께 지어져 가느니라."엡 2:21-22 이 구절에서 특히 주목하고 싶은 표현은 "성전이 되어가고"와 "함께 지어져 간다"는 단어다. 이것은 하나님의 집 혹은 처소로 완성 되어감을 의미한다.

지어져 간다는 것은 성장의 의미를 포함하고 있다. 칼빈도 이 구절을 성장의 개념으로 해석하고 있다. "바울이 에베소 사람에게 한 맨 그리스도의 터 위에 세워진 이상 그리스도를 믿는 신앙으로 더욱 더 성장하여 하나님께서 복음을 통해 세계 도처에 세우시는 새 성전의 일부가 되라고 권면한 말씀"이라는 것이다. Calvin, 『신약성서 주해 9』, 306 에베소서 4장 15절은 "오직 사랑 안에서 참된 것을 하여 범사에 그에게까지 자랄지라 그는 머리니 곧 그리스도라"고 표현한다. 그리스도의 교회는 성령 안에서 그리스도에게까지 자라가게 된다는 것이다. 갈라디아서 5장 22절은 성령의 열매를 언급하고 있다. 이것은 "성장에 대한 사고를 암시한다." Hoekema, 『개혁주의 구원론』, 67 열매는 갑작스러운 결과가 아니라 성장 과정의 최종 단계이다. 그러므로 성령의 열매는 "영적 성장의 지속적인 과정" Hoekema, 『개혁주의 구원론』, 67 이다. 그 영적 성장은 "성령에게 습관적으로, 전적으로 우리 자신을 복종시키고, 성령의 인도를 받으며, 매일 매시간 성령 안에서 행하며 살아가는 것을 의미한다. 그렇게 할 때 이 모든 미덕[아홉 가지 열매]이 우리 안에서 함께 자라나게 될 것이다." Hoekema, 『개혁주의 구원론』, 67

부흥은 소성과 소생, 즉 다시 깨어나고 살아나는 것을 의미한다. 침체와 죽음과 나약함에서 벗어나 생명이 살아 움직임을 뜻한다. 생명과 살아있음은 곧 성장을 의미한다. 그것은 교회 자체의 능력이 아니라 성령의 역사이며 능력이다. 그러므로 성령의 능력으로 소성케 된 교회 공동체는 살아있는 유기체적 공동체이며 곧 성장하는 공동체를 의미한다. 바르트의 주장대로, "성장이란 살아 있다고 하는 생명의 진정한 표현이자 생명의 실행이며 생명의 신호이기도 하다. 이 힘은 공동체에 내주하는 생명의 힘이다. …예수는 공동체에 내주하고 내재하는 살아 있는 힘이다. 이 힘 속에서 공동체는 자라나고 있고, 이 힘 속에서 공동체로 살아가기도 한다." Barth, KD IV/2, 899-900

여기서 우리는 사도행전이 말하는 성령의 능력으로 나타나는 수적 성장에 대해서 생각해 보고자 한다. 특이하게도 사도행전의 저자인 누가는 교회의 수적, 외적 확장에 상당한 관심을 보인다. 누가는 "신약성서의 제자들

중에서 유일하게도 공동체의 숫자적 증가에 대해 확실한 관심을 보이고 있는 유일한 기자" Barth, KD IV/2, 894다.

> "그 말을 받은 사람들은 세례를 받으매 이 날에 신도의 수가 삼천이나 더하더라." 행 2:41 "날마다 마음을 같이하여 성전에 모이기를 힘쓰고 집에서 떡을 떼며 기쁨과 순전한 마음으로 음식을 먹고 하나님을 찬미하며 또 온 백성에게 칭송을 받으니 주께서 구원 받는 사람을 날마다 더하게 하시니라." 행 2:46-47 "말씀을 들은 사람 중에 믿는 자가 많으니 남자의 수가 약 오천이나 되었더라." 행 4:4 "믿고 주께로 나아오는 자가 더 많으니 남녀의 큰 무리더라." 행 5:14 "하나님의 말씀이 점점 왕성하여 예루살렘에 있는 제자의 수가 더 심히 많아지고 허다한 제사장의 무리도 이 도에 복종하니라." 행 6:7 "그리하여 온 유대와 갈릴리와 사마리아 교회가 평안하여 든든히 서 가고 주를 경외함과 성령의 위로로 진행하여 수가 더 많아지니라." 행 9:31 "주의 손이 그들과 함께 하시매 수많은 사람들이 믿고 주께 돌아오더라." 행 11:21 "바나바는 착한 사람이요 성령과 믿음이 충만한 사람이라 이에 큰 무리가 주께 더하여지더라." 행 11:24 "이에 여러 교회가 믿음이 더 굳건해지고 수가 날마다 늘어가니라." 행 16:5

이처럼 수적 성장에 대한 누가의 관심은 놀라울 정도다. 틀림없이 누가는 성령의 역사로 나타나는 수적 성장에 놀라워했을 것이고 감사했을 것이다. 그래서 이렇게 교회가 수적으로 성장해 가고 있다는 것을, 하나님 나라가 이렇게 성장해 가고 있다는 것을, 성령의 피조물인 교회가 이렇게 확장되어 가고 있다는 것을, 그리스도의 몸과 하나님의 백성이 이렇게 경계를 넘어서 그 영역을 확대해 가고 있다는 것을 이렇게 생생하게 기록한 것이 아니겠는가. 물론 주의할 것은 누가의 기록에서도 수적 성장이 목표는 아니다. 다만 성령의 능력으로 일어나는 결과물일 뿐이다. 이러한 누가의 관심을 바르트는 정확히 지적해 내고 있다.

> 이러한 성장과 성장의 힘을 특별히 최선을 다해 강조해주고 있는 곳은 사도행전이다. …사도행전 2:41에 의하면 대략 3,000명의 사람들이 베드로가 행한 오순절 설교를 계기로 해서 회개하여 공동체 속에 숫자적으로 더해지고, 그리하여 그들이 말씀을 받아들여 세례를 받게 되었다. 또한 사도행전 2:47은 공동체가 즐거이 하나님을 찬양하게 되니 그 결과로 주께서 날마다 그러한 구원받은 자를 더해 주심을 보고하고 있다. 그래서 사도행전 4:4에 의하면 말씀을 듣고 신앙을 받아들이게 된 사람들의 숫자가 5,000명으로 껑충 뛰어 오르게 되고, 사도행전 6:1에 가서는 공동체의 무리가 급증되었던 나머지 공동체 내의 제도적인 문제가 발생하게 되었음과 이를 위하여 스데반과 그의 동료들이 나서야 할 판국이 도래했음을 보도하고 있다. 그리하여 사도행전 6:7로 넘어오게 되면서, 제자들의 숫자가 늘어나게 되었음을 보이는가 하면 급기야는 제자들이 박해를 받게 되는 상황에까지 와서 스데반이 그리스도교의 첫 순교자로서 쓰러지게 됨을 증언하고 있다. 사도행전 6:7에서 표현되고 있는 괄목할 만한 구절은 '하나님의 말씀이 점점 왕성하여 제자의 수가 더 심히 많아지고'이다. 이렇게 말씀이 자란다는 말씀은 사도행전 12:24에서 또 나타나면서, 사도행전 19:20에 가서는 급기야 말씀이 힘을 얻고 있다고 표현되고 있으니, 그 뜻은 그러한 능력 있는 말씀의 증거가 점점 더 많이 증가되는 사람의 숫자를 획득하고 있다는 의미였다. 그와 같은 맥락에서 사도행전 16:5에서도 소아시아에서 공동체의 신앙이 굳건해져서 그 공동체의 숫자가 날마다 증가되고 있다고 말하고 있다. Barth, *KD IV/2*, 891-92

신약성서는 그러한 근본적이며 실로 본질적인 공동체의 성장에 관한 개념을 알고 있으며 또한 그뿐만 아니라 그런 성장의 의미 안에서 공동체에 내재하고 있는 성장을 지향하는 힘 역시도 신약성서는 알고 장조하고 있다. 이러한 성장과 성장의 힘을 특별히 최선을 다해 강조해 주고 있는 곳은 사도행전이다. …그만큼 사도행전의 누가에게 있어서는, 그 자신이 만물을 바라보는 우주 역사관의 관점에서 볼 때, 그 공동체가 자라나고 늘어나야 하는 것은 그만큼 중요했던 것이다. 진정 그의 우주관적 시각은 곧 공동체의 자라남을 보고 있었던 것이었다. 공동체는 우주 역사의 한 가운데서 실존하고 있으며, 그 공동체는 그러한 만큼의 힘과 능력을 지니고 있는 것이다. …그러므로 그 공동체의 힘과 능력은 공동체 내 성도의 숫자와 비례하게 된다.^{Barth, KD IV/2, 891-892}

물론 다시 한번 기억할 것은, 사도행전의 기록 목표와 목적이 교회의 수적 성장에 있지는 않다는 것이다. 수적 성장은 성령의 능력으로 일어나는 결과일 뿐이다. 그래서 사도행전은 한결같이 "교회를 수적으로 성장시키기 위하여" 성령 충만을 간구했다거나 노력했다고 말하지 않고, 성령의 역사의 결과로 주어졌다고만 말하고 있다. 그러므로 교회는 오로지 복음과 그리스도를 증언하는 일과 하나님 나라를 선포하는 일을 목표로 해야 한다.^{Barth, KD IV/2, 893} 바르트의 말대로, "교회는 많은 그리스도인의 소집이라는 양적인 문제보다는, 어떻게 해야 지금 진정한 그리스도인으로 만들 것이며, 또한 어떻게 해야 미래의 진정한 그리스도인들이 될 수 있도록 할 것인가에 대한 문제가 교회의 관건이 되어야 할 것이다. 더 나아가 그리스도인들의 질적인 측면을 고양함을 교회의 큰 과제로 삼고, 그러한 방향으로 움직이며 증진해 나가야 할 것이다. 그러나 질적인 것과 수적인 것에 앞서, 그 양자보다 더 우선적인 것은 교회가 그 모임 자체의 목적대로 성실히 자신의 고유의 임무를 수행해 나아가야 하는 것이다."^{Barth, KD IV/2, 894} 그럼에도 잊지 말아야 할 것은 사도행전이 결코 교회의 수적 성장을 부정적으로 바라보지 않는다는 점이다. 누가가 교회의 수적 확장을 반복적으로 언급하고 있는 것은 "공동체가 자라나고 늘어나야 하는 것이 그만큼 중요했기"^{Barth, KD IV/2, 892} 때문이다. 또한 그것을 성령의 역사로, 성령의 능력의 임재로 보았기 때문이다.

제 4 장
무신론 시대의 성경론

—

1. "오직 성경"의 권위 vs 도전 받는 권위

　오직 성경 Sola Scriptura! 이 구호는 종교개혁자들의 결코 포기할 수 없는, 목숨 건 외침이었다. 이것은 성경만이 "우리의 신앙과 행위에 대한 정확무오한 유일의 법칙" 『대한예수교장로회신앙고백서』 1,1 이라는 의미다. 그들은 성경의 권위를 그 어떤 교회의 문서나 칙령보다도 우위에 두었다. 루터는 "신학 논쟁에서 성경을 최종적 권위와 규범적 판결기구" Leonhardt, 『조직신학 연구방법론』, 326 로 보았다. 성경은 모든 신학 논쟁에 있어서 재판장 iudex 이었다. 성경은 철저히 하나님의 말씀이고, 예수 그리스도를 증언하고 있기 때문이다. 칼빈도 루터와 유사한 생각을 가지고 있다. 『기독교강요』에서 "성경의 권위는 하나님으로부터 온 것이지 교회에서 온 것이 아니다" Calvin, 『기독교강요』, I,7,1 라고 주장하면서 성경의 권위의 근거를 하나님에게 두었다. 이들이 이렇게 주장한 의도는 분명하다. 교회가 회의를 통해 성경을 경전이라고 결정했으므로, 성경을 교회의 권위 아래에 두려 했던 중세의 성경관을 부정하기 위함이었다. 종교개혁자들은 이런 생각을 결코 용납할 수 없었다. 특히 칼빈은 "성경을 판단하는 권세가 교회에 속하며, 성경의 확실성이 교회의 찬동에 좌우된다는 것을 참으로 거짓된 견해" Calvin, 『기독교강요』, I,7,2 라고, 또한 "성령을 조롱하는 것"이며 "신성모독적인 것" Calvin, 『기독교강요』, I,7,1 이라고 단언하였다. 종교개혁자들에게 있어서 성경의 권위는 사람들에 의해 결정되는 것이 아니라 하늘로부터 오는 것이었다. 달리 말해, 성경 자체가 이미 신적인 권위를 갖는 하나님의 말씀이고, 성령께서 이를 증거하시기 때문에, 교회는 이를 승인한 것에 불과한 것이었다.

　개혁교회는 종교개혁자들의 생각을 잘 계승하였다. 장로교 창시자라 일컬어지는 존 낙스 John Knox 를 중심으로 만들어진 『스코틀랜드 신앙고백서』

¹⁵⁶⁰ 는 성경의 권위를 다음과 같이 인정하고 있다. "성경의 권위는 어떤 사람이나 천사에게 의존하는 것이 아니라 하나님 자신에게서 온 것이라고 우리는 확인하고 공헌한다. 그러므로 성서가 권위를 가지고 있는 것은 그들이 그것을 교회로부터 받은 것이지 다른 데서 얻어 온 것은 아니라고 하는 사람들은 하나님을 모독하는 사람들이요 참된 교회에 대해서는 해독을 주는 사람들이다." 『제 2 스위스 신앙고백서』¹⁵⁶⁶ 에서는 "사도들이 전해준 성서가 하나님의 참된 말씀이며, 사람에게서 받은 것이 아니라 성서 자체가 충분한 권위를 가지고 있다"고 고백하고 있다. 『웨스트민스터 신앙고백서』역시 "성경의 권위는 어떤 사람이나 교회의 증언에 의존하는 것이 아니라, 진리 자체이시며 저자가 되시는 하나님께 전적으로 의존한다. 그러므로 성경은 하나님의 말씀이기 때문에, 우리는 성경을 받아들여야 한다."^{1.4}고 증언하고 있다.

하지만 시대가 지나면서 성경의 권위에 도전하는 사조들이 나타나게 되었다. 계몽주의가 바로 그것이었다. 계몽주의는 이성을 중시하다 못해, 판단의 규범으로 삼았다. 이성은 모든 것을 심판하는 재판장이 되었다. 이 사조는 교회에도 크나큰 영향을 주었다. 신앙을 사적 영역으로 만들었고, 성경과 기독교의 진리를 바라보는 시각을 바꾸어버렸다. 이성을 인식의 기준으로 삼았으므로 교회나 성경을 결코 최종적 권위로 인정했을 리 없었다. 오히려 성경을 이성의 심판대 위에 올려놓았다. 이성의 저울에 올려진 성경은 "역사의 제약을 받는 인간이 하나님에 대해 숙고한 결과물" ^{Leonhardt, 『조직신학 연구방법론』, 338} 에 불과했다. 수많은 성경의 기록과 내용을 신화로 판정하였다. 성경은 여러 편집자들과 저자들에 편집된 것이고, 고대 근동지역의 영향으로 생성된 것으로, 하나님의 말씀이 아닌 인간의 문헌으로 간주 되었다. 자연히 성경에 있는 부활과 기적은 믿을 만한 것이 못되었고, 미래 종말론적 관점들은 신화로 치부되었다. 하늘과 땅과 지옥은 현대인들이 받아들일 수 없는 비과학적 원시세계상으로 간주되었다. 성경의 기적이 제거되니 예수는 윤리 교사가 되어버렸다. 예수의 탄생과 공생애와 선포와 십자가와 부활은 역사적으로 신뢰할

수 없는 신화가 되었다. "성경은 내용적으로 전혀 단일하지 않은, 계시에 대한 인간적 증언으로 간주 되었다. 이로써 성경을 중심으로 형성된 교회 교리도 그리스도인에 대한 절대적 구속력을 상실하고" Leonhardt, 「조직신학 연구방법론」, 336 말았다. 따라서 성경은 근대 이전에 가졌던 규범으로서의 위치를 내려놓아야 했다. 한마디로, 계몽주의 시대는 성경의 절대적 권위를 철저히 부정한 시대였다. 그런데 문제는 오늘날의 무신론자들도 이렇게 이성과 과학의 안경으로 성경을 비판하고 교회를 비판한다는 점이다.

2. 오늘날 교회와 그리스도인의 과제는 성경을 변호하는 것

오늘날 수많은 도전이 교회에 몰려오고 있다. 일일이 열거할 수 없을 정도다. 그리고 일일이 대응하기도 참으로 버겁다. 교회를 어렵게 하는 많은 문제들 중의 하나가 최근의 공격적인 무신론이다. 『만들어진 신』이라는 책을 통해 기독교 신앙을 위협한 리처드 도킨스 Richard Dawkins, 다니엘 데닛 Daniel Dennett, 샘 해리스 Sam Harris, 크리스토퍼 히친스 Christopher Hitchens 등이 그 대표자들이다. 무신론자들은 때로는 은밀하게, 때로는 노골적으로 기독교를 비난하고 교회를 공격한다. 이는 교회가 무너지면 교회가 담고 있는 복음도 함께 가려지고 무너질 것이라 생각하기 때문이다. 그들은 하나님의 존재를 과학적으로 증명하라고 요구하며, 과학적 증명이 불가능하다면 하나님이 존재하지 않는다고 주장한다. 더 나아가 "하나님은 없으니 염려하지 말고 인생을 즐기며 살라"는 버스 광고에도 많은 돈을 투자한다. 이는 참으로 비논리적이고 비상식적인 주장이다.

게다가 무신론자들은 기독교에서 주장하지도 않는 내용을 마치 기독교의 주장인 것처럼 공격하며 승리했다고 생각한다. 이는 허수아비 논법이며 잘못된 과녁의 오류다. 그들이 인용하는 통계, 실험, 자료들을 살펴보면 의도적인 왜곡과 과장, 성급한 일반화가 만연하다. 흥미로운 점은 그들도 '무신론 교회'를 설립하여 친교 모임을 가지고, 강연하며, 노래를 부른다는 것이다. 교회와 유사한 조직 구조가 메시지 전달에 가장 효과적이라고 판단했기 때문이라고 한다. 이러한 방식이 통했는지 무신론 교회는 빠르게 확산되고 있다. 또한 무신론 학교들이 설립되고 무신론자들의 수도 급증하고 있다. 그뿐만 아니다. 온갖 철학적, 과학적인 용어를 동원하여 마치 객관적이고 지성적인 서적인 듯 보이나 결국은 기독교 비난 서적이다. 온갖 무신론단체를 조직하여 서양 사회에 스며들어 있는 기독교의 정신과 사상을 지우려 애쓴다. 전쟁과 같은 모든 잘못된 역사적 사건들을 무조건 종교 탓을 한다. 종교가 없으면 전쟁도 폭력도 불의도 없을 것처럼 말이다. 지면의 한계로 그들의 행태를 다 언급할 수 없어서 유감이다.

무신론자들의 비난은 교회에 멈추지 않고 종내에는 성경으로 향한다. 이들이 근본적으로 문제 삼는 것은 성경의 신뢰성이다. 기독교와 교회의 근거와 뿌리가 성경이기에, 성경의 신뢰성만 무너뜨리면 교회도 무너뜨릴 수 있다고 생각한다. 그래서 성경을 청소년 유해매체로 지정하자는 운동도 벌인다. 이들은 성경 속 하나님을 복수심에 불타는 존재로 매도하고, 성경을 지옥불 설교로 가득한 책이라고 비난한다. 도킨스는 "수많은 익명의 저자, 편집자, 필사자 등이 9세기에 걸쳐 지리멸렬한 문서들을 혼란스럽게 엮고 짓고 수정하고 번역하고 왜곡하고 개정한 선집에서 기대할 만한 바로 그런 양상" _{Dawkins, 『만들어진 신』, 356} 을 보여주는 책이라고 주장한다. 심지어 오늘날의 심각한 환경파괴의 원인이 성경에 있다고 말하는 이들도 있다. _{Lynn White} 이는 성경의 의도나 정신, 맥락은 전혀 고려하지 않은 채 성경을 읽고 있다는 증거다. 도킨스와 같은 무신론자들은 18, 19세기 계몽주의나 자유주의의 성경해석을 차용해 기독교를 공격하며, 성경도 과학적 검증의 대상이 되어야 한다고 주장한다. 성경이 과학 서적이 아님에도 말이다.

도킨스는 또한 성경을 도덕적 잣대 위에 세운다. 성경은 도덕적 교훈을 위해 존재하는 도덕 교과서가 아닌데도 말이다. "구약성서가 윤리적으로 재앙수준"이며, "자식들에게 도덕을 함양하라고 줄 만한 책은 아니라"^{Dawkins, 『만들어진 신』, 378}는 것이다. "신약성서는 구약성서가 따라올 수 없는 악의가 담긴 새로운 가학피학증을 완성함으로써 새로운 부정의를 추가한다"라고도 악담한다. 성경에 대한 도킨스의 무지한 비난이 도를 넘는다. 그리스도인이라면 이런 현상에 위기의식을 가져야 한다. 그렇지 않으면 우리도 모르는 사이에 교회는 무너져 갈 것이다. 무신론에 무방비로 노출된 젊은이들은 교회의 메시지에, 기독교의 진리에 회의를 가질 것이고 마침내는 떠나갈 것이다. 이것이 바로 계몽주의에 제대로 대처하지 못했거나 야합했던 유럽 교회의 현실이다.

무신론 시대에 우리는 무엇을 해야 하는가? 이미 말한 대로 성경은 우리의 신앙과 행위에 대한 유일의 기준이다. 따라서 성경을 알아야 한다. 성경을 안다는 것은 곧 성경을 읽는 것이고, 성경대로 산다는 것이며, 성경을 우리의 모든 삶의 기준으로 삼는 것이고, 무신론의 공격에 성경을 변호하는 것을 의미한다. 그리고 성경에 관한 교회의 전통적 가르침을 알아야 한다. 성경의 권위, 성령의 신뢰성과 필요성, 성경해석의 원칙에 대하여 교회는 많은 것을 가르쳐 왔다. 우리는 이것을 좀 더 배울 필요가 있다. 그리고 오늘의 상황에 맞게 해석하여 무신론자들에게 대처해야 할 것이다. 그리스도인이라면 무신론자들의 성경 왜곡에 분개해야 한다. 그리고 공부해야 하며, 그것을 토대로 변증해야 한다. 다시 말하지만, 성경은 우리의 신앙과 행위의 유일한 기준이자 규범이다. 그러므로 교회는 성경을 변증하는 일에 깊은 관심을 기울여야 한다. 교회는 성경의 토대 위에 서 있는 공동체이기 때문이다.

3. 성경은 하나님의 말씀이자 교회의 경전으로 읽어야

앞서 살펴본 바와 같이, 무신론자들은 성경을 무차별적으로 공격한다.

그들이 온갖 말로 성경을 비난하고 조롱하는 근본적인 이유는 성경을 성경으로 읽지 않고 전혀 다른 관점으로 접근하기 때문이다. 즉, 자신들의 무신론적 관점과 신념으로 모든 것을 해석하려는 편향 때문이다. 그들은 성경의 맥락이나 전체적인 의도, 동기를 전혀 고려하지 않으며, 특정 표현들에만 지나치게 집중한다. 예를 들어, "돌로 치라", "진멸하라", "이에는 이로"와 같은 구절만을 보고 그 정확한 의도와 의미는 무시한 채, 구약의 하나님을 복수심에 불타는 잔인한 신으로 단정 짓는다. 따라서 소돔과 고모라 이야기, 아브라함과 이삭의 이야기, 입다의 딸 이야기, 전쟁 기록들, 율법 조항들, 우상숭배에 대한 태도, 십계명 등의 내용이 이해되지 않고 이상하게 들리는 것은 도킨스와 같은 강경한 무신론자들에게는 어쩌면 당연한 일일 것이다.

사실 이런 이야기들은 우리에게도 난제다. 성경에 아름답고 감동적인 휴머니즘적 이야기만 들어있다면 얼마나 좋을까. 자기계발서처럼 성경도 명언과 인생의 지혜로만 가득하다면 얼마나 좋을까. 성경은 첫 서두부터 비참한 이야기들로 가득하다. 창조 이후 곧바로 아담의 타락 이야기가 등장하는데, 이는 인류 역사의 시작점이 타락임을 보여준다. 이어서 가인이 동생을 살해하는 사건이 일어나고, 이로 인해 인간관계가 파괴되며 소외가 발생하고 땅마저 황폐해진다. 그 후에는 타락한 인류가 홍수로 멸망하는 이야기가 나오는데, 성경은 '패괴'와 '강포'라는 강력한 표현으로 당시의 타락상을 묘사한다. 이러한 타락의 연쇄는 계속되어 마침내 바벨탑이라는 거대한 사건으로 이어지고, 인류는 언어의 혼란으로 흩어지게 된다.

비단 서두뿐만 아니라 성경의 다른 곳에서도 인간의 타락 이야기가 자주 등장한다. 왜 이렇게 타락한 인간들의 이야기로 가득한 것일까? 그것은 성경이 인간을 미화하려는 의도가 전혀 없었기 때문이다. 나아가 인간의 삶 자체를 이야기하며, 그 삶의 현장에서 역사하시는 하나님을 말하고 싶었기 때문일 것이다. 인간에게 왜 고난과 고통과 슬픔과 질병과 죽음이 왔는지 설명하고 싶었기 때문일 것이다. 인간은 연약하여 타락할 수밖에 없으며 그래서 철저히 하나님의 은총으로 살 수밖에 없음을 말하고 싶었기 때문일 것이다. 죄로부터의 해방, 정치적인 억압으로부터의 해방과 구원, 사회경제적인 억압과 해방으로부터의 구원과 해방, 사탄의 세력으로부터의 해방, 전 세계의 아픔과 신음으로부터의 궁극적, 종말적 해방과 구원은 예수 그리스도를 통한 하나님의 역사임을 말하고 싶었기 때문일 것이다. 즉 인간의 힘으로 자신을 구원할 수 없고 위로부터 오는 초월적인 힘으로 살 수밖에 없다는 것을 보여주고 싶었기 때문일 것이다.

인간이 겪는 삶과 죽음, 기쁨과 고통, 슬픔과 위로를 어찌 과학으로 다 말할 수 있겠는가. 그러므로 성경을 자연과학적 시각에서만 평가하려는 것은 결코 바람직한 성경 읽기가 아니다. 만일 하나님이 구원의 의도와 뜻을 고대 이스라엘 백성들에게 현대 과학의 이론을 가지고 설명하셨다면 그들은 과연 하나님의 말씀을 이해하고 받아들였을까? 지금도 이해하기 어려운 상대성 이론과 양자역학 등을 들먹이며 세계를 설명하려 하였다면 하나님의 뜻을 제대로 이해했을까? 당시의 문화와 상황과 배경과 경험과 지식을 넘어서는 이야기를 동원했다면 하나님의 구원 이야기가 제대로 전달되었을까? 그러므로 우리의 상황과 저들의 상황, 우리의 지식과 저들의 지식이 다를 수 있다는 생각을 해야 한다. 하나님은 당시의 과학과 지식 정도를 사용하여 자신의 구원 사역을 이루어가셨을 뿐이다. 오늘날에도 직접 하나님이 말씀하신다면, 마찬가지로 하나님은 오늘날의 언어와 문화와 환경과 과학을 이용하셨을 것이다. 그러므로 성경에 모순이 있거나 틀린 것이 아니라, 하나님이 저자들이나 독자들이나 청중들에게 맞는 상징이나 비유나 지식을 사용한 것뿐이며, 하나님께서 자신의 구원의 의도를 계시하기 위하여 인간의 문화와 문자를 빌리신 것일 뿐이다. 그러므로 성경은 오히려 청중이나 독자들을 위한 하나님의 배려 속에 쓰인 책이다. 무신론자들에게 권한다. 교회 밖에 있지 말고 안으로 들어와 보라. 잘 이해될 것이다. 그리고 잘 믿어지게 될 것이다. 성경은 성경으로 읽어야 제맛이 나고 참맛이 나기 때문이다.

4. 성경의 신뢰성과 합리성은 과학이 담보하지 않는다

이어서 성경의 진리가 과학적으로 증명되어야만 믿을 수 있는지에 대해 좀 더 생각해 보고자 한다. 결론부터 말하자면 반드시 그런 것은 아니다. 기독교는 지금까지 전혀 그런 관점으로 성경을 이해하지 않았다. 『웨스트민스터 신앙고백서』는 "내용의 고귀함, 가르침의 효능, 문체의 장엄성, 모든 부분의 통일성, 성경 전체의 목표, 성경이 보여주는 인간의 구원에 관한 유일한 길의 온전한 제시, 그밖에 비교할 수도 없는 많은 탁월한 점들, 그리고 성경의 전체적 완전성, 이 모든 것들은 성경이 하나님의 말씀이라는 것을 충분히 증거한다."[I. 5]라고 고백하고 있다. 이것이 성경을 보는 그리스도인들의 관점이자 교회의 공식적인 고백이다. 여기에 성경이 과학적으로 완전하다던가 이성적 기준으로도 합리적이라는 언급 자체가 없다. 우리는 성경을 이성과 과학의 기준으로 보지 않기 때문이다. 성경은 과학을 입증하기 위해 존재하는 책도 아니요, 역으로, 과학에 의해 입증되어야 합리성이 담보되는 책도 아니다. 철저히 하나님의 책이며, 과학으로 판단할 수 없는 하나님 이야기다. 그래서 종교개혁자들이 성경은 스스로 증명하며, 스스로 자신을 해석한다고 주장했던 것이다. 이는 성경이 비과학적이거나 과학과 모순된다는 주장이 아니다. 성경의 진리는 단순히 과학적이고 이성적인 계몽주의 관점을 넘어서는 차원을 가지고 있다는 점을 강조하고자 하는 것이다.

독일 신학자 불트만Rudolf Bultmann은 현대 과학 문명이 고도로 발전한 시대에 성경의 세계관을 있는 그대로 수용하는 것은 불가능하다고 주장했다. 그는 이러한 관점에서 성경의 기적과 부활을 역사적 사실이 아닌 신앙적 창작물로 해석했다. 이는 그가 현대 과학과 세계관을 진리 판단의 절대적 기준으로 삼았기 때문이다. 이런 우를 범하는 것은 앞에서 말한 신무신론자들도 마찬가지다. 이들은 철저히 과학을 기준으로 사고한다. 자신의 모든 생각과 신념은 과학에 합치되며 자신들과 다른 견해들은 무조건 비과학적이고 비합리적이라고 치부한다. 그들은 모든 세계관이 과학적 증명의 범위를 벗어날 수 있다는 사실을 인정하지 않는다. 그래서 하나님의 존재도 과학적으로 증명하면 믿겠다고 주장한다. 이는 과학을 종교로 삼은 자들이나 보여줄 법한 편협한 사고방식이다. 그래서 맥그라스[Alister E. McGrath]는 이들을 과학 맹신주의자, 과학적 교조주의자들이라 부른다. 한마디로 과학의 바벨탑에 갇혀 있는 사람들이라는 것이다. 그래서 이렇게 묻고 싶다. 모든 것을 과학적 이해의 틀 안에 가두는 것이 과연 합리적이며 적합한 생각인가? 종교나 성경마저도 비과학적이라고 말하는 것이 과연 옳은 생각인가? 이성적 판단이 항상 옳은 것인가? 어떻게 그것을 확신할 수 있는가? 이성이 판단의 기준이라면 이성의 오류는 누가 판단할 것인가?[McGrath, 『신 없는 사람들』, 135] 그리고 반문하고 싶다. 너희들의 과학은 과연 과학적인가? 너희들의 과학은 유물론이나 무신론적 이념의 산물이 아닌가? 라이트[N.T. Wright] 역시 유사한 관점으로 과학 맹신적 계몽주의를 비판한다. "계몽주의는 이성을 인간으로 하여금 옳게 생각하고 행동하게 하는, 인간 능력 중 가장 중심적이고 본질적인 부분으로 이해했다. … 이런 배경 속에서 이성은 종교적이고 신학적인 주장이 타당하지 아닌지를 결정하는 최종심판자의 역할을 떠맡게 되었다."[Wright, 『성경과 하나님의 권위』, 146] "결과적으로 계몽주의 사상가들 대부분이 무신론으로 흐르는 경향을 띠게 되었고", 이것은 "성경을 읽고 성경의 권위에 대해 사고하는 방식에 깊은 영향을 미쳤다."[Wright, 『성경과 하나님의 권위』, 146]

성경은 사실의 관점뿐만 아니라 진실[진리]의 관점에서도 바라보아야 한다. 성경은 과학적 사실성과 합리성에 근거해서만 이해될 수 있는 책이 아니며, 반드시 과학적 증명이 필요한 책도 아니다. 성경의 신뢰성과 합리성은 과학적 증명만으로 입증되지 않는다. 과학적 증명 없이도 진리는 합리성을 가질 수 있기 때문이다. "내가 아침밥을 먹었다"라고 할 때 이를 과학적으로 증명할 필요가 없다. 경험적 합리성이기 때문이다. "숲에 오니 건강해질 것 같다"는 말에도 굳이 과학적 잣대를 들이대지 않는다. 과학적 분석이 없다고 해서 이 말이 비과학적이거나 비합리적이라고 말하는 사람은 없다. 개인적 느낌과 판단이기 때문이다. 음식 맛을 과학적으로 분석하지 않아도 아무도 그것을 비과학적이거나 비이성적이라고 하지 않는다. 음악이나 미술을 감상할 때도 과학을 언급하지 않는다. 베토벤의 음악을 들으면서 과학적으로 분석한다면 _{과학적으로 분석할 수도 없겠지만} 음악을 제대로 이해하고 감상할 수 있겠는가? 우리는 죽음 앞에서도 과학을 운운하지 않는다. 하물며 종교에 대한 이해는 어떠하겠는가? 성경은 또한 어떠한가? 모든 것을 과학적으로만 보려는 사고는 이성만이 합리성의 기준이라는 계몽주의적 망상에 불과할 뿐이다.

5. 동해보복법? — 생명 존중의 과잉 보복 금지법

무신론자들의 성경에 대한 공격은 무차별적이다. 성경의 신뢰성을 무너뜨리기 위함이다. 성경을 신뢰할 수 없는 책으로 만들어야 기독교를 뿌리부터 흔들리게 할 수 있기 때문이다. 특히 구약의 많은 사건과 계명, 율법들을 집중적으로 공격한다. 이들은 맥락과 의도를 무시한 채 오직 현대의 시대정신과 도덕 개념으로만 그 사건들과 율례들을 판단한다. 구약을 재해석하고 보완하는 신약의 내용은 알지 못하거나 의도적으로 무시한다. 심지어 예수님이 말씀하신 이웃 사랑을 유대민족만을 향한 편협한 사랑으로 왜곡하는 데 이르면 아연실색할 따름이다. 이들의 의도는 명백하다. 성경을 시대에 뒤떨어진 낡은 책이자 비도덕적 내용으로 가득 찬, 신뢰할 수 없는 책으로 만들려는 것이다. 나아가 이를 통해 그러한 명령을 내린 하나님을 비도덕적이고 폭력적이며 무서운 하나님이라는 프레임을 씌우려는 것이다.

구약의 율법들과 계명들을 보면 그리스도인들조차 당황할 내용들이 있는 것은 사실이다. 선하시고 자비하신 하나님께서 이런 명령을 내렸을까 싶은 법과 계명들이 나온다. 그러나 그렇게 느끼는 이유는 이스라엘 공동체 법의 의도와 정신을 생각지 않고 자구에 너무 매여 있는 탓이다. 달리 말하면 율법을 주신 하나님의 의도를 생각지 않기 때문이다. 예수님이 말씀하신 것처럼 율법의 의도와 정신은 간단하고 명료하다. 그것은 바로 하나님 사랑, 이웃사랑이다. 구약의 수많은 계명과 율법들은 결국 이 정신을 구체화하고 법조문화한 것이다. 율법이 주어진 상황을 한번 생각해보라. 이스라엘은 시내산에서 하나님과 언약을 맺었다. 이스라엘은 하나님의 백성이 되었고, 하나님은 그들의 하나님이 되었다. 이 언약은 느슨한 임의 계약이 아니라 아주 강력한, 반드시 지켜야 하는 약속이다. 그리고 이때, 하나님의 언약 백성으로서 이스라엘이 지켜야 할 계명과 법이 주어진다. 이것을 계약법전이라고 한다.

계약법전의 출발점은 바로 십계명이다. 십계명의 서두는 "나는 너를 애굽 땅, 종 되었던 집에서 인도하여 낸 네 하나님 여호와니라"출 20:2라고 시작하고 있다. 이것은 이어 나타나는 모든 율법을 규정하는 대*강령과도 같다. 헌법 역할을 하는 십계명이 소개된 후에 하나님에 관한 법, 형법, 보상법 등이 나타난다. 매우 엄격한 법들이다. 이러한 엄격한 법들은 죄지은 사람들의 처벌보다는 하나님의 백성인 이스라엘의 보호, 그리고 하나님과의 약속을 지키는 것에 그 목적이 있다. 그런데 무신론자들의 오류는 하나님의 명령이나 율법의 의도는 생각지 않고 "눈에는 눈 이에는 이", "돌로 치라", "모든 사람을 진멸하라" 등의 자구에만 집착한다는 점이다. 여기서 언급한 "돌로 치라, 죽이라"는 표현은 잔인성과 폭력성의 명령이라기보다 사형 방식의 하나일뿐이다. 오늘의 표현으로 하면 "사형에 처하라"는 말과 동일하다. 그러므로 성경의 강조점은 당연히 법의 정신과 의도, 즉 생명 존중과 이웃사랑과 타인의 신체나 재산의 보호에 있는 것이지, 법의 집행 방식이나 돌이라는 도구에 있는 것이 아니다.

무신론자들이 이런 성경 구절들을 인용하며 성경의 하나님은 복수하시는 하나님, 폭력적인 하나님이라고 왜곡하고 비난하는데도 마땅히 해명할 답이 궁할 때, 우리는 당황하게 된다. 여기서는 "눈에는 눈으로, 이에는 이로"로 표현된 동해보복법 lex talionis에 초점을 맞춰보자. 이것을 우리는 똑같이 복수하라는 법으로 오해한다. 그러나 그것은 오히려 사람의 생명과 타인의 재산을 보호하기 위한 하나님의 생명의 법이다. 그것은 보복하라는 법이 아니라 과잉 보복을 금지하는 법이다. 인간은 피해입은 그 이상으로 보복하려 한다. 심지어 사소한 것으로 논쟁하다 살인에 이르기도 한다. 다시 한번 말하지만 동해보복법은 복수하라는 것이 아니라 "과잉 보복"이나 "보복성 폭력", "잔인한 힘의 원칙의 지배"를 금지하는 것이고, "인간 행위의 인간화"를 의도하는 법이다. Lohfink, 『오늘날의 무신론은 무엇을 주장하는가?』, 134

　　게다가 이 법은 성경에만 있는 법이 아니다. 바빌론의 함무라비 법전과 같은 고대 근동지역의 여러 법전에서도 발견되는 법이다. 이것은 타인의 재산이나 소유에 해를 끼쳤을 때 가졌던 고대 근동의 공통적인 재판의 원칙이었다. 달리 말해 그것은 다른 사람들에게 가한 피해를 "범죄행위"로, "사회 전체의 복지에 해로운 행위로 판단하는 고대 중동의 유산" Hartley, 『레위기』, 796인 것이다. 동해보복법의 목적은 "소극적인 화의절차를 통해서 인간의 공동체 관계의 균형을 유지하려는 데 있었던 것 같다" von Rad, 『신명기』, 130고 폰 라트 G. von Rad는 말한다. 그러므로 동해보복법의 의도나 배경을 이해한다면, 결코 성경이나 하나님을 비난하는 데 사용할 수 있는 본문이 아니다. 마지막으로 이렇게 말하고 싶다. 무신론자들이 공격한다고 성경이 신뢰할 수 없는 책이 되는 것도, 하나님의 말씀으로서의 권위가 무너지는 것도 아니다. 이 책은 하나님의 책이기 때문이다.

6. "예수 날 사랑하심 성경에 써있네"

　　무슨 말로 글을 시작해야 하나 하다 갑자기 예전의 글 하나가 떠올랐다. 그것은 바로 "하나님이 나를 이처럼 사랑하사…"라는 제목의 짧은 독일 유학

체험기였다. 많은 어려움을 겪었던 그때를 떠올리면 지금도 만감이 교차한다. 그 글은 "그때가 내 인생에 있어서 하나님의 사랑을 가장 많이 체험한 기간이었습니다"라고 고백하는 내용이었다.

그렇다. 성경의 하나님은 사랑의 하나님이다. 한 개인뿐만 아니라 전 인류에게도 하나님은 사랑이시다. 기독교와 교회는 예수 그리스도의 십자가에서 보여주신 하나님의 사랑의 터전 위에 세워져 있다. 하나님의 사랑은 의심할 여지 없는 복음의 핵심 요소이다. 이것은 성경에 잘 증언되어 있다. 그런데 무신론자 도킨스는 악의적으로 하나님을 비난하고 조롱한다. 그가 말하는 구약의 하나님은 "시기하고 거만한 존재, 좀스럽고 불공평하고 용납을 모르는 지배욕을 지닌 존재. 복수심에 불타고 피에 굶주린 인종 청소자, 여성을 혐오하고 동성애를 증오하고 인종을 차별하고 유아를 살해하고 대량 학살을 자행하고 자식을 죽이고 전염병을 퍼뜨리고 과대망상증에 가학피학성 변태 성욕에 변덕스럽고 심술궂은 난폭자."Dawkins, 『만들어진 신』, 50 그의 사전에 있는 온갖 좋지 않은 단어들은 다 끄집어낸 듯하다. 참으로 안타깝기 그지없다. 그의 주장은 구약의 어려운 구절 때문이었을 것이다. 신명기나 여호수아에 나타난 "진멸하라"는 구절도 작용했을 것이다. 신명기는 이스라엘이 가나안 땅에 들어가서 차지해야 할 땅과 족속이 언급되어 있고, 여호수아에서 그 명령이 성취되는 것으로 나온다. 신명기와 여호수아에는 진멸하라는 구절이 자주 등장한다. 그렇다면 이렇게 물어보자. 과연 이 구절이 한 민족이나 국가나 사람들을 진멸하고 말살하라는 명령인가? 그래서 하나님을 폭력적이고 잔인한 하나님이라고 규정해도 되는가?

우리는 성경해석에 매우 조심해야 한다. 거듭 말하지만, 전체적인 맥락과 의도를 고려해야 한다. 우리는 이 구절을 마치 오늘날의 제국주의 정책처럼 강대국이 약소국을 침략하고 파괴하는 구절로 이해해서는 안 된다. 당시 이스라엘은 강한 군사력으로 이웃 국가를 식민지와 하려는 강대국이 아니었다. 광야를 떠도는, 나라 없는 백성일 뿐이었다. 다만 하나님의 약속에 따라 작은 땅인 가나안 땅이 필요했을 뿐이다. 따라서 로핑크G. Lohfink가 지적했듯이, 민족의 정착과 생존을 위해 전쟁은 불가피한 상황이었다.Lohfink, 『오늘날의 무신론은 무엇을 주장하는가?』, 135 전쟁을 치러야 하는 이스라엘에게는 전쟁에서의 승리가 필수적이었으며, 그들의 패배는 곧 민족의 붕괴와 하나님이 극도로 혐오하는 이방 종교로의 예속을 의미했다. 더욱이 이는 하나님이 아브라함에게 하신 땅의 약속이 깨어지는 것이자, 인류를 위한 하나님의 구원 역사가 실패하는 것을 의미했다. 분명한 것은 이스라엘이 이방 족속보다 도덕적으로 우월하거나 자격이 있어서 하나님이 그런 명령을 내리신 것은 아니었다.Lennox, 『현대 무신론자들의 헛발질』, 220

또한 진멸은 철저히 우상의 근절을 의미했다. 진멸은 몰렉에 대한 심판이었고, 몰렉을 신으로 섬기는 민족에 대한 하나님의 심판이었다.Lennox, 『현대 무신론자들의 헛발질』, 220 하나님의 심판은 이스라엘에게도 마찬가지다. 만일 이스라엘이 하나님과의 약속을 어기고 우상을 섬긴다면, 멸망 당한 민족들처럼 이스라엘도 멸망할 것이라고 성경은 기록한다.신 8:19-20 그러므로 오늘의 도덕적 관점이나 인권의 차원에서 이 본문을 판단해서는 안 된다. 그렇다고 해서 이 본문이 전쟁을 합리화하는 본문으로 해석해서도 안 된다.

진멸하라는 구절이 등장하는 신명기의 말씀을 다시 한번 자세히 살펴볼 필요가 있다. "그들을 진멸할 것이라"라는 구절 바로 다음에 "그들과 어떤 언약도 하지 말 것이요 그들을 불쌍히 여기지도 말 것이며 또 그들과 혼인하지도 말지니"신 7:2-3라는 구절이 기록되어 있다. 진멸이라는 말 때문에 고민하는 이들은 눈여겨볼 구절이다. 진멸이 모든 사람의 진멸을 의미했다면 그들과 언약도 혼인도 하지 말고 불쌍히 여기지도 말라는 말은 아무런 의미가 없는 말이 될 것이다. 만일 말 그대로, 아이들까지 모두를 진멸했다면, 아무도 남아 있지 않을 것이기 때문이다. 이방인들이 남아 있었음을 여호수아도 기록하고 있는 것을 보면 진멸을 말 그대로의 진멸로 해석해서는 안 될 것이다. 그래서 많은 주석가들은 진멸이 전쟁의 완전한 승리를 의미하는 표현이라고 해석한다.^{Lennox, 『현대 무신론자들의 헛발질』, 223} 톰 라이트나 웬함^{G. Wenham}이나 월터스토르프^{N. Wolterstoff}도 유사한 의미로 해석한다. 레녹스는 문자적인 의미의 말살을 의미한다면 구약에 자주 등장하는 고아와 과부와 나그네에 대한 약자보호법뿐 아니라 평화를 선언하시는 하나님을 이해할 수 없게 된다고 말한다.^{Lennox, 『현대 무신론자들의 헛발질』, 219} 어렵더라도 성경 전체의 맥락으로 부분 본문들을 이해하는 것이 적절한 성경해석일 것이다.

우리는 결코 구약의 하나님과 신약의 하나님을 분리하여 이해해서는 안 된다. 구약의 하나님이 신약의 하나님이며, 신약의 하나님이 바로 구약의 하나님이시다. 우리가 고백하는 대로 성경의 하나님은 사랑의 하나님이시다. 무서운 하나님도 잔인한 하나님도 폭력적인 하나님도 아니다. 고난 중에 함께 하시며 위로하시는 하나님이시다. "너의 하나님 여호와가 너의 가운데에 계시니 그는 구원을 베푸실 전능자이시라 그가 너로 말미암아 기쁨을 이기지 못하시며 너를 잠잠히 사랑하시며 너로 말미암아 즐거이 부르며 기뻐하시리라 하리라."^{습 3:17} 설교에 자주 회자하는 글이 있다. 칼 바르트가 미국 강연에서 "당신의 평생의 신학을 한마디로 요약한다면 무엇이냐"는 질문을 받았다고 한다. 그는 조용히 생각하더니 다음과 같이 대답했다고 한다. "예수 날 사랑하심 성경에 써있네."

제 5 장
무신론 시대의 기독교 신론과 삼위일체론

—

1. 하나님을 믿는다는 것에 대한 도전과 물음

주일예배마다 암송하는 것이 있다. 바로 『사도신경』이다. 이렇게 시작한다. "나는 전능하신 아버지 하나님 천지의 창조주를 믿습니다." 오늘날 하나님을 고백한다는 것은 그리 단순하지만은 않다. 많은 문제와 도전들이 이고백과 함께 연결되어 있기 때문이다. 첫째는 무신론자들의 직접적인 공격이다. 그들은 우리 신앙의 정체성이자 근본을 무너뜨리려 한다. 과학을 빙자하여 우리의 모든 것의 시작인 하나님의 존재를 의심케 한다. 그러므로 하나님을 믿는다고 고백하는 것은 어렵지만, 매우 의미 있고 중요한 일이다.

둘째는 인간의 자유에 대한 물음 역시 하나님에 대한 질문으로 이어지게 한다.Migliore, 『기독교 조직신학 개론: 이해를 추구하는 신앙』, 96 "하나님에 대한 믿음과 인간의 자유에 대한 긍정은 서로 공존할 수 없다"Migliore, 『기독교 조직신학 개론』, 96고 생각하기 때문이다. 일반적으로 인간은 자유로운 존재이며 자유를 추구하는 존재라고 생각해 왔다. 사르트르Jean Paul Sartre 나 포이어바흐 Ludwig Feuerbach 와 같은 일군의 무신론자들은 원래 인간은 자유로운 존재이나 그 자유는 하나님 때문에 억압된다고 주장했다. 인간이 자유하려면 하나님은 필요 없다는 것이다. 그래서 무신론자들은 어떻게 해서든지 종교와 하나님 개념을 제거하려고 노력했다. 하나님과 종교를, 포이어바흐는 인간의 잠재력이나 상상력의 투사로, 프로이트 Sigmund Freud 는 자신의 필요를 언제나 부모에게 기대는 유아적 환상과 같은 것으로, 마르크스 Karl Heinrich Marx 는 정치적·경제적 억압과 착취를 정당화시켜 주는 민중의 아편으로 생각했다.

셋째는 이 땅의 고난과 어두운 현실, 결국 이것도 하나님의 물음으로 이어진다. 기독교의 하나님은 어떤 분인가? 전능하시고, 선하시고, 자비하시고,

사랑이 넘치는 하나님이다. 그러면 당연히 이런 질문을 받을 것이다. 전능하고 선하신 하나님이 다스린다면, 도대체 이 세상에는 왜 아픔과 슬픔과 고통과 죽음으로 가득 차 있는가 하고 말이다. 전통적인 하나님 전능성의 개념에 많은 질문을 던지게 한 사건이 바로 그 유명한 아우슈비츠 유대인 학살 사건이다. 아우슈비츠와 부헨발트 수용소에서 살아남은 엘리 위젤^{Elie Wiesel}은 당시 사람이면 누구나 묻고자 했던 하나님에 대한 질문을 어느 한 랍비의 절망적 고백을 통하여 대신해 주었다. "나는 내 눈으로 이들이 여기서 자행하는 짓들을 보고 있다. 도대체 자비하신 하나님은 어디 있는가? 하나님은 어디 있단 말인가? 내가, 아니 어떤 사람이 자비의 하나님을 믿을 수 있겠나?" 처참한 고난의 경험 속에서 던질 수밖에 없는 질문은 바로 하나님의 존재 자체에 대한 질문이었다.

넷째는 과학의 발전 역시 결국 하나님에 대한 질문으로 이어진다. 오늘날 우리 시대에 제기되는 하나님에 대한 질문은 과학기술로부터 비롯된다고 해도 과언이 아니다. 끊임없이 높아지는 과학과 기술의 바벨탑 앞에서 하나님을 어떻게 고백해야 할지 당황스러울 때가 많다. 진화론의 등장은 전통적 하나님 창조신앙에 심대한 타격을 주었다. 뇌과학은 모든 종교 현상이 초자연적인 것이 아닌 단순한 뇌의 작용일 뿐이라는 메시지를 전하고 있다. 즉, 종교는 뇌의 부산물이라는 것이다. 어느덧 자연과학 자체가 하나님을 대신해 인류의 구원자로 자처하고 있다. 과학의 수많은 발견은 전통적 하나님 개념의 설 자리를 점점 축소하고 있다. 과학 시대에 우리가 여전히 물어야 할 근본적인 질문은 "오늘날 하나님을 말한다는 것이 무슨 의미를 가지는가"이다.

다섯째는 오늘날의 심각한 환경파괴 역시 창조주 하나님에 대한 물음을 제기한다. 일군의 학자들은 오늘날의 거대한 환경파괴가 기독교 때문이라는 비난을 서슴지 않는다. 기독교는 오로지 영혼 구원에만 관심을 두어 마치 하나님이 인간만 사랑하시는 것처럼, 자연은 하나님의 사랑의 대상이 아니어서 파괴해도 되는 것처럼 오인하게 했다는 것이다. 기독교의 하나님을 말할 수록 자연 파괴가 가속된다는 비판 앞에서, 우리는 어떻게 기독교를 변증해야 하고 어떻게 성경적 하나님을 말해야 하는가를 진정으로 고민할 필요가 있다고 생각한다.

여섯째, 종교다원주의나 포스트모더니즘과 같은 오늘의 사상적 흐름도 하나님 질문을 던진다. 이외에도 신론과 관련한 여러 도전이 있을 것이다. 이러한 수많은 도전과 질문 앞에서 우리는 침묵해야 하는가? 아니다. 하나님을 물어야 한다. 오늘의 무신론자들 앞에서, 하나님을 대신하는 오늘의 과학 앞에서, 폭력과 가난과 억압과 팬데믹에 신음하는 영혼들을 보면서, 하나님의 피조물들이 외치는 고통과 탄식의 외침을 들으면서, 각종 정신 사조의 질문 앞에서, 하나님을 물어야 하며 하나님을 고백해야 한다. 절망적이기 때문에 하나님을 말할 수 없는 것이 아니라, 절망적이기 때문에 오히려 하나님을 믿고 고백해야 한다. 절망적이고 어려운 시기에 다시 한번 고백해 보자. "나는 전능하신 아버지 하나님 천지의 창조주를 믿습니다."

2. 하나님은 추상적인 하나님?

하나님은 어떤 분이신가? 우선 기독교 교리 문서들과 전통신학이 가르쳐왔던 하나님의 속성을 소개하려 한다. 우리가 기본 고백서로 인정하고 있는 『사도신경』과 『니케아신조』는 하나님의 여러 속성 중 전능만을 언급하고 있다. "전능하신 아버지 하나님"을 믿는다는 고백이다. 5세기 경의 『아타나시우스 신경』은 삼위일체 하나님의 영원성, 전능하심, 무한하심을 고백하고 있다. 칼빈이 초안한 『프랑스 신앙고백서』는 다음과 같이 고백하고 있다. "우리는 하나님은 단 한 분만 계시며, 그는 영적이며, 영원하며, 보이지 않으시며, 불변하시며, 무한하시며, 우리의 이해를 초월하시며, 말로써 다 형용할 수 없으며, 전능한 단 하나의 단순한 본질을 가지신 분이며, 가장 지혜로우시고,

가장 선하시고, 가장 정의로우시며, 가장 자비로우신 분임을 믿고 고백한다."
『스코틀랜드 신앙고백서』는 "그는 영원하시고 무한하시고 측량할 수 없으며 이해할 수 없다. 그는 전능하시나 볼 수 없다"고 증언하고 있다. 『웨스트민스터 신앙고백서』는 비교적 길고 상세하게 하나님의 속성들을 언급하고 있다. "그는 또한 변치 않으시고, 광대하시고, 영원하시고, 측량할 수도 없다. 전능하시고, 가장 지혜로우시고, 가장 거룩하시고, 가장 자유 하시고, 절대하시며, 모든 일을 자기의 영광을 위하여 불변하고 의로우신 뜻의 계획에 따라 행하신다. 그는 사랑이 가장 많으시고, 은혜롭고, 자비롭고, 너그러우시며, 선과 진리에 충만하시고, 부정과 위법과 죄를 용서하신다."

전통적으로 신학은 하나님의 속성을 절대적 속성과 상대적 속성, 내향적 속성과 외향적 속성, 엄밀한 속성과 비유적 속성, 긍정적 속성과 부정적 속성 등으로 다양하게 분류해 왔다. 하지만 공유적 및 비공유적 속성으로 구분하는 것이 가장 일반적이다. 공유적 속성은 사랑, 거룩, 선, 긍휼, 공의, 의, 자비 등 인간도 소유할 수 있는 속성이다. 그래서 『프랑스 신앙고백서』와 『웨스트민스터 신앙고백서』는 그 속성들을 하나님께 적용할 때 "가장"이라는 수식어를 붙였다. 비공유적 속성은 하나님만이 가지신 절대적 속성으로서 전능, 전지, 자존, 편재, 불변, 영원 등을 말한다. 정통주의 학자인 브라운은 신의 속성을 1) 선, 의, 지혜와 같은 고유한 속성, 2) 바위, 사자, 불과 같은 비유적 속성, 3) 선, 의, 지혜와 같은 고유한 속성인 긍정적 속성, 4) 무한성과 불변성과 같은 부정적 속성, 5) 이성과 의지 같은 절대적 속성, 6) 주, 창조자, 통치자 등의 상대적 속성으로 구분하고 있다.Heppe, 『개혁파 정통교의학』, 102

지금까지 말한 것을 토대로 다음과 같이 정리할 수 있을 것이다. 첫째, 고대 교리서들에는 대체로 사랑과 자비보다는 전능, 영원 등과 같은 용어가 더 선호되는 것으로 보인다. 따라서 『니케아 신조』나 『사도신경』은 하나님의 전능성만 언급되어 있다. 둘째, 고대 헬라 교부들의 특징적인 하나님 진술이라고 할 수 있는 부정신학theologia negativa적 진술이 포함되어 있다는 점이다.

"말할 수 없는 분ineffabilis", "볼 수 없는 분invisibilis", "이해파악할 수 없는 분incom-prehensibilis" 등이 그것이다. 물론 이런 이해를 잘못이라고 말할 수는 없다. 그들은 하나님의 절대성을 강조하고 하나님을 하나님 되게 하고 싶었기 때문이다. 셋째, 이런 용어들이 성경의 하나님을 다 담을 수 있는 용어들인지, 아니면 하나님을 지나치게 추상화해 인간과 거리를 두게 만드는 개념들은 아닌지 검토해 볼 필요가 있다.

성경에서 묘사하는 하나님은 결코 추상적인 하나님이 아니다. 성경은 하나님의 모습을 아주 구체적으로, 감성적으로 표현하고 있다. 그래서 밀리오리는 이렇게 말한다. "문제는 불변성, 무감각성, 전능성 등과 같은 속성들이 이렇게 구체적이며 특정하게 하나님을 서술했다기보다는 추상적이고 일반적으로 하나님을 서술했다는 점에 있다. 그 결과로 하나님의 속성들은 성경에서 증언하는 복음의 하나님, 곧 살아계시고 사랑하시는 하나님을 올바로 드러내지 못하였다."Migliore, 『기독교 조직신학 개론』, 119 그렇다. 우리는 성경의 하나님을 지나치게 개념화하거나 사변화하여 하나님을 결코 너무 멀어 가까이할 수 없는 하나님, 기도할 수 없는 하나님으로 만들어서는 안 된다.

3. 무감정의 하나님?

이와 연관하여 다음과 같이 질문해 보자. 기독교의 하나님은 무감정의 하나님인가? 하나님이 불변하시다는 말은 무엇을 의미하는가? 그 존재와 행위의 일치성, 영속성, 연속성을 의미하는 것이지 무감정, 무감동, 무경험을 의미하는 것은 아니다. 그러나 신학은 때로는 불변성을 무감정성으로 이해하기도 하였다. 신학이 불변성 혹은 무감정의 신을 주장한 근본적인 동기는 이해할 수 있다. 그것은 하나님을 인간의 위치로 끌어내리지 않게 하려는 의도였다. 죽음과 허무와 고난에 예속해 있는 인간과 구별하고자 함이었다. 그러나 이러한 생각은 죽음과 고난의 숙명성만을 생각한 것이다. 독일의 유명한 신학자인 몰트만이 말한 대로, 고난은 숙명적 고난만 있는 것이 아니라, 자발적, 사랑의 고난이 있는 것이다. Migliore, 「기독교 조직신학 개론」, 119 하나님은 존재의 근본적 결핍으로 고난당하는 것이 아니라 자발적으로 고난당하신 것이다. 몰트만은 과격하게 "고난을 당할 수 없는 하나님은 사랑할 수도 없다. 사랑할 수 없는 하나님은 죽은 하나님이다" Migliore, 「기독교 조직신학 개론」, 55 라고 표현한다. 그러므로 무감정의 신관은 성경의 하나님을 다 담을 수 없다. 성경의 하나님은 이미 자기 아들의 십자가로 인하여 아픔을 겪어야 했다. 우리는 예수 그리스도의 십자가를 단지 우리에게 어떤 의미가 있는지만을 생각해 왔다. 그러나 그와 동시에 그 처참한 십자가가 하나님께 어떤 의미가 있는가를 숙고해야 한다. Migliore, 「기독교 조직신학 개론」, 339 십자가가 우리에게 구원이라면 하나님에게는 아픔이다.

성경의 수많은 구절은 무감정하지 않으신 하나님의 모습이 잘 묘사되어 있다. 예수 그리스도, 그는 하나님이시다. 그는 하나님으로서 피조물의 고통에 자신을 자발적으로 내어 주신 분이다. 만일 하나님이 고통당할 수 없다면 그리스도의 수난은 단지 한 인간의 수난으로 전락하고 말 것이다. 그분의 고통이 단지 한 인간의 고통이라면 우리에게 무슨 의미가 있겠는가? 무감동, 무감정, 무경험의 하나님은 기독교의 하나님이 아니다. 그것은 플라톤적일 뿐이다. 인간이 인간의 방식대로 하나님을 경험하듯 하나님은 하나님의 방식으로 인간과 세계를 경험하신다.

성경을 보면 하나님의 모습이 특이하다. 고전 유신론이 주장하던 아무런 감정이 없으신 하나님, 그런 하나님이 아니다. 성경의 하나님은 오히려 사람들의 행동에 민감하게 반응하신다. 그리하지 않아도 될 텐데 그들의 행동 하나하나에 반응하시면서 기뻐하시고, 슬퍼하시고, 아파하시고, 분노하시고, 행복해하신다. 왜? 사랑이며, 사랑하기 때문이다. 이처럼 사랑은 감정의 교류다. 즉 공감empathy, 공감sympathy, 공감compassion 이다. 한 사람의 아픔이 내 아픔이 되고, 그 사람의 기쁨이 내 기쁨이 되고, 그 사람의 고독이 내 고독이 되고, 그 사람의 외로움이 내 외로움이 된다면, 그것은 사랑이다. 그래서 밀리오리는 이렇게 표현한다. "하나님은 자유 가운데 사랑하시는 분이며, 상처받음과 위험 없이는 사랑은 불가능하다. 배척받고 고난당하고, 버림받는 것에 대한 개방성 없이는 사랑은 불가능하다. 삼위일체 하나님을 믿는 것은 우리 고난을 함께 나누신 하나님을 믿는 것이며, 그 하나님의 고난이 무력함의 표시가 아니라 능력의 표시이며 그가 공감의 사랑을 통해 궁극적으로 승리할 것임을 믿는 것이다." Migliore, 『기독교 조직신학 개론』, 119

그런 면에서, 호세아는 하나님의 마음을 생생하게 잘 스케치해 주고 있다. 마치 대상을 정확히 그리려고 한 사실주의 작품처럼 말이다. 특히 11장은 하나님의 마음을 더 잘 표현하고 있다.

> 이스라엘이 어린아이일 때에, 내가 그를 사랑하여 내 아들을 이집트에서 불러냈다. 그러나 내가 부르면 부를수록, 이스라엘은 나에게서 멀리 떠나갔다. 짐승을 잡아서 바알 우상들에게 희생 제물로 바치며, 온갖 신상들에게 향을 피워서 바쳤지만, 나는 에브라임에게 걸음마를 가르쳐주었고, 내 품에 안아서 길렀다. 죽을 고비에서 그들을 살려주었으나, 그들은 그것을 깨닫지 못하였다. 나는 인정의 끈과 사랑의 띠로 그들을 묶어서 업고 다녔으며, 그들의 목에서 멍에를 벗기고 가슴을 헤쳐 젖을 물렸다. …너를 버리려고 하여도, 나의 마음이 허락하지 않는구나! 너를 불쌍히 여기는 애정이 나의 속에서 불길처럼 강하게 치솟아 오르는구나. 호 11:1-4, 8, 표준새번역

참으로 하나님의 안타까움이 절절하지 않은가? 하나님의 마음을 잘 읽어낼 수 있는 또 하나의 본문이 예수님의 십자가에서의 운명 장면이다. '하나님, 어찌하여 나를 버리십니까' 아들은 그렇게 절규하다 운명했다. 하늘에서

는 아무 음성도 들리지 않았다. 침묵뿐…. 그러다 하늘이 어두워지고, 성전 휘장이 위아래로 찢어졌다. 잘 아는 어두운 그림이다. 십자가에 달려 부르짖다 고개를 떨군 아들, 갑자기 어둠이 내리는 골고다, 찢어지는 성전의 휘장, 하나님이 연출하신 침묵의 드라마다. 어떤 느낌이 드는가? 드리운 어둠과 함께 어두워지는 하나님의 마음, 찢어지는 휘장과 함께 찢어지는 하나님의 심장, 바로 그것 아니겠는가. 그것은 오로지 사랑 탓이다. 김남조 시인의 시 한 구절이 떠오른다. "너희가 고독을 모른다면/ 어찌 사람이겠으며/ 내가 고독을 모른다면/어찌 신이겠느냐." 고독, 아픔, 상처, 이것은 우리를 향한 하나님의 사랑이다. "하늘을 두루마리 삼고 바다를 먹물 삼아도" 다 쓸 수 없는 것이 하나님의 위대한 사랑이다.

이제 정리해 보자. 하나님의 속성을 종합적으로, 그리고 한 하나님의 속성으로 이해해야 한다. 하나님의 속성 중 유달리 한 속성만 강조하는 것은 바른 자세가 아니다. 고대의 강조점이 주로 하나님의 절대성과 전능에 기울어 있었다면 오늘날은 대체로 하나님의 속성을 사랑으로 환원시키는 경향이 있다. 하나님의 공의나 절대성의 속성만을 강조할 때 좋은 하나님보다 무서운 하나님으로 자리할 확률이 높다. 또한 하나님의 사랑만 강조할 때는 심판 없는 하나님이 되어 도덕적 삶을 무시하는 방향으로 흐를 수도 있다. 무엇이든 공평하게 하는 것이 쉽지 않지만, 하나님의 속성을 말할 때 하나님의 다양한 속성을 모두 그리고 일그러지지 않게 강조하는 것이 중요하다. 예를 들어, 전능도 하나님의 속성이요, 사랑도 하나님의 속성이다. 공의의 하나님과 사랑의 하나님은 다른 하나님이 아니라 동일하신 한 하나님이다. 공의의 하나님이 곧 사랑의 하나님이고, 사랑의 하나님이 곧 공의의 하나님이다.

4. 네모난 동그라미, 하나님이 들어 올릴 수 없는 바위?

이제 하나님의 속성 중 하나님의 전능에 대해 이야기해 보려 한다. 하나님의 전능은 기본적인 하나님의 속성임은 두말할 필요가 없다. 그래서 하나님을 고백하는 모든 기독교 문서는 하나님의 전능성을 포함하고 있다. 기독교에서 전능하지 않은 하나님이란 존재할 수도 없으며 상상할 수도 없다. "전능하지 않은"이라는 말과 "하나님"이라는 개념 사이에는 이미 모순이 존재한다. 당연히 하나님은 전능해야 하고, 전능하지 않으면 당연히 하나님이 아니기 때문이다.

그렇다면 전능하다는 말은 무슨 의미일까? 간단히 답하자면 모든 것을 할 수 있는 능력을 말한다. 하나님은 모든 것을 하실 수 있다. 그러므로 그분은 전능하신 분이시다. 일군의 신학자들이 주장하듯, 하나님도 할 수 없는 것이 있다고 말하는 것은 옳은 주장이 아니다. 그러나 문제는 그리 간단치 않다. 첫째는 전능에 대한 오해 때문이고, 둘째는 무신론자들의 단골 메뉴라고 할 수 있는, 이 세상에 만연해 있는 불의와 악 때문이다. 하나님이 선하시고 전능하시다면, 하나님이 만든 세상이 도대체 왜 이렇게 불의와 죄악으로 가득 차 있느냐는 것이다. 둘째의 문제는 다음으로 미루고 여기서는 우선 전능의 개념과 관련된 문제를 해명해 보고자 한다.

첫째로, 전능을 임의대로 그리고 기분 내키는 대로 행하는 능력이라고 생각해서는 안 된다. 도킨스는 성경의 하나님을 이러한 하나님으로 왜곡하고 있다. 하지만 기독교에서는 단 한 번도 이런 하나님을 우리의 하나님이라고 정의한 적이 없다. 그런 하나님은 결코 기독교의 하나님이 아니라, 인간 욕망의 부정적 발현인 폭군의 투사投射일 뿐이다. 브루스 올마이티 Bruce Almighty 라는 영화가 있다. 모든 일이 잘 안 풀리는 방송인 브루스에게 하나님이 나타나서 전능한 힘을 부여한다. 신의 능력으로 브루스는 홍해 가르듯 수프를 가르고, 교통체증이 심한 길을 뚫어 혼자 달리고, 달을 당겨 애인에게 보여주고, 전능한 힘으로 특종을 찾아내서 승진하고, 자기를 괴롭힌 사람에게 혐의를 씌워 복수하고, 모든 사람의 기도에 가리지 않고 무조건 응답해 준다. 그 결과로 자연재해가 일어나고, 로또 당첨 액수가 극히 적어진 사람들은 폭동을 일으킨다. 기도와 전능의 의미, 하나님의 전능과 인간의 자유에 대해 생각해 보게 하는 영화다.

우리는 하나님의 관점에서 하나님의 전능을 원하는 것인가, 아니면 자기 욕망의 성취를 가능케 하는 하나님의 전능을 원하는 것인가? 사실상 인간이 생각하는 하나님의 전능은 인간의 욕심일 때가 많다. 그러므로 하나님의 전능을 우리 소원의 성취와 동일시해서는 안 된다. 하나님은 우리의 소원을 들어주시는 하나님이지만, 우리의 희망과 소원에 매여 있는 분은 아니다. 하나님의 전능은 '하나님'의 전능이지, 우리의 전능이 아니다. 우리보다 하나님은 더 멀리, 더 넓게, 더 깊게, 더 높이 보시기 때문이다.

이 영화는, 임의대로 행하는 전능이 진정한 하나님의 전능이 아니라는 것, 인간이 원하는 하나님의 전능이 반드시 인간에게 유익한 것이 아니라는 것, 모든 것을 할 수 있는 능력을 제한하고 절제하는 것도 전능일 수 있다는 것, 인간이 생각하는 전능과 하나님이 생각하는 전능이 다를 수 있다는 것, 하나님이 마음대로 폭력을 휘두르는 전능자라면 인간이나 우주는 더 이상 존재하지 않을지도 모른다는 것을 우리에게 교훈으로 던져준다. 전능은 하나님의 주권적이고 자유로운 행위인 것은 분명하지만, 사랑과 자비와 정의에 기반한 전능이며, 합력하여 선을 이루는 전능이다. 때로는 하나님이 개입하지 않는 것처럼 보이고, 때로는 무력하게 보일지 모르나 하나님은 하나님의 방식으로 하나님의 능력을 행사하신다.

둘째로, 하나님은 모든 것을 할 수 있으나 하나님의 본성에 어긋나는 일은 하지 않는다. 종종 이런 질문을 듣는다. 하나님이 전능하시다면 하나님이 들어 올릴 수 없는 바위를 만들 수 있는가? 하나님은 네모난 동그라미를 그릴 수 있는가? 어떤 이들은 이런 질문을 던져놓고 마치 논쟁에서 이겼다는 듯이 의기양양하다. 답변하기 곤란하기 때문이다. 들 수 없는 바위를 만든다면 하나님은 그 바위를 들 수 없어 전능하지 않은 것이 되고, 그런 바위를 아예 만들지 못한다면 그것 또한 하나님의 전능에 모순되기 때문이다. 가끔은 이런 황당한 질문도 던진다. "하나님이 모든 것을 하실 수 있다면 하나님이 죽을 수도 있으며, 거짓말을 할 수도 있느냐"고 말이다. 하지만 대답은 의외로 간단하다.

답은 간단하다. 이 질문 자체가 잘못이다. "들 수 없는"이라는 말은 하나님 개념에 모순된다. 거짓말하거나 죄를 지을 수 있냐고도 묻는다. 하지만 거짓말하는 행위는 이미 하나님의 본성에 어긋난다. 더구나 거짓말은 전능과는 아무 상관이 없다. 전능하시니 거짓말도 할 수 있느냐는 논리 자체가 성립하지 않는다는 말이다. 거짓말이나 죄를 짓는 것은 이미 선의 결핍이나 불완전을 포함하며, 이것은 곧 무능력을 의미하기 때문이다. 그러므로 뭔가를 할 수 없거나 거짓말하거나 죄를 짓는 하나님은 하나님이 아니다. 따라서 이 질문들은 실질적으로나 논리적으로나 어불성설이다.

하나님은 사랑과 정의에 벗어난 일은 하지 않으며, 기분 내키는 대로 힘을 휘두르지도 않는다. 네모난 동그라미를 만들어보라고? 하나님은 장난삼아 마술하듯 쇼를 해 보이시는 분도 아니며, 인간을 사랑하시고 구원하시며 온 우주 만물을 섭리하시는 일이 아닌 일, 즉 네모난 동그라미와 같은 인간의 인식 차원을 넘어서는 일, 그 일을 하고 나서 그 일에 대한 이해를 강요하시는 그러한 분도 아니다. 하나님은 자신의 본성과 목적과 의지와 계획과 작정에 맞게 행동하시는 분이시다. 성경의 하나님은 네모난 동그라미나 만드시는 마술사가 아니다. 게다가 네모난 동그라미를 만드는 것이 전능성을 입증하는 것도 아니다. 설사 하나님이 네모난 동그라미를 그렸다고 하자. 3차원에 사는 인간이 그것을 네모난 동그라미로 인식할 수나 있겠는가.

여기서 유념할 것은 전능하신 하나님은 믿음의 대상, 신앙고백의 대상이라는 점이다. 기독교의 하나님은 설명이나 논리 전개의 대상이라기보다 믿음과 경배와 찬양과 기도의 대상이다. 매주 "나는 전능하신 하나님을 믿습니다"라고 고백하는 이유가 바로 여기에 있다. 그런데 하나님이 거짓말하거나 죄를 짓는다고 생각해 보라. 그를 찬양할 수 있으며, 그에게 기도할 수 있겠는가? 상상조차 할 수 없는 일이다! 기독교인으로서는 신앙이 뿌리째 뽑히는 일이며, 신앙의 터전이 파괴되는 일일 것이다. 불완전한 인간과 유사한 하나님을 하나님이라 부를 수 없으며, 그의 말과 약속이 진실인지를 도무지 알 수 없게 될 것이다. 신실하신 하나님, 거짓이 없으신 하나님이기 때문에 그분은 예배와 기도와 찬양과 감사의 대상이 되는 것이다.

5. "알지 못하는 신에게" — 변증가 바울의 접근 방식

하나님은 전능하시고 선하시다. 이 전능하시고 선하신 하나님이 이 세계에 개입하여 그의 능력으로 유지 보존하시며, 모든 것 하나하나 돌보시며 다스리신다. 이것을 우리는 섭리라고 부른다. 이것은 변할 수 없는 우리의 고백이다. 바로 이 지점에서 무신론과 그리스도인들의 태도가 달라진다. 그리스도인들은 그래서 감사하고 찬양한다. 선하시고 전능하신 이 하나님이 바로 우리의 하나님, 우리를 위한 하나님이라고 믿기 때문이다. 그러나 현실은 그리 녹록지 않다. 악으로 통칭할 수 있는 수많은 죽음과 살육과 불의와 고통, 전쟁과 기근과 재해로 인한 생명 상실이 분명 존재한다. 전 지구적 아픔만 아픔이 아니다. 개인들이 각각의 이유로 겪는 고난과 고통은 하나님을 향한 욥의 탄식과 하박국의 항변을 떠올리게 한다. "하나님, 언제까지 잠잠하고 방관하시려 하나이까?" 이것은 우리의 물음이기도 하다.

우리는 선하시고 전능하시고 사랑이 풍성하신 하나님을 믿고 영광 돌린다. 이 모든 것을 이길 힘을 주시는 하나님, 우리를 단련하여 고난보다 훨씬 더 큰 은혜를 주실 하나님, 이성으로는 다 이해할 수 없으나 더 큰 선을 만들어가실 하나님, 그리스도 십자가를 통하여 성령 안에서 하나님 나라를 시작하신 하나님, 최종적으로는 모든 악을 극복하시고 승리하실 하나님, 모든 것을 새롭게 하시고 죽음도 슬픔도 고통도 아픔도 없는 새 하늘과 새 땅을 만들어가실 하나님의 능력과 약속과 승리를 소망하며 인내한다.

이런 생각은 당연히 그리스도인들에게만 해당한다. 하나님이 존재하심을 믿고 받아들이기 때문이다. 그러나 무신론자들은 달리 생각한다. 하나님의 존재를 인정하지 않기 때문이다. 그들에 의하면 악의 현실과 신의 존재는 모순이다. 악의 존재와 신의 존재는 양립할 수 없으므로 어느 하나는 존재하지 않아야 한다는 것이다. 다시 말해, 하나님이 존재한다면 악이 있어서는 안되고, 악이 있다면 하나님이 존재해서는 안 된다는 것이다. 그런데 악은 분명히 존재하고 있으므로 전능하신 하나님은 존재하지 않음이 분명하다는 것이다. 그러므로 무신론자들과의 대화는 겉돌기 마련이다. 서로 전제가 다르고 접근 방법이 다르기 때문이다. 그렇다고 여기서 멈춰서는 안 된다. 복음은 "모든 믿는 사람을 구원하시는 하나님의 능력"롬 1:16이며 누구나 들어야 할 하나님의 선물이기 때문이다.

그렇다면 어떻게 접근해야 할 것인가? 다양한 방법이 있을 것이다. 믿음은 들음에서 난다고 했으니 포기하지 않고 전할 일이다. 여기서 유용한 하나의 방식을 소개하려 한다. 그것은 바로 바울이 사용한 변증적 방식이다. 아고라에서 그는 헬라철학자들에게 예수의 부활에 대하여 설명하였다. 호기심을 가진 철학자들이 바울을 아레오바고에 초대하여 그가 가진 진리를 좀 더 자세히 들으려 했다. 꽤 많은 사람이 모였다. 그는 청중들의 종교와 문화를 파악하고 그들의 종교성을 접촉점 삼아 이야기를 풀어나가기 시작했다. "아테네 시민 여러분, 내가 보기에, 여러분은 모든 면에서 종교심이 많습니다. 내가 다니면서, 여러분이 예배하는 대상들을 살펴보는 가운데 '알지 못하는 신에게'라고 새긴 제단도 보았습니다. 그러므로 나는, 여러분들이 알지 못하고 예배하는 그 대상을, 여러분에게 알려 드리겠습니다." 행 17:22-23, 새번역

그리하여 아레오바고는 기독교와 헬레니즘이, 복음과 철학이 만나는 장소가 되었다. 바울은 그들의 현실에서 출발하여 복음으로, 피조물에서 출발하여 창조주 하나님에게로, 철학에서 출발하여 믿음으로 이르는 길을 선택하였다. 결국 그 변론으로 그는 몇몇 신자들을 얻게 되었다. 바울의 변증은 아테네 사람들에게 유효한 방법이었던 것이다. 무신론자들과의 논쟁에서 논리와 철학과 과학과 경험이 유용한 설득과 변증의 도구가 될 수 있다. 물론 논리나 과학이 기독교의 진리를 다 설명할 수는 없을 것이다. 그러나 복음의 문에 이르게 하는 사다리 역할은 충분히 할 수 있으리라 생각한다. 맥그래스 Alister E. McGrath 는 이렇게 말한다.

> 변증은 신학교 강의실에서만 쓰이는 기술이 아닙니다. 기독교 사역에 관계된 사람이라면 누구나 필수적인 도구입니다. 이것은 보다 효과적인 전도를 위해서 뿐만 아니라 교회사역에 자신감을 불어 넣어 주기 위해서도 중요한 도구입니다. 변증은 보다 효과적인 전도를 할 수 있도록 합니다. 동시에 기존 기독교인도 신앙의 질적 깊이를 더하고, 그들의 헌신 속에 적절한 이해와 확신이 갖춰질 수 있도록 도와줍니다.
> 『기독교 변증학』, 33

6. 삼위일체론의 약사略史와 의미

먼저 생각해 보아야 할 문제가 있다. 왜 삼위일체론을 독립적으로 다루지 않고 신론에서 다루는가 하는 것이다. 이것은 신론의 정의와 관련이 있다. 한마디로, 신론은 하나님에 관한 이야기다. "기독교 신학은 하나님에 대하여 모호하게 말하지 않으며, 성경에 증언된 하나님의 구체적 행위에 근거하여 진술한다. 그러므로 기독교 신학의 중심적 과제는 기독교 신앙에 고유한 하나님 이해를 명료하게 기술하는 것이며, 기독교 신앙에 고유한 하나님의 논리를 드러내는 것이다"Migliore, 「기독교 조직신학 개론」, 96 그렇다면 우리가 진술해야 할 성경의 하나님은 어떤 하나님인가? 바로 삼위일체 하나님이시다. 성경은 이를 잘 증언한다. 따라서 기독교의 신관 혹은 신론은 곧 삼위일체론이다. 그런 의미에서 삼위일체론을 신론에서 거론해 보았다.

　　삼위일체론은 이해하기도 설명하기도 실천하기도 참 어려운 분야다. 그래서 종종 삼위일체론을 사변적이고 관념적이라고 치부해 버린다. 고대교회가 정치적인 이유로 만들어 낸 잘못된 이론이라고 주장하기도 한다. "한 본질 세 위격"의 공식이 이해되지 않으므로 신앙생활에 불필요한 것 아니냐고 반문하기도 한다. 그러나 모두 잘못된 생각이다. 삼위일체론은 매우 실존적이고 신앙고백적인 이론으로, 초기 신앙인들이 생명의 위협을 무릅쓰면서까지 만들고 지켜낸 교리라는 것을 우리는 분명히 인식해야 한다. 이 이론은 "예수 그리스도가 과연 누구인가"라는 근본적인 질문에서 시작된 것이기 때문이다. 고대교회는 아무 이유 없이 하나가 어떻게 셋이 되고, 셋이 어떻게 하나가 되는지와 같은 논리적 문제에 매달린 것이 아니다. 또한 정치적 이용을 위해서도, 단순한 지적知的 만족을 위해서도 아니다. "예수 그리스도는 하나님이시다"는 신앙고백에서 시작하여 삼위일체 하나님으로 완성된 이론이다. 삼위일체는 성경적 근거와 한 하나님에 대한 신앙과 그리스도에 대한 고백과 성령의 경험에 기반한 교리적, 신학적 귀결이었다. 그러므로 삼위일체는 기독교의 중심을 이루는 교리다.

　　예수의 부활과 성령을 체험한 제자들은 예수를 선포하기 시작하였다. 그들의 선포의 핵심은 예수의 십자가와 부활이었다. 교회가 점점 확장되어 헬라 세계로 퍼지게 되면서 성경적 사고와는 상당히 다른 그리스도에 대한 패러다임이 나타나기 시작하였다. 그 이유는 우선 교회의 구성원들이 달라졌기 때문이다. 유대 그리스도인들에서 헬라파 그리스도인들로 바뀐 것이다. 기독교가 이방인들에게 전파되면서 그들은 성경의 메시지를 자신들의 언어와 관점, 즉 헬라적 언어와 관점에서 해석하기 시작하였다.

그리고 그들은 예수의 사역보다도 예수의 본체, 즉 예수가 원래 누구였는가, 또 예수는 누구인가에 더 관심을 가지고 있었다. 다시 말해서 그들의 질문은 바로 예수는 신이었는가 아니면 인간이었는가, 아니면 원래 인간이었는데 신적 존재가 되었는가, 지상의 예수는 누구였는가 하는 것이었다. 성경의 시대가 지난 후, 이러한 질문들에 대해 다양한 답변이 제시되었고, 여러 이단도 등장했다. 대표적인 이단인 에비온파는 '하나님은 오직 한 분뿐'이라는 유대교의 핵심 사상을 고수하던 유대인들이었다. 그들은 예수를 단순한 인간으로 보았으며, 마리아와 요셉 사이에서 태어난 평범한 사람이었다고 주장했다. 에비온파의 견해에 따르면, 이 평범한 인간 예수가 세례를 받는 순간 하나님의 영으로 충만해져 능력을 받게 되었고, 그때 하나님께서 예수를 양자로 삼아 하나님의 아들로 인정하셨다는 것이다.

또 다른 이단은 가현론이다. 가현론자들은 예수가 실제로 이 땅에 오신 것이 아니라 외견상 그렇게 보였을 뿐이라고 주장하였다. 이 이단은 앞서 말한 에비온파와는 달리 예수의 인성과 역사성을 부인하였다. 이는 예수께서 인간의 육신을 입고 구체적인 시간과 공간 속에 오셨다는 성육신 교리를 정면으로 부인하는 것이었다. 그들은 신적 존재가 악한 물질적 존재가 될 수 없다고 보았기 때문이다. 즉, 신은 선한 존재이고 이 세계와 물질은 악하다는 이분법적 사고에 빠져 있었던 것이다.

이런 이단의 주장으로 인한 혼란이 교회 안에 깊숙이 들어오게 되었다. 특별히 4세기에 교회의 장로였던 아리우스는 아들은 피조물이라고 말하면서 교회를 혼란케 하였다. 하나님은 유일하시며, 절대적이시며, 초월적이시며, 태어나지도 죽지도 아니하며, 그만 홀로 자존하시며, 영원하다고 주장하였다. 아리우스에 의하면 하나님 이외의 모든 존재는 무에서 유로 만들어진 하나님의 피조물이었다. 따라서 로고스이신 예수 그리스도는 하나님이 아니라 최초로 하나님에 의하여 만들어진 피조물이었다. 그러나 그는 단순한 인간과 동일한 그런 피조물이 아니라 시간이 있기 전에 창조되었으므로 신에 가까운 존재였다. 그럼에도 예수는 피조물이므로 존재하지 않은 때가 있었다고 하여 예수 그리스도의 영원성을 부인하였다.

이런 주장에 대해 맞섰던 사람은 아타나시우스였다. 그는 그리스도가 하나님과 비슷한 존재가 아니라 하나님과 본질적으로 동일한 분이라고 주장하면서 아리우스를 이단으로 정죄하고 면직시켰다. 그러나 아리우스는 자신의 주장을 굽히지 않았고 이로 인해 고대 교회는 그리스도론 논쟁에 휘말리게 되었다. 콘스탄틴 황제는 이러한 논쟁이 교회의 통일성뿐만 아니라 로마 제국의 통일성마저도 위협한다고 생각하고 325년 니케아라는 도시에서 회의를 소집하였다. 이 회의에서 공식적으로 아리우스는 이단으로 정죄되었고 하나님과 아들은 유사한 존재가 아니라 본질적으로 동일하다는 고백이 공식적으로 인정되었다. 여기서 채택된 고백서가 바로 최초의 역사적 신앙고백서인 『니케아 신조』이다. 이 신조는 예수 그리스도와 성부 하나님이 유사한 존재가 아닌 동일하신 분임을 고백하였다.

> 우리는 한 분 예수 그리스도를 믿습니다. 그분은 영원히 아버지로부터 나신 하나님의 독생자로서 빛으로부터 오신 빛이시요, 참하나님으로부터 오신 참하나님이십니다. 그분은 피조된 것이 아니라 나셨기 때문에 아버지와 본질이 동일하십니다. 만물은 그로 말미암아 지은 바 되었습니다. 그분은 우리 인류와 우리의 구원을 위해서 하늘로부터 내려오사, 성령과 동정녀 마리아를 통하여 성육신하셔서 인간이 되셨습니다.

『아타나시우스 신조』에는 우리가 지금 고백하는 형식으로 삼위일체 교리가 분명하게 드러나 있다: "삼위 가운데 계신 한분 하나님, 한분으로 계신 세 위격의 하나님." 다시 한번 질문해 보자. 삼위일체란 무엇인가? 필자의 설명보다 교회가 전통적으로 고백해 왔던 교리 문서들의 삼위일체론을 우선 소개해 본다. 방금 아타나시우스 신조의 삼위일체론의 공식을 요약하여 소개 했지만, 좀 더 상세히 소개해 본다.

> 정통 신앙이란…곧 삼위로서 일체이시고, 일체 가운데 삼위이신, 유일 하신 하나님을 믿는 것이다. 이 삼위를 혼동하나, 한 본질을 분리함 없 이, 성부의 한 위(位)가 계시고, 성자의 다른 한 위가 계시고, 또 성령의 다른 한 위가 계십니다. 그러나 성부와 성자와 성령은 다 하나이시며, 그의 영광도 같으며, 그의 존엄도 동일하게 영원하십니다. 성부께서 계신 것같이, 성자도 그러하시며, 성령도 그러하십니다. …성부께서 영원하신 것같이, 성자도 영원하시며, 성령도 영원하십니다. …성부도 전능하시고, 성자도 전능하시고, 성령도 전능하십니다. 그러나 세 전 능자가 아니라 한 전능자이십니다. …삼위의 전부가 동일하게 영원하 시며 같이 동등하심으로, 상술한 것과 같이 모든 것에 있어서, 삼위로 서의 일체와, 일체로서의 삼위가 예배를 받으시는 것입니다.

아타나시우스 신조는 삼위일체 하나님을 믿고 고백하는 것이 정통신앙 이라고 선언한다. 수많은 이단 속에서 기독교의 참된 신앙이 무엇이냐를 설 명해야 했던 고대교회는 바로 이 "삼위일체 하나님을 믿는 것"을 구원의 조 건으로까지 내세웠다. 이런 맥락과 유사한 성격을 가진 신앙고백서가, 루터 의 생각을 반영하여 멜랑히톤Philipp Melanchthon이 만든 『아욱스부르크Augsburg 신 앙고백서』다.

> 우리는, 니케아 공회의 교령에 따라 다음을 이의 없이 믿으며 가르치 는 바이다. 참된 하나님이라 불리는, 바로 참된 하나님이신 한 신적 본 질이 있으며, 이 하나님의 신적 본질에는 능력이 동등하며 다 같이 영

원한 세 위^{persona}가 있으니 곧 성부 하나님, 성자 하나님, 성령 하나님이시며, 이 세 위격은 동일한 신적 본질로서 영원하시고, 분열이 없고, 끝이 없고, 무한한 능력과 지혜와 선을 가지시며, 보이는 것과 보이지 않는 모든 것의 창조자이시며 보존자이시다. 이 위^{person}라는 말은 어느 한 위가 다른 위의 일부이거나 하나의 속성이 아님을 의미한다. 그러므로 이 신앙조항에 반대되는 모든 이단들은 배격되어야 한다.

이 신앙고백서의 내용을 정리하면 다음과 같다. 니케아 공의회의 결정과 교부들의 생각을 따른다는 것, 한분이신 참된 하나님이 존재한다는 것, 한 신적 본질 안에 모든 면에서 동일하신 성부, 성자, 성령 세 위격이 존재한다는 것, 그분은 모든 것의 창조주이며 보존자라는 것, 삼위일체를 거스르는 모든 이단은 배격되어야 한다는 것이다. 이것을 고려할 때, 이 문서는 기독교 삼위일체론의 대부분의 중요한 내용이 충실히 포함되어 있다.

여기에다 『웨스트민스터 신앙고백서』는 성자와 성령의 기원에 관한 문제를 덧붙인다. "신성의 일치성 안에 한 본체와 한 권능과 한 영원성을 지니시는 세 위격들, 즉 성부 하나님, 성자 하나님, 성령 하나님이 존재하신다. 성부는 아무 것으로부터도 오지 않고 출생되지도 않고 출원하지도 않으신다. 성자는 성부로부터 영원히 출생되신다. 성령은 성부와 성자로부터 영원히 출원하신다."[2,3]

『제 2 스위스 신앙고백서』는 여기에 "세 분 하나님이 예배를 받으셔야 한다"는 문구를 첨가하였고, 마지막 부분에 군주신론, 양태론, 일신론 등 삼위일체와 연관된 이단들을 열거하고 마무리하고 있다. 『대한예수교장로회총회 고백서』도 이와 동일한 고백들을 담고 있다. 정리하면, 기독교의 신관은 삼신론도 단일신론도 아니다. 삼위일체 신관이다. 그것은 철저히 성경에 근거한 것이며, 교부들의 전통에 따른 것이다. 그것은 우리의 신앙고백이자 정체성이며 우리의 신앙적, 신학적 터전이다.

마지막으로 이종성이 말하는 삼위일체의 의미를 간단히 소개하려 한다. 이종성, 「조직신학개론」, 151 고전적이고 기본적인 의미를 다루고 있으므로 그의 주장을 소개하는 것도 의미 있으리라 생각해 본다. 첫째로, "성부와 성자와 성령이 모든 면에 있어서 동일하다는 뜻이다." "둘째로, 성부와 성자와 성령은 그 신이 존재하기 시작한 그때부터 영원 전부터 영원까지 성부, 성자, 성령이라는 삼자 관계를 가지고 존재했다." 셋째로, "삼위는 각 위가 하는 일이 구별되어 있다. 성부는 창조와 역사 주관과 예수 그리스도를 세상에 보내신 것과 교회를 지키시는 것과 역사를 완성케 하는 일을 하신다." "성자는 성육신하시어 십자가를 지시고 죽으시고, 부활하셨다가 세상 마지막 날에 재림하여 최후 심판을 주관하신다." "성령은 교회 안에서 신자들을 하나님의 은총 안에서 살 수 있도록 하신다." 넷째로, 그러나 "각 위가 따로따로 사역하시는 것이 아니라 삼위가 언제든지 동시적으로 함께 사역하신다. 다만 표면에 나타나는 것은 삼위가 다 다르게 나타난다." 이종성, 「조직신학개론」, 151

7. 삼위일체의 유비 類比 와 흔적

교인들을 포함하여 삼위일체 교리를 알고 있는 많은 사람의 관심은 어떻게 해서 세 분이신 분이 한 분이 될 수 있으며, 한 분이신 분이 어떻게 세 분이 되시냐는 논리에 집중한다. 오로지 1과 3의 신비에만 관심을 둔다. 사실상 명쾌하게 날 선 검으로 무 자르듯 이것을 설명하기란 매우 어렵다. 인간의 논리로는 1을 세 번 더하면 1이 아니라 항상 3이 되기 때문이다. 그래서 이렇게 말하는 사람도 있다. "삼위일체는 왜 독립적인 1의 세 번 더하기라고 생각하는가? 독립적인 1의 세 번 곱하기다"라고 말이다. 1을 세 번 곱하면 1이다. 상당히 중요한 발상이라고 필자는 생각한다. 더하는 것보다 곱하는 것이 영이신 삼위일체 하나님에 대한 설명에 더 가까울 것이기 때문이다. 이것도 정확한 설명이 될 수는 없지만 삼위일체를 수적으로, 논리적으로 설명하기 위해 노력한 흔적이 보인다. 또 어떤 사람들은 이 땅에 있는 기호나 모양, 물건 중에서 삼위일체와 유사하다고 생각되는 것들을 찾아내어 설명하려고 한다. 이것을 유비라고 한다. 삼위일체를 설명하기 위해 유비들을 사용하면 이해하기는 쉽지만, 위험에 빠질 수도 있어 극히 조심해야 한다.

예를 들어보겠다. 흔히 사용하는 예가 바로 한 사람의 역할에 초점을 맞추어서 설명하는 것이다. 즉, 한 사람이 있는데, 그는 한 사람이지만 자기의 아들에 대해서는 아버지가 되고, 동시에 아버지에 대해서는 아들이 되고, 또한 동시에 아내에 대해서는 남편이 된다는 설명이다. 사람은 한 사람이지만 역할은 세 역할을 감당하고 있으므로 삼위일체를 잘 설명할 수 있다고 보는 것이다. 그러나 이 예는 적절하지 않다. 고대교회에 이단으로 정죄되었던 양태론과 유사하기 때문이다. 성부와 성자와 성령은 한 하나님의 세 역할이나 세 기능이거나 세 존재 방식이 아니다. 한 하나님이 아버지의 역할, 아들의 역할, 성령의 역할을 하는 것으로 생각한다면 결국 하나님은 성경에 드러나 있는 성부·성자·성령 하나님 각각의 독자적인 역할을 부인하는 것이 되고 만다. 이에 반해 아우구스티누스는 1) 사랑_{사랑하는 자, 사랑받는 자, 사랑}, 2) 기억, 이해, 의지, 3) 정신, 지식, 사랑을 인간 안에 있는 삼위일체의 흔적으로 생각하였다. 중요한 시도이긴 하지만 이것도 삼위일체 하나님의 의미를 다 담지는 못한다.

자연 현상 속에서 삼위일체의 유비를 찾을 수 있을 것이다. 그래서 혹자는 물을 예로 드는 경우가 있다. 액체인 물이 기화하면 수증기가 되고 얼면 고체인 얼음이 되지만 결국 물의 성분은 변함없다는 것이다. 이것도 엄청나게 부족한 비유이다. 왜냐하면 성부가 성자로 혹은 성령으로 변할 수 있다는 인상을 주게 되기 때문이다. 또한 태양에 비유하기도 한다. 태양은 본질적으로 태양 본체와 열과 빛, 이 셋으로 구성되어 있기 때문이다. 그러나 그것 역시 부족하다. 열과 빛이 없는 태양을 태양이라고 말할 수도 없거니와 열과 빛이 본체와 떨어져 독자적으로 존재할 수도 없기 때문이다. 열과 빛과 본체는 한 태양의 구성요소일 뿐이지 삼위일체의 논리와 유사하지 않다. 과일^{씨·배젖·껍질로 되어 있으나 한 과일을 구성}의 비유, 뿌리·줄기·가지가 한 나무를 이룬다는 나무의 비유, 또 세 변의 삼각형 등의 비유도 정확한 비유는 아니다. 오히려 어떤 경우는 삼위일체 하나님을 오해하게 할 소지를 만들 수도 있다.

삼위일체를 인식할 때 이 세계 속에서, 혹은 인간의 내면에서 삼위일체의 흔적을 찾는 것도 중요하겠지만 삼위일체 하나님을 인식하면서 예수 그리스도로부터, 그리고 성경으로부터 출발해야 한다. 몰트만이 지적한 대로, 예수 그리스도의 사건은 삼위일체 하나님의 사건이며, 삼위일체 하나님을 인식하게 하는 근거가 되기 때문이다.^{Moltmann, 『삼위일체와 하나님의 나라』, 29, 86} 예수 그리스도의 사건의 일부만 삼위일체를 드러내는 사건이 아니다. 예수 그리스도 자체가, 그리고 예수 그리스도 모든 행위와 사건이 삼위일체 하나님의 행위를 드러낸다. 그것은 하나님이 그리스도를 통하여 성령 안에서 일으킨 사건이기 때문이다.^{Moltmann, 『삼위일체와 하나님의 나라』, 29, 86ff.}

삼위일체를 인식할 수 있는 또 하나의 근거는 무엇인가? 그것은 바로 성경이다. 성경 전체는 삼위일체 하나님의 행위를 잘 드러낸다. 헤페^{H. Heppe}는 "성경은 세계의 창조와 통치에서, 그리고 교회의 창설과 보존에서 똑같이 자기를 알도록 만든 하나의 신이 영원 전부터 성부, 성자, 성령으로서 삼위일체임을 가르친다"^{Heppe, 『개혁파 정통교의학』, 173}고 말한다. 칼빈은 "성경은 창조 이래로 하나님은 한 본체이시며 이 본체 안에 삼위가 존재한다는 것을 가르친다."^{Calvin, 『기독교 강요』, 1, 13, 1}고 주장한다. 몰트만은 "신약성서는 세계를 향하여 개방된 아버지와 아들과 성령의 사귐의 관계를 선포함으로써 하나님에 관하여 이야기한다"^{Moltmann, 『삼위일체와 하나님의 나라』, 86}고 진술한다. 아들과 성령의 신성을 입증하는 구절은 생략하고, 전통적으로 삼위일체의 근거로 여겨지는 구절 몇 개만 소개해 보려 한다.

예수께서 세례를 받으시고 곧 물에서 올라오실새 하늘이 열리고 하나님의 성령이 비둘기같이 내려 자기 위에 임하심을 보시더니 하늘로부터 소리가 있어 말씀하시되 이는 내 사랑하는 아들이요 내 기뻐하는 자라 하시니라^{마 3:16-17}

그러므로 너희는 가서 모든 족속으로 제자를 삼아 아버지와 아들과 성령의 이름으로 세례를 주고^{마 28:19}

주 예수 그리스도의 은혜와 하나님의 사랑과 성령의 교통하심이 너희 무리와 함께 있을지어다^{고후 13:13}

제 6 장
은총의 예정론

—

1. 인간은 무대 위의 마리오네트 Marionette?

예정론은 창세 전에 일어난, 인간을 향한 하나님의 작정에 관한 이론이다. 쉽게 말하면 하나님의 주권적 행위에 대한 교리의 일종이다. 이 교리는 주로 장로교의 특징적 교리로 알려져 있다. 장로교인이라면 반드시 알아야 할 것 같은, 그러나 이해하기 어려운, 그래서 부담이 되는 교리다. 하지만 분명히 기억해야 할 것은 예정론이 장로교만의 교리는 아니라는 점이다. 아우구스티누스도 토마스 아퀴나스Thomas Aquinas도 마틴 루터도 심도 있게 주장한 교리다. 거슬러 올라가면 바울에게서도 예정론의 핵심을 발견할 수 있다. 그런데도 교회 현장에서도 예정론을 중요한 교리로 가르치는 것을 보기란 쉽지 않다. 사실상 예정론만큼 크게 오해받는 교리도 많지 않다. 성경에 언급되는지에 대한 오해에서부터, 장로교 교리인데 왜 우리가 알아야 하느냐는 생각, 믿음으로 의롭게 되고 믿음으로 구원받는다는 것을 강조하는 교리와 충돌한다는 생각에 이르기까지 많은 오해로 둘러싸여 있다.

게다가 모든 것이 예정되어 있어서 인간의 자유의지를 부정한다는 오해도 받는다. 내가 할 수 있는 것이 없으니 죄에 대한 책임을 묻지 말라고, 도덕적인 삶을 요구하지 말라고 항변하기도 한다. 내 마음대로 사는 것은 다 예정론 탓이라고 말한다. 일상의 일거수일투족이 예정되어 있으니 예정론은 운명론 아니냐는 질문을 받기도 한다. 인간은 하나님이 써놓은 시나리오에 따라 움직이는 배역이거나, 인형극의 무대 위에서 끈에 묶여 조정당하는 마리오네트가 아니냐는 것이다. 예정론이 인간의 모든 의지와 선택과 결정을 말살하는 이론이 아닌데도 말이다.

때로는 미래를 위한 계획이나 꿈이 다 무슨 소용이냐고 좌절한다. 인생이 꿈대로, 계획대로 되던가? 계획대로 되지 않을 때 그리스도인들은 하나님의 예정과 뜻을 찾느라 괴로워한다. 예기치 못한 일이나 고난을 만나기도 한다. 그때마다 하나님이 원하시는 뜻이 무엇일까 하고 고민한다. 내 결정이 잘된 것일까, 하나님의 뜻에 맞는 결정일까 하고 말이다. 그래서 하나님의 뜻을 찾느라 아무것도 하지 않는 사람도 간혹 있다. 이것은 원래 나를 위해 예정하신 하나님의 계획과 비전이 있을 것이라는 생각 때문이다. 굳이 틀렸다고 말하기는 어렵지만, 엄격히 말하면 이것이 예정론의 핵심은 아니다.

어느 모임에서 지금은 돌아가신 어떤 원로 목사님의 목회 회고를 듣게 되었다. 오래되어 정확히 기억이 나진 않지만, 그분의 고백은 대강 이러했다. "나는 장로교 목사가 아니어서 예정론을 믿지 않았습니다. 인간에게는 자유의지가 있다고 믿었습니다. 창조하실 때 하나님은 인간에게 자유의지를 주셨기 때문입니다. 모든 것이 하나님이 예정하셨다면 인간의 믿음이나 응답은 무엇입니까? 그러나 목회를 마치는 지금 생각해보니 모든 것이 하나님의 은혜였고, 모든 것이 하나님의 예정하심이었습니다. 나는 모든 것이 내 의지대로 된다고 생각했는데 어차피 그것은 하나님의 은혜와 섭리 안에서 움직인 것이었습니다. 내가 인생을 지나오면서 자유롭게 믿고 자유롭게 성취해내고, 자유의지를 가지고 하나님께 응답한다고 생각했어요. 그때는 그래서 모든 것이 하나님의 예정이라는 꽉 막힌 이론이 틀렸다고 생각했지요. 하지만 이제 생각해 보니 모든 것이 하나님의 예정과 계획과 섭리 안에 있었던 일이었습니다." 이 고백에는 예정론이 장로교의 교리라는 점, 자유의지와 상충한다는 점, 인간의 믿음과 응답을 부정한다는 등의 생각이 담겨있다. 예정, 섭리, 은혜라는 말이 거의 유사한 의미로 사용되었음도 알 수 있다. 그러나 그가 예정이라는 말을 신학적 의미가 아닌, 과거를 돌아보며 감사하는 신앙 고백의 의미로 사용했다는 것을 알았기에 더 이상 따져 묻지 않았다. 그의 고백은 지금도 감동으로 남아 있다.

하나님의 예정에 대한 출처 불명의 에피소드를 읽어본 적이 있다. 어느 날 감리교 목사와 장로교 목사가 만나기로 약속했다. 먼저 나와 있던 장로교 목사는 감리교 목사가 약속 장소에 나타나자 이렇게 말했다. "우리가 이렇게 만나게 된 것은 다 하나님의 예정 때문입니다." 이 말을 들은 감리교 목사는 "그럼, 내가 하나님의 예정을 바꾸어 놓을까요?" 하면서 장로교 목사와 만남을 취소한 채 돌아가 버렸다. 당황할 법한 장로교 목사는 감리교 목사의 등 뒤에다 이렇게 말하며 웃었다고 한다. "허허허, 그것도 다 하나님의 예정이야 …." 우리는 종종, 예정이 일상에서 일어나는 모든 일들, 즉 만나고 헤어지고, 먹고 마시고, 가고 오고, 자고 일어나고 하는 일상의 일들이 하나님의 예정 속에 일어난다고 생각하는 경향이 있다. 하지만 이것도 신학적으로 예정이라고 부르지 않는다. 그렇다면?

2. 전통적 예정론 — 선택과 유기, 하나님의 창세 전의 결정

그렇다면 예정이란 무엇인가? 전통적인 견해를 우선 소개하고자 한다. 학자들이나 교파나 교리 문서에 따라 다양한 견해를 보이긴 하나 일반적으로 알려져 있는 전통적 견해는 하나님께서 창세 전에 인간의 일부는 영원한 생명으로, 또 다른 일부는 영원한 멸망으로 미리 정해놓으셨다는 견해다. 이것을 보통 선택과 유기遺棄의 이중 예정이라 부른다. 이러한 이중 예정을 신학적으로 체계화하여 기독교의 중요교리로 만든 인물은 아우구스티누스다. 그는 "예정론을 체계적으로 발전시킨 첫 번째 사람", 그리고 "뒤이어 나타나는 모든 예정론의 사상적 건물의 기초를 놓은 서구 신학의 선생"으로 인정되고 있다.Kraus, Vorherbestimmung, 27 그런데 그가 처음부터 엄격한 예정론을 발전시킨 것은 아니었다. 처음에는, 모든 것이 결정되어 있다는 숙명론을 가진 마니교에 대항하여, 인간의 자유의지를 긍정했다. 인간에게는 선악을 선택할 수 있는 자유의지가 있다고 보았다. "은총은 자유의지를 폐기하지 않는다"Kraus, Vor-

herbestimmung, 30 는 유명한 명제를 남긴 것은 바로 그 이유 때문이었다. 그의 초기 예정론에 있어서 "자유의지는 예정의 무조건적 전제" Kraus, *Vorherbestimmung*, 30 였다. 즉 "자유로운 의지가 없다면 공적이 있을 수 없고, 공적이 없다면 예정도 없다"는 생각이었다. Kraus, *Vorherbestimmung*, 30

아우구스티누스가 예정론에 대한 생각을 근본적으로 바꾸게 된 것은 바울 서신, 특히 로마서 9장을 깊이 연구한 후였다. 하나님의 예정은 철저히 인간의 공적과 상관없는 하나님의 결정이며 하나님의 은총임을 깨닫게 된 것이다. "인간의 의지와 결단을 완전히 부정하고 오로지 하나님의 순수한 결단을 통한 예정을 주장" Kraus, *Vorherbestimmung*, 31 하게 되었다. 이때 주장한 그의 명제는 바로 "하나님의 은총은 모든 인간의 공적에 우선한다" Kraus, *Vorherbestimmung*, 32 였다. 하나님의 예정은 인간의 자유의지나 신앙이나 공적과는 상관없이 오로지 하나님의 은총과 하나님의 결단에 달렸다는 것이다. 그의 예정론이 보다 더 심화된 것은 펠라기아누스Pelagianus와의 논쟁 이후였다. 그에게 예정은 하나님의 은총의 절대성과 인간의 철저한 무능을 의미하였다. Kraus, *Vorherbestimmung*, 35ff. 다시 말해 하나님의 은총은 불가항력적이며 결코 무효화되지 않는다는 것이었다.

하나님의 예정의 절대성과 무조건성은 결국 예정의 수적 제한이라는 주장으로 이어졌다. Kraus, *Vorherbestimmung*, 38 즉, 인간 중 제한된 숫자만이 저주에서 구원받도록 예정되어 있으며, 이 예정된 수는 변하지 않는다는 것이다. Kraus, *Vorherbestimmung*, 39 이러한 아우구스티누스의 견해를 따른다면, 우리는 자연스럽게 선택받은 자와 그렇지 못한 자의 비율이 어떻게 될 것인지 궁금해하지 않을 수 없다. 물론 이에 대한 명확한 답은 없다. 다만 하나님의 은총으로 구원받은 자의 수가 유기된 자의 수보다 적을 것이라고 추측할 수 있을 뿐이다. 아우구스티누스 역시 이와 같은 견해를 보였다. 그는 인류 중 소수만이 선택의 은총을 받고, 대다수는 저주에 처하게 된다고 생각하였다. 본래 인간은 원죄 때문에 죄와 멸망과 저주의 위기 속에 있었다. 그러나 모든 사람이 멸망에 이르는 것은 아니다. 예수 그리스도를 통한 하나님의 은혜 때문이다.Kraus, *Vorherbestimmung*, 40 그런데 아우구스티누스는 그리스도의 은혜가 모든 사람에게 임하는 것이 아니라 제한된 수의 사람들에게만, 즉 영원 전부터 미리 영생으로 정해진 자들에게만 임한다고 보았다.Kraus, *Vorherbestimmung*, 40 그렇다면 하나님의 예정은 불공정하지 않은가 하는 질문이 생긴다. 이에 대해 아우구스티누스는 인간이 저주로 예정되어 있다 하더라도 하나님께 불평하거나 하나님을 비난할 수 없다고 보았다. 그것은 하나님의 의로운 심판이기 때문이다.Kraus, *Vorherbestimmung*, 41 다시 말해, "하나님이 모든 인간을 구원으로 이끌지 않고 죄인의 불신앙을 영원한 형벌로 처벌하는 것은 불의한 행위가 아니다. 그것은 모든 인간이 먼저 원죄 때문에 죄의 덩어리가 되었고 구원에 대한 모든 요구를 상실했기 때문이다. 따라서 아우구스티누스가 볼 때 모든 인간이 구원에 이르는 것이 오히려 의롭지 않은 것이다."Leonhardt, 『조직신학 연구방법론』, 582

이러한 아우구스티누스의 생각이 후대의 학자들에게 영향을 주었음은 자명한 일이다. 그의 예정론은, 섭리론의 관점에서 선택과 유기의 이중 예정을 다룬 토마스 아퀴나스를 거쳐 칼빈에게까지 영향을 미쳤다. 칼빈은 후기 아우구스티누스처럼 엄격한 이중 예정을 주장하였다. 칼빈의 주장은 다음과 같다.

우리는 예정을 하나님의 영원한 작정이라고 부르며, 이 작정에 의해서 하나님께서는 각 사람이 어떻게 되기를 원하신다는 것을 스스로 예정하셨다. 이는 모든 사람이 같은 상태로 창조되는 것이 아니라, 도리어 어떤 사람을 위해서는 영생이 예정되며 어떤 사람을 위해서는 영원한 저주가 예정되기 때문이다. 각 사람은 이 중의 어느 한쪽 결말에 이르도록 창조되므로, 우리는 그를 생명 또는 사망에 예정되었다고 한다."Calvin, 『기독교 강요』, III, 21.5 "하나님께서는 그의 영원하고도 변할 수 없는 계획에 따라 구원으로 받아들이실 사람들과 멸망에 내어주실 사람들을 오래전에 확정하셨다. Calvin, 『기독교 강요』, III, 21.7

칼빈에 의하면 하나님의 선택은 "하나님의 값없이 베푸시는 자비를 근거로 한 것이다. 그러나 하나님께서는 공정 무흠하시면서도 불가해한 판단으로 저주에 넘겨주신 사람들에게는 생명의 문을 닫으셨다." Calvin, 『기독교 강요』, III, 21.7 『웨스트민스터 신앙고백서』는 다음과 같이 고백하고 있다.

하나님의 영광을 나타내기 위하여 하나님의 경륜에 의하여 인간들과 천사들 중에 어떤 이들은 영생으로 예정되었고, 어떤 이들은 영원한 죽음에로 미리 정하여졌다.3.3 이와 같이 예정되고 미리 정하여진 천사들과 인간들은 구체적으로 그리고 불변적으로 계획되어 있다. 그래서 그들의 수는 매우 분명하고 확정적이므로 더 증가되거나 감소될 수 없다.3.4 생명으로 예정된 사람들을 하나님께서는 이 세상의 기초를 놓으시기 전에 영원하고, 변함이 없는 목적에 따라 그리고 자기의 뜻에 의한 비밀의 계획과 선한 기쁨에 따라 그리스도 안에서 택하셨다. 영원한 영광을 위하여 자기의 순전히 자유로운 은혜와 사랑으로부터 그들을 택하셨다.3.5 그러므로 선택함을 받은 사람들은 아담 안에서 타락했으나 그리스도에 의해 구속을 받으며, 때를 따라 역사하시는 성령을 통하여 믿음에 이르도록 효과적으로 부르심을 받는다. 그들은 또한 칭의를 얻고, 하나님의 자녀로 입양되고, 성화되고, 그의 권능에 의하여 믿음을 통해서 구원에로 보존된다. 선택함을 받은 자 외에는 그리스도에 의하여 효과적으로 부르심을 받거나, 칭의를 얻거나, 하나님의 자녀로 입양되거나, 성화되고 구원되는 자는 아무도 없다.3.6

간단히 정리하면, 첫째, 어떤 부류는 영원한 생명으로, 어떤 부류는 영원한 죽음으로 창세 전에 미리 정해졌다. 둘째, 예정된 자의 수는 확정되어 있어서 결코 변하지 않는다. 셋째, 하나님의 영광을 위하여 은혜와 사랑으로부터 그리스도 안에서 예정되었다. 넷째, 선택된 자들은 부르심, 칭의, 입양, 성화, 구원을 얻는다. 다섯째, 선택함을 받은 자 외에는 그리스도에 의하여 부르심을 받거나, 칭의를 얻거나, 입양되거나, 성화되고 구원얻을 수 없다. 이러한 웨스트민스터 신앙고백서의 예정론에 대해서는 비판과 논란의 여지가 없지 않다. Kraus, *Vorherbestimmung*, 207ff.

1566년에 채택된 『제 2 스위스 신앙고백서』는 『웨스트민스터 신앙고백서』의 엄격한 이중 예정 praedestinatio gemina 과는 다소 다른 분위기의 예정론을 주장한다. 엄격한 이중 예정을 주장하기보다 하나님의 은혜의 선택, 즉 예정의 긍정적 측면을 훨씬 더 강조한다. 첫 항은 이렇게 시작한다. "영원 전부터 하나님은 자유롭게, 그리고 그의 순전한 은혜로, 사람의 조건 여하를 고려함이 없이 그리스도 안에서 구원코자 원하시는 성도들을 예정하시고 선택하셨다." 10장 이 진술의 핵심은 "그리스도 안에서의 예정"이다. 하나님은 선택하시되 그리스도 안에서 선택하셨다는 것이다. 선택된 자들은 그리스도 안에 있기 때문이고, 버림받은 자들은 창세 전에 결정되었기 때문이 아니라 그리스도 밖에 있기 때문이라고 진술한다. 이에 대한 『제 2 스위스 신앙고백서』의 고백문을 소개하면 다음과 같다. "하나님은 우리를 택하시되 직접 택하신 것이 아니라 그리스도 안에서와 그리스도의 연고로 택하셨다. 지금 믿음에 의해서 그리스도에게 접붙임을 받은 사람들이 택함을 받기 위함이다. 그러나 그리스도 밖에 있는 사람들은 거절되었다." 10장 이 신앙고백서는 예정론과 관련한 문제를 잘 알고 있다. 하나님의 예정이라면 누가 예정되었지에 대한 문제가 제기되었다. 이에 대해 이 신앙고백서는 모든 사람이 구원받기를 소망해야 하며, 어떤 사람이 버림받았는지를 판단하는 데 조심하라고 경고한다. "여기저기에서 소수의 택함을 받은 사람의 수를 말하고 있으나, 우리로서는 모든 사람이 구원을 얻을 것을 바라야 하며, 성급하게 어떤 사람이 버림을 받았다고 판단해서는 안 된다.” 10장

3. 바르트의 예정론 ― “하나님의 은총의 선택”

　　지금까지 전통적인 예정론을 살펴보았다. 이제 전통적 예정론과 다른 분위기의 바르트의 예정론을 소개하고자 한다. 그는 예정론이라는 말 대신 은혜의 선택론이라는 용어를 사용하고 있다. 『제 2 스위스 신앙고백서』의 진술처럼 하나님의 예정을 매우 긍정적으로 해석해 낸다. 그는 예정론의 첫 장에서 그의 예정론의 기본 얼개를 소개한다.§32 그의 첫 장의 개요를 소개하면 다음과 같다. 첫째로, “선택론은 복음의 총체이다.” Barth, KDII/2, 15 그에 의하면 예정론은 무섭고 두려운 이론, 내가 구원받았는지 알 수 없는 모호한 이론이 아니라 “복음의 총합” Barth, KDII/2, 15, 22, 26, “기쁘고 격려하고 위로하고 도움이 되는 소식” Barth, KDII/2, 24, “기쁜 소식의 총괄개념” Barth, KDI/2, 22 이다. 왜냐하면 “하나님이 인간을 선택하시는 분이며, 자유 안에서 인간을 사랑하시는 분이라는 소식은 인간이 들을 수 있는 최상의 소식이기 때문이다.” Barth, KDII/2, 15 그리스도 안에 있으면 인간에게는 하나님의 저주가 아니라 하나님의 긍정만 있기 때문이다. Barth, KDII/2, 40 둘째로, “선택론은 예수 그리스도에 대한 인식에 근거한다.” Barth, KDII/2,15 “그리스도는 선택하는 하나님인 동시에, 선택받은 인간이기 때문이다.” 셋째로, “선택론은 신론에 속한다.” Barth, KDII/2, 15 “선택의 결정은 인간에 대한 결정일뿐 아니라, 하나님 자신에 대한 결정이기 때문이다.” Barth, KDII/2,15 넷째로, “선택론의 기능은 영원하고 자유롭고 항구적인 하나님의 은혜 하나님은 모든 길과 역사의 시작인를 증언하는 것이다.” Barth, KDII/2,15

　　바르트는 예정론의 두 번째 항§33에서 “예수 그리스도의 선택”을 다룬다. 그것을 소개하면 다음과 같다.

은혜의 선택은 예수 그리스도 안에서의 하나님의 모든 길과 역사의 영원한 시작이다. 하나님은 예수 그리스도 안에서 자유로운 은혜로써 자기 자신을 죄 많은 인간을 위해서 결정했고, 죄 많은 인간을 자기 자신을 위해서 결정했으니, 따라서 인간의 타기[유기] 및 그에 따른 모든 결과를 스스로 담당하고 인간을 그 자신의 영광에 참여토록 선택했다.

이 글에서 알 수 있듯이, 하나님의 선택은 은혜의 선택이다. 그리고 이 은혜의 선택은 예수 그리스도 안에서 이루어진다. 어떤 경우도 예수 그리스도 없이 이뤄지는 것은 없다. 선택의 결정, 창조, 화해 등 하나님의 모든 사역은 예수 그리스도 안에서 시작되며, 예수 안에서 성취된다. 그의 말을 직접 인용하면 다음과 같다. "예수 그리스도는 하나님의 자유로운 은혜다. 바로 그렇기 그 이전에, 그 이전에, 그 옆에, 그 앞에, 그 외에 다른 하나님의 선택, 결정, 말씀이 없다. 자유로운 은혜는 외부를 향한 하나님의 모든 길과 역사의 유일한 근거요 의미이다." Barth, KDII/2, 108

바르트가 32항에서 주장했던 "선택론은 예수 그리스도에 대한 인식에 근거한다"는 문장을 좀 더 살펴보고자 한다. 그의 선택론은 철저히 예수 그리스도에 대한 인식에 좌우되기 때문이다. 바르트가 말하는 "예수 그리스도는 선택하는 자이며 선택받은 자" Barth, KDII/2, 107 이다. 달리 말하면, "예수 그리스도는 참 하나님이자 참 인간"으로서 "선택하는 하나님이며, 선택받은 인간"이다. Barth, KDII/2, 116 이것은 우선 예수 그리스도는 인간과 하나님 사이에 존재하는 분이라는 것을 전제한다. 바르트는 이것을 다음과 같이 좀 더 상세히 설명한다. "하나님과 인간 사이에는 하나님이자 인간인 분, 예수 그리스도의 인격이 양자 사이를 중재하면서 서 있다. 그 안에서 하나님이 자신을 인간에게 계시한다. 그 안에서 인간은 하나님을 인식한다. 그 안에서 하나님은 인간 앞에 서 있고, 인간은 하나님 앞에 서 있다." Barth, KDII/2, 107 구체적으로 말하자면, 이것은 "그[예수 그리스도] 안에서 인간에 대한 하나님의 계획이 수립되고, 인간에 대한 하나님이 심판이 성취되었고, 인간에 대한 하나님의 구원이 이루어졌다" Barth, KDII/2, 107 는 것을 의미한다. 간단히 말하면 하나님의 모든 계획과 성취가 예수 그리스도 안에서 일어난다는 말이다.

이것이 무엇을 의미하는지 예정론과 관련하여 살펴볼 필요가 있다. 바르트에 따르면, 선택과 유기의 이중 예정은 철저히 예수 그리스도 안에서 일어난다. 그런데 바르트의 예정론의 특징은 무엇보다 유기 사건에 있다. 그에 의하면, 버림받음, 즉 유기는 창세 전부터 결정되어, 선택받지 못한 인간에게 직접적으로 일어나는 사건이 아니다. 앞에서 언급한 대로, 선택과 유기는 예수 그리스도 안에서 일어난다. 그러므로 유기 사건 역시 예수 그리스도 안에서 일어난다. 이것은 하나님이 그렇게 하기로 결정했기 때문이다. 이에 대한 바르트의 말을 옮겨본다. 하나님에 의해 "선택받은 인간 예수는 고난받고 죽도록 정해졌다. …하나님의 아들이 결단한 것은 죽음, 십자가상의 죽음에 이르기까지의 복종이다. …인간 예수가 선택받음은 그러므로 진노가 불붙었고, 판결이 언도 되고, 형벌이 집행되고, 기각이 이루어짐을 의미한다. 영원 전부터 이렇게 결정되었다." Barth, KDII/2, 136 달리 말하자면, 하나님은 인간들을 사랑하셔서 타락한 인간이 버림받아야 할 자리에 대신 예수 그리스도가 서게 됨을 의미한다. Barth, KDII/2, 137 "하나님은 그들을 사랑하기 때문에, 그들 모두가 당한 버림, 그들 위에 떨어진 하나님의 진노, 그를 모두가 죽어야 하는 죽음을, 영원 전부터 그가 담당하도록 하였다." Barth, KDII/2, 137 "하나님의 의지인 예수 그리스도의 선택에서 하나님은 인간에게 첫 번째 것, 즉 선택과 복락과 생명을 주기로 생각했고, 자기 자신에게는 두 번째 것, 즉 버림과 저주와 죽음을 주기로 생각했다. …이 일에서의 위험과 위협은 하나님의 아들이, 그러므로 하나님 자신이 스스로 감당한 부분이다." Barth, KDII/2, 179 요약하면, 그리스도 안에서 하나님이 인간에게는 생명과 복락을 주시고, 저주와 죽음은 하나님의 아들이 감당하기로 결정하셨다는 것이다. 그러나 이것이 마치 인간 자신의 의나 공적 때문이라고 오해해서는 안 된다. 이것은 전적으로 하나님의 선택에 은총일 뿐이다. 만일 하나님께 저항하고 불순종하고, 하나님께 영광을 돌리지 않은 인간Barth, *KDII/2,* 180에게 "하나님의 진노가 향하게 된다면, 인간을 파멸시키고 말소시킬 따름"Barth, *KDII/2,* 183이다. 그러나 하나님은 그렇게 하기를 원하지 않았다.Barth, *KDII/2,* 184 그래서 버림받아야 할 인간 대신에 하나님의 아들인 예수가 버림받은 것이다. 이것은 하나님이 그렇게 결정하시고 실행하신 사건이다. 그 사건이 바로 십자가 사건이다. 그러므로 "예수 그리스도 안에 있는 자들에게는롬 8:1 아무런 저주도 없다."Barth, *KDII/2,* 184

우리는 바르트에게 이런 질문을 던질 수 있을 것이다. 하나님이 인간을 그리스도 안에서 선택하기로 예정하셨다면, 본래 불경건한 인간이 실질적으로 어떻게 선택된 자가 되는가? 이에 대해 그는 "개인의 선택"의 항§35에서 예수 그리스도 안에서 예정된 선택의 약속이 들음과 믿음을 통해 개인에게 실현된다고 말한다. 그에 의하면 "이것이 공동체가 불경건한 인간에게 전해야 하고, 이 인간이 받을 수 있는, 그가 듣고 믿을 수 있는 약속이다. 들음은, 예수 그리스도 안에서 그에 대한 이런 결정이 내려졌음을 인지한다는 뜻이다. 믿음은, 이 결정을 통해 부닥친 상황을 받아들임을 뜻한다. 불경건한 인간이 듣고 믿음으로써, 듣고 믿는 한에서, 그는 저 이전을 실현한다."Barth, *KDII/2,* 346 즉, "불경건한 자는 그의 선택의 약속을 듣고 믿음으로써 받아들이는 자로서 선택받은 자의 삶을 살 수 있음에서 선택받은 자로 드러난다."Barth, *KDII/2,* 347 여기서 바르트에게 제기되는 또 하나의 질문은 인간에게는 어떠한 버림도 현실 속에서 일어나지 않는가, 달리 말해, 궁극적으로 버림받은 자는 전혀 없는가 하는 것이다. 이에 대해 바르트는 "예수 그리스도 안에서 일어난 선택에 항거함을 통해서 하나님에 대해 자신을 고립시키는 인간은 버림받은 것이다."Barth, *KDII/2,* 487 라고 답한다. 그러므로 "하나님으로부터 버림받은 자는 그의 죄책 때문에, 하나님의 의로운 심판과 판결을 통해 부정되고 물리쳐진 인간,

사탄 및 그의 나라의 불안정한 상태로 옮겨진 인간, 영원한 파멸에 내맡겨진 인간이다. 그는 그 스스로 하나님의 파괴적 적대 자세를 도발하였고 자초했기 때문에 마땅히 당해야 할 바를 당해야 하는 인간이다." Barth, KDII/2, 373

마지막으로, 바르트 예정론의 또 하나의 특징인 "공동체의 선택" §34에 대해 소개하고자 한다. 지금까지 신학 전통은 주로 개인의 예정에 집중해 왔다. 그것은 개개인의 선택과 유기에 대한 설명이었다. 이것을 잘못된 이론이라고 말하려는 것이 아니다. 성경에 근거하여 공동체의 예정을 가지고 전통적 예정론을 보완해야 한다는 것을 말하고자 함이다. 즉 하나님의 예정에는 개인의 예정만이 아니라 공동체의 예정도 포함된다는 것이다. 우선 공동체의 예정을 주장했던 바르트의 글을 인용한다.

> 은혜의 선택은 예수 그리스도의 선택으로서 동시에 하나님의 한 공동체의 영원한 선택이다. 공동체의 존재를 통해서 예수 그리스도는, 온 세상이 예수 그리스도를 믿는 믿음으로 부름 받아야 한다는 것을 온 세상에 증언한다. 하나님의 이 한 공동체는 이스라엘이라는 형상으로 하나님의 심판을 표현하는 일에, 교회라는 형상으로 하나님의 자비를 표현하는 일에 봉사해야 한다. 공동체는 이스라엘의 형상으로 인간을 향한 약속을 듣도록 결정되었으며, 교회의 형상으로는 이 약속을 믿도록 결정되었다. 전자의 하나님의 선택받은 공동체에는 지나가는 형상이, 후자의 공동체에는 도래하는 형상이 주어져 있다. Barth, KDII/2, 213

바르트의 이 글을 달리 정리하면 다음과 같다. 첫째, 하나님의 선택은 예수 그리스도의 선택이다. 둘째, 이 선택은 동시에 공동체의 선택을 포함한다. 셋째, 이 공동체를 선택한 이유는 예수 그리스도의 복음을 증언하도록 하기 위함이다. 넷째, 이 하나님의 공동체는 두 가지 형태를 띠는데 하나는 이스라엘이고, 또 하나는 교회이다. 다섯째, 이스라엘은 하나님의 심판을, 교회는 하나님의 자비를 표현한다. 여섯째, 한 공동체의 한 형태인 이스라엘은 하나님의 약속을 듣도록[Hören], 또 한 형태인 교회는 믿도록[Glauben] 규정되어 있다. 일곱째, 이스라엘은 지나가는[vergehend] 형태이며 교회는 도래하는[kommend] 형태이다. 이처럼 우리는 예정을 개인에게만 제한시켜서는 안 된다. 성경은 개인의 선택을 말하는 경우도 있지만 대체로 이스라엘의 선택, 교회의 선택과 같은 공동체의 선택을 중요하게 생각하고 있다. 이것은 이스라엘 공동체를 선택하시는 하나님의 전형적인 선포다. 이처럼 "선택은 하나님을 섬기며 영화롭게 하는 공동체를 창조하고자 하는 하나님의 뜻의 표현이다."[Migliore, 「기독교 조직신학 개론」, 123] 대체로 교회 전통은 개인의 선택에 집중해 왔다. 그러나 분명히 할 것은 하나님의 선택에는 공동체의 선택도 포함된다는 사실이다. 바르트의 예정론에 대해 더 많이 다룰 수도 있으나 여기서 마무리하고자 한다.

4. 예정론 — 결코 포기할 수 없는 이유

전통적 예정론을 정리하면, 하나님이, 하나님 자신의 작정으로, 창세 전에, 인간의 의지나 행위와는 아무 상관 없이, 어떤 부류의 인간은 영원한 생명으로[선택], 또 다른 한 부류의 인간은 영원한 멸망으로[유기] 미리 정해놓으셨는데, 그 하나님의 계획은 불변하며 선택과 유기의 수[數] 역시 변함없다고 주장하는 이론으로 요약할 수 있을 것이다. 이러한 이중적인 예정을 이해하기란 쉽지 않다. 설사 이론적으로는 이해할 수 있을지 모르나 감정적으로는 수용하기가 더 어려울 수도 있을 것이다. 특히 예정이 나에게 어떻게 적용되었을까를 생각하면 때로는 두렵기조차 할 것이다. 그래서 원래부터 예정론에 대한 질문이 많을 수밖에 없었다. 아우구스티누스나 칼빈도 당시 논적들과 인간의 자유의지 혹은 예정론을 가지고 많은 논쟁을 벌인 것을 보면 예정론 자체가 논란이 많았던 이론임은 분명하다.

그러면 전통적 예정론자들에게 던져진 질문들은 어떤 것들이었을까? 인간의 행위와 상관없이, 그것도 인간이 있기도 전에 선택과 유기를 결정해 놓으셨다면, 정말 불공평하지 않은가, 하나님은 정말 사랑의 하나님인가, 그 하나님은 편애하시는 하나님, 폭군과 같은 하나님이 아닌가, 성경에 믿으면 구원을 얻는다는 말을 어떻게 해석할 것인가, 미리 다 정해졌는데 전도할 필요가 있겠는가, 정말 인간에게 믿을 자유도 없는 것인가, 인간의 모든 도덕적인 노력이나 선하게 살려는 의지를 말살하는 것이 아닌가, 왜 지옥 갈 사람을 하나님은 창조하셨는가, 하나님은 악의 조성자가 되는 것이 아닌가, 무엇보다도 예수 그리스도의 십자가를 무력화시키는 것이 아닌가, 하는 것이었다. 이런 물음과 의심은 여전히 오늘날에도 제기되고 있다. 그래서 여전히 예정론에 의심의 눈초리를 거두지 않는다.

그렇다면 우리는 역으로 이렇게 되물을 수 있을 것이다. 예정론에 침묵하거나 예정론을 부정하거나 포기해야 하는가? 칼빈은 이를 무척 경계했다. 예정론이 인간의 구원과 관련된 이론이고 하나님의 절대 주권을 인정하는 이론이며 하나님의 은혜를 크게 깨달을 수 있게 하고 따라서 구원은 전적으로 하나님의 주권이므로 우리를 겸손하게 하는 이론^{Calvin, 「기독교 강요」, III, 21, 1}이기 때문에 호기심으로 접근해서도 안 되지만 포기해서도 안 된다고 역설하였다. Calvin, 「기독교 강요」, III, 21, 1 『도르트 신조』는 다음과 같이 호소한다.^{Heppe, 「개혁파 정통교의}
학」, 228

이 하나님의 선택에 대한 교리가 신의 가장 지혜로운 뜻에 의해 선지자들과 그리스도 자신, 그리고 사도들을 통하여 구약과 신약에서 설교 되었고, 그리하여 거룩한 문헌의 기록에 위탁되고 있기 때문에 오늘날에도 하나님의 교회에서 가르쳐져야 한다. 그것은 교회를 위하여 독특하게, 즉 신중한 마음으로 신앙적이며 거룩하게, 그리고 장소와 시간에 알맞게 의도되었으며, 따라서 가장 거룩한 존재의 길을 엿보려는 모든 호기심을 배제하고, 가장 거룩한 하나님의 이름의 영광과 그의 백성에게 활기찬 위로를 주는 데 목적이 있다.

그리고 정통주의 학자인 레이든 역시 이렇게 기록한다. "비록 하나님의 영원한 예정 교리가 경직되고 난해한 문제로 가득 차 있지만, 그렇다고 해서 일부 터무니없는 약삭빠른 사람들이 생각하는 대로 그리스도의 교회 안에서 그것에 대해 침묵을 지켜서는 안 된다. 우리는 결코 선지서들과 모든 교회를 향해 쓰인 서신들이나 가르침에서 바로 이 교리를 주신 성령보다 더 조심성 있기를 원할 수도 없고 그래서도 안 된다. …그것은 위로로 가득 차 있을 뿐 아니라 교회의 양육에 도움이 될 수 있는 다른 결실도 풍성하다." Heppe, 『개혁파 정통교의학』, 228

예정론을 포기하지 말아야 할 하나의 이유는 예정론이 개혁교회의 중요한 교리적 전통이자 정체성의 한 표지標識이기 때문이다. 예정론은 개혁교회의 중요한 특징이다. 개혁교회의 학자들뿐 아니라 개혁교회의 고백서에는 공통으로 하나님의 예정에 대한 고백이 포함되어 있다. 예정론의 포기는 곧 개혁교회의 정체성의 포기다. 또한 그것은 왜 우리가 하나님의 자녀가 되었는지를 설명해 주는 이론이기 때문이다. 그리고 우리의 구원은 우리의 공적이나 행위가 아닌 전적으로 하나님의 은혜임을 알고, 우리를 겸손케 하는 이론이기 때문이기도 하다. 예정론을 포기하지 말아야 할 또 하나의 이유는 성경이 예정을 분명히 증언하고 있기 때문이다. 먼저 성경 몇 구절을 직접 인용해 보고자 한다. "하나님이 미리 아신 자들을 또한 그 아들의 형상을 본받게 하기 위하여 미리 정하셨으니 이는 그로 많은 형제 중에서 맏아들이 되게 하려 하심이니라 또 미리 정하신 그들을 또한 부르시고 부르신 그들을 또한 의롭다 하시고 의롭다 하신 그들을 또한 영화롭게 하셨느니라." 롬 8:29-30 "하나님이 우리를 구원하사 거룩하신 소명으로 부르심은 우리의 행위대로 하심이 아니요 오직 자기의 뜻과 영원 전부터 그리스도 예수 안에서 우리에게 주신 은혜대로 하심이라."^{딤후 1:9} "곧 영원부터 우리 주 그리스도 예수 안에서 예정하신 뜻대로 하신 것이라 우리가 그 안에서 그를 믿음으로 말미암아 담대함과 확신을 가지고 하나님께 나아감을 얻느니라."^{엡 3:11-12} 무엇보다 중요하고도 명백한 구절은 에베소서 1장 4-6절과 9-12절이다.

> 곧 창세 전에 그리스도 안에서 우리를 택하사 우리로 사랑 안에서 그 앞에 거룩하고 흠이 없게 하시려고 그 기쁘신 뜻대로 우리를 예정하사 예수 그리스도로 말미암아 자기의 아들들이 되게 하셨으니 이는 그가 사랑하시는 자 안에서 우리에게 거저 주시는바 그의 은혜의 영광을 찬송하게 하려는 것이라…그 뜻의 비밀을 우리에게 알리신 것이요, 그의 기뻐하심을 따라 그리스도 안에서 때가 찬 경륜을 위하여 예정하신 것이니, 하늘에 있는 것이나 땅에 있는 것이 다 그리스도 안에서 통일되게 하려 하심이라. 모든 일을 그의 뜻의 결정대로 일하시는 이의 계획을 따라 우리가 예정을 입어 그 안에서 기업이 되었으니 이는 우리가 그리스도 안에서 전부터 바라던 그의 영광의 찬송이 되게 하려 하심이라.

이종성은 예정 신앙이 "첫째, 현재 자기가 그리스도 안에서 구원을 얻고 있다는 실존적 자아의식에서 나온 현실 인식이라는 점, 둘째, 신의 창조성과 절대성을 강조하는 보조적 역할을 하는 교리라는 점, 셋째, 신의 은총의 절대 필요성과 그것의 불가항력성을 강조하기 위해 생긴 사상이라는 점, 넷째, 강한 윤리적 충동을 산출한다는 점, 다섯째, 신앙고백의 하나로 이해해야 한다는 점"^{이종성, 「조직신학개론」, 157} 등을 들어 예정 사상의 불가피성을 호소하고 있다.

5. "내가 영생으로 예정되었는지 어떻게 아는가"

　예정론은 철저히 하나님의 주권에 대한 이론이다. 인간의 구원은 하나님께 속해 있다는 말이다. 당연한 말이다. 어떤 경우에도 인간이 인간의 구원에 기여한 바가 없으며, 기여할 수도 없다. 달리 말하면, 인간은 인간의 구원에 있어서 철저히 무능할 수밖에 없다는 것이다. 이처럼 하나님의 주권적 구원의 은총, 이것을 강조하기 위해 나온 교리가 바로 예정론이다. 그런데 문제는 이미 본대로 예정론에 대한 질문이 적지 않을 뿐 아니라, 그에 대한 답 역시도 그리 녹록지 않다는 데 있다. 여기서는 다음과 같은 질문에 집중해 보려고 한다. 혹시 내가 그리스도를 진심으로 믿는다고 해도 멸망으로 예정되어 있을 수 있는가? 내가 생명으로 예정되어 있는지 어찌 아는가? 그래서 예정론은 무섭고 두려운 교리가 아닌가? 이를 다루기 전에 먼저 확실히 해 둘 것이 있다. 하나님은 사랑의 하나님이라는 것을, 하나님의 최우선적인 의도와 계획이 멸망과 저주에 있지 않다는 것을, 성경의 하나님은 끊임없이 인간을 구원하시고자 하는 하나님이라는 사실을.

　우선 주권이라는 말을 살펴볼 필요가 있다. 주권이라는 말은 타자에 예속되지 않고 독립적으로, 주체적으로 행동할 수 있는 권한을 의미한다. 따라서 하나님의 주권은 하나님의 절대적이고 주체적인 권한을 의미한다. 그렇다고 해서 하나님의 주권을 마치 마음대로 결정하고, 마음대로 행동하고, 마음대로 처리하는 폭군의 권력과 같은 의미로 이해해서는 안 된다. 하나님은 선하시고 자비하신 분이며, 사랑의 본성에 어긋나게 행동하시는 분이 아니기 때문이다. 말 그대로, 하나님의 주권은 하나님의 자유로운 사랑의 주권이다. 그러므로 하나님의 주권적 행위인 하나님의 예정은 하나님의 본성인 사랑에 근거한, 은혜를 베푸시고자 하는 하나님의 은혜의 행위, 즉 "은혜로운 결정" Barth, KDII/2, 22 이라는 점을 명심해야 한다. 따라서 로마서는 "예수 그리스도 안에" 있는 우리를 하나님의 사랑으로부터 끊을 자가 아무도 없다고 말한다.

그리스도 안에서 우리를 부르신 하나님께서 의롭다고 하셨는데 누가 정죄할 수 있겠는가. 이것은 놀랍고도 감격스러운 복음이다. 그러므로 그리스도 안에 있는 내가 예정되어 있는지 아닌지를 염려할 필요가 없다. 이를 지지하는 로마서의 말씀을 인용한다.

> 또 미리 정하신 그들을 또한 부르시고 부르신 그들을 또한 의롭다 하시고 의롭다 하신 그들을 또한 영화롭게 하셨느니라. 그런즉 이 일에 대하여 우리가 무슨 말 하리요 만일 하나님이 우리를 위하시면 누가 우리를 대적하리요 자기 아들을 아끼지 아니하시고 우리 모든 사람을 위하여 내주신 이가 어찌 그 아들과 함께 모든 것을 우리에게 주시지 아니하겠느냐 누가 능히 하나님께서 택하신 자들을 고발하리요 의롭다 하신 이는 하나님이시니 누가 정죄하리요 죽으실 뿐 아니라 다시 살아나신 이는 그리스도 예수시니 그는 하나님 우편에 계신 자요 우리를 위하여 간구하시는 자시니라. 누가 우리를 그리스도의 사랑에서 끊으리요 ....다른 어떤 피조물이라도 우리를 우리 주 그리스도 예수 안에 있는 하나님의 사랑에서 끊을 수 없으리라. 롬 8:30-39

따라서 "그리스도 안에" 있는 우리는 예정되어 있는지 아닌지 고민하거나 두려워할 것이 아니라, 우리를 선택하셔서 하나님의 자녀와 기업이 되게 하신 은혜에, 아무것도 하나님의 사랑에서 끊을 수 없는 그 놀라운 하나님의 선택의 은혜에 감사와 찬양을 드려야 할 것이다. 장로교 신조인 『(12) 신조』는 다음과 같이 고백한다. "그리스도를 믿고 복종하는 자는 구원을 얻는다. 저희가 받은바 특별한 유익은 의가 있게 하심과 양자가 되어 하나님의 자녀가 되게 하심과 성령의 감화로 거룩하게 하심과 영원한 영광이니 믿는 자는 이 세상에서도 구원 얻는 것을 확실히 알 수 있고 기뻐할 것이다." 『제 2 스위스 신앙고백』도 다음과 같이 권한다.

만약 너희가 믿고 그리스도 안에 있으면 너희는 택함을 받은 것이다. 이것을 의심 없이 믿어야 한다. 성부께서는 그리스도 안에서 그의 예정의 영원한 목적을 나타내셨기 때문이다. …무엇보다 강조해서 가르치고 생각해야 할 것은 우리에게 나타난 아버지의 위대한 사랑이 그리스도 안에서 우리에게 나타났다는 사실이다. 우리는 주님 자신이 복음을 통하여 어떻게 부르시며 말씀하시는지 매일 우리에게 선포하시는 그 말씀을 들어야 한다. …그 안에서 우리는 우리의 예정을 생각해야 할 것이다. 만약 우리가 그리스도와 교제를 갖는다면 생명록에 우리의 이름이 기록된, 분명하고도 확실한 증거를 가지게 될 것이다. 참믿음 안에서 그는 우리의 것이 되고 우리는 그의 것이 된다.

그리스도 안에서 우리를 선택하신 은혜의 하나님께 감사와 찬양을. Soli Deo Gloria!

6. 예정론에 대한 바른 이해 — 신령한 복으로서의 그리스도 안에서의 예정

그러면 예정론을 어떻게 이해해야 할 것인가?

첫째, 우리는 예정론을 지적 호기심으로 풀려 할 것이 아니라 신앙고백적으로 이종성, 「조직신학개론」, 157, 감사함으로 받아들이는 것이 좋을 것이다. 다시 에베소서의 말씀을 주목해 보자. 에베소서의 예정 사상은 단순한 이론적 주장이 아니다. 내가 예정되어 있는지 아닌지 알고자 하는 호기심의 발로도 아니다. 더구나 내가 믿음을 가지고 있음에도 혹시 버림받은 자로 예정되어 있을지 모른다는 두려움을 조장하는 이론은 더더욱 아니다. 놀랍게도 에베소서의 기자는 예정론을 전개하기에 앞서 "찬송하리로다 우리 주 예수 그리스도의 아버지께서 그리스도 안에서 하늘에 속한 모든 신령한 복을 우리에게 주시되"엡 1:3라는 구절로 시작한다. 그리고 5절에서 예정을 언급한 다음, 6절에서 "이는 그가 사랑하시는 자 안에서 우리에게 거저 주시는 바 그의 은혜의 영광을 찬송하게 하려는 것이라"라고 밝히고 있다. 하나님의 예정은 "하늘에 속한 신령한 복"이며 그것은 하나님이 예수 안에서 우리에게 거져 주시는 선물이며 은혜다. 그 목적은 "그의 은혜의 영광을 찬송하게 하려는 것"이다.

특히 3절에 주목해야 할 중요한 내용이 있다. 여기서 에베소서 기자는 신령한 복을 주시는 주체로 "아버지"를 언급하고 있다. 이때의 "아버지"는 모든 사람의 아버지가 아닌 "예수 그리스도의 아버지"다. 에베소서의 기자가 예수 그리스도의 아버지라고 호칭한 이유가 무엇인가? 이것은 예수 그리스도와 아버지의 관계를 드러내기 위함이다. 하나님의 행위는 예수 그리스도의 아버지로서의 행위인 것이다. 그러면 예수 그리스도는 누구인가? 예수 그리스도는 우리의 주이시며, 구원자이시다. 그는 우리를 위해 피 흘리신 분이다. 그는 결코 인간을 유기하거나 저주하기 위해 오신 분이 아니다. 그러므로 하나님의 은혜로운 행위인 예정의 행위는 그리스도를 통하여, 그리스도로 말미암아, 그리스도 안에서 이뤄진다는 의미와 같다. 그러므로 예정은 "무시무시한 작정"decretum horribile 이 아니라, 바르트의 말대로, 기쁜 소식이며, "복음의 총체"다. 그러므로 예정에 대한 우리의 태도는 그리스도 안에서 우리를 예정하신 하나님께 감사의 찬양을 드리는 것이다.

둘째, 예정론은 구원에 대한 운명론적인 이론이 아니라, 그리스도를 믿는 믿음을 통한 하나님의 구원 계획임을 주목하여야 한다. 가끔 예정론을 하나님이 아무런 통로 없이 직접적으로 인간을 선택electio 하시거나 버리시기rep-robatio 로 작정하신 하나님의 결정이라고 생각하는 경우가 있다. 그래서 한 인간이 하나님의 창세 전에 정하신 뜻에 따라 선택이나 유기遺棄로 미리 결정되어 있다면, 그 사람은 믿음을 가져야 할 이유가 무엇이며, 도덕적 삶을 살아야 할 이유가 무엇인가 하고 예정론에 의문을 가지기도 한다. 그러나 이것은 하나님의 예정을 잘못 이해한 탓이다. 하나님의 예정은, 이미 보았듯이, 철저히 "그리스도 안에서"의 예정이다. 하나님의 예정은 결코 그리스도 밖에서, 그리고 그리스도 없이 일어나지 않는다. 그러므로 예정을 말할 때 제한된 수에 집착할 필요가 없으며, 인간의 운명이 미리 결정되어 있으므로 인간의 모든 행위가 무의미하다는 결정론이거나 운명론에 빠져서도 안 된다. "하나님은 모든 사람이 구원을 받으며 진리를 아는 데 이르기를 원하시는" 딤전 2:4 분이시기 때문이다. 즉, 그리스도 안에서 우리를 하나님의 자녀 삼으시기를 기뻐하시는 하나님이시기 때문이다.

성경은 "그 어떤 것도 그리스도의 사랑에서 우리를 끊을 수 없다"고 말하지 않는가. 그러므로 밀리오리는 이렇게 말한다. "선택의 주체가 자유 가운데 사랑하시는 삼위일체 하나님이기에, 그리고 그리스도 안에서 우리가 자유를 위하여 부르심을 받았으며 자유의 영을 받았기에, 우리는 하나님의 은혜가 인간의 자유를 부정하기보다는 하나님을 향한 자유로운 섬김을 원하며, 하나님 및 타자와 함께 교제의 새로운 삶 속에 기쁨으로 참여하기를 바란다는 것을 안다. …우리는 우리 자신이 하나님의 선택하시는 은혜에 대하여 미리 한계를 설정해서는 안 될 것" Migliore, 『기독교 조직신학 개론』, 123 이다. 『제 2 스위스 신앙고백서』도 이것을 뒷받침한다. "하나님은 누가 당신의 사람인지를 아시며, 여지 저기에서 소수의 택함을 받은 사람의 수를 말하고 있으나, 우리로서는 모든 사람이 구원을 얻을 것을 바라야 하며, 성급하게 어떤 사람이 버림을 받았다고 판단해서는 안 된다." 10조

셋째, 성경적 예정론은 선택과 유기, 영원한 생명과 영원한 멸망으로의 예정을 동등하게 두고 있지 않음을 기억해야 한다. Migliore, 『기독교 조직신학 개론』, 124 달리 말해 선택과 유기를 동일한 비중으로 언급하고 있지 않다는 말이다. 오히려 성경 전체는 하나님의 선택과 사랑과 자비와 은혜의 구원에 훨씬 더 많은 초점을 맞추고 있다. 성경의 초점은 예수 그리스도다. 그는 죄에서 인간을

해방하고 속량하기 위하여 오셨다. 그러므로 성경은 창세 전에 결정된 선택과 유기의 이중 구조가 아닌 예수 그리스도를 통한 하나님의 구속의 은총을 훨씬 강조하고 있다. 특히 로마서와 에베소서가 이것을 잘 증명하고 있다. 그 본문들을 자세히 살펴보면, 어디에서도 선택과 유기의 동등한 이중적 구조를 말하고 있지 않다. 오히려 그리스도 안에서 일어나는 신령한 복으로서의 예정에 훨씬 더 많은 비중을 두고 있다. 유기는 언급되어 있지 않다.

그러나 이 지점에서 오해하지 말아야 할 것은 유기가 없다는 의미가 아니다. 다만 유기와 선택이, 저주와 축복이 평형의 저울처럼 동등하게 취급해서는 안 되며, 성경에 그렇게 되어 있지도 않다는 의미다. 오히려 예정의 긍정적 측면인 선택과 은혜가 훨씬 더 강조되고 있다. 그렇다고 믿음 없이도 모든 사람이 구원받는다고 주장해서도 안 된다. 밀리오리의 말대로, "예수 그리스도께서 모든 사람을 위하여 살았으며 죽었고 부활했다는 선포를 보편구원론이라는 추상적 원리로 바꾸어서는 안 된다. 은혜는 값싼 것이 아니며 믿음을 결코 순종과 분리되지 않는다. …반면에 누군가가 종말에 은혜의 공동체로부터 제외 된다면 그것은 그들이 창세 전부터 버림을 받았기 때문이 아니라, 그들이 계속해서 하나님의 은혜를 거부했기 때문이다." Migliore, 「기독교 조직신학 개론」, 124

넷째, 중요한 것은 성경은 분명히 "그리스도 안에서"의 예정을 말하고 있다는 점이다. 앞에서 이미 길게 인용했지만, 에베소서로 다시 돌아가 보겠다. 구절구절마다 반복하여 그리스도를 통한 예정을 말하고 있다. "그리스도 안에서 우리를 선택하셨고", "우리를 예정하사 그리스도로 말미암아 자기의 아들들이 되게 하셨으니", 그것은 "그리스도 안에서 때가 찬 경륜을 위하여 예정하신 것"이다. 그 예정의 목적은 "그의 사랑하시는 자 안에서 우리에게 거저 주시는바, 그의 은혜의 영광을 찬미하게 하려는 것"이다. 철저히 그리스도 안에서 일어나는 은혜의 선택에 집중하고 있다. 그러므로 예정은 그리스도로 말미암아 우리에게 주어지는 놀라운 은혜의 사건이다.

개혁교회의 교리 문서들인 『프랑스 신앙고백서』, 『제 1 스위스 신앙고백서』, 『웨스트민스터신앙고백서』와 『제 2 스위스 신앙고백서』, 그리고 장로교 『(12) 신조』는 주장과 어감에 다소의 차이는 있지만 한결같이 "그리스도 안에서"의 예정을 말하고 있다. 그중에서도 『제 2 스위스 신앙고백서』는 다음과 같이 말한다. "그러므로 우리의 어떠한 공로에 의해서가 아니라, 하나님은 우리를 택하시되 직접 택하신 것이 아니라, 그리스도 안에서와 그리스도의 연고로 택하셨다. …그러나 그리스도 밖에 있는 사람들은 거절되었다."

다섯째, 예정은 단순한 추상적 교리가 아니라 실천적 함의를 담은 교리이다. 정확한 비유인지 모르지만 좋은 비유라고 생각되어 인터넷에서 읽은 글을 인용해 본다.

> 잔잔한 바다 위로 한 척의 범선이 푸른 파도를 헤치며 항해하고 있었다. 어디에선가 "사람 살려!" 하는 소리와 함께 바다 한가운데서 조난당해 절규하는 한 사람을 발견하게 되었다. 배에 타고 있던 승객들은 우르르 몰려가 허우적거리는 사람을 향해 물끄러미 바라만 보고 있었다. 그때 어느 한 종교인이 말하기를 "전능하신 신이 저 사람을 구원하기로 작정하셨다면, 저가 살아날 것이 분명하다"고 하면서 방관자의 태도로 자기 할 일을 하고 있었다. 그때 그리스도인이 있었다. 그는 "하나님께서 나로 하여금 저 사람을 구원하도록 예정하셨을지 몰라!" 하면서 당장 두 팔을 걷어붙이고 물속으로 뛰어 들어가서 조난당한 사람을 구해냈다.

그렇다. 모든 것이 하나님의 예정이기 때문에 선교의 의무를 포기한다든지, 현실 도피적이 된다든지 하는 것은 잘못이다. 예정된 사람은 예수 그리스도 안에서 주어진 하나님의 놀라운 은혜의 선택의 복음을 감사함으로 누리며, 또한 그 복음을 세상 끝 날까지 전달하도록 부르심을 받은 자들임을 명심해야 할 것이다.

제 7 장
고난 및 악의 문제와 신정론

—

1. 악 — 하나님 물음의 딜레마?

이제 전능과 관련된 또 다른 문제, 답이 쉽지 않은 문제를 다뤄보려고 한다. 이 문제는 바로 악의 문제다. 쉽게 말하면, 하나님이 모든 것을 하실 수 있는 전능하신 분인데 도대체 왜 이 세상에는 악한 일들로 가득한가, 왜 하나님은 악을 내버려 두시는가 하는 문제다. 이 문제는 무신론자들이 기독교를 공격하는데 가장 즐겨 사용하는 무기다. 그들의 비판은 간단하다. 악이 있으니 하나님은 존재하지 않는다는 것이다. 하나님이 존재하신다면 그 하나님은 전능하시고 선하시므로 이 세상의 악을 분명히 그리고 당장 제거하실 것이고 또 그렇게 하셔야 한다. 그런데 이 세계에 여전히 거대한 악이 횡행하고 있는 것으로 보아 하나님이 무능하거나 선하지 않거나 아예 존재하지 않는 것이 아니냐는 것이다. 이처럼 무신론자들은 악과 전능하신 하나님은 서로 양립 불가의 존재임을 주장하였다. 이것은 단순히 논리적인 문제로만 끝나지 않았다. 기독교의 하나님에 대한 의심에 이르게 했고, 결국은 신앙의 상실로 이어지게 했다. 대단한 무신론자였다가 유신론자로 돌아선 영국의 철학자 플루^{Antony Flew}도 후에, 독일의 나치와 같은 악의 현상이 자신을 고통스럽게 했고, 기독교의 어떤 해명도 설득력이 없어 무신론으로 향하게 되었다고 고백하였다. Antony, 「존재하는 신」, 61

악의 문제는 사실상 새로울 것이 없는 물음이다. 무신론자들과는 결을 달리하는 물음이긴 하지만, 성경의 욥이 이미 "무고한 자의 고통과 하나님의 일식^{日蝕}"에 대한 물음을 제기하였다. 선지자 하박국도 이미 이런 물음을 절절하게 던졌다.

살려 달라고 부르짖어도 듣지 않으시고, "폭력이다!" 하고 외쳐도 구해 주지 않으시니, 주님, 언제까지 그러실 겁니까? 어찌하여 나로 불의를 보게 하십니까? 어찌하여 악을 그대로 보기만 하십니까? 약탈과 폭력이 제 앞에서 벌어지고, 다툼과 시비가 그칠 사이가 없습니다. 율법이 해이하고, 공의가 아주 시행되지 못합니다. 악인이 의인을 협박하니, 공의가 왜곡되고 말았습니다. …주의 눈은 너무 정결하셔서 악을 보지 못하시며 비행을 용납하실 수 없습니다. 그런데 어째서 거짓되게 행하는 자를 보고만 계십니까? 악인이 자기보다 의로운 자를 삼키는데 주는 어째서 침묵만 지키고 계십니까? 어째서 주는 사람을 바다의 고기나, 다스리는 자가 없는 곤충처럼 대하십니까? 합 1:2-4, 13-14, 현대인의 성경

이런 도전은 고대 헬라철학에도 있었다. 에피큐로스 Epicurus 의 논증이 그것이다. 하나님은 악을 제거하는 것을 원할 뿐만 아니라 악을 제거할 능력도 있는데 도대체 왜 이 세상에는 악이 존재하며, 왜 하나님은 악을 제거하지 않는가 하는 도전이다. 히틀러 Adolf Hitler 에 의해 수많은 사람이 학살당할 때도 사람들은 이런 물음을 물었다. 오늘날도 사람들이 묻고 있다. "전능하신 하나님! 왜 하나님은 악을 내버려 두십니까?"

악의 문제가 심각하게 제기되는 것은 하나님의 전능성이나 선하심 때문만이 아니다. 섭리론 때문이기도 하다. 섭리론은 모든 것이 하나님의 보존과 돌봄과 통치하에 있다는 신학의 중요한 이론이다. 기독교 전통은 섭리에 대해 이렇게 말한다.

하나님의 섭리는 그의 창조 목적을 실현하기 위하여 창조하신 만물을 보존하시며, 지배하시고, 인도하심을 가리킨다. 하나님은 그의 섭리에 따라 자연법, 동물의 본능, 인간의 이성과 양심 등을 사용하나 그의

공의와 지혜와 능력과 사랑으로 섭리하사 그의 영원하신 창조 목적을 성취하신다. 『웨스트민스터신앙고백서』, 5장 1항

하나님이 당신의 전능하시고 항존(恒存)하시는 권능으로써, 과거에 당신이 직접 하신 것과 같이, 현재도 하늘과 땅과 그 안에 있는 모든 것을 유지하시고, 또한 지배하셔서 나무의 잎과 풀, 비와 한발, 흉년과 풍년, 음식, 건강과 병고, 치부와 빈곤, 이외에도 모든 것이 다 우연하게 나타나는 것이 아니라 아버지다운 솜씨에 의해서 나타나는 것을 말합니다. 『하이델베르크 요리문답』, 제27문답

참새 한 마리도 하나님의 허락 없이는 떨어지지 않으며, 하나님이 모든 것을 유지, 양육, 보호, 통치하시는 분이라면 과연 악은 어떻게 존재하게 되었는가? 나아가서 왜 이 세상은 하나님을 경외하는 자보다 하나님을 모르는 자들이 흥왕하는가? 어찌 믿는 이들이 핍박을 받으며, 불신자들이 이 땅 위에서 행복하게 살아가는 것처럼 보이는가?

악의 문제를 다루는 신학 이론을 신정론이라 한다. 지금까지 신학은 다양한 대답을 제공해 왔다. 그러나 어느 대답도 완전히 만족스럽지 못했다. 이것은 신학의 한계라고 볼 수도 있지만 어쩌면 문제 자체의 어려움 때문일지도 모른다. 이것은 아마도 영원히 대답할 수 없는, 그러나 영원히 대답을 추구해야 하는 그런 물음일 것이다. 여기서는 지금까지 제시되었던 여러 이론을 간단히 소개하는 것으로 만족하고자 한다. 우선 선과 악이 영원 전부터 동등하게 존재했다고 하는 이원론이다. 선과 대립하여 영원 전부터 존재하는 이 악에 의하여 세상에는 악이 존재한다고 보는 이론이다. 다음은 바로 존재의 근원인 일자로부터 멀어지면서 악이 생겼다고 보는 신플라톤주의 견해다. 또한 악은 악이 아니라 선의 결여라는 견해, 더 큰 선을 위한 것이라는 주장, 신이 막으려 했으나 막지 못했다는 주장, 악을 신이 막을 수 있었으나 그렇게

하지 않았다는 이론, 하나님은 일을 강제로 처리하지 않기 때문에 악을 허용하신다는 허용론, 하나님이 하는 일을 인간이 다 알 수 없다는 인식의 한계를 주장하는 이론, 하나님이 주신 인간의 자유의지를 오용하여 악이 초래되었다는 자유의지론 등이 혼재해 있다.

　신학적으로 용인될 수 있는 답변도 있지만, 비기독교적이고 비성경적인 답변도 있다. 이 모든 답변들이 만족할 만한 답을 제시했다고 보기는 어렵다. 그럼에도 이 문제와 관련하여 다음과 같이 결론 내리는 것이 적절할 것이다. 첫째로, 분명히 하나님은 선하신 분이시므로 악의 조성자는 아니라는 점, 둘째로, 이 세상에는 악이 분명히 존재한다는 점, 셋째로 이런 악의 존재에도 불구하고 전 세계와 역사는 하나님의 통치와 섭리하에 있다는 점, 넷째로, 예수 그리스도의 십자가의 사랑을 통하여 이 악이 극복되었다는 점, 다섯째, 그리스도인들은 삶 속에서 악의 도전에 맞서 승리해야 한다는 점, 여섯째로, 이 악은 역사의 마지막에 하나님의 능력과 사랑으로 완전히 극복되며 하나님이 의로써 이 세상을 완전하게 하신다는 점.

2. 하나님은 왜 선악과를 만드셨을까?

　다시 한번 질문해 보자. 하나님이 전능하시다면 왜 악이 존재할까? 하나님은 왜 악을 내버려 두시는 것일까? 악이 존재한다면 하나님이 존재하지 않는다고 말할 수 있을까? 이런 질문할 때마다 무신론의 덫에 걸려 허우적대는 느낌이다. 지금까지 본 대로, 무신론자들의 이 질문에는 첫째, 이 땅의 거대한 악은 하나님 책임, 즉 악의 최종적 원인은 하나님 때문이라는 생각, 둘째, 악과 하나님의 양립불가능성, 즉 악이 있으므로 하나님은 존재하지 않는다는 생각, 셋째, 그래도 하나님이 존재한다면 하나님이 무능하거나 선하지 않은 신이라는 생각 등이 담겨 있다. 어느 하나도 동의할 수 없는 생각들이다. 왜 동의할 수 없는지를 논리적-변증적 관점에서 생각해 보고자 한다. 여기서는 무신론자들에게 반박 질문을 던지면서 몇 가지 논리적, 변증적 해명을 시도해 보려 한다.

첫째 질문은 바로 이것이다. 모든 것이 하나님 책임인가? 이 질문을 바꾸면 다음 질문으로 바꿀 수 있을 것이다. 하나님은 왜 선악과를 만드셨나? 이것은 거의 모든 그리스도인들이 궁금해하는 질문이다. 이 질문을 논리적-변증적 관점으로 접근해 보고자 한다. 달리 말해, 이 글에서의 해명은 "하나님이 왜 선악과를 만들었는가"에 대한 기독교적 설명이라기보다 "왜 선악과를 만들었느냐, 만들지 말지…"라고 모든 것을 하나님께 책임을 돌리려는 무신론자들에 대한 해명이다.

왜 우리는 모든 책임을 하나님에게 지우는가? 이 질문에 대응하기 전에 무엇을 악이라고 부르는지를 살펴볼 필요가 있다. 일반적으로 악을 두 가지로 구분한다. 하나는 자연적인 악이고 또 하나는 도덕적인 악이다. "자연적인 악이란 인간이 자연의 손에 의하여 경험하게 되는 고난이나 악을 의미하고, 도덕적 악이란 인간의 죄나 잘못으로 인하여 다른 사람과 세계에 저질러지는 고난이나 악을 뜻한다." Migliore, 『기독교 조직신학 개론』, 155 최근 들어 자연적인 악이 단순히 자연적 원인 때문이라고 말하기가 어려울 만큼 인간의 자연 파괴의 결과 때문인 경우가 허다하다. 인간이 저지르는 악에 대해서는 더 말할 필요가 없다. 전쟁이나 대학살과 같은 비참하기 그지없는 거대한 악은 인간이 저지른 것이다. 전적으로 인간책임이다. 그런데 문제는 인간의 책임을 하나님 책임으로 돌린다는 것이다.

이런 질문을 종종 듣는다. 하나님은 왜 선악과를 만들었느냐고, 왜 인간이 따먹도록 내버려두셨냐고, 선악과를 만들지 않았으면 인간이 유혹당하지 않았을 것 아니냐고. 이것은 근본적으로 잘못된 질문이다. 왜 선악과를 만들었느냐고 물을 것이 아니라 왜 따먹었느냐고 물어야 정확한 질문이다. 하나님을 향해 책임을 물을 것이 아니라, 인간을 향해 책임을 물어야 한다. 인간은 선택할 자유가 부여되어 있었다. 거기에 선악과만 있어서 어쩔 수 없이 선악과를 선택한 것이 아니다. 선악과는 단순히 인간을 유혹하기 위해 만들어진 것이 아니라 하나님의 명령을 기억하고 하나님 안에서의 자유를 추구할 때, 진정한 기쁨과 샬롬이 있음을 상기시켜 주는 나무였다. 결혼반지가 속박이 아니라 서로의 약속인 것처럼. 진입 금지 표지판이 들어가라는 안내가 아니라 들어가지 않아야 생명을 유지할 수 있다는 안내판인 것처럼.

하나님의 본질은 사랑이다. 그는 사랑이므로 사랑하시는 분이다. 사랑은 대상을 요청한다. 그래서 그는 자신의 사랑의 대상으로 인간을 만드셨다. 그리고 그에게 자유를 주셨다. 하나님은 최초의 인간에게 따먹지 말 것을 말씀하시고 명하셨다. 그것은 이미 인간에게 선택할 자유가 있음을 의미한다. 자유 없는 인간, 선택할 수 없는 인간이라면, 선만 행하도록 프로그래밍 된 인간이라면 하나님의 요청과 명령은 아무런 의미가 없을 것이다. 기계와 같은 존재이기 때문이다. 따먹을 자유가 없는 인간에게 따먹지 말라고 요청하는 것이 무슨 의미가 있겠는가? 또한 사랑은 본질적으로 관계다. 사랑은 자유로운 관계를 원한다. 상대방을 강제한다면 그것은 자유로운 자발적 사랑이 아니다. 감사하다고 수없이 반복적으로 외치는 기계음^鬥에 우리가 감흥하지 않는 이유가 거기에 있다.

중요한 것은 거기에는 생명나무도 있었다. 그러므로 선악과를 선택하지 않을 자유, 생명나무를 선택할 자유가 있었다. 그러나 그는 그렇게 하지 않았다. 더 큰 문제는 그는 선악과를 선택한 것이 아니라 선과 악 중에 악을 택한 것이고, 그것은 곧 하나님 반대편을 택한 것과 마찬가지였다. 선택의 자유가 있기 때문에 인간은 자신의 선택에 대한 책임을 져야 한다. 최초의 인간도 마찬가지였다. 그래서 하나님은 그에게 책임을 물으셨던 것이다. 앞에서 제기한 악의 문제도 마찬가지다. 따라서 악의 존재를 하나님 책임이라고 주장한다면, 하나님은 왜 인간을 선택할 자유가 없는 인간으로 만들지 않았느냐, 왜 선을 기계적으로 행하도록 만들지 않았느냐와 동일한 질문이 되고 만다. 모든 악이 하나님 책임이라고 주장하면 결국 논리적으로 하나님은 인간을 만들지 말았어야 한다는 결론이 나오게 된다. 그러기를 원하는가?

3. 왜 하나님은 악을 즉시 제거하지 않으시는가 — "사랑 때문에"

"악이 있다면 하나님은 존재하지 않는다"라는 무신론의 주장에는 하나님의 존재와 악의 존재 사이의 모순성, 하나님과 악의 양립 불가능성을 포함하고 있다. 지난 번에 이은 또 하나의 질문은 바로 "악과 하나님은 양립 불가능한가? 그래서 하나님은 악을 허용해서는 안되는가?"하는 질문이다. 우리의 결론은 "양립 가능하다"이다. 악이 이 세상에 있는 것도 분명하지만, 하나님이 존재하는 것도 분명하다고 믿기 때문이다. 여기서 한가지 말하고 싶은 것이 있다. 우리는 무신론자들이나 회의주의자들이 질문할 때 항상 수동적이라는 점이다. 무신론자들은 묻고 우리는 답변하려고 한다. 때로는 답변이 궁하게 되어 수세에 몰리게 되고 당황하게 된다. 우리는 이들과 토론하는 방식, 이들의 공격에 대응하는 방식을 익힐 필요가 있다. 예수님께서 바리새인의 질문에 역질문으로 대응하신 것처럼, 우리도 때론 역으로 질문할 필요가 있다. 예를 들어 하나님이 존재한다는 것을 과학적으로 증명해 보라고 한다면 _{그 질문 자체가 모순이지만} 이렇게 되물을 필요가 있다. 이렇게 말이다. "하나님이 없다는 것을 너희들이 먼저 과학적으로 증명해 봐, 그럼 나도 하나님이 존재한다는 것을 과학적으로 증명할 테니…" 그들은 당황할 것이다. 사실상 하나님이 없음을 과학적으로 증명하기란 불가능에 가깝기 때문이다.

악의 문제도 마찬가지다. 왜 그렇게 생각하는지 먼저 물어볼 필요가 있다. 쉽게 답하지 못할 것이다. 악의 문제로 기독교의 진리를 무너뜨렸다고 그들은 생각할지 모르지만, "악이 있으므로 하나님이 없다"는 논리가 그리 날선 검은 아니다. 역의 논리가 성립하기 때문이다. 즉 그들의 논리를 뒤집어서 물으면 된다. 악이 있어서 하나님이 없다면, 선이 있으므로 하나님이 존재한다는 논리도 타당하지 않은가? 당연히 이런 논리도 성립한다. 게다가 악과 하나님이 양립 가능하다는 설명도 불가능한 것이 아니다. 그러므로 역으로 공격하고 질문하면 우리의 생각을 방어할 수 있는 무기가 만들어질 것이다. 물론 이렇게 하는 것이 최선은 아니지만, 그들과의 논쟁에서 이길 수 있는 하나의 시도는 된다. 이런 논리적 접근을 시도한 이들이 바로 변증가들이다.

이 시대의 탁월한 변증가인 크레이그William Lane Craig는 악과 하나님의 문제에 대해 다음과 같은 접근을 시도하였다. 첫째, "하나님이 세상에 악을 허용하는 데에는 도덕적으로 적절한 이유가 있다"는 전제가 성립된다면 양립할 수 있다고 말할 수 있다. 둘째, 무신론자들은 하나님이 세상에 악과 고통을 허용하는 것이 왜 불가능한지를 증명해야 한다. 하나님이 존재한다면 세상에 악과 고통을 허용했을 리가 없다고 믿는 근거는 무엇인가? 셋째, 악을 허용하는 것에는 하나님의 적절한 의도가 있을지 어떻게 아는가? 자유의지를 통해 악과 고난이 많은 세상에서 인간이 자발적으로 구원받기를 원하시기 때문은 아닐까? 넷째, 하나님께서 악이 없는 세상을 만들어야 한다고 생각하는 이유는 무엇인가? 그리고 그것을 증명할 수 있는가? 무신론자들은 이런 주장과 질문에 먼저 답변해야 할 것이다. 증명이나 답이 아마도 불가능할 것이다. 그렇다면 하나님이 악을 허용하시는 이유가 분명히 있을 것이라고 보는 것이 우리는 그 이유를 다 알 수 없지만 논리적으로건 실재적으로건 더 합리적인 생각일 것이다.

그래도 다시 한번 생각해 보자. 궁금하지 않은가? 하나님은 도대체 왜 이 세상의 악을 제거하지 않고 허용하시는가 말이다. 그 답은 간단하다. 사랑 때문이다. 자신이 만드신 인간을 하나님은 사랑하기 때문이다. 하나님이 선하지 않아서도 전능하지 않아서도 아니다. 만일 하나님이 악을 즉시 제거하신다면 누가 하나님 앞에 설 수 있으며, 누가 살아 생존할 수 있겠는가. 우리는 종종 대학살을 저지르는 히틀러 같은 인간만 악이라고 생각하는 경향이 있다. 자신은 마치 정의이고 선인 것처럼, 작은 악은 악이 아닌 것처럼, 왜 도 대체 저런 인간을 막지 않느냐고 항의한다. 그것은 잘못된 생각이다. 하나님 앞에서는 한 오라기의 머리털만큼의 죄도 죄이고, 한 알갱이의 모래알만큼의 악도 악이다. 하나님이 어떤 악도 허용하지 않아야 한다고 생각한다면 그것 은 곧 인간을 허용하지 않아야 한다는 것과 마찬가지일 것이다. 이 세상의 모 든 악은 인간의 약함과 욕망에서 나오기 때문이다. 무신론자들의 논리대로, 하나님이 당장 악을 제거하신다면 하나님을 부정하는 무신론자들부터 제거 하셨을 것이다. 하나님에게 가장 큰 악은 하나님을 부정하고 하나님께 저항 하는 것이기 때문이다. 역설적이지만 그들이 생존해 있는 것 자체가 그들도 돌아오기를 기다리는 하나님의 사랑 때문이 아닐까. 오래 참으시고 기다리시 는 하나님이 계신다는 것이 얼마나 감사한 일인가. 기독교는 이것을 십자가 라고 부른다.

4. 고난은 선인가, 악인가?

현대의 신무신론자들은 종교인들이 더 도덕적이라거나 절대적 도덕은 하나님이 있어야 가능하다는 주장들을 극히 싫어한다. 모든 것이 우연의 소 산, 혹은 진화의 산물일 뿐이다. 선악의 구별이나 이타적 행동도 그들에게는 유전자의 행동일 뿐이다. 그런 행동을 유도하는 유전자 속의 정보조차도 우 연일 뿐이다. 하나님이 심어준 양심이나 도덕법이 존재한다는 것에 심한 알 레르기 반응을 보인다. 도덕의 뿌리는 단지 우연이라는 것이다. 무신론 철학 자 러셀Bertrand Russell은 "사람의 기원, 사람의 성장, 사람의 소망과 두려움, 사 람의 사랑과 신념은 원자들의 우연한 배열의 소산일 뿐"Groothuis, 『기독교변증학』, 528 이라고 주장했고, 마이클 루스Michael Ruse도 "도덕성은 생존과 번식을 위한 도 움일 뿐이고 생존과 번식을 위한 도움 너머 혹은 이것 외부에는 어떤 존재도 없다" Groothuis, 『기독교변증학』, 530 고 주장했다.

심지어 도킨스 같은 과학적 무신론자들은 선과 악 혹은 도덕 자체가 존 재하지 않는다고까지 말한다. 도킨스에 의하면 "우리가 관찰하는 우주는 그 바탕에 설계도 없고, 목적도 없고, 악도 없고, 선도 없을 경우 우리가 기대해 야 할 바로 그 속성을 갖고 있다. 맹목적이고, 무자비하고, 냉담함 외에는 아 무것도 없다. DNA는 단지 존재할 뿐이다. 그리고 우리는 그에 맞추어 춤을 춘다" Lennox, 『현대 무신론자들의 헛발질』, 194 는 것이다. 그런데 왜 그는 도덕적인 문제에 그리도 할 말이 많은지 모르겠다. 선악이 없다면서. 오로지 DNA뿐이라는 유 전자 운명론그에게는 유전자가 신이다만을 주장하면서 말이다. 그런데 역설적으로 그 의 『만들어진 신』은 서두부터 끝날 때까지 도덕적인 물음으로 점철되어 있 다. 모순이고 아이러니. 레녹스는 도킨스가 주장하는 "맹목적인 물리적인 힘들과 유전적 복제라는 결정론적 세상을 상상해보라" Lennox, 『현대 무신론자들의 헛발 질』, 195 고 한다. 전쟁과 대량학살수단, 르완다, 캄보디아의 킬링필드 과 자살 폭탄 공격9.11., 런던 폭탄테러 등, 세상의 모든 악이 DNA에 맞춰 춘 춤이며, 악행을 행한 자들의 행 동이 다만 유전자의 지시나 유전자 프로그램에 따른 행동이었다고 상상해보 라. 누가 그들에게 비도덕적이라고, 사악하다고 비난의 돌을 던질 수 있겠는 가? Lennox, 『현대 무신론자들의 헛발질』, 195

또 하나의 질문은 이것이다. 만일 악이나 고난이 선한 열매를 가져온다 면 그것은 악일까, 선일까. 간단히 물어보자. 고난이 악인가, 선인가? 답하기 쉽지는 않을 것이다. 해럴드 쾨닉 Harold G. Koenig 은 『영성과 고통』이라는 책에서 고통을 육체적 고통, 정서적 고통, 영적 고통으로 구분하면서 "고난의 한복판 에서 삶의 목적과 의미와 희망을 발견하는 법" Koenig, Spirituality and Pain, 213 을 잘 설 명하였다. 그리고 "의미요법과 실존분석 협회"의 설립자인 랭글Alfried Längle 은 고난을 육체적 고난, 심리적 고난, 자기소외의 고난, 실존적 고난으로 분류하 였다. Koenig, Spirituality and Pain, 224 이들에 의하면 모든 아픔이 아픔이고 고통이다. 이들의 분류를 주목해 보면 인간이 당하는 모든 고난을 망라해 놓은 것 같다.

어느 하나도 선하거나 의미 있다고 말할 수 있는 것이 없을 듯하다. 그래서 쾨닉은 고통은 파괴적이며 고립적인 것이라고 진술한다. 자신을 파괴하고 가족을 파괴하며 이웃과의 관계를 단절시킨다. 그것은 절망을 생산하며, 사람들로 분노하게 만든다. 삶을 짐스럽게 하며 감사를 상실케 한다. 정서와 영혼을 침체하게 하며 희망의 상실을 초래하고 결국 자살에 이르게도 한다. Koenig, *Spirituality and Pain*, 224

그러나 쾨닉의 말대로, 고통과 고난이 반드시 부정적 결과만을 가져오지는 않는다. 오히려 긍정적인 유익도 제공한다. 고통 중에 있지 아니한 사람이 가질 수 없는, 타인의 아픔과 고난에 대한 깊은 이해와 공감을 가질 수 있을 뿐만 아니라 삶의 의미를 깊이 깨달을 수 있다. 그리고 그것은 영적인 변화를 유도할 수도 있다. 하나님을 발견하게 할 뿐만 아니라 하나님과 좀 더 친밀한 관계를 유발하기도 한다. Koenig, *Spirituality and Pain*, 214-15 긍정심리학자들인 호프만Edward Hoffman과 컴튼William C. Compton도 유사한 관점을 제시한다. 고난은 삶의 의미를 만들어 내고, 고난을 극복함으로써 자신의 삶을 재평가하여 변화된 삶을 살게 된다고 말한다. 그리고 고난은 자신감을 고양하기도 하며 인간관계를 강화하는 기회가 되고 삶의 철학을 바꾸는 계기가 될 수도 있다. 또한 대부분의 종교가 인정하듯 고난은 영적 성숙의 자극제가 되기도 한다. 그뿐만 아니다. 인간의 잘못을 치유하고 치료하는 과정에서 오는 고통도 있다. Koenig, *Spirituality and Pain*, 235 그러니 한 번 돌이켜보고 질문해 보라. 인생에서 무엇이 자신을 성숙하게 하고 인생의 의미를 진지하게 고민해 보게 했는지. 기쁨과 행복인지, 아니면 고난이나 고통인지. 고난과 죽음 앞에서 최소한 한 번쯤은 죽음과 인생과 신에 대해 고민해보지 않을까. 그래서 필립 얀시P. Yancey는 "고통도 하나님의 선물"이라고 말한다. 이쯤 되면 다시 한번 물어볼 필요가 있다. 고난은 선인가, 악인가?

마지막으로 몰트만의 말을 인용하고 마치고자 한다.

삶은 고난과 고통과 모순을 추방해 버림으로써 특별히 인간적인 삶으로 되지 않는다. 삶은 고난과 고통과 갈등과 모순이 없는 세계 속에서 행복하게 되는 것은 아니다. 이러한 세계는 오히려 경직과 죽음의, 생명 없는 세계일 것이다. 고난을 당하지 않고는 기쁨을 느낄 수 없다. 기쁨에의 능력은 고통에의 능력과 같은 것이다. …고통을 당할 수 있는 인간의 능력이 크면 클수록 그의 행복의 경험도 커진다. 그러므로 고통이 없다면 행복도 없다. …기쁨과 고난, 행복과 고통은 사랑하며 또 사랑받는 삶의 두 가지 면이다. Moltmann, 『삼위일체와 하나님의 나라』, 59

5. 고난의 역설?

고난의 역설? 이미 서술했듯이 고난이 오히려 축복이며 더 큰 선이 될 수 있다. 고난을 경험한 사람이 그 고난을 미워하는 것이 아니라 그 고난으로 인하여 더 큰 성숙에, 더 큰 축복에 도달하게 되었다고 고백하는 것을 우리는 아주 쉽게 접할 수 있다. 무신론자들의 문제는 고난을 악으로만 본다는 것이다. 고난이 후에 어떤 결과를 가져오든 고난은 고난일 뿐이라는 생각을 그들은 가지고 있다. 과연 그럴까? 만일 고난이 단순히 고난으로 끝나거나 아무런 유익이 없다면 그것은 악일 것이다. 그러나 고난도 많은 경우에 이성으로 이해할 수 없는 선한 결과를 가져온다. 만일 고난이 악일 뿐이라면, 어떻게 선을 가져올 수 있겠는가? 그래서 우리는 고난을 역설이라고 말하는 것이다. 그중에 우리가 주목해야 할 것은 무신론자들이 인정하기 어렵겠지만, 아니 인정하지 않으려 하겠지만 그것이 가져오는 하나님 경험이다. 이것을 '고난의 신비적 역설'이라고 부를 수 있을 것이다. 욥을 보라. 그는 고난을 통하여 결국 놀라우신 하나님, 인간의 이해를 뛰어넘는 하나님을 발견하고, 고난의 고통에 불평했던 자신의 무지함을 진지하게 뉘우치고 있다.

주께서는 못하시는 일이 없으시다는 것을, 이제 저는 알았습니다. 주님의 계획은 어김없이 이루어진다는 것도, 저는 깨달았습니다. 잘 알지도 못하면서, 감히 주님의 뜻을 흐려놓으려 한 자가 바로 저입니다. 깨닫지도 못하면서, 함부로 말을 하였습니다. 제가 알기에는, 너무나 신기한 일들이었습니다. 주께서 말씀하셨습니다. "들어라. 내가 말하겠다. 내가 물을 터이니, 내게 대답하여라" 하셨습니다. 주님이 어떤 분이시라는 것을, 지금까지는 제가 귀로만 들었습니다. 그러나 이제는 제가 제 눈으로 주님을 뵙습니다. 그러므로 저는 제 주장을 거두어들이고, 티끌과 잿더미 위에 앉아서 회개합니다.^{욥 42:2-6, 표준새번역.}

이 본문의 결론은 바로 이것이다. 전에는 그렇게도 논리적으로 이해하려 했던 하나님을 이제는 직접적으로 체험했다는 것이다. 욥은 고난의 경험을 통해 하나님의 신비에 참여하게 되었던 것이다. 이 정도라면 하나님을 믿는 사람으로서 오히려 그의 고난이 부러울 정도이다. 욥의 고백을 접하면서, "셀 수 없이 많은 사람에게 오직 유일한 구원의 방법은 '참혹한 시련'"^{Hahne, 「고통」, 65.}이라는 모르겐슈테른의 말에 깊은 동감을 표하게 된다. 우리에게 고난은 역설이다. 고통은 역설로 우리에게 말한다.

독일 신학자이며 2차 대전 당시 반나치 운동으로 유명한 본회퍼는 "고난받으시는 하나님만이 우리를 구원하실 수 있다"는 아주 감동적인 말을 남겼다. 이 말에 감격한 독일 신학자가 있다. 바로 몰트만이다. 몰트만은 처절하게 고통을 겪은 사람이다. 그리고 그 가운데서 하나님을 만난 사람이다.^{Molt-mann, 「생명의 샘」, 11ff.} 몰트만은 고등학교 시절 열일곱 살의 나이에 학우들과 함께 공군 지원단의 고사포 부대에 동원되었다. 몰트만이 살고 있었던 함부르크는 영국 공군 부대의 고모라 작전에 의해 철저히 파괴되었다. 함부르크는 4만 명이나 불타 죽는 지옥의 불 못이었다. 갈기갈기 찢긴 친구들의 시체가 여기저기 나뒹굴었다. 살아 있음의 절망이 엄습해 왔다. 그 순간 전혀 생각지 못한 질문이 그에게서 무의식적으로 솟아 나왔다. "나의 하나님, 당신은 어디에 계십니까. 무엇 때문에 나는 살았고, 다른 사람처럼 죽지 않았습니까?"Molt-mann,『생명의 샘』, 13 원래 그는 하나님을 알지 못했다. 집안 분위기도 그랬다. 그의 꿈은 아인슈타인처럼 되는 것이었다. 동시에 그는 문학을 좋아하는 문학도이 기도 했다. 니체와 괴테의 책들을 전쟁터에도 가지고 갈 정도였다. 그런데 막상 죽음 앞에서 아인슈타인도, 니체와 괴테의 아름다운 문학도 아무것도 아니었다. 그것이 그를 구원해 주지 못했다. 허허로운 벌판에 그는 홀로였으며 홀로일 수밖에 없었다. 생존 문제를 붙들고 얍복 강 나루터에서 홀로 씨름하는 야곱이 바로 그였다. 그때부터 그는 자연을 인식하고 지배하는 지식인 물리학을 떠나, '실존을 지탱해 줄 지식', '실존을 이끌고 갈 지식'을 추구하게 되었다.Moltmann,『신학의 방법과 형식』, 22 자신의 삶의 불안을 해결해 줄 삶의 확실성과, 삶과 죽음 속에서 진정한 위로를 줄 수 있는 그 무엇을 찾기 시작했던 것이다.

그러나 그는 어디에서도 답을 발견할 수 없었다. 과거의 모든 것은 답일 수 없는 우상 조각일 뿐이었다. 한때, 그것은, 답인 것처럼 보였던 아론의 우상이었고, 그렇게 간절히 애곡해도 불 하나 내리지 못하는, 그렇게 믿고 싶은 다수의 바알 이념일 뿐이었다. 탱크들이 밀려오는 아른하임Arnheim 전투의 고통스러운 기억이 떠오를 때마다 몰트만은 밤잠을 설쳤고, 죽은 자들의 얼굴이 나타나 창백한 눈으로 그를 노려볼 때마다 그는 식은땀을 흘리곤 했다. 그저 멍청히 삥 둘러앉아 있는 것 외에는 아무것도 할 수 없었던 집단 포로수용소의 기억은 그에게 이겨낼 수 없는 악몽이었다.Moltmann,『생명의 샘』, 14 죽음과 절망이라는 긴긴 터널 속에서 생명과 희망의 싹을 틔워준 것은 무엇이었을까? 절망에 대항하는 희망을 어디서 발견하였을까? 그것은 바로 성경과의 만남이었다. 그가 성경을 접하게 된 것은 스코틀랜드 노동자 수용소의 군목으로부터였다. 그것은 결코 우연이 아니었다. 하나님의 부르심이었다. 성경의 책장을 넘기면서 그는 보이지 않는 손에 보이지 않게 붙들려가고 있었다.Molt-mann, 『생명의 샘』, 16ff.

시편 39편에 이르자 그는 더 이상 넘길 수 없었다.Moltmann, 『생명의 샘』, 16 고난의 외침이 왜 그렇게 그의 마음을 움직였던지. 자신과 동일한 고통의 실존의 외침이 거기에 들어 있었다. 그의 심정으로 그 성경을 읽어본다.

> 내가 잠잠하여 선한 말도 하지 아니하니 나의 근심이 더 심하도다 내 마음이 내 속에서 뜨거워서 작은 소리로 읊조릴 때에 불이 붙으니 나의 혀로 말하기를 여호와여 나의 종말과 연한이 언제까지인지 알게 하사 내가 나의 연약함을 알게 하소서 주께서 나의 날을 한 뼘 길이만큼 되게 하시매 나의 일생이 주 앞에는 없는 것 같사오니 사람은 그가 든든히 서 있는 때에도 진실로 모두가 허사뿐이니이다. …여호와여 나의 기도를 들으시며 나의 부르짖음에 귀를 기울이소서 내가 눈물 흘릴 때에 잠잠하지 마옵소서 나는 주와 함께 있는 나그네이며 나의 모든 조상들처럼 떠도나이다.시 39:2-5, 12

고통당하는 자의 이 기도는 곧 그의 영혼의 언어였고, 그를 하나님이라는 존재로 끌고 가기 시작하였다. 이윽고 그는 "나의 하나님, 나의 하나님, 어찌하여 나를 버리셨나이까"마 27:46라고 절규하는 예수 앞에 서게 되었다. 그 부르짖음은 몰트만에게 무엇이었을까? 오히려 이 절망적 외침이 그에게는 한 줄기 희망이었다. 자신을 이해해 줄 수 있는 한 존재가 있다는 확신이 들기 시작하였다. 그에게 예수는 고난을 아는 친구였고 포로 된 자들의 희망이었습니다. 고난 당하는 예수를 통하여 그는 다시 삶의 용기를 되찾게 되었다. 그는 이렇게 고백한다.

고난 중의 형제요 죄 짐을 벗긴 구원자이신 예수를 처음으로 알게 된 이래로 나는 늘 그분과 사귐을 나누어왔습니다. 내가 그리스도를 위해 결단한 적은 결코 없습니다. …그때 거기서 그분이 구렁텅이에 빠진 내 영혼을 찾아주셨다고 나는 확신합니다. 하나님에게 버림을 받은 그리스도의 모습을 통하여 나는 알게 되었습니다. 하나님이 어디에 계시며, 나의 삶의 어디에서 그분이 나와 함께하셨고 또 앞으로도 함께하실지를 말입니다. Moltmann, 『생명의 샘』, 16f.

결국 그는 전쟁의 암울한 경험을 통하여 하나님을 발견하게 되었고, 하나님을 탐구하고자 신학의 길로 들어서게 되었다. 몰트만은 전쟁의 참상에서 겪은 고통과 포로 생활에서의 고난을 통하여 하나님을 체험하게 되었다. 몰트만의 고백대로, 전쟁과 죽음의 경험과 포로수용소라는 아픔은 하나님이 마련하신 하나님의 캠프였다. 1947년 여름, 몰트만은 스완익 Swanwick 과 더비 Derby 에서 열린 기독학생운동총회에 참여하게 되었다. 거기에서 그는 자신을 향한 신비한 하나님의 섭리를 발견하게 되었다. 그래서 그는 이렇게 고백한다.

나는 밤에 종종 수용소의 울타리를 따라 걸었으며, 언덕 위의 예배당을 바라보았습니다. 나는 하나님 주위를, 오래된 종탑 주위를 맴돌았습니다. 나는 여전히 하나님을 찾고 있었습니다. 하지만 나는 하나님이 나를 인도하셨다는 것을 느꼈으며, 만약 그분이 아직도 나를 찾지 않으셨다면, 나도 그분을 찾지 않았으리라는 생각이 들었습니다. 1946년 나는 가족에게 다음과 같은 내용의 편지를 썼습니다. '나는 거의 매일을 기이하게 마무리합니다. 우리 수용소에는 고목이 우거진 큰 언덕이 하나 있습니다. 이 언덕은 실로 수용소 생활의 중심부입니다. 왜냐하면 그곳에는 작은 예배당 하나가 있어서, 사람들이 노래와 새로운 생활을 위한 대화로 하루를 마감하려고 저녁 기도회에 참석하기 때문입니다. 나는 저녁마다 그곳에 앉아 있는 것을 좋아했으며, 로

마네스크 양식의 창문 너머로 호수와 들녘을 물들이는 저녁노을을 바라보았습니다. 이 모든 포로 생활이 마치 교회를 향한 큰 행진인 양 생각되었습니다.' Moltmann, 『생명의 샘』, 18-19

포로수용소는 몰트만의 호렙산이 아니었을까? 심령의 칠흑 같은 밤중에 그는 하나님을 만나게 되었다. 그가 하나님을 찾은 것이 아니었다. 몰트만의 고백대로 하나님이 먼저 그를 찾으셨다. 전쟁이라는 절망의 황무지, 바로 그곳에서 고난 당하시는 하나님이면서 동시에 희망의 하나님이 그를 찾아내 구원하셨다. 자, 고난이 무조건 고통이고 무의미하기만 한 것인가? 이 세상의 모든 고난과 아픔이 하나님의 부재를 증명하는 것인가? 아니다. 오히려 하나님의 있음을 인식하게 하는 인식의 사다리이다. 만일 전쟁이 없었다면, 몰트만은 하나님을 찾았을까? 하나님을 만나게 되었을까? 그 위대한 하나님의 사랑의 아픔을 그는 말할 수 있었을까? '고난, 그 숭고함에 대하여'를 노래할 수 있었을까? 이것이 바로 고난의 역설이다.

6. 고통에 대한 두 가지 태도

하지만 모든 사람이 고난을 통해 하나님을 경험하는 것은 아니다. 프로이트S. Freud와 루이스C. S. Lewis는 "만일 하나님이 주권자라면, 그가 정말로 우주를 책임지고 있고 정말로 나를 사랑한다면 어떻게 내가 그토록 고통당하도록 내버려둘 수 있을까" Nicholi, 『루이스 vs. 프로이트』, 251라는 문제에 심각히 고민한 사람들이다. 그런데 대답은 서로 달랐다. 프로이트는 유대인으로서 상상할 수 없는 상실감, 적대감, 거부감의 고통을 당하면서, 그에 대한 적개심으로 분노하며 살았다. 말년에는 구강암으로 고통을 겪다가 인생을 마감했다. 그는 고통에 직면했을 때 끌어다 쓸 영적 자원이 전혀 없었다. Nicholi, 『루이스 vs. 프로이트』,

287 다만 그는 "신을 믿지 않는 운명론자로서 나는 죽음의 공포 앞에서 체념할 수밖에 없네" Nicholi, 『루이스 vs. 프로이트』, 325 하고 체념할 뿐이었다. 결국 마지막에 이렇게 고백하고 말았다. "냉혹하고 사랑이 없으며 이해하기 어려운 힘들이 인간의 운명을 결정한다" Nicholi, 『루이스 vs. 프로이트』, 262 고 말이다. 그는 의욕을 상실한 채로 살았다. 죽음을 그는 "고통스러운 수수께끼" Nicholi, 『루이스 vs. 프로이트』, 275 라고 여기며 늘 죽음의 공포 속에 살았다 Nicholi, 『루이스 vs. 프로이트』, 296f. 하나님이 없는 그는 죽어가는 순간에 자신의 주치의에게 "이제 남은 시간은 단지 고문일 뿐 더 이상 의미가 없네" Nicholi, 『루이스 vs. 프로이트』, 308 라고 말하며 절망할 수밖에 없었다.

루이스도 한때 무신론자였다. 하나님이 지으셨다는, 고통으로 가득찬 이 세계 때문에 하나님이 있을 수 없다고 생각했다. 그는, 우주를 어둡고 "상상을 초월할 정도로 추운 빈 공간"으로, 신을 우주 안에 있는 생물체들의 생명과 행복에 무관심한 존재로 생각했다. Nicholi, 『루이스 vs. 프로이트』, 286 게다가 생물체나 인간은 질고와 고통을 지고 살아가는 존재이며, 결국 문명이나 인간은 파멸되고 말 것이라는 비관적 운명론에 사로잡혀 있던 사람이었다. Nicholi, 『루이스 vs. 프로이트』, 288 "우주의 배후에는 어떤 영도 존재하지 않거나, 선과 악에 무관심한 영이 존재하거나, 악한 영이 존재하거나, 이 셋 중에 하나" Nicholi, 『루이스 vs. 프로이트』, 288 라고 믿었다. 그러던 그가 고통마저도 의미 있는 사건으로 인정하고, 하나님을 변증하는 사람으로 바뀌게 되었다.

루이스의 인생이 프로이트보다 순탄했기 때문에 그랬을까? 반드시 그렇지만은 않다. 루이스도 "정서적으로 육체적으로 엄청난 고통을 경험했다." Nicholi, 『루이스 vs. 프로이트』, 263 어렸을 때 어머니를 잃었고, 제1차 대전을 경험하며 전우들의 죽음을 목도했고 자신도 부상당했다. Nicholi, 『루이스 vs. 프로이트』, 263f. 한 여인으로 인한 행복도 잠시, 다시 사랑하는 아내를 잃은 상실감에 그는 다시 외로움을 느껴야 했다. Nicholi, 『루이스 vs. 프로이트』, 266f. 결국 그는 하나님의 부재로 인한 고통을 경험해야 했다. "다른 모든 도움이 헛되고 절박하여 하나님께 다가

가면 무엇을 얻는가? 면전에서 쾅하고 닫히는 문, 안에서 빗장을 지르고 또 지르는 소리, 그리고 나서는, 침묵. 돌아서는 게 더 낫다. 오래 기다릴수록 침묵만 뼈저리게 느낄 뿐…지금 그분의 부재는 무엇을 의미하는가? 왜 그분은 우리가 번성할 때는 사령관처럼 군림하시다가 환란의 때에는 이토록 도움 주시는데 인색한 것인가?" _{Nicholi, 『루이스 vs. 프로이트』, 270} 그런데도 그는 고통을 긍정적으로 바라보았다. 하나님을 상실하지 않았기 때문이다. 그리고 이렇게 고백했다. "고난 그 자체는 좋은 것이 아니다. 고통스러운 경험의 유익은, 고난받는 당사자는 하나님의 뜻에 복종하게 되며 그의 고난을 목격한 사람들은 동정심을 품고 자비로운 행동을 하게 된다는 데 있다." _{Nicholi, 『루이스 vs. 프로이트』, 273} "하나님은 쾌락 속에서 우리에게 속삭이시고, 양심 속에서 말씀하시며, 고통 속에서 소리치신다. 고통은 귀먹은 세상을 불러 깨우는 하나님의 메가폰이다." _{Nicholi, 『루이스 vs. 프로이트』, 286}

여기서 질문하고 싶은 것은 바로, 무엇 때문에 프로이트는 끝까지 고통에 절망하였고, 무엇 때문에 루이스는 고통의 의미를 심한 부정에서 적극적인 긍정으로 바꾸게 되었냐 하는 것이다. 그들에게 우주가 바뀐 것도, 고통 자체가 없어진 것도 아닌데 말이다. 갈림길은 바로 하나님 존재에 대한 긍정이냐 부정이냐에 달려 있을 뿐이었다. 니콜라이는 무신론자인 프로이트와 유신론자인 루이스를 비교하면서 이런 의미 있는 말로 끝을 맺고 있다.

> 고통은 매일의 삶 속에서 일어난다. 우리가 고통에 어떻게 반응하는
> 지는 고통이 우리의 삶의 질에 미칠 영향을 결정한다. 만일 루이스처
> 럼, 어떤 지고한 존재가 우리를 사랑하며 궁극적으로 우리의 운명을 좌
> 우한다고 믿는다면 인내와 희망을 가지고 견딜 수 있을 것이다. 그러
> 나 유물론적 세계관을 고수하고자 한다면 우리가 부닥치는 혹독한 현
> 실에 굴복하라는 프로이트의 훈계를 받아들이는 수밖에 없다." _{Nicholi,}
> _{『루이스 vs. 프로이트』, 289}

7. 자연적 악^{자연재해}과 하나님

우리는 거대한 자연의 힘 앞에서 속수무책일 수밖에 없는 인간의 무능함을 종종 경험한다. 리스본 대지진, 쓰나미, 세계적 폭풍과 대홍수 등이 그러한 것들이다. 자연으로부터 오는 고난과 고통, 이것을 우리는 자연적 악이라 부른다. 그런데 이 무시무시한 자연재해에는 단순히 자연 현상으로만 이해하고 넘어갈 수 없는 문제가 발생한다. 전 세계 도처에서 일어나고 있는 자연적 악은 우리에게 질문한다. 도대체 자연의 힘 앞에서 인간은 무엇이며, 과학의 바벨탑으로 제2의 신의 경지에 이르렀다고 자부하는 전능한 인간의 이성은 무엇인가?

무엇보다 우리를 괴롭히는 것은 그것이 결국 하나님의 섭리 사상을 의심하게 한다는 점이다. 신학은 전통적으로 하나님의 섭리를 인정해 왔다. 칼빈은 섭리를 이렇게 정의한다. "하나님께서 만물의 창조주시라는 것을 발견한 즉시 그가 만물의 통치자요 보호자라는 결론을 내리지 않으면 안 된다. 보편적인 운동에 의하여 천체와 그 작은 부분을 운행하시며, 뿐만 아니라 그가 만드신 만물은 참새 한 마리까지도 유지하시고 양육하시며 보호하시는 통치자요 보존자이신 것이다." ^{Calvin, 『기독교 강요』, I, 16, 1} 그러므로 "운명이나 우연과 같은 것을 존재하지 않는다." ^{Calvin, 『기독교 강요』, I, 16, 2} 『하이델베르크 요리문답』도 "하나님이 당신의 전능하시고 항존하시는 권능으로써, 과거에 당신이 직접 하신 것과 같이, 현재도 하늘과 땅과 그 안에 있는 모든 것을 유지하시고 또한 지배하셔서 나무의 잎과 풀, 비와 한발, 풍년과 흉년, 음식, 건강과 병고, 치부와 빈곤, 이외에도 모든 것이 다 우연히 나타나는 것이 아니라 아버지다운 솜씨에 의해서 나타나는 것을 말합니다." ^{제27문, 이종성 역}라고 고백하고 있다. 그렇다면 당연히, '모든 것을 이렇게 섭리하신다면 도대체 왜 이런 참사와 비극이 일어나는가, 이것도 하나님이 하신 일인가'라고 질문할 수밖에 없다. 도대체 하나님이 전능하시고 살아계시며 사랑과 자비의 하나님이라면 어떻게 이런 일이 일어날 수 있을까? 참새 한 마리도 하나님의 허락 없이 떨어지지 아니한다고 말씀하지 않았는가? 인간의 역사뿐만 아니라 자연 질서 속에서도 역사하시는 하나님이 아닌가? 이 질문에 대답하는 것은 쉬운 일이 아니다. 어제, 오늘의 질문도 아니다. 이에 대한 대답이 쉽지 않다는 것을 전제로 몇 가지 신학적인 답을 제시하고자 한다.

첫째는 죄에 대한 하나님의 심판이라는 생각이다. 엄청난 자연재해가 인간의 타락과 우상 숭배에 대한 하나님의 심판과 경고라고 생각하는 경우가 종종 있다. 그런데 하나님의 심판이라고 단정하자니 많은 질문이 스쳐간다. 정말 수많은 사람이 죄 때문에 죽었을까, 그 무시무시한 지옥 현장이 하나님의 심판이었을까, 그 도시는 의인 열 사람이 없는 소돔과 고모라였을까, 어찌 소돔과 고모라가 거기만 있을까, 전 세계 거리를 여전히 활보하고 있는 사람들은 그들보다 죄가 덜하여 살아 있을까, 하는 물음들이다. 반드시 그렇지는 않을 것이다. 다른 사람보다 죄가 많아 그들이 그런 재앙을 당한 것은 아닐 것이다. 하지만 성경은 자연재해가 인간의 죄에 대한 하나님의 심판임을 분명히 언급하고 있다. 자연재해로 인한 인간의 고난이 죄의 결과일 수 있다는 것이다. 노아 시대의 홍수는 전무후무한 자연재해였다. 무엇 때문이었을까? 죄 때문이었다 "여호와께서 사람의 죄악이 세상에 가득함과 그의 마음으로 생각하는 모든 계획이 항상 악할 뿐임을 보시고 땅 위에 사람 지으셨음을 한탄하사 마음에 근심하시고 그때에 온 땅이 하나님 앞에 부패하여 포악함이 땅에 가득한지라." "하나님이 보신즉 땅이 부패하였으니 이는 땅에서 모든 혈육 있는 자의 행위가 부패함이었더라 하나님이 노아에게 이르시되 모든 혈육 있는 자의 포악함이 땅에 가득하므로 그 끝 날이 내 앞에 이르렀으니 내가 그들을 땅과 함께 멸하리라." 창 6:2-3, 11-13 노아 홍수 이야기의 서두이다. 세상은 부패와 포악이 극에 달했다. 인간의 행위와 계획은 오로지 악할 뿐이었습니다. 그래서 하나님은 세상을 물로 심판하셨다. 이처럼 구약성경은 자연재해를 하나님의 심판 수단으로 보고 있다.

그러나 성경의 생각을 오늘날의 자연재해에 적용할 때는 매우 조심해야 한다. 마치 우리가 하나님의 생각을 간파하기라도 한 듯이 "그 사람은 죄 때문에 죽은 거야"라고 말한다면, 그것은 매우 위험한 일이다. 자연재해는 죄인에게만 오지 않는다. 누구에게나 찾아온다. 자연재해라는 엄청난 고통을 겪는 사람에게 먼저 위로의 말을 건네고, 그들의 아픔과 고난에 공감하고 어떻게 그들을 도울 수 있을까를 찾아야 한다. 그리스도인이라면 "이 순간에 예수라면 어떻게 했을까"를 우선 생각해야 한다. 먼 나라의 일이어도 마찬가지다. 예수는 비극적 자연재해를 하나님의 저주와 심판이라고 비난했을까, 하고 생각해 볼 일이다. 그러므로 나와 내 사랑하는 이웃이 당하지 않았다고 함부로 정죄해서는 안 된다. 장님 된 것이 단순히 그 사람의 죄 때문이 아니며, 실로암의 망대가 무너져 죽은 사람도 산 사람보다 죄가 더 많아서 죽은 것이 아니라고 예수는 말하고 있기 때문이다.

　　여기서 진지하게 생각해 보아야 할 것은 자연재해가 혹시나 인간문명과 과학 기술에 대한 하나님의 심판이 아닌가 하는 점이다. 베이컨은 기술 문명을 바탕으로 한 기술 유토피아를 건설하려고 하였다. 그는 인간의 위대한 이성이, 혹은 이성에 근거한 자연 과학이 무한한 발전과 행복을 가져올 수 있을 것이라는 꿈에 젖어 있었다. 베이컨과 뉴턴과 데카르트의 후예들은 오늘도 여전히 과학의 바벨탑을 쌓아 올리며 그 누구도 침범할 수 없는 요새처럼 도도히 하늘을 향하고 있다. 그들은 인간의 욕망을 충족시켜 주는 전능한 주체가 되었다. "과학은 나의 목자시니 내가 부족함이 없으리로다. 그가 나를 푸른 초장에 누이시며 쉴 만한 물가로 나를 인도하시는도다"라고 외쳐대고 있다. 오늘날의 자연재해는 인간의 과학과 이성에 대한 자연의 도전일지도 모른다. 과학의 갑옷과 방패와 창으로도 막을 수 없는 재해 말이다. 하나님은 쓰나미와 후쿠시마와 이상고온과 팬데믹을 통하여 과학 기술의 맹신 시대를 사는 우리에게 경고하는 것일지도 모른다. 과학은 하나님 앞에 겸손해야 한다.

인간은 자신의 향락과 욕망 충족을 위하여 자연을 정복하고 파괴해 왔다. 자연이 견딜 수 있는 한계를 넘어선 것이다. 곳곳에서 자연은 신음하고 있다. 이것을 우리 그리스도인은 단순히 그저 자연의 이상 현상 중 하나로만 이해해서는 안 된다. 이것을 통해서 말씀하고 계시는 하나님의 음성과 하나님의 경고를 들어야 한다. 애굽의 학대와 억압 속에 있는 이스라엘의 아픔과 고통을 들으신 하나님이 어찌 자기의 피조물인 자연의 아픔과 슬픔은 듣지 않으시겠는가? 그분은 다름 아닌 자연의 창조자이시다. 자연재해는 인간의 집단적 죄, 즉 하나님의 사랑하는 피조물을 파괴한 것에 대한 하나님의 심판과 경고라고 생각해도 과언은 아닐 것이며, 또 그리스도인이라면 그렇게 생각해야 한다.

　　둘째는 하나님의 의도와 계획을 어찌 다 알 수 있겠는가. 그는 우리의 이성을 넘어서는 신비이신 하나님이다. 자연재해로 나뒹구는 수많은 시체와 살아남은 자의 처절한 부르짖음 앞에서는 그 어떤 신학적 설명도 부족할 따름이다. 그저 침묵이 최선의 방법인 듯한다. 무슨 말로 그들을 위로할 것이며, 무슨 말로 그 현상을 적절하게 설명할 수 있을까? 쓰나미와 지진과 파도와 바람 앞에서 그들은 아마 "나의 하나님, 어찌하여 나를 버리십니까"라고 외치며 죽어갔을지도 모른다. 아우슈비츠라는 대학살 사건 때문에 하나님에 대한 질문이 쏟아졌듯이 말이다. 아우슈비츠와 부켄발트 수용소에 살아남은 엘리 위젤은 『나이트』라는 책에서 한 랍비의 입을 빌려 당시의 고통을 이렇게 묘사하고 있다. "허리가 굽은 노인이 항상 입술을 떨고 있었다. 그는 수용소 안에서, 뜰에서, 행렬 가운데서 항상 기도하곤 했다. 그는 자기 혼자 논쟁하고 질문하고 대답하면서 자신이 암기하는 탈무드의 모든 문구를 암송했다. 어느 날 그가 내게 말했다. '끝났다. 하나님은 더 이상 우리와 함께 계시지 않는다.' …'인간은 너무 작고 비천하고 하찮은 존재라서 하나님의 신비를 이해할 수 없지, 그러나 나는 어떻게 해야 하는가? 나는 현자도 성인도 아니다. 나는 단지 육신과 피를 가진 보통의 피조물이다. 나는 내 눈으로 이들이 여기서 자행하는 짓들을 보고 있다. 도대체 자비하신 하나님은 어디 있는가? 하나님은 어디 있단 말인가? 내가, 아니 어떤 사람이 자비의 하나님을 믿을 수 있겠 나?'"

이 고통 속에서 "하나님이 어디 있는가?"라고 묻는 것은 곧 하나님의 부재나 침묵 경험에 대한 저항이다. 그러나 다른 한편으로, 그것은 동시에 하 나님의 신비에 대한 인정이기도 하다. 동감하기는 쉽지 않지만, 우리는 엄청 난 재앙에 담긴 하나님의 신비, 측량 불가능성을 인정해야 한다는 점이다. 자 연재해가 하나님의 심판이요 경고라고 해석될 수도 있지만, 동시에 하나님의 본질과 의지에 완전히 도달할 수 없는 인간 이성의 한계를 의미하기도 한다. 무엇 때문에 자연재해로 인한 엄청난 죽음 현상이 일어났는가? 하필 왜 그곳 인가? 이것으로 하나님이 의도하시고자 하는 것, 드러내고자 하는 것이 무엇 인가? 현재로서 그의 뜻을 정확히 안다는 것은 어렵다. 그러므로 "하나님의 길에 대한 우리 지식은 제한되어 있으며, 때로 엄청난 고난을 대처하는 데에 있어서 그 이유를 설명하려는 연약한 시도보다는 침묵이 훨씬 더 적절한 응 답"Migliore, 「기독교 조직신학 개론」, 162 일 수도 있다. 하나님은 하나님이요, 인간은 인간 이기 때문이다. 이런 사건 앞에서 인간은 끊임없이 합리적인 설명을 요구하 지만, 이해 가능한 설명이 있을 수 없음은 우리 자신이 잘 알고 있다. 그 문제 가 자연 현상 뒤에서 섭리하시는 하나님 신앙과 연관되어 있기 때문이다. 그 분은 하나님으로서 자신의 뜻에 따라 행동하신다. 결코 인간의 이성과 생각 에 의존하여 행동하시는 분이 아니다. 하나님의 합리성이 인간에게 비합리성 이 될 수 있고, 인간의 합리성이 하나님의 비합리성이 될 수 있다. 이것을 우 리는 욥의 고난 속에서 어느 정도 깨달을 수 있다. 욥은 자신의 고난을 이해 하지 못한다. 하나님께 하소연하고 하나님과 논리적인 논쟁을 벌이기 위하여 하나님을 찾는다. 하나님의 침묵 이후에, 하나님은 욥에게 나타나서 그의 고 난의 정당성이나 합리성이나 타당성을 설명해 주지 않았다. 오히려 하나님은 욥에게 "무지한 말로 이치를 어둡게 하는 자가 누구냐? ⋯내가 땅의 기초를 놓을 때 네가 어디 있었느냐? 네가 깨달아 알았거든 말할지니라"욥 38:2, 4라고 반문한다.

그러면 여기서 우리는 완전히 침묵하고 있어야 하는 것인가? 그것은 아니다. 우리는 하나님이 하신 일을 정확히 이해할 수 없는 때가 많으므로 오히려 물어야 한다. 하나님의 신비의 깊이를 물어야 한다. 도달할 수 없는 신비의 하나님은 유한한 인간의 유한한 언어와 경험 가운데 인간에게 접근하시기 때문이다. 그래서 욥 자신도 "하나님을 이해할 수 없다"고 말하지 않고, "내가 주께 대하여 귀로 듣기만 하였사오나 이제는 눈으로 주를 뵈옵나이다"욥 42:5라고 고백한다. 이것은 나타난 현상이 이해될 수 없는데도 불구하고 하나님의 신비적 사건의 일부임을 인정하는 것이며, 논리적이 아닌 경험적·감각적·신비적으로 오시는 하나님에 대한 체험을 의미하는 것이다. 그러나 이해할 수 없는 모든 사건에 하나님의 신비를 적용하여 수많은 어려운 질문을 회피하려 해서는 안 된다.

셋째는 그럼에도 사랑을 본질로 하시는 하나님이심을 인정해야 한다. 자연재해는 하나님의 사역과 교육 도구로 나타나기도 한다. 요나와 함께했던 사람은 그들 앞에 나타난 엄청난 폭풍이 결국 그들의 죄 때문이 아닌 요나를 니느웨로 다시 보내기 위한 하나님의 행동이심을 깨달아 알게 되었다. 또한 그것은 하나님 자신의 구원 사역을 이루기 위한 도구이기도 하였다. 이방 백성들에 대한 하나님의 사랑 때문이었다. 홍해 바닷속에서 애굽 군대가 당한 자연재해 역시 하나님의 구원 사역을 이루기 위한 도구였다. 그러므로 그리스도인들은 그러한 고난을 영적 성장의 기회로 삼아야 하며, 이 세상보다는 하늘을 바라보는 삶을 추구해야 한다.

하나님은 사랑이다. 하나님은 사랑을 그 본질로 하시며 그 본질에 근거하여 행동하시는 분이다. 하나님의 사랑은 성경의 핵심 사상이다. 고난 중에도 인간과 자연을 사랑하시는 하나님이다. 이사야는 모성적 하나님의 사랑을 그리고 있다. 어머니가 자식을 잊지 아니하듯이 결코 이스라엘을 포기하시지 않는다고 말한다. 왜냐하면 그들의 이름을 하나님의 손바닥에 새겼기 때문이다. 하나님이 이 말씀을 하실 때는 이스라엘이 평안하거나 강성하여 있을 때가 아니다. 바벨론에 포로로 잡혀서 "너희 하나님이 너희를 버렸다"라고 이방인들에게 조롱받고, 바벨론 강가에서 시온을 생각하며 울고 있을 때였다. 자연재해는 이해할 수 없는 하나님에 대한 공포의 상징이 아니다. 인간의 고통을 들으시고 인간의 고통과 함께하시며 인간의 고통 가운데 찾아오셔서 인간의 눈물을 씻어주시는 하나님을 발견하기를 원하는 하나님의 메시지일지도 모른다. 거대한 자연적인 악을 통하여 더 큰 거대한 선으로 바꾸시는 하나님의 사랑과 신비를 발견하라는 메시지로 보는 것이 더 적절할 것이다. 기독교의 하나님은 '저편의 하나님', 무감정의 하나님이 아니기 때문이다.

넷째는 자연재해를 종말의 전조로 이해할 필요가 있다. "무화과나무의 비유를 배우라 그 가지가 연하여지고 잎사귀를 내면 여름이 가까운 줄을 아나니"마 24:32 "그날 환난 후에 즉시 해가 어두워지며 달이 빛을 내지 아니하며 별들이 하늘에서 떨어지며 하늘의 권능들이 흔들리리라"마 24:29 성경은 자연재해를 종말의 전조로 이해하고 있다. 요한계시록에도 자연재해를 종말적 대재앙으로 열거하고 있다. 물론 지금 일어나고 있는 것이 종말의 징조인지는 섣불리 판단할 수 없다. 그럼에도 그리스도인들은 이런 모든 자연 현상에 대하여 종말론적 관심을 가지고 자신의 신앙을 다시 한번 돌이켜보는 기회로 삼아야 한다.

지금까지 자연재해에 대한 몇 가지 신학적 답변을 열거해 보았다. 하지만 우리의 현실 앞에 놓여 있는 구체적인 자연재해에 대하여 속단하거나 단순화시켜 답변할 수 없음을 먼저 깊이 염두에 두어야 한다. 자연적 악을 통한 신정론 역시 도덕적 악의 신정론만큼이나 이해하기 어렵고 답변하기가 쉽지 않기 때문이다. 너무 쉽게 답을 내린다면 우리 인간의 이성으로 하나님의 능력과 계획과 신비를 제한하는 것이며, 때로는 폭군적인 하나님으로 만들게 될 것이기 때문이다. 하지만 무관심해서도 안 된다. 그러면 창조주 하나님을 자연과 관계없는, 자연 현상과 관계없는 하나님으로 만들어 버릴 위험이 있기 때문이다. 자연재해 앞에서 우리는 통전적^{統全的}인 해답을 생각해 보아야 하며, 그것이 우리에게 주는 의미, 이것을 통해 하나님이 우리에게 주시려고 하는 의미를 겸손히 숙고해 보아야 한다. 또한 자연재해를 죄의 결과로만 파악하여 고통당하는 사람을 외면해서는 안 된다. 고난 당하는 죄인도 사랑하시는 하나님을 믿는다면, 그들을 향한 도움에 소홀해서는 안 된다. 이 자연재해가 어디서 왔는지, 무엇 때문인지보다, 그것이 우리에게 어떤 신앙적 각성을 주는지, 어떻게 하나님이 우리를 도구로 하여 그들을 돕게 하시는지에 더 깊은 관심을 기울여야 한다.

제 8 장
기후 위기 시대의 창조신학과 영성

—

1. 열받은 정원?

처음 붙인 소제목의 이름은 "망가진 정원?"이었다. 하나님의 정원인 자연 세계를 바라볼 때마다 드는 생각이었다. 다른 잡지의 글에서는 "망가진 정원?"이라고 제목을 붙였었다. 인간의 욕망, 자연 대^對 인간이라는 이분법적 사고, 그리고 과학기술 문명이 합작하여 만들어낸 오염되고 파괴된 자연을 상징하고자 했기 때문이다. 그런데 최근에 『폭염살인』이라는 책을 발견하게 되었다. 책 이름 그대로 살인의 기록이었다. 살인자는 폭염, 피해자는 사람, 결국 자멸로 가고 있는 오늘의 현실을 적나라하게 고발하고 있었다. 이 책을 접하고 나서 "불타는 정원?"이 더 어울릴 듯하여 그렇게 하려다 너무 절망적인 것 같아 그만두었다. 이 책의 소개란엔 이렇게 쓰여있었다.

바야흐로 대폭염 시대, 해마다 '역대급 더위'를 경신하는 가운데 지구는 점점 더 빠르고 더 뜨거운 멸종을 향해가고 있다. 전력난과 물가 폭등, 슈퍼 산불과 전염병에 이르기까지, 폭염은 우리 삶을 전방위로 압박할 것이며, 그 끝에는 죽음 외에 아무것도 남지 않을 것이다. …저자는 평균기온 45도를 웃도는 파키스탄부터 시카고, 사라져가는 남극에서 파리까지 가로지르며, 우리 일상과 신체, 사회 시스템을 극한으로 몰아붙이는 폭염의 참상을 낱낱이 기록한다. 진화의 속도를 넘어 폭주하는 더위, 그리고 그것이 불러올 예측 불허의 재앙 앞에서 에어컨의 냉기가 과연 언제까지 우리를 지켜줄 수 있을까. 분명한 건 극한 더위가 불러올 죽음의 연쇄 반응 앞에 그 누구도 자유로울 수 없다는 사실이다.

우리는 이제 어떻게 해야 하는가? 세계기상기구와 유엔환경계획이 공동 설립한 유엔 산하 국제기구인 IPCC는 2023년 제 6차 보고서를 발표하여 현재의 위기 상황과 그 원인, 그리고 앞으로 나타나게 될 기후변화의 재앙들, 그리고 대책을 발표하고 지금 당장 행동할 것을 촉구하였다. 홀트하우스^{Eric} ^{Holthaus} 역시 『미래의 지구』라는 책에서 이 절망의 파고를 경고하기 위해 "혁명", "획기적인 변화", "급격한 변화"와 같은 과격한 용어를 사용하여 "집단적 노력과 보편적 정의에 기반한 실천 가능하고 확장성 있는 새로운 생활방식", "사회의 모든 분야에서의 획기적이고 광범위하고 전례 없는 변화"를 촉구하고 있다.

기후 위기에 대한 자료를 찾다가 더 절망적인 보고를 담은 책을 만나게 되었다. 도갈드 하인^{Dougald Hine} 의 『우리에게 내일이 없더라도』라는 암울한 책이었다. 이제 할 수 있는 것이 아무것도 없으니, 달콤한 말로 희망 고문하지 말라는 내용의 책이었다. 어느 정도는 필자도 동의한다. 40여 년 전 "생태신학"에 관심을 갖고 지켜본 이후로 세계의 기후나 환경이 좋아지기보다는, 오히려 악화되기만 했으니 말이다. 출판사 서평란은 이 책을 이렇게 소개하고 있었다.

> 기후 위기를 다룬 많은 책이 우리에게 아직 기회가 있다는 달콤한 말로 변화를 호소한다면, 이 책은 기후변화에 관한 논의가 더는 의미가 없으며, 지구는 이미 폐허나 다름없는 곳이 되었다는 서늘한 현실을 이야기한다. 근대성을 향한 맹목적인 믿음과 성장 중독으로 자행한 인간의 파괴적 행보가 어떤 결과를 가져왔는지, '과학'에 과도하게 의존하는 태도가 지구를 어떻게 제어와 관리의 대상으로 몰고 갔는지, 과학이 제시하는 수치와 통계가 어떻게 우리 눈을 가렸는지, 암울하지만 선명한 진실을 보여준다. 녹색 성장, 지속가능성, 온실가스 배출

량 규제 등 인류가 생각해 낸 정책들이 더는 해결책이나 대안이 될 수 없는 이유를 확인하다 보면, 이제는 우리가 할 수 있는 일이 거의 없다는 충격적인 현실에 눈을 뜨게 된다.

이런 엄청난 참상 앞에서 원인이 무엇인지 묻게 된다. 산업혁명 이후 인간의 행동은 자연의 오염과 파괴를 향한 질주였다고 해도 과언이 아니다. 성장과 팽창과 진보의 이데올로기만이 선^善인 것처럼 보이는 행진이었다. 자연에 대해 인간은 언제나 정복자였고 승리자였다. 수많은 경고와 노력에도 상황은 전혀 나아지지 않았다. 어쩌면 하인의 체념이 옳을지도 모른다. 우리에게는 더 이상 할 일도 없고, 기회도 없고, 소망도 없는 것이 아닌가.

2. 왜 그리스도인들이 기후 위기에 관심을 가져야 하는가?

그래도 끝이 오더라도 올 때까지는 한 줄기 희망은 놓고 싶지 않다. 다시 한번 이렇게 묻는다. 왜 그리스도인들이 기후 위기에 관심을 가져야 하는가? 왜 우리는 환경문제에 관심을 가져야 하는가? 다른 듯하지만 동일한 질문이다. 그런데 이런 질문을 하는 우리의 현실이 참 안타깝기만 하다. 오늘 우리가 직면하고 있는 생명문제나 환경문제에 교회와 그리스도인들은 무관심하기 때문이다. 특히 우리가 환경문제에 주목해야 하는 결정적인 이유는 환경위기가 단순히 인간의 위기를 넘어서 신앙의 위기로까지 이어지기 때문이다. 좀 더 과격하게 말하자면, 이는 피조물을 만드신 하나님의 위기이기 때문이다. 새하늘과 새땅을 만들어 가시고자 하는 하나님의 비전이 좌절되고 실패한 것처럼 보이기 때문이다. 더구나 이 모든 것이 하나님이 자신의 형상대로 지으신 인간에 의해 일어났기 때문이다. 인간은 하나님이 거니시던 세계 정원을 망가뜨리고 있다. 비옥한 땅들은 물이 말라 사막이 되고, 아름다운 숲들은 베어지고, 미세먼지 가득한 정원이 되었다. 인간과 자연의 샬롬은 파괴되고 자연의 리듬과 순환은 어지러이 불규칙적이다. 하나님의 정원이 열로 가득하고, 정원이 사막화되고, 정원 안의 사람들은 죽어가고 있다. 요엘서 1:10-12, 17-20에서는 불에 타 황폐하게 된 그분의 정원을 이렇게 묘사한다.

> 밭이 황무하고 토지가 마르니 곡식이 떨어지며 새 포도주가 말랐고 기름이 다하였도다. 농부들아 너희는 부끄러워할지어다 포도원을 가꾸는 자들아 곡할지어다 이는 밀과 보리 때문이라 밭의 소산이 다 없어졌음이로다 포도나무가 시들었고 무화과나무가 말랐으며 석류나무와 대추나무와 사과나무와 밭의 모든 나무가 다 시들었으니 이러므로 사람의 즐거움이 말랐도다. 씨가 흙덩이 아래에서 썩어졌고 창고가 비었고 곳간이 무너졌으니 이는 곡식이 시들었음이로다. 가축이 울부짖고 소 떼가 소란하니 이는 꼴이 없음이라 양 떼도 피곤하도다. 여호와여 내가 주께 부르짖으오니 불이 목장의 풀을 살랐고 불꽃이 들의 모든 나무를 살랐음이니이다. 들짐승도 주를 향하여 헐떡거리오니 시내가 다 말랐고 들의 풀이 불에 탔음이니이다.

기후 위기와 환경위기에 관심을 가져야 할 또 하나의 이유는 창조주 하나님 신앙에 있다. "나는 전능하신 아버지 하나님 천지를 창조주를 믿습니다." 우리는 매주마다 창조주 하나님이 우리의 하나님임을 고백한다. 무엇을 생각하며 고백하는가? 창조주 하나님을 고백한다는 것은 무엇인가? 그것은 우리의 하나님이 인간의 창조주이시며 동시에 자연의 창조주이심을 고백하는 것이다. 우리는 이런 오해를 하지 말아야 한다. 즉 하나님께서는 인간만을 창조하시고, 인간만을 귀히 여기시며, 인간만을 돌보시고, 인간만을 사랑하시는 분인 것처럼 말이다. 자연의 창조주와 인간의 창조주는 다른 분이 아니다. 자연의 창조주 하나님이 바로 인간의 창조주이시며, 인간의 창조주 하나님이 바로 자연의 창조주 하나님이시다.

그는 들풀도, 공중의 새도 먹이시고 입히시는 분이시다. 들짐승의 먹이를 배려하시며, 가축에게 쉼을 배려하시는 하나님이시다. 다시는 물로 멸망시키지 않겠다고 모든 생물과 언약을 맺으시고 그 징표로 무지개를 보여주시는 하나님이시다. 그분이 바로 우리가 고백하는 하나님이다. 그러므로 자연을 파괴하고 자연을 착취하는 것은 바로 우리가 믿고 고백하는 하나님의 마음을 아프게 하는 것이다. 그런데 어찌 우리가 환경문제에 무관심할 수 있겠는가. 창조주 하나님을 고백하는 그리스도인들이라면 어찌 자연의 아픔과 슬픔과 고통에 무관심할 수 있겠는가. 이제 우리는 환경문제가 곧 신앙의 문제임을 분명히 인식해야 할 것이다.

역으로, 창조주 하나님을 고백한다는 것은 인간뿐만 아니라 자연도 하나님의 피조물임을 고백하는 것이다. 우리는 인간만이 하나님의 피조물이라고 생각하는 경향이 있다. 우리가 마구 파괴하고 오염시키는 대상물인 자연 역시도 하나님의 피조물이다. 그러므로 자연은 누구의 것인가? 자연의 소유주는 누구인가? 인간? 아니다. 하나님이시다. 성경은 모든 것이 하나님의 것이라고 선언한다. 그런데 우리는 하나님의 것을 마치 내 것인 양 파괴하고 오염시키고 착취한다. 마치 인간의 향락과 즐김과 행복을 위해서만 자연이 존재하는 것처럼 생각한다. 오늘도 자연은 신음하며 하나님께 부르짖고 있다. "썩어짐의 종노릇"에서 건져달라고, "하나님의 아들들"이 나타나게 해 달라고. "피조물이 고대하는 바는 하나님의 아들들이 나타나는 것이니 피조물이 허무한 데 굴복하는 것은 자기 뜻이 아니요 오직 굴복하게 하시는 이로 말미암음이라 그 바라는 것은 피조물도 썩어짐의 종 노릇 한 데서 해방되어 하나님의 자녀들의 영광의 자유에 이르는 것이니라. 피조물이 다 이제까지 함께 탄식하며 함께 고통을 겪고 있는 것을 우리가 아느니라"롬 8:19-22 이제 알겠는가? 환경문제는 곧 신앙의 문제이다. 우리 모든 그리스도인의 문제이며 과제다.

3. "태초에 하나님이 천지를 창조하시니라"

『사도신경』은 "나는 전능하신 아버지 하나님, 천지의 창조주 Creator caeli et terrae 를 믿습니다"로 시작한다. 『니케아-콘스탄티노플 신앙고백서』는 『사도 신경』보다는 좀 더 구체적으로 고백하고 있다. "보이는 것과 보이지 않는 모 든 것의 창조자" factor visibilium omnium et invisibilium 라는 내용을 추가한다. "우리는 한 분 하나님을 믿습니다. 그분은 전능하사 천지를 창조하시고, 보이는 것과 보 이지 않는 모든 것을 지으신 아버지이십니다."

『웨스트민스터 신앙고백서』는 고대교회의 신앙고백서들보다 창조에 관한 더 상세한 진술을 담고 있다. "성부, 성자, 성령이 되시는 하나님은 영원 하신 권능과 지혜와 선의 영광을 나타내시기 위하여 태초에 무로부터 세계 와 그 안의 모든 것을, 즉 보이는 것이나 보이지 않는 것을 엿새 동안 창조하 거나 만들기를 기뻐하셨다. 그리고 모든 것은 다 선하였다." [4.1] 이 문서는 창 조자의 개념을 고대 신조의 "하나님"에서 "삼위일체 하나님"으로 확대한다. "보이는 것과 보이지 않는 것"이라는 창조의 내용과 6일간의 창조 hexameron, 그리고 창조의 목적 finis creationis 이 명시되어 있고, 중요하게도 "무로부터의 창 조" creatio ex nihilo 라는 개념이 선언되고 있다. 1986년의 『대한예수교장로회 신 앙고백서』 역시 앞의 문서와 내용이 유사하다. "하나님은 창조하시고 섭리하 시고 심판하신다. 하나님의 창조는 태초에 아무것도 없는 데서 creatio ex nihilo 보 이는 것이나 보이지 않는 모든 것을 창조하셨다. 창조는 하나님의 신성과 영 광을 선포하시기 위한 것이며, 하나님은 지으신 만물을 보시고 선하다 하시 며 기뻐하셨다. 하나님은 모든 피조물을 지으신 후에 하나님의 형상을 따라 사람을 창조하셔서 다른 피조물들을 주관하게 하셨다." [2,3]

이 모든 교리 문서의 창조신앙은 당연히 성경에 근거한다. 성경의 첫 장 은 "하늘과 땅의 창조자"에 대한 고백으로부터 시작한다. 하나님은 하늘과 땅, 그리고 하늘에 있는 것이나 땅에 있는 모든 것을 창조하신 분이다. 그는 인간의 창조자이며 자연의 창조자이다. 역으로, 모든 것은 하나님의 피조물이다. 인간도, 자연도 한 하나님의 피조물인 것이다. 시편 기자는 이렇게 외친다. "땅과 거기에 충만한 것과 세계와 그 가운데에 사는 자들은 다 여호와의 것이로다"시 24:1 그러므로 기독교 창조론은 창조자 하나님 자신, 하나님의 창조 행위뿐만 아니라, 하나님께서 그의 피조물인 인간과 자연과의 관계에도 관심을 갖는다. 왜? 우리의 창조주 하나님의 소유이기 때문이다. 그런데 우리는 그 자연 피조물들을 어떻게 대하고 있는가? 마치 우리의 소유인 것처럼, 오로지 인간의 이용을 위해 하나님이 주신 것처럼 자연을 대하지는 않았는가.

하나님은 어떻게 이 세계를 창조하셨는가? 이에 대해 기독교 전통은 무로부터의 창조라는 말로 대답해 왔다. 이 교리의 함의를 몇 가지 소개해 본다면, 첫째, 하나님의 창조 행위의 자유와 전능성과 절대주권을 담보한다. 이 개념은 신과 물질의 이원론도 배제하며 플라톤의 무형태적 원질료로부터의 창조도 배제한다. 세계는 결코 선재하는 어떤 물질로부터 창조된 것이 아니다. 하나님은 이미 존재하는 무엇으로부터 이 세계를 만든 것이 아니며 하나님이 창조하실 때에 하나님 이외의 어떤 조력자도 없었다. 이것은 다시 말해서 창조의 전제조건, 원질료의 잠재적 가능성 등을 거부한다. 그러므로 둘째는, 세계의 하나님 의존성을 확증하는 이론이다. 모든 것이 하나님으로부터 나왔으며 피조물의 존재와 생명과 유지는 하나님으로부터 온다는 것을 의미한다. 셋째는 세계와 하나님의 구분을 내포하고 있다. 범신론적 세계 속에서 성경은 창조라는 개념을 통하여 하나님은 하나님이며 세계는 세계라는 신앙을 확고히 하였었다. 넷째, 무로부터의 창조는 하나님의 본질의 유출이라는 개념도 배격한다. 만일 이 세계가 하나님으로부터 유출된 것이라면 피조물과 하나님 사이에는 어떤 본질적인 동일성이 존재할 것이며, 세계의 시간은 하나님의 시간과 동일하게 되어 결국 범신론적인 세계관을 초래할 것이다.

4. 환경위기 시대의 그리스도론 — 우주적 그리스도론

환경위기 시대의 그리스도론? 환경위기와 그리스도론이 무슨 관계가 있는가? 환경위기는 결국 자연의 파괴와 관련이 있다. 자연 질서의 파괴로 수많은 위기가 몰려오고 있다. 현재 심각한 기후 위기로 인해 다른 위기들이 수면 아래로 가라앉았다. 하지만 기후 위기와 그로 인한 인간의 위기만이 전부가 아니다. 인간이 자연에 가하는 폭력은 더 다양하고 심대하기 때문이다. 이러한 상황에서 우리는 신학적 대안을 모색해야 한다. 여기서 우리가 고민해야 할 것은 환경위기 시대에 그리스도가 우리와 자연 피조물에게 어떤 의미인가 하는 것이다. 이것이 바로 오늘날 필요한 또 하나의 그리스도론, 즉 우주적 그리스도론이다.

생태적 창조론을 처음 접한 계기는 대학원 시절 이종성 학장님과 함께 읽었던 몰트만의 『창조 안에 계신 하나님』 때문이었다. 당시에는 매우 생소한 내용이었기에 쉽게 받아들일 수 없었다. 성경을 생태학적으로 해석한다는 것 자체가 낯설었다. 역사비평학에 깊이 젖어 있던 터라 생태적 주석이 현대의 상황을 성경에 무리하게 적용하는 잘못된 해석이 아닐까 하는 의구심이 들었다. 더구나 당시에는 신학과 과학 간의 대화 시도가 활발하지 않았던 시기여서 생태신학은 더더욱 생경하게 느껴졌다. 또한 생태신학은 지나친 상황신학이 아닌가 하는 생각도 거둘 수 없었다. 그러나 호기심 가는 주제였고, 앞으로 매우 시급하면서도 중요한 주제라 생각되어 관심 목록에 올려 두었다. 그리고 독일로 건너가 몰트만으로부터 생태신학을 배우게 되었고, 학위가 끝난 이후에도 환경파괴와 오염 문제를 놓고 씨름하며 한동안 연구하고 가르치는 일을 계속하였다. 그 중 하나의 주제가 바로 환경위기 시대, 특히 기후 위기 시대에 그리스도를 고백한다는 것이 무엇을 의미하는가였다. 아래의 글은 바로 이런 일련의 작업 중의 하나다. 이것은 필자의 창의적 연구라기보다 전적으로 몰트만을 연구한 글이며, 몰트만에 의존한 글이다. 그리고 이미 2004년 필자가 어느 잡지에 발표한 논문의 일부임을 밝힌다.

몰트만의 그리스도론의 특징이자 방법은 생태학적 그리스도론 혹은 우주적 그리스도론이다. 우주적 그리스도론은 그리스도의 성육신, 십자가, 부활, 화해를 인간과 역사에만 국한하지 않고 전 창조로 확대하는 그리스도론이다. 이것을 몰트만은 "자연적 그리스도론"Moltmann, 『예수 그리스도의 길』 383. 이하 *WJC* 이라 한다. 다시 말해 자연 피조물을 그리스도와 연결하여 이해하고자 하는 방법이다. 생태계의 위기와 관련하여 고찰한다면, 이것을 생태적 그리스도론이라고 칭하기도 한다.

지금까지 그리스도의 의미는 인간과 역사에만 국한되어 있었다. 그는 인간의 구원자이자 역사의 심판자라는 점만 끊임없이 강조되었다. 바르트, 불트만과 같은 현대 신학자는 그리스도를 통한 하나님의 구원 약속을 인간에게만 적용하였다.김도훈, 『생태신학과 생태영성』, ch 4 쉽게 말하면 인간만이 예수 그리스도의 사역의 대상이라는 말이다. 몰트만은 이러한 근대 패러다임이 자연파괴의 요인이 되었다고 비판한다.Moltmann, *WJC*, 383 "왜냐하면 근대의 신학은 구원을 영혼의 열락이나 인간 실존의 본래성으로 위축시킴으로써 무의식적으로 자연을 인간으로 말미암아 회복될 수 없는 착취를 당하도록 하였기 때문이다."Moltmann, *WJC*, 383 그러나 성경의 그리스도는 그 의미가 인간이나 인간의 역사에만 머물지 않는다. 성경에 나타난 그리스도를 단지 인간의 그리스도라고만 해석한다면 우리는 그리스도를 "보다 더 작은 그리스도"로 축소하는 것이 될 것이다. 이에 몰트만은 인간 중심적 그리스도론을 넘어서서 인간과 역사뿐만 아니라 전 창조, 온 피조물과도 관계하는 "더 크신 그리스도"Moltmann, *WJC*, 383ff.를 추구하고자 한다.

몰트만이 "더 크신 그리스도", 내지는 "우주적 그리스도론"을 말하는 이유는 무엇인가? 바로 오늘날의 환경위기 때문이다. 기술 문명은 자연을 지배하는 모든 영역에서 비교할 수 없는 진보를 이룩해 냈다. 이에 따르는 위기는 무엇인가? 자연을 인식하고 지배하는데 모든 관심을 기울였던 자연과학

기술 문명은 결국 환경파괴라는 부작용을 만들어 내었다.

> 점점 더 늘어가는 자연환경의 파괴, 점점 더 확대되는 식물류와 동물
> 류의 멸종, 다시 회복할 수 없는 지하 에너지의 착취, 유독성 쓰레기와
> 폐기 가스로 인한 땅과 물과 공기의 오염, 이 생태계의 위기는 인간이
> 자연에 대한 힘을 얻으면서 생성되었다. 그러므로 그것은 현대의 대
> 프로젝트, 과학-기술문명이 그 속으로 빠진 자기모순을 분명히 드러
> 낸다. 위기는 먼저 자연환경 속에서 나타난다. 그러나 그것은 현대의
> 이 지배체제 자신의 위기이다. 인간의 기술을 통하여 자연은 예속되
> 며 인간을 위하여 이용되고 있다. 자연과학은 자연을 정복하기 위한
> 지배의 지식을 제공한다. …기술문명의 계속적인 진보는 점점 더 큰
> 환경의 재난을 초래할 것이며, 마지막에는 보편적인 생태계의 죽음,
> 땅의 조직의 붕괴가 남을 뿐이다. Moltmann, *WJC*, 106f.

이런 상황을 인식하고 있는 몰트만은 이렇게 묻는다: "오늘 죽어가고
있는 자연과 우리에게 그리스도는 본래 누구인가?" Moltmann, *WJC*, 106 이에 대한
그리스도론적 대답을 바로 생태학적 그리스도론이라고 부른다.

> 에베소서와 골로새서의 우주적 그리스도론은 근대 서구의 신학을 통
> 하여 멸시받았다. 인간학적 그리스도론은 역사라고 하는 근대의 파라
> 다임에 적합하였으며 원하지 않게 근대의 자연 파괴의 요인이 되었다.
> 왜냐하면 근대의 신학은 구원을 영혼의 열락이나 인간 실존의 본래성
> 으로 위축시킴으로써 무의식적으로 자연을 인간으로 말미암아 회복될
> 수 없는 착취를 당하도록 하였기 때문이다. 그러나 자연 세계의 치명
> 적인 생태학적 재난을 차츰 의식하게 됨으로써 역사라고 하는 근대의
> 파라다임이 지닌 한계가 인식되고 있으며 고대 우주적 그리스도론과

그것의 물질적 구원론의 지혜를 다시 질문하게 되었다.Moltmann, *WJC*, 380

창조 혹은 피조물과 관련된 예수 그리스도의 사역을 생각해 보자. 많은 이들이 간과하고 있는 것 중 하나가 바로 창조와 예수 그리스도와의 연관성이다. 성경은 모든 것이 그리스도로 말미암아 창조되었음을 말한다. 만물이 그로 말미암아 되었으며 그로 말미암지 않고 된 것은 아무것도 없다. 그는 창조의 중보자이며 유지자이며 창조의 근거이다. 창조의 근거란 무엇을 의미하는가? 몰트만은 이것을 다음 세 가지로 설명한다. 첫째, 하나님은 모든 것을 "그를 통하여" 창조하셨다는 것, 둘째, 하나님은 모든 것을 "그 안에서" 보존하시며 유지하신다는 것, 셋째, 하나님은 모든 것을 "그를 향하여", 즉 모든 것이 그분을 기다리도록 창조되었다는 것이다.Moltmann, *WJC*, 401 그리스도는 모든 창조와 인간과 자연의 실존을 위한 근거이다.

창조와 구원의 상호 연관성은 그리스도의 화해 사건에서 더욱 분명히 드러나고 있다. 하늘과 땅에 있는 모든 것이 그리스도의 십자가 사건을 통하여 하나님과 화해한다. "아버지께서는 모든 충만으로 예수 안에 거하게 하시고 그의 십자가의 피로 화평을 이루사 만물 곧 땅에 있는 것들이나 하늘에 있는 것들이 그로 말미암아 자기와 화목하게 되기를 기뻐하심이라"골 1:19-20 불트만과 바르트는 이 본문을 정확히 읽어내지 못하였다. 그래서 그리스도의 구원과 화해의 의미를 인간 실존에만 국한하였다. 이것은 인간이 우주나 자연의 일부라고 생각했던, 고대 우주론적 세계관을 버리고, 자연 피조물이 인간에게 어떤 의미가 있는지만을 물었던 근대의 인간학적 세계관에 상응하는 사상이다. 그러나 하나님의 목표는 개별자의 구원이 아니라 전 세계의 구원이다. 그리스도를 통한 하나님의 능력은 전 세계를 향하신다.Käsemann, *Gottes-gerechtigkeit bei Paulus*, 193 단순히 인간에게만 해당하는 것이 아니다. 모든 피조물이, 즉 하늘에 있는 것이나 땅에 있는 것이나, 모든 것이 하나님의 화해의 사역 속에 있음을 성경은 말하고 있다.골 1:20 만물이 그리스도를 통하여, 그리스도를 위하여 창조되었고, 모든 것이 그리스도를 통하여 화해되었다. 성경을 볼 때 그리스도의 구원 행위는 우주적 차원을 가지고 있다.

몰트만에 의하면 부활사건 역시 마찬가지다. 부활은 단순히 그분의 부활로 축소되어서는 안 된다. 인간을 향한 부활의 징표요 약속이다. 그래서 그의 부활을 인간의 부활의 첫 열매라고 부른다. 그리스도는 죽음과 무의 무덤으로부터 부활하셔서 종말론적 부활을 선취적으로 보여주셨다. 달리 말하자면 이것은 최종적 부활에 대한 하나님의 약속이다. 그러나 부활이 자연의 부활을 부정하는가? 아니다. 부활은 자연의 최종적 변화와 새창조를 향한 약속이기도 하다. 몰트만의 말대로 "그리스도의 부활의 전망으로부터 자연을 관찰할 때, 자연의 경험의 영역은 그의 새 창조라는 기다림의 지평에 서게 된다."[Moltmann, WJC, 356] 부활의 희망이 없다면 현재의 고난과 슬픔은 결국 절망과 허무와 죽음으로 전락하게 될 것이다. 그러나 그들에게 역시 부활의 희망이, 새창조의 희망이 존재한다. 부활의 새 창조의 능력은 피조물들의 죽음을 폐기 시킬 것이며 죽음의 죽음을 가져올 것이다. 그리고 그들은 철저히 새로운 피조물이 될 것이다. 이 새창조, 자연의 부활의 희망은 바로 그리스도의 부활에서 시작하며 이에 기초해 있다. 그리스도의 부활은 죽음의 세력의 극복이다. 그리스도의 부활로 인하여 생명의 영이신 예수 그리스도의 부활의 영이 전 창조에 임하며, 그 영은 새 창조의 영으로서 영광의 시작이 되신다. 예수 그리스도의 부활은 자연의 부활에 대한 하나님의 약속이다.

그러므로 성경의 기본적인 사고가 인간 중심적이라는 비난은 전혀 타당치 않은 주장이라 볼 수 있다. 오히려 성경적, 우주적 그리스도론은 자연을 새롭게 이해할 것을 요구한다. 그리고 자연과 새로운 관계를 가질 것을 요구한다. 그리고 우주적 그리스도론은 인간의 폭력으로 인하여 상처받은 자연이 인간의 평화의 역사를 통하여 그 속에서 치유될 수 있는 지평을 열어 줄 것이다. 그리스도는 다른 피조물의 화해를 위해서도 죽었다. 그렇다면 피조물도 하나님 앞에서 고귀한 가치를 가지며 그 나름대로의 고유한 삶의 권리를 가지고 있다. Moltmann, *WJC*, 426ff. 그러므로 우리는 그리스도를 통하여 창조되었고 화해 되어진 모든 세계, 모든 피조물들을 단순히 산업적, 경제적 착취의 대상으로 여겨서는 안 될 것이다.

5. 기후 위기 시대의 공감compassion 의 영성

오늘날 거대한 환경파괴의 정신적 지주는 데카르트와 뉴턴의 기계론적 세계관이다. 이들은 자연이 고통받을 수 있다는 사실을 이해하지 못했다. 자연은 그저 정신도, 마음도, 감정도 없는 죽은 물질이자 천연자원에 불과했다. 이런 사고방식으로는 자연과의 교감이나 공감, 감응이 있을 수 없다. 인간과 자연은 단지 주인과 종의 관계, 주체와 객체의 관계로만 존재할 뿐이다. 이렇게 고통받는 거대한 자연을 마주하며, 우리에게는 어떤 영성이 필요할까? 이제는 진정한 성찰과 행동이 필요한 때이다.

여기서 제시하고자 하는 영성은 공감의 영성이다. 자연의 아픔과 슬픔과 고통에 공감하는 우리의 태도와 삶이 먼저 필요하기 때문이다. 심리학에서 공감은 다음을 의미한다. "넓은 의미에서 공감compassion 은 자신뿐만 아니라 모든 살아 있는 것에 친절한 것을 의미한다." Wong, *The Human Quest for Meaning*, 15 또한 "공감empathy 은 공감compasion 과 관련이 있으며 신경학적으로 다른 사람의 감정을 느끼는 것을 말한다. 그것 역시 실존적 관심과 인간의 문제의 보편성을 인정함으로써 배양될 수 있다. 모든 인간은 외로움, 무력감, 죽음의 공포의 곤경과 투쟁한다. 그것은 정서적으로, 그리고 관계적으로 매일 매일 일상생활에서 상호 관계하고 만나는 사람들에 동조하는 것을 의미한다. 공감empathy 이 없으면 우리는 사람들 사이의 간격을 메꿀 수 없을 것이다." Wong, *The Human Quest for Meaning*, 15 컴튼과 호프만은 "공감c 은 다른 사람과, 특히 다른 사람의 아픔에 깊이 관계할 수 있는 능력에 근거한다. 다른 사람의 감정에 몰입하고 그들의 경험과 동일시 할 수 있는 능력이 컴패션의 핵심"Compton and *Hoffman, Positive Psychology*, 239 이라고 정의한다.

최형진은 "공감compassion 이란 타인의 고통에 주목하고 그들의 감정을 느끼며, 더 나아가 그 고통을 완화 시킬 수 있도록 실제적인 도움을 주는 행동" 최형진, "공감(Compassion)개념에 대한 이해", 42 으로 설명한다. 그리고 공감의 특징을 다음과 같이 정리한다. 최형진, "공감(Compassion)개념에 대한 이해", 50 첫째, "공감의 대상은 고통을 경험하고 있는 개인이다." 둘째, 공감은 죽음, 고통, 아픔, 외로움, 등과 같은 "타인의 감정에 능동적으로 참여하는 다소 적극적인 감정이다." 셋째, "공감은 타인의 고통을 완화시키고 그들의 행복과 안녕을 위해 제공되는 것"이므로 "공감은 행동으로 이어져야 한다." 넷째, "공감 행동의 주요한 목적은 감정의 전달이다." 다섯째, "이해는 공감의 구성요소로서 공감 행동엔 반드시 깊은 이해가 선행되어야 한다." "공감은 타인 지향적"이므로 이타적이다.

이러한 공감의 개념과 특징을 자연의 아픔과 죽음의 고통에 적용해 볼 수 있을 것이다. 자연은 탄식하고 있다. 자연피조물은 결코 무감각 혹은 무감정의 존재가 아니다. 그들은 생명체이며 유기체이다. 표현이 다를 뿐 그들 나름대로 고통을 호소하고 있다. 그들의 아픔이 치유되고 창조의 첫 기쁨을 회복하기 위해서는 인간이 달라져야 한다. 그들의 슬픔과 기대와 소망을 공감해야 한다. 오늘도 피조물은 하나님의 자녀가 나타나기를 기대하며 탄식 중에도 해방의 희망res sperans 을 버리지 않고 있음을 인식할 수 있어야 하며 탄식의 언어뿐만 아니라 희망의 언어롬 8:19-22 를 역시 들을 줄 알아야 한다. 자연의 부르짖음에 우리의 귀를 열고 그들의 아픔을 이해하고 수용하며 그들의 감정에 같은 감정을 가지고 그들의 절규를 듣는 것, 이 소리에 공감하고 행동하는 것, 이것이 공감의 생태 영성이며 우리 신앙인의 과제다.

공감의 영성은 하나님의 아픔에도 해당한다. 피조물의 아픔은 곧 하나님의 아픔을 의미한다. 오늘도 피조물들은 아픔의 신음으로 하나님을 향하여 외치고 있다. 그들의 외침을 들으시고 하나님은 아파하시며 우리의 행동을 요구하신다. "여호와께서 이르시되 내가 애굽에 있는 내 백성의 고통을 분명히 보고 그들이 그들의 감독자로 말미암아 부르짖음을 듣고 그 근심을 알고 내가 내려가서 그들을 애굽인의 손에서 건져내고…이제 가라 이스라엘 자손의 부르짖음이 내게 달하고 애굽 사람이 그들을 괴롭히는 학대도 내가 보았으니 이제 내가 너를 바로에게 보내어 너에게 내 백성 이스라엘 자손을 애굽에서 인도하여 내게 하리라" 출 3:7-10 어찌 하나님이 이스라엘의 고통과 신음만 들으시겠는가? 하나님은 자신이 직접 만드시고, 번성하도록 복 주시고, 보시기에 좋았다고 감탄하셨던 온 우주 만물들이 땅에서부터 그에게 호소하는 신음 소리를 들으실 것이다. 이스라엘의 고통과 고난에 모세를 부르셨듯이 하나님께서는 오늘 우리를 부르고 계신다. 자신의 피조물의 외침을 들으며 아파하시는 하나님의 아픔에 공감하고 sympathy, 공감하고 empathy, 공감해야 compassion 한다. 이것이 바로 공감의 영성이다.

6. 기후 위기 시대의 돌봄 pastoral caring 의 영성

들음은 공감이고, 공감은 행동이다. 행동은 곧 돌봄이다. 돌봄과 치유는 하나님의 행동이다. 하나님의 형상으로서 인간은 자연을 돌보고 치유해야 할 책임이 있다. 그러므로 우리는 오늘 위기의 시대에 돌봄의 영성을 배양해야 한다. 이것이 하나님의 형상이 담고 있는 생각이다. 창세기에 나타난 하나님의 형상은 인간이 가지고 있는 속성이나 성품이 아니라 오히려 인간의 행동과 사역을 의미한다. "하나님이 이르시되 우리의 형상을 따라 우리의 모양대로 우리가 사람을 만들고 그들로 바다의 물고기와 하늘의 새와 가축과 온 땅과 땅에 기는 모든 것을 다스리게 하자 하시고" 창 1:26

하나님의 형상인 인간에게 주어진 권리이자 책임은 다스림이다. 그러면 이 본문에서 다스림은 무엇을 의미하는가? 브루거만 Walter Brueggemann 은 다스림이란 "동물을 보살피고 돌보며 먹이는 목자의 역할과 관련된다. 또는 정치적인 영역에 적용할 경우 하나님의 형상은 목자와도 같은 왕을 의미한다" Brueggemann, 『창세기. 목회자와 설교자를 위한 주석』, 71 고 주석한다. 하나님은 인간을 하나님의 형상으로 창조하시고 그들에게 부여하신 것이 번성하고 충만하며, 다스리고 지키라는 돌봄의 사명, 목양적 사명이다. 그것은 바로 하나님이 목양하시는, 피조물의 아픔과 상처를 치료하시고 돌보시며 양육하시는 목자 하나님에 근거한다.

여기서 한 가지 주의할 점이 있다. 성경에서의 돌봄은 가부장적이고 군주적인 지배와는 다르다. 성경이 말하는 돌봄은 어머니의 돌봄과 같은 모성적 돌봄을 의미한다. 성경은 하나님을 모성적 존재로 묘사하고 있다.

> 하늘이여 노래하라 땅이여 기뻐하라 산들이여 즐거이 노래하라 여호와께서 그의 백성을 위로하셨은즉 그의 고난당한 자를 긍휼히 여기실 것임이라 오직 시온이 이르기를 여호와께서 나를 버리시며 주께서 나를 잊으셨다 하였거니와 여인이 어찌 그 젖 먹는 자식을 잊겠으며 자기 태에서 난 아들을 긍휼히 여기지 않겠느냐 그들은 혹시 잊을지라도 나는 너를 잊지 아니할 것이라 사 49:13-15

> 너희가 젖을 빠는 것 같이 그 위로하는 품에서 만족하겠고 젖을 넉넉히 빤 것 같이 그 영광의 풍성함으로 말미암아 즐거워하리라 여호와께서 이와 같이 말씀하시되 보라 내가 그에게 평강을 강 같이, 그에게 뭇 나라의 영광을 넘치는 시내 같이 주리니 너희가 그 성읍의 젖을 빨 것이며 너희가 옆에 안기며 그 무릎에서 놀 것이라 어머니가 자식을 위로함 같이 내가 너희를 위로할 것인즉 너희가 예루살렘에서 위로를 받으리니 사 66:11-13

야곱의 집이여 이스라엘 집에 남은 모든 자여 내게 들을지어다. 배에
서 태어남으로부터 내게 안겼고 태에서 남으로부터 내게 업힌 너희여
너희가 노년에 이르기까지 내가 그리하겠고 백발이 되기까지 내가 너
희를 품을 것이라 내가 지었은즉 내가 업을 것이요 내가 품고 구하여
내리라 ^{사 46:3-4}

이처럼 "이사야는 이스라엘과 하나님과의 관계를 어머니와 그의 위로
가 필요한 자녀의 관계로 묘사한다. 당시 이스라엘은 포로의 억압과 슬픔 속
에서 하나님의 부재를 경험하며 이방 민족들의 조롱거리로 전락한 상황이었
다. 이런 상황 속에서 하나님은 자신을 직접 어머니에 비유하며 이스라엘의
회복과 예루살렘의 장래에 대하여 말씀하시며, 하나님의 위로를 직접 선포하
신다." 김도훈, 『생태신학과 생태영성』, 167 그 구절들에 의하면 하나님은 하나님의 백성들
을 낳고, 젖을 먹이시며, 품에 안고 양육하시며, 무릎에 앉아 놀게 하시며, 업
어 키우시는, 전형적인 모성적 하나님이다. 모성적 돌봄의 영성은 바로 여기
에 근거한다. 하나님이 피조물들을 어머니처럼 돌보시는 것처럼 우리도 자연
피조물에게 그렇게 행동해야 한다. 지금까지는 자연이 인간의 어머니였다면,
이제 자연의 아픔과 고통을 치료하고 돌봐야 하는 인간이 자연의 어머니다.

7. 평화의 윤리 — 자연과의 샬롬을 위하여

오늘날 그 어떤 때보다 인간과 자연의 화해, 인간과 자연 사이의 평화,
자연과 인간 사이의 샬롬의 회복이 절실히 필요해 보인다. 샬롬은 폭력의 없
음이다. 샬롬은 온전함. 치유, 정의, 올바름, 평등, 연합, 자유 그리고 공동체를
의미한다. 샬롬은 인간을 향하신 하나님의 비전이며 자연에 대한 비전이다.
그러므로 우리가 관심을 갖는 피조물의 샬롬의 회복이란 자연의 인간과의

관계 회복이며 자연 자체의 온전성의 회복, 폭력으로부터의 치유 및 자유, 자연과 인간 사이의 정의 공동체의 형성을 의미한다. 여기서 우리는 샬롬의 신학의 몇 가지 내용들을 말하고자 한다.

첫째는 자기 권한의 제한, 절제의 윤리다. 오늘날의 환경파괴는 기본적으로 인간의 무한한 욕망에 기인한다. 인간은 더 향유하기를 원한다. 과학 기술은 이 인간의 "더"의 욕구를 채워주며 또 자극한다. 욕심이 잉태하여 죄를 낳고 죄가 장성하여 사망을 낳는다. 절제 없는 인간의 욕심은 결국 인간을 파국으로 몰아갈 것이다. 욕망이 자연에게 가하는 인간의 폭력을 자극 시키는 이 시대 속에서 필요한 것은 바로 절제이다. 절제는 자연의 샬롬을 회복하기 위한 인간의 기본 전제이다. 이제 우리는 "나는 무엇을 해야하는가"와 동시에 "나는 무엇을 하지 말아야 하는가"도 동시에 생각하여야 한다.

둘째는 타자의 가치인정이다. 화해를 위해서는 자기 제한과 절제로부터 타자의 인정으로까지 나아가야 한다. 타자를 인정하고 받아들일 때만 화해와 평화가 존재하게 된다. 그때의 타자는 단순히 우리의 인간 이웃만을 말하는 것이 아니다. 우리의 또 하나의 이웃인 자연을 포함한다. 자연의 가치를 인정하고 자연을 인정할 때 자연과의 샬롬이 이루어질 수 있다. 그러나 자연이 인간에게 주는 유익이나 자연 그 자체가 가진 가치 때문이 아니라, 하나님의 피조물이기 때문에 그 가치를 인정하고 존중해야 하는 것이다.

셋째는 자연의 아픔에 대한 들음과 공감이다. 데카르트적 사고에 의하면, 인간은 자연이 아파한다는 사실을 이해할 수 없었다. 짐승들은 단지 소리내는 자동인형 같은 존재에 불과했다. 이는 자연을 생명과 감정이 없는 죽은 물질, 단순한 연장된 존재로만 여겼기 때문이다. 현대 산업 사회에서도 자연은 인간의 욕망을 충족시키기 위한 재료일 뿐이며, 착취와 가공의 대상으로만 여겨질 뿐이다. 자연은 우리와 교감하는 존재가 아니었던 것이다. 하지만 구속주 하나님은 자신의 백성의 아픔에 깊이 공감하셨다. "내가 애굽에 있는 내 백성의 고통을 정녕히 보고 그들이 그 간역자로 인하여 부르짖음을 듣고 그 우고를 알고…" 어찌 하나님이 이스라엘의 고통과 신음만 들으시겠는가? 창조주 하나님은 자신이 직접 만드시고, 번성하도록 복 주시고, 보시기에 좋았다고 감탄하셨던 온 우주 만물들이 땅에서부터 그에게 호소하는 신음소리를 들으실 것이다. 우리도 그들의 탄식의 언어뿐 아니라 희망의 언어 역시 들을 줄 알아야 한다. 그것이 자연과 인간의 평화로 나아가는 첫 발걸음이 될 것이다.

넷째는 생명에 대한 경외감이다. 생명이 있다는 것은 살아있음이며 생명이 있는 것은 살고자 한다. 생명을 상실케 하는 폭력은 죄이다. 그러므로 하나님은 살인하지 말라, 피째 먹지 말라는 계명들을 통하여 생명의 존중을 명령하고 있다. 인간은 생명의 여탈자가 아니다. 오늘날 폭력으로부터의 해방을 위한 또 하나의 중요한 발걸음은 생명에 대한 경외다. 자연과의 진정한 화해와 평화를 이루기 위해서는 모든 생명체에 대한 깊은 경외심이 필수적이다.

다섯째는 자연^과의 샬롬의 징표로서 평화계약을 맺어야 한다. 성경의 증언에 따르면 하나님은 인간과 계약을 맺으실 뿐만 아니라 전 피조물과 계약을 맺으신다. 왜냐하면 그는 인간의 창조자일 뿐만 아니라 전 자연의 창조자이기 때문이다. 특히 호세아의 계약^{호 2:18-20}과 노아 계약^{창 9:8-17}을 보면 하나님은 다른 피조물을 배제하고 구원을 이루시는 분이 아니시다. 길지만 창세기의 노아 계약을 인용해 본다.

내가 내 언약을 너희와 너희 후손과 너희와 함께 한 모든 생물 곧 너희와 함께 한 새와 가축과 땅의 모든 생물에게 세우리니 방주에서 나온 모든 것 곧 땅의 모든 짐승에게니라 내가 너희와 언약을 세우리니 다시는 모든 생물을 홍수로 멸하지 아니할 것이라 땅을 멸할 홍수가 다시 있지 아니하리라 하나님이 이르시되 내가 나와 너희와 및 너희와 함께 하는 모든 생물 사이에 대대로 영원히 세우는 언약의 증거는 이것이니라 내가 내 무지개를 구름 속에 두었나니 이것이 나와 세상 사이의 언약의 증거니라 내가 구름으로 땅을 덮을 때에 무지개가 구름 속에 나타나면 내가 나와 너희와 및 육체를 가진 모든 생물 사이의 내 언약을 기억하리니 다시는 물이 모든 육체를 멸하는 홍수가 되지 아니할지라 무지개가 구름 사이에 있으리니 내가 보고 나 하나님과 모든 육체를 가진 땅의 모든 생물 사이의 영원한 언약을 기억하리라 하나님이 노아에게 또 이르시되 내가 나와 땅에 있는 모든 생물 사이에 세운 언약의 증거가 이것이라 하셨더라

구름 속에 있는 무지개는 바로 하나님과 피조물 사이의 계약의 징표이다. 다시 말해서 그것은 평화와 화해의 상징이며 탄식하는 모든 피조물들의 희망의 징표이다. 그 계약 속에서 자연의 리듬과 순환이 보존되고 있다. 노아 계약은 모든 민족을 포함한다는 점에서 보편적 계약이며, 동물들뿐만 아니라 자연의 지속성과 관련한 하나님의 숭고한 맹세가 담겨 있다는 점에서 그것은 생태학적 계약이다. 우리는 이 하나님의 계약을 통하여, 피조물들 안에서 샬롬을 이루시는 하나님의 성실성과 섭리와 은총을 발견할 수 있다. 에스겔은 직접적으로 평화의 계약에 대하여 다음과 같이 언급하고 있다.

내가 또 그들과 화평의 언약을 맺고 악한 짐승을 그 땅에서 그치게 하리니 그들이 빈 들에 평안히 거하며 수풀 가운데에서 잘지라 내가 그들에게 복을 내리고 내 산 사방에 복을 내리며 때를 따라 소낙비를 내리되 복된 소낙비를 내리리라 그리한즉 밭에 나무가 열매를 맺으며 땅이 그 소산을 내리니 그들이 그 땅에서 평안할지라 겔 34:25-27

물론 여기서도 노아계약과 마찬가지로 하나님의 계약의 대상에 자연이 포함되고 있다. 바로 이 하나님의 샬롬의 계약은 자연을 향한 인간의 화해와

평화의 윤리를 요구한다. 평화를 원하시는 하나님의 형상으로서 인간은 이 땅에서 자연과 샬롬의 계약을 맺어야 하며 그 계약을 근거로 이 땅에서 자연에 대한 폭력을 제거하고 평화와 정의를 추구하며 살아가야 한다.

제 9 장
"오늘 우리"의 그리스도론

—

1. "오늘 우리에게 그리스도는 누구신가?"

이 물음은 몰트만의 그리스도론 소책자의 제목이기도 하다. 이 질문 다음에 이어지는 몰트만의 말은 그리스도에 대한 그의 열정을 떠올리게 한다. "그리스도교 신앙의 확실성은 이 질문에 대한 대답에 달려 있다."Moltmann, 『오늘 우리에게 그리스도는 누구신가?』, 5 그렇다. 우리의 신앙의 확실성은 이 질문에 대한 대답에 달려 있으리라. 그 대답은 각자의 몫이다. 하지만 이 질문이 나에겐 좀 특별했다. 얼마 전까지 생존해 계시던 선생님이 나에게 직접 묻는 듯한 느낌을 받았기 때문이다. 그래서 자문해 보았다. 오늘 나에게 그리스도는 누구인가? 여러 생각들이 교차하면서 혼란스러웠다. 무슨 답을 골라야 하나. 나는 어떤 나이고, 오늘은 또 어떤 오늘인가? 그리스도는 나에게 누구이고, 나는 그리스도에게 누구인가? 학문적 답이어야 할까, 신앙 고백적 답이어야 할까. 그러다 선생님의 답을 보기로 했다. 답지에는 이렇게 쓰여 있었다. "십자가에 달린 예수가 나에게 그리스도다."Moltmann, 『오늘 우리에게 그리스도는 누구신가?』, 7

전 생애를 걸쳐 전개한 몰트만의 십자가의 신학이 무성無聲의 흑백 슬라이드처럼 지나갔다. 그런데 그 답이 전부는 아니었다. 지상의 예수로 넘어갔다. 그에게 그리스도는 "지상의 예수"Moltmann, 『오늘 우리에게 그리스도는 누구신가?』, 7 이기도 하였다. 그의 지상적 예수는 "세례 요한에게서 세례를 받으시고 성령이 충만하여 가난한 자에게 하나님의 나라를 전파하시고, 병든 자를 고치시고, 버림받은 자를 용납하시며, 만백성이 구원을 얻도록 이스라엘을 부르시며 온 백성을 불쌍히 여기시는 분"Moltmann, 『오늘 우리에게 그리스도는 누구신가?』, 8 이다. 이 질문에 대한 그의 답은 여기서 멈추지 않고 결국 그의 신학의 처음이자 마지막 키워드인 부활 생명이신 예수에게로 향한다. 그에게 그리스도는 부활하신 예수,

즉 "생명의 영 가운데 있는 예수의 현존" Moltmann, 『오늘 우리에게 그리스도는 누구신가?』, 9 이었다. 이것을 그는 다음과 같은 말로 설명한다.

> 부활 신앙은 죽음에 맞선 사람의 투쟁에서 그 의미를 얻는다. 우리가 생명 한가운데서 죽음에 맞서서, 그리고 지금 생명이 겪는 억압과 손상에 맞서서 저항할 때, 우리는 이미 여기 생명의 한복판에서 부활을 경험한다. 사랑 가운데서 부활은 단지 기대될 뿐 아니라 이미 경험되기도 한다. 왜냐하면 사랑은 살리기 때문이다. 그리고 사랑은 아무도 그리고 아무것도 잃지 않는다. 사랑은 하나님이 만물을 회복하고 바로 세우며 그의 나라로 모을 미래를 바라본다. 이 위대한 희망은 우리의 작은 희망들을 강하게 만들고 바로 세운다. 이것은 생명의 영 가운데 있는 예수의 현존이다.

다시 우리의 질문으로 돌아와 보자. "오늘 우리에게 그리스도는 누구신가?" 가이사랴 빌립보에서 이 질문을 베드로도 들었다. 그것도 예수에게서 직접 질문을 받았다. 황제의 도시이자 우상의 도시에서 말이다. 거기서 예수는 제자들에게 물었다. "사람들은 나를 누구라고 하더냐." 제자들의 입을 통해 들은, 세간世間에서 인정되던 예수는 엘리야나 선지자나 세례 요한과 같은 사람이었다. 예수는 다시 제자들에게 물었다. "그러면 너희들은 나를 누구라 하느냐?" 자신에 대한 그들의 고백을 직접 듣고 싶었으리라. 다른 사람들이 하는 말을 따라하는 것이 아닌, 멀찍이서 빵과 기적을 위해 몰려다니던 사람들의 고백이 아닌, 자신을 직접 경험하는 그들의 마음에서 우러나오는 진솔한 고백을 말이다. 이 질문을 접한 베드로는 도시 곳곳에 널려 있는 거대한 신전과 신상들, 거기에 이마를 조아려 빌고 있는 많은 사람을 머리에 그렸을지 모른다. 기적을 보여주며 부르시던 갈릴리 호숫가도 아니고, 고향인 나사렛이나 주로 활동하셨던 가버나움이 아닌 왜 하필 이 낯선 곳에서 우리에게 이런 질문을 던지실까 하고 추측해 보기도 했을 것이다. 여하튼 그는 어느 제자도 상상하지 못한 답을 내놓았다. "주는 그리스도시요 살아계신 하나님의 아들입니다." 그날 그에게 그리스도는 "살아계신 하나님의 아들"이었다.

2. 예수 그리스도 바르게 이해하기

그렇다면 그리스도를 바르게 이해한다는 것은 무엇일까? 첫째로, 예수 그리스도에 대한 설명이나 지식은, 밀리오리의 말대로, 신앙의 지식이라는 사실을 기억해야 한다.[Migliore, 『기독교 조직신학 개론』, 211] "너희는 나를 누구라 하느냐?" 이 질문은 단순히 예수 그리스도에 대한 학문적, 정보적 지식을 요구하는 질문이 아님은 분명할 것이다. 예수는 다른 사람들이 자신에 대해 설명하는 그런 견해를 알고 싶었던 것이 아니다. 그래서 그는 이와 대비되는 질문, 자신들의 직접적인 고백을 요하는 질문을 이어 던졌던 것이다. 그러므로 예수를 안다는 것은 단순히 학문적 지식이 아니라 신앙고백적 지식, 신앙이 전제된 지식을 의미한다. 다시 말하면, 예수에 대한 인식은 자연에 대한 정보를 얻고자 하는 객관적, 과학적 인식과 동일할 수 없다는 말이다. 왜냐하면, 밀리오리의 표현대로, 예수 그리스도에 대한 지식은 '인간의 구원과 연관된 지식'이며, '단지 예수에 관한 앎이 아니라 예수를 신뢰하고 기꺼이 따르는 것을 의미'하기 때문이다.[Migliore, 『기독교 조직신학 개론』, 211] 요한일서는 "우리가 들었고 우리의 눈으로 보았으며 우리가 관찰하였고 우리의 손으로 만져본 것 곧 생명의 말씀"이라고 고백하고 있다. 몰트만도 "그리스도론은 예수 그리스도에 대한 인식과 진실된 신뢰로서의 신앙을 전제할 뿐 아니라 모든 감각을 가지고 그리스도를 총체적으로 인지하는 것을 전제하며, 그리스도와의 생동적 사귐 속에서 이루어지는 이 인지와 관계한다"[Moltmann, WJC, 69]고 말하고 있다.

둘째로, 예수에 대하여 교회가 전통적으로 어떻게 주장해 왔는지 이해하는 것이 필요하다. 즉, 예수에 대한 전통적 교리를 알 필요가 있다는 말이다. 전통적 그리스도론은 단순히 예수 그리스도에 대한 학문적 정보와 지식을 제공하기 위해 형성된 교리가 아니다. 그들의 시대 상황 속에서 자신들의 실존을 걸고 자신들의 신앙을 고백하는 차원에서 형성된 것이다. 시대가 예수 그리스도에 대한 신앙고백을 요구했기 때문이다. 예를 들어, 전통적 그리스도론과 연관된 내용인 삼위일체론, 두 본성론신성과 인성, 두 의지론신적 의지와 인간적 의지 등은 단순히 학문적 욕구에 의해 만들어진 것이 아니라 당시의 시대적 요청이었다. 또 하나의 이유는 전통적 교리는 당시 수많은 이단의 유혹 앞에서 기독교의 정체성을 지켜낸 중요한 보루였기 때문이기도 하다.

셋째로, 전통적 그리스도론을 오늘에 맞게 재해석하는 작업이 필요하다. 고대 교회의 그리스도론은 우선적으로 당시의 신학적, 신앙적, 교회적 상황을 반영한 것이다. 이것은 오늘의 상황과 간격이 있음을 의미한다. 이것은 전통적 그리스도론이 틀렸다는 말이 아니다. 언어적, 지역적, 시대적 간격 때문에 오늘을 사는 우리가 쉽게 이해할 수 없는 것들이 있다는 말이다. 하지만 오늘날 우리는 이것을 무의미하다고 여겨서는 안 된다. 현대의 관점과 상황에서 옛 교리들을 이해하기 어렵다고 해서 이를 배제하거나 소홀히 해서는 안 된다. 그것은 최소한 우리 선조들의 소중한 신앙고백이기 때문이다.

그러나 또한 여기서 멈추어서는 안 된다. 그 의도를 파악하고 오늘의 상황과 문화에 맞게 적절히 재해석하고 재구성해 내는 작업이 필요하다. 밀리오리의 말대로 "새로운 상황은 그리스도에 대한 새로운 신앙고백을 요구"Migliore, 『기독교 조직신학 개론』, 213하기 때문이다. 예수는 당시의 제자들과 고대 교회의 그리스도인들에게만 주님이 되시는 분이 아니다. 과학과 첨단 기술과 정보화의 시대를 사는 오늘 우리에게도 구주가 되시고, 전쟁과 가난과 자연재해와 기후 위기와 팬데믹 등으로 고통받는 상황 속에서도 의미 있는 분이다. 몰트만은 오늘의 현대 문명적 상황을 세 가지로 분석한다.Moltmann, WJC, 101ff. 첫째는 현대 과학 기술로 인하여 초래된 남북 간의 경제적 불평등과 불의의 문제이고, 둘째는 핵의 문제이며, 셋째는 생태계의 위기 문제다. 몰트만은 이러한 오늘날의 상황을 심도 있게 분석하면서, 과연 그리스도는 무엇을 의미하는가를 진지하게 물어야 한다고 역설하고 있다. 그렇다. 예수 그리스도를 이해하거나 따른다는 것이 무엇을 의미하는가? 오늘의 개인과 사회와 세계의 실존 문제, 모순의 문제, 죄와 타락의 문제 속에서 예수 그리스도가 과연 누구시며 어떤 의미를 갖는가를 연구하고 설명하는 것이다. 그리스도가 과거의 그리스도가 아니라 오늘의 살아 있는 그리스도가 되기 위해서는 현재 상황을 염두에 두고 그리스도론을 전개해야 한다.

넷째로, 예수 그리스도는 모든 교리와 상황과 문화를 뛰어넘는 분이심을 인식할 필요가 있다. 과거의 어떤 교리로 그분을 제한시켜 오늘에 필요 없는 분으로 만들어서는 안 된다. 왜냐하면 밀리오리의 말대로, "살아계신 예수 그리스도는 우리의 신앙고백과 신조 모두를 합한 것보다 더 크신 분이며, 그분에 대한 우리의 신학적 성찰을 넘어서는 분" Migliore, 『기독교 조직신학 개론』, 214 이기 때문이다. 어떤 그리스도론으로도 예수 그리스도의 신비를 완전히 이해할 수 없다. 예수 그리스도에 대한 과거의 교리와 신앙고백들이 우리가 그리스도를 이해하고 이단을 판별하는 데 도움이 되는 것은 사실이다. 하지만 한 시대의 교리만을 절대화해서는 안 된다. 예수 그리스도는 그 어떤 교리보다 더 크고 위대하신 분이기 때문이다. 이는 교리뿐만 아니라 상황과 문화에서도 마찬가지이다. 특정 시대나 지역의 상황과 문화 속에서 이해된 그리스도론만으로는 예수 그리스도의 신비가 지닌 깊이와 넓이와 높이를 온전히 이해할 수 없다.

다섯째로, 그리스도론은 실천과 연결되어 있음을 명심해야 한다. 위에서 말한 대로 예수를 아는 것은 곧 예수를 따르는 것과 같은 말이기 때문이다. 몰트만이 인식한 대로 그리스도론은 결코 현실과 유리된 이론, 삶의 자리가 없는 이론이 아니다. 이것은 곧 "오늘 우리에게 그리스도는 무엇인가"라는 질문에 답하는 것과 동일하다. 따라서 그리스도를 실천하는 공동체는 필연적으로 가난한 사람들, 억압받는 사람들, 소외당하는 사람들에게로 나아가야 한다. Moltmann, 「오늘 우리에게 그리스도는 누구신가?」, 8 왜냐하면 메시아그리스도로서 예수는 사회적 약자들, 고난당하는 자들, 멸시받는 자들, 평화 없는 자들, 힘없는 자들에게 오셔서 그들을 위해 일하셨기 때문이다. Migliore, 「기독교 조직신학 개론」, 214f. 그러므로 다른 신학적 이론도 마찬가지지만, 그리스도론을 생각할 때는 항상 그것이 담고 있는 실천적 의미를 염두에 두어야 한다.

여섯째로, 밀리오리가 지적한 대로, 예수 그리스도의 인격과 사역은 항상 연결되어 있음을 인식해야 한다. Migliore, 「기독교 조직신학 개론」, 212 '그가 누구냐인격' 하는 문제와 '그가 무엇을 했는가사역' 하는 문제는 분리되어 있는 문제가 아니다. 이런 질문이 있다. 예수는 하나님이셨기 때문에인격, 존재론 죽은 자를 살리셨는가사역, 아니면 죽은 자를 살리셨기 때문에사역 하나님으로 인식되셨는가인식론? 둘 다 정답이다. 그분은 하나님이다. 그러므로 하나님으로서의 일을 하신 것이다. 그는 단순히 한 인간이 어떤 일을 하는 것처럼, 그냥 단순히 그가 해야 할 일을 한 것이 아니다. 그의 모든 사역은 그의 인격에 근거해서 일어난 일이다. 그가 기적을 베푸시고, 가난한 자들과 함께하시며, 억눌린 사람들을 위로하시고, 눈먼 자를 보게 하시고, 죽은 자를 살리시며, 하나님 나라를 선포하신 모든 것은 단순한 자선 사업이 아닌, 메시아로서, 주님으로서, 하나님으로서 하신 일임을 기억해야 한다. 공생애 동안 이 땅에서 그가 하신 모든 일은 하나님이 인간으로 오셔서 하신 일이다. 따라서 고난받으신 것도, 십자가를 지신 것도, 하나님이신 그가 고난 당하시고 십자가를 지셨다고 이해해야 한다. 그러므로 위의 질문 중 첫째 부분은 존재론적으로 맞는 것이고, 질문의 두 번째 부분은 인식론적으로 맞는 것이다. 중요한 점은 그의 인격과 사역이 밀접히 연결되어 있다는 것, 바로 그것이다.

3. 신앙고백서에 나타난 예수 그리스도

"너희는 나를 누구라 하느냐?" 이 질문에 대해 교회는 많은 대답을 제시해 왔다. 어떻게 보면 신학과 교회의 역사는 이 질문에 끊임없이 답변해 온 역사라 할 수 있을 것이다. 이제 그 발자취를 따라가 보려 한다. 우선 『사도신경』에 주목해 보자. 매일 암송하는 고백이므로 여기에 옮기지는 않겠다. 『사도신경』은 전체 분량에 비해 상당히 긴 분량을 할애해 예수 그리스도가 누군지를 싣고 있다. 성령에 의한 동정녀 탄생, 십자가의 죽음, 부활, 승천, 그리고 재림을 그 내용으로 한다. 여기서 주의할 것이 있다. 우리가 매주 암송하는 고백이므로 그리 큰 감격이 없으며, 그리 큰 의미도 두지 않는다. 다만 예배 순서에 있으니 역사적 연대가 분명한 최초의 신앙고백서인 『니케아-콘스탄티노플』381년 신조는 예수 그리스도에 대해 다음과 같이 고백한다. 길지만 여기 인용해 본다.

> 우리는 한 분 예수 그리스도를 믿습니다. 그분은 영원히 아버지로부터 나신 하나님의 독생자로서 빛으로부터 오신 빛이시요, 참 하나님으로부터 오신 참하나님이십니다. 그분은 피조된 것이 아니라 나셨기 때문에 아버지와 본질이 동일하십니다. 만물은 그로 말미암아 지은 바 되었습니다. 그분은 우리 인류와 우리의 구원을 위해서 하늘로부터 내려오사, 성령과 동정녀 마리아를 통하여 성육신하셔서 인간이 되셨습니다. 그분은 우리를 위하여 본디오 빌라도에 의하여 십자가에 못 박히시사, 고난을 받으시며 장사지낸 바 되셨습니다. 그리고 그분은 성경대로 사흘 만에 죽은 자 가운데서 부활하사 하늘에 오르시고, 하나님 우편에 앉으셨습니다. 그분은 살아 있는 자와 죽은 자를 심판하기 위하여 영광 가운데 재림하시고 그의 나라는 영원무궁할 것입니다.

기본 내용은 『사도신경』과 유사하다. 그리스도는 아버지와 동일본질이다. 즉 비슷한 존재가 아니라 모든 면에서 동일하신 분이라는 것이다. 그리고 그가 구세주라는 것, 동정녀 마리아를 통해 성령으로 성육신 하셨다는 것, 십자가에서 고난당하시고, 죽은 자 가운데서 다시 살아나셔서 죽음을 이기신 승리자가 되셨다는 것, 승천하셔서 하나님 우편에 계시다 모든 자를 심판하기 위해 다시 오실 것이며, 그의 나라는 영원할 것이라는 내용이다. 그런데 이 내용이 단순히 예수에 대한 설명이라고 오해해서는 안 된다. 고대교회의 신조들이 예수에 대한 정보를 알려주기 위해 이 교리를 만들었다고 착각해서는 안 된다. 『사도신경』과 마찬가지로 이 모든 내용은 믿음의 조항이다.

『웨스트민스터 신앙고백서』[8장]는 그리스도에 대하여 상당히 자세하게 다룬다. 제목도 "중보자 그리스도"라고 명명하고 있다. 칼빈에게서 발견할 수 있는 예언자, 제사장, 왕이라는 그리스도의 삼중직에 대한 언급도 여기에 담겨 있다. 길지만 그 내용을 간단히 언급하자면 다음과 같다. "하나님은 영원한 목적을 가지시고, 독생자 주 예수를 택하여 하나님과 사람 사이의 중보자가 되게 하시고, 동시에 예언자와 제사장과 왕이 되게 하시는 것을 기뻐하셨다. 그는 교회의 머리와 구주가 되시며 만물의 후사와 세상의 심판자가 되신다. 하나님은 그리스도에게 영원 전부터 한 백성을 주사 그의 씨가 되게 하시고 그로 말미암아 그 백성이 정해진 때에 구속을 받고 부르심을 받아 의롭게 되고 성화되어 영광에 이르게 하셨다."[8.1] "하나님은…중보자와 보증인의 직책을 수행하기에 조금도 부족함이 없도록 하시기를 기뻐하셨다. 이 직책은 예수께서 자신을 위하여 택하신 것이 아니라, 아버지께서 이 직책을 그에게 주신 것이다."[8.3] "오늘도 예수 그리스도는 하나님의 우편에 앉아 중재하고 계시다가 다시 이 땅에 재림하셔서 사람과 천사를 심판하게 될 것이다."[8.4]

『대한예수교장로회 신앙고백서』는 중요한 한 가지를 첨언하는 것[3.6] 외에는 전통적인 신앙고백서들의 내용을 그대로 승인하고 있다. 그 한 가지는 바로 그리스도 안에서 구원받은 사람들의 삶과 사명에 대한 언급이다.

그리스도 안에서 하나님과 화목하고, 새 생명을 얻은 그리스도인들은 먼저 모든 사람들과 화해하고, 이 화해의 복음을 다른 사람들에게 전할 사명이 있다. 그러므로 그 화해의 근본이 된 그리스도의 십자가와 부활이 언제나 선교의 주제가 되어야 한다. 현재 우리는 다른 그리스도인과 화해하지 못하고 심한 분열에 빠져 있음을 회개하는 동시에 주 안에서 하나가 되어 복음을 더 효과적으로 전파하도록 노력해야 한다.

4. 예수의 인격적 차원들

여기서는 예수가 누구신가 하는 예수 그리스도의 인격 문제를 몰트만이 제시한 관점에 따라 설명해 보려고 한다. 예수가 누구냐^{정체성}의 문제를 가지고 성경에 접근한다면, 성경에서 많은 답을 얻을 수 있을 것이다. 인자, 구원자, 그리스도, 하나님의 아들, 장차 오실 이 등이 그것이다. 전통적 교리의 관점으로 보자면, 참신, 참인간, 하나님과 동일 본질, 독생자, 중보자 등이 그러한 것이다. 그런데 몰트만은 『예수 그리스도의 길』에서 전통적 관점과 유사하면서도 다소 다른 세 가지 차원의 예수 그리스도의 인격을 설명하고 있다.^{Moltmann, WJC, 218ff.} 이는 그리스도론을 전개함에 있어서 또 다른 중요한 점을 시사한다는 점에서 여기에 소개할 필요가 있다고 생각한다. 몰트만이 말하는 그리스도의 인격의 세 차원은 '종말론적 차원', '신학적 차원', '사회적 차원'을 말한다. 이런 차원에 따라 이해한 예수 그리스도의 인격을 몰트만은 각각 '종말론적 인격', '신학적 인격', '사회적 인격'이라고 부른다. 여기에 하나를 추가할 필요가 있겠다. 그것은 바로 예수 그리스도의 인격의 '우주적 차원'이다. 즉, 모든 자연 피조물과 세계와의 관계 속에서 어떻게 예수 그리스도를 이해할 것인가 하는 차원이다. 이것을 우리는 예수 그리스도의 '우주적 인격'이라고 부를 수 있을 것이다.

첫째, 종말론적 인격이란 종말론적 차원에서 예수가 누구신가를 인식하는 것을 의미한다. 즉, 예수를 종말에 다시 오실 메시아로, 이 세계를 새롭게 하실 새 창조주로 이해하는 것이다. 그러므로 그의 고난은 단순한 고난이 아니라 메시아의 고난이며, 부활 역시 인간의 부활과 역사의 종말을 미리 맛보게 하는 사건이 되는 것이다.

둘째, 그리스도의 신학적 인격은 하나님과의 관계성에서 예수 그리스도의 인격을 지칭하는 말이다. 예수는 하나님을 "사랑하는 아버지"라 불렀다. 그러므로 그는 아버지의 아들이 되는 것이다. 그는 아들로서 아버지 안에 거하며, 아버지는 아들인 예수 안에 온전히 거한다. 이렇게 성부 하나님과의 관계 속에서 예수가 누구신가를 이해하는 것을 몰트만은 신학적 인격이라 부른다.

셋째, 몰트만이 예수에게서 발견하는 인격의 또 하나의 차원은 바로 사회적 차원이다. 예수는 가난한 자들, 병든 자들, 사회적 약자들, 여자들, 그리고 이스라엘과 깊은 관계를 맺고 살았다. 이러한 관계 속에서 복음을 선포하였으며, 이를 통해 자신이 메시아임을 분명히 드러내었다. 몰트만은 이것을 예수의 "사회적 인격"이라고 불렀다. 전통적인 그리스도론은 예수의 인격을 주로 두 가지 측면에서만 바라보는 경향이 있었다. 하나는 종말론적 메시아라는 관점이고, 다른 하나는 하나님과의 관계성 속에서 하나님과 동일본질이라는 관점이었다. 이렇게 이해하는 것이 잘못된 것은 아니다. 이와 더불어 예수님을 사회적 차원에서 바라보는 것도 오늘날 우리가 회복해야 할 매우 중요한 그리스도론적 관점이다.

그러기 위해서는 몰트만은 『사도신경』이나 『니케아 신조』의 고백을 보완해야 한다고 주장한다. "동정녀 마리아에게서 나시고…고난을 받으사"라는 내용만으로는 부족하다고 본다. 『사도신경』과 『니케아 신조』만이 아니다.

다른 거의 모든 신앙고백서들이 예수의 탄생에서 곧바로 예수의 십자가로 넘어간다. 성경에 언급된 수많은 예수의 공생애 사역과 가르침이 생략된다. 이로써 메시아로서의 그리스도의 사역이 간과되거나 무시된다. 소외된 자, 가난한 자, 억눌린 자에 대한 예수의 사역의 의미가 축소되고 만다. 예수의 삶이 신앙고백에서 삭제되는 것이다. 그래서 몰트만은 탄생과 십자가 사이에 예수의 삶을 잘 드러내는 다음과 같은 고백을 첨가하는 것이 타당하다는 것이다. "세례 요한에게 세례를 받으시고 성령으로 충만하셔서 그는 가난한 사람들에게 하나님의 나라를 선포하시고 병든 사람들을 고치시며 쫓겨난 사람들을 받아들이시고 이스라엘을 모든 백성을 위하여 일으키시며 모든 백성을 불쌍히 여기셨다." Moltmann, *WJC*, 219

넷째, 몰트만의 세 가지 견해에 덧붙여 생각해 볼 수 있는 인격적 차원이 바로 우주적 차원이다. 이것은 앞에서도 간단히 설명한 대로 세계나 자연 피조물과의 연관성 속에서 예수는 누구이신가를 인식하는 것이다. 왜냐하면 주님은 인간의 주님이실 뿐만 아니라 자연의 주님이시기도 하기 때문이다. 성경은 모든 것이 그리스도를 통하여 창조되었고, 그를 위하여 창조되었다고 선언한다. 따라서 자연 피조물과 아무 관계 없는 예수로 만든다면 그것은 예수의 창조의 중보자 되심을 이해하지 못하는 것이 될 것이다. 오늘날 환경 위기의 시대, 기후 위기 시대에 다시 회복해야 할 그리스도의 인격이 있다면 그것은 바로 그리스도의 우주적 차원의 인격일 것이다.

몰트만의 견해에 따라 그리스도의 인격적 차원을 간단히 소개해 보았다. 분명한 것은 예수의 어느 한 차원만을 지나치게 강조하여 나머지 다른 차원을 축소시키거나 배제하는 일이 없어야 한다는 점이다. 다시 말해, 예수를 재림주로만 강조하거나, 가난한 자들의 주님으로만 이해하거나, 인간의 주로만 이해하는 것은 예수를 부분적으로만 이해하는 것이 되고 말 것이다. 그러므로 가능한 한 성경이 말하는 예수의 인격적 차원을 빠짐없이 말하고자 하는 노력이 필요하다.

5. 예수는 실존 인물이었는가? ─ 예수에 대한 성경 이외의 증거들

성탄절은 말 그대로 하나님이 인간이 되셨음을 기뻐하고 감사하며 찬양하는 절기이다. 모든 성탄 찬송은 이천 년 전 베들레헴에 오셨던 역사적 인물인 예수를 찬양한다. 대림절이나 성탄절 찬송에 포함된 성육신 교리는 예수가 하나님이신 동시에 참인간이 되셨음을 의미한다. 그래서 우리는 그를 나사렛 예수라 부르기도 한다. 성육신은 예수 그리스도의 지상적 삶이 시작된다는 것, 하나님이 자신을 낮추어 시간과 공간의 세계와 유대 문화 속에 실제로 오셨다는 것을 의미한다. 예수는 철저하게 인간과 함께, 인간의 일상 속에서 인간으로 사셨다. 그분은 결코 사람들의 일상적인 삶과 문화와 동떨어져 홀로 거하지 않았다. 구름을 타고 다니지도 않았고 이슬만 먹고 살지도 않았다. 예수는 그 지방 음식을 먹었고, 아람어를 사용하셨고, 백성의 노래를 불렀고, 똑같이 흙먼지를 밟으며 익숙한 가버나움과 갈릴리 동네 길을 걸어 다녔다. 지나가는 어린이들에게 말을 걸고, 들풀과 공중의 새들을 쳐다보며 진리를 가르쳤으며, 결국에는 십자가 형틀에서 죽임을 당하셨다.

우리 중 아무도 예수께서 실재하셨음을 부인하지 않는다. 그래서 성탄절이 존재하는 것이다. 우리가 존재하고 교회가 존재하는 것이다. 그러나 과거에도 그랬듯, 오늘날도 무신론자들은 예수가 실존 인물이 아닌 신화적 존재이며, 그리스도인들이 만들어낸 허구의 인물이라고 주장한다. 간단히 말하면, 예수는 존재한 적이 없으며 존재했다는 확실한 증거도 없다는 것이다. 이들은 유일한 증거인 성경마저도 의심스러운 기록들뿐이며, 성경 외의 역사서에는 예수에 관한 기록이 전혀 나타나지 않는다고 주장한다.

그러나 고대 기독교 역사서나 성경 밖의 역사서에 예수에 관한 기록이 있다는 것은 이미 잘 알려진 사실이다. 사모사타의 루키아노스Lucian of Samosata, 마라 바 세라피온Mara Bar Serapion 등의 그리스 작가, 탈루스Thallus, 타키투스Tacitus, 수에토니우스Pliny Suetonius 등의 로마 역사학자들의 기록에 예수에 대한 내용이 수록되어 있다. 유대인이면서 로마 황제의 사관이었던 요세푸스는 다음과 같이 기록하고 있다.

> 이 당시에 예수라는 이름의 현자가 있었다. 그의 행실은 선했으며 매우 덕망 있는 인물로 알려졌다. 유대인뿐만 아니라 다른 민족 출신의 많은 사람들이 찾아와 제자가 되었다. 빌라도는 그에게 십자가형을 선고했다. 그러나 그의 제자가 되었던 사람들은 여전히 제자로 남기를 고집했다. 그들은 예수가 십자가에 못 박힌 뒤 사흘 만에 자신들에게도 나타났으며 그가 살아 있었다고 보고했다. 그렇다면 아마도 그는 예전에 선지자들이 자세히 언급했던 메시아였을지도 모르겠다.
>
> Geisler and Tureck, 『진리의 기독교』 410

그는 예수의 동생 야고보가 제사장 안나스에 의해 처형되었음도 기록하고 있다. 1세기 중반에 태어난 로마의 역사가 타키투스는 "그리스도라 이름하는 자가 티베리우스 치세 하에 본디오 빌라도에 의해 처형되었다"Tacitus, Annals, 15.44고 기록한다. 이런 기록들을 읽고 있노라면 성경의 기록들이 역사적 사실임이 생생하게 다가온다. 문제는 이러한 기록의 신뢰성이다. 이런 역사가들의 예수 기록에 논란이 있는 것이 사실이지만, 그 내용을 전적으로 부정하기가 어렵다는 의견도 상당하다. 그 역사가들이 예수에 대한 거짓이나 오류를 자신들의 역사서에 기록할 이유나 동기가 없기 때문이다. 유대 역사가 요세푸스의 경우, 당시 바리새인을 비롯한 종교 지도자들이 예수에 대해 부정적이었음을 알면서도 기록을 남겼다. 로마의 역사가들 역시 마찬가지다. 당시 기독교에 대한 로마의 분위기는 상당히 부정적이었다. 그래서 기독교에 대한 황제들의 박해가 심했던 시기였다. 그러므로 미신이라는 오명이 씌워진 종교의 지도자를 기록하는 것은 그들에게 아무런 이득이 되지 않았을 것이다. 더욱이 로마에 예수의 이름이 알려지지 않았다면, 유다의 작은 종교 공동체에 불과한 종교집단에 로마 역사가들이 관심을 가질 이유가 없었을 것이다. 그럼에도 예수에 관한 기록이 존재한다는 사실은 예수가 실존 인물이었음을 입증하는 강력한 증거라고 볼 수밖에 없을 것이다.Geisler, *Christian Apologetics*, 360f.

예수에 관한 성경 이외의 기록을 깊이 연구한 유명 성서학자 타이쎈Gerd Theissen은 이렇게 결론 내린다. "우선 확실하게 결론지을 수 있는 것이 있다. 그것은 그리스도교의 적대자나 중립적 동조자 모두 예수의 역사성을 전제하고 있으며, 거기에 대한 의혹의 흔적을 내비치지 않는다는 점이다. …비그리스도교 저자들의 관심사에 따라 목각처럼 거친 모습을 드러낸 이 예수상은 그리스도교 자료들과도 상응한다."Theissen, 『역사적 예수』, 142 물론 이런 기록들이 있어서 예수가 실존 인물이었음을 믿는 것은 아니다. 예수가 역사적 존재였음을 우리가 확신하는 것은 바로 다름 아닌 성경 때문이다.

6. 세례 — 공생애의 시작 드라마

예수는 그의 공생애를 요한에게서 세례를 받음으로 시작하고 있다. 이 세례 사건을 살펴보는 것이 매우 중요하다. 이 세례 사건 속에서 예수는 누구인가, 그리고 무엇을 위해 오신 것인지가 분명히 드러나고 있기 때문이다. 마가복음 서문序文은 광야의 소리로서 세례 요한의 모습과 예수에 대한 증언, 그리고 예수의 수세受洗를 차례로 보고하고 있다. 첫 장면은 요한이 세례를 베푸는 장면이다. 성경은 이 장면을 비교적 상세히 묘사한다. 마가복음은 온 유대 지방과 예루살렘 사람이 다 나아가 자기 죄를 자복하고 요단강에서 그에게 세례를 받았다고 설명한다. 마태복음도 이와 유사하다. 요한복음은 앞으로의 논쟁과 운명을 예상이나 한 듯 바리새인과 제사장들을 등장시킨다. 복음서들은 한결같이 "나는 그의 신발끈을 풀기도 감당하지 못하겠노라"라는 말과 함께 자신은 메시아가 아니며, "내 뒤에 오시는 이"를 위한 "광야의 소리"라고 자신을 낮추는 요한을 그리고 있다. 요한은 예수에 대하여 자신보다 강한 자로 표현하며, 물로 세례를 주는 자신과는 달리 불과 성령으로 세례를 주실 자라 소개한다. 해그너^{Donald Hagner}는 그의 주석에서 세례 요한의 역할을 이렇게 설명하고 있다.

> 세례 요한은 자신에게 맡겨진 사명을 잘 알고 있었다. 바야흐로 구약에 예언된 하나님의 나라가 동터 오고 있었다. 그 나라를 이룩해 나가실 '약속된 분'이 역사의 무대에 출현하셨기 때문이다. 세례 요한은 그분의 도래에 필연적으로 수반될 심판에 즈음하여 사람들에게 회개와 근본적인 삶의 변화를 촉구함과 아울러, 아브라함의 자손이라는 지위에 안주하려는 사람들에게 인류를 구원하시려는 하나님의 뜻이 결코 그들에게만 국한될 수 없음을 분명히 밝힐 필요가 있었다^{Hagner, 『마태복음 (상)』, 159}

이어 열리는 둘째 장면은 예수께서 요한에게 세례를 받는 장면이다. 신비로운 한 편의 드라마다. 하늘이 열리고 성령이 비둘기처럼 내려온다. 그리고 하늘로부터 "너는 내 사랑하는 아들이라. 내가 너를 기뻐하노라"라는 음성이 들려온다. 이 내용은 무엇을 의미하는가? 이 본문은 이미 하나님의 아들로서의 예수의 사역이 시작됨을 선포하고 있다. 인간 예수가 신적 왕으로 만들어지거나, 세례 시에 성령에 의하여 하나님의 능력의 종이나 아들이 되었다는 뜻이 아니다. 이미 태초 전에 그는 하나님의 아들이었고 그는 하나님이었다는 뜻이다. 성령이 비둘기같이 임하였다는 것은 본래 그가 하나님의 아들이었음을 입증하는 것이지, 그때야 비로소 성령으로 충만하여 하나님의 아들로 선택되었다는 말이 아니다. 그는 성령으로 세례를 베풀 것이라는 말이 이를 입증한다. 원래 유대식 사고에서는 하나님만이 성령으로 세례를 베푸실 수 있다. 그러므로 예수가 성령세례를 베푼다는 것은 그가 원래 하나님의 아들이었음을, 즉 하나님이었음을 증언하는 사건임을 의미한다. 다시 말해 예수가 베푸는 성령세례는 하나님으로서의 행위인 것이다. 그것은 하나님의 통치가 하나님이신 예수 그리스도를 통하여 이제 시작되었다는 것을 보여주는 사건이다. 마가가 "하나님의 아들 예수 그리스도의 복음의 시작"이라는 문장으로 그의 복음서의 첫 장을 여는 이유가 바로 여기에 있다.

누가복음에 나타난 예수의 세례를 눈여겨볼 필요가 있다. 예수가 세례받는 현장에는 세리와 군인들이 있었다. 또한 많은 사람들이 그 자리에 있었다. 그 현장에서 예수께서는 요한에게 세례를 받으셨다. 이때 예수가 받으신 세례는 단순한 의식이 아니라, 함께 의를 이루어야 할 세례였다. 예수의 세례는 그가 죄인들, 세리, 군인, 그리고 무리와 함께 받는 세례였다. 그렇다면 당시 유대 사회에서 세리와 군인은 어떤 사람들이었는가? "뇌물과 부패가 만연한 사회 구조 속에서 세리들과 그들을 보호할 임무를 맡은 군병들은…그들의 지위를 이용하여 정해진 세금 외에 사람들에게서 금품을 갈취" Noland, 『누가복음 (상)』, 336 하던 자들이었다. 한마디로, 누구도 가까이해서는 안 되는 죄인들이었다. 바로 그들이 회개하고 세례를 받으러 오는 현장에 예수께서 함께 있었다. 또한 누가는 "백성이 다 세례를 받을새 예수도 세례를 받으시고" 눅 3:21 라고 설명한다. 그들은 죄인을 부르러 오신 예수의 구원 사역의 대상들이었다. 그 이유를 설명하기 위해 누가는 그들을 등장시킨 것이다. 몰트만은 예수의 죽음을 개인의 사적인 죽음이 아니라 "죄인들의 형제로서, 공동체의 머리로서, 우주의 지혜로서" 죽은 죽음이라고 표현하였다. Moltmann, WJC, 111 이것은 그의 세례에도 해당한다. 예수의 세례는 개인의 사적 세례가 아니다. 백성들과 죄인들과 함께 받은 세례는 예수의 사역의 목적이 무엇인지를 암시하는 상징적인 세례다.

7. 복음서의 다양한 예수의 모습들

이제 탄생 이후의 예수 그리스도의 여정을 더듬어 보기로 한다. 이 여정을 시작하기 전에 먼저 한 가지 아쉬운 점을 언급하자면, 그것은 조직신학 작업에 관한 아쉬움이다. 그리스도론에 관한 조직신학적 작업을 접할 때마다, 몰트만도 이미 지적했지만^{Moltmann, WJC, 220}, 왜 예수 그리스도의 삶에 대한 설명이나 해명이 없느냐는 아쉬움이다. 대부분의 연구가 성육신 사건을 다루고 바로 십자가에 대한 해명으로 넘어간다. 성경이 그렇게도 생생하게 묘사하고 있는 예수의 세례와 시험, 치유, 기적, 그의 메시아적 삶, 메시아 윤리, 하나님 나라의 선포 등에 대한 해명은 없다. 그렇다면 예수의 공생애 동안에 행한 사역은 무시해도 좋은 것인가. 그것은 그리스도론을 전개하는 데 아무런 의미가 없다는 뜻인가. 이런 현실은, 과장해서 말한다면, 성육신의 목적이 마치 십자가의 수난인 듯한 인상을 준다. 예수의 삶은 베일에 감춰져 있고 십자가만이 전면에 등장하는 그런 시나리오다. 구속론을 전개할 때도 마찬가지다. 전통적으로 기독교의 구속^{救贖}론은 십자가에 대한 이해에만 국한되어 있다. 십자가에서의 죽음은 매우 중요하지만, 그것만이 예수의 구원 행위는 아니다. 예수의 이 땅에 오심부터 전 삶의 과정 하나하나, 그리고 십자가와 부활에 이르기까지 모든 것이 구원자 예수 그리스도의 행위이다. 이 모든 것이 하나님이 일으키신 위대한 행위다. 여기서 한 가지 지적하고자 한다. 예수 그리스도에 관한 이야기를 해야 하는데, 그리스도론만 있고 예수론은 없는 현재의 신학적 현실이 안타깝다. 그리스도론은 반드시 예수론으로 보완되어야 한다. 이제 나사렛 예수 이야기를 간략히 시작해 보겠다.

신약에 나타난 나사렛 예수가 누구냐고 물으면 이구동성으로 "그분은 인류의 구세주이며, 타락한 인간을 구원하기 위해 오신 메시아"라고 답할 것이다. 그렇다. 그는 인류의 구세주이며 메시아다. 어떤 이의도 제기할 수 없는 정확한 답이다. 그러나 신학의 역사를 보면 그리 간단치 않다. 한때는 종말을 선포하는 예수를 원래의 역사적 예수의 모습이 아니라며 배제했다. 그들은 윤리 선생의 모습만이 진정한 예수의 모습이라고 여겼기 때문이다. 시간이 흐른 뒤 일군의 학자들은 오히려 종말을 선포하는 예수야말로 원래의 예수상이라 주장했다. 또 다른 학자들은 성경에서 예수의 진정한 역사적 모습을 알 수 없다고 주장하기도 했다. 이런 주장들 앞에서 우리는 종종 당황하게 된다. 통일된 관점이 없이 의견이 분분하고, 때로는 서로 대립하거나 모순되어 보이기 때문이다. 하지만 이는 어쩌면 당연한 일일 수 있다. 결국 모든 것이 해석의 문제이기 때문이다. 다시 말해, 어떤 관점에서, 어떤 자료를 우선하여, 어떤 방법론으로, 어떤 배경을 염두에 두고 바라보느냐에 따라 그려지는 예수상이 달라지기 때문이다.

　　신약의 예수의 모습은 어떤 모습인가? 그는 공중의 새도, 들풀 하나도 그냥 지나치지 않은 시인이었고, 인간의 회복과 자유를 추구하고 모든 사람을 사랑했던 박애주의자였으며, 바리새인이나 사두개인들, 그리고 제사장들과의 논쟁에서 진정한 하나님 나라를 합리적으로 설명하고자 했던 변증가였으며, 인간의 아픔과 상처를 누구보다 잘 이해하고 들어주었던 상담가였고, 인간의 영혼과 육신을 치유해 준 의사였으며, 하나님 나라의 윤리를 잘 설명해 준 윤리의 스승이었고, 제자들과 군중들의 카리스마적 온화한 리더였으며, 소외된 자들의 친구였고, 사회를 개혁하고 기성 종교를 개혁하려 했던 개혁가였으며, 임박한 종말론을 설파했던 종말론자였고, 자신을 위해서가 아닌 타인을 위해 기적을 베풀었던 미러클 메이커였으며, 바울과 베드로를 만들어 낸 위대한 스승이었고, 교회의 기초를 세우고 오늘날의 교회가 있게 한 교회 개척자였다. 이외에도 많으리라. 이 모든 모습이 한 예수의 모습이다. 어느 하나를 배제할 필요 없이 다양한 모습 그대로를 인정할 필요가 있다. 다른 관점을 배격하고 하나의 입장만을 극단적으로 밀고 갈 때 우리는 작은 예수, 편협한 예수, 잘못된 예수를 그릴 가능성이 있다. 종합적으로 통전적으로 예수상을 그리는 것이 신약성경의 의도가 아닌가 필자는 생각해 본다. 물론 이 과정에서 기독교적 경계, 즉 교리가 필수적이라고 생각한다. 비기독교적 예수, 종교 상대주의적 예수를 그리도록 허락해서는 안 되지 않겠는가.

예수의 삶과 교훈 중 몇 가지만 다시 생각해 보고자 한다. 그중 하나는 예수의 소외된 자를 위한 삶의 모습이다.Moltmann, WJC, 143ff. 소외된 자들이란 가난한 사람들, 창녀들, 종과 노예들, 일자리를 위해 5시까지 서성이는 자들, 온갖 병자들, 상처받고 낙심한 자들, 귀신 들린 자들, 정치적, 경제적 억압자들이며, 골목과 도로변에서 서성이는 자, 노숙하는 자들, 고난당하고 슬퍼하는 자들이다. 예수는 이러한 자들에게 먹을 것을 주었고, 용기를 주었고, 희망을 주었으며, 그들에게 하나님 나라를 선언하였다. 그는 그들을 귀신으로부터 해방시켜 주었고, 그들을 위로하였으며, 그들의 친구가 되어 주었다. 억눌린 자를 자유케 하며, 눈먼 자를 보게 하고, 앉은뱅이를 일으키며, 가난한 자에게 복음을 베푸는 것 역시 놀라운 사건이었다. 그의 활동 지역은 주로 소외당하는 갈릴리였다. 그는 그 지역의 소외된 자들에게 다가갔다. 당시의 종교적·정치적 지도자들에게는 이해할 수 없는 충격적인 행동이었다. 이런 사람들과 어울리는 것은 당시 유대 율법으로는 자신도 같은 죄인의 무리임을 고백하는 것과 마찬가지였기 때문이다. 이쯤에서 무거운 질문이 생긴다. 예수를 따른다는 것이 무엇일까? 예수를 따른다는 것은 그를 신앙적으로 고백하는 것이며, 그를 고백한다는 것은 곧 예수 그리스도의 길을 따르는 것을 의미한다. 예수 그리스도를 따른다는 것은 그분처럼 소외된 자들을 돌보고 위로하며 희망을 주는 삶, 즉 타자를 위한 삶을 사는 것이다.

예수의 가르침과 윤리 역시 당시 유대적 관점에서 보면 가히 혁명적이었다. 산상수훈에 나타난 천국의 복을 소유할 수 있는 자들은 역설적으로 마음이 가난하고 애통하고 온유하고 의에 굶주리며 마음을 청결케 하고 화평케 하며 의를 위하여 핍박을 받는 자여야 했다. 5리를 가자고 하면 10리를 가고 속옷을 달라고 하면 겉옷까지 내어주어야 하며 단순히 일곱 번까지가 아니라 무조건 용서해 주어야 하는 윤리였다. 이는 하나님 나라 백성으로 지켜야 할 하나님 나라의 윤리였다. 그는 무엇보다도 사랑을 이야기했고, 섬김의 삶을 살기를 원하셨다. 그리고 그는 하나님 나라의 윤리를 철저히 실천할 것을 요구했다. "너희 의가 서기관과 바리새인보다 낫지 못하면 결단코 천국에 들어가지 못하리라" 마 5:20고 말씀하셨다. 영생을 묻는 율법사에게 "가서 너도 이와 같이 하라"고 요구하셨고, "나더러 주여, 주여 하는 자마다 천국에 다 들어갈 것이 아니요 다만 하늘에 계신 내 아버지의 뜻대로 행하는 자라야 들어가리라" 마 7:21고 선언하셨다.

그는 안식일뿐 아니라 율법을 재해석했다. 이것도 당시 모세의 전통을 뒤집는 혁명적 사고였다. 그는 죽은 자를 살렸고, 죄를 용서할 수 있는 권위를 보여주었다. 모든 불의한 기득권과 맞서 싸웠으며, 서기관과 바리새인들을 비판하였으며, 정치 지도자를 비판하기도 했다. 그가 실제 혁명한 것은 아니었다. 로마에서 이스라엘을 해방한 것도 아니었다. 그러나 그의 방식은 가히 혁명적이었다. 그의 행동과 의식과 생각이 혁명적 수준이었으며, 그가 선포한 메시지도 혁명적이었다. 그야말로 전통적 가치관을 전도시킨 인물이었던 것이다. 그러나 주목할 점은 그가 결코 일상을 벗어나지 않았다는 것이다. 그의 기적은 일상 속에서 일어났으며, 그의 행동은 평범한 사람들의 삶과 다르지 않았다. 그는 일상의 평범한 것들을 비유로 들어 하나님 나라를 설명했고, 일상으로부터의 도피가 아닌 일상 속에서의 구원과 해방을 보여주었다.

예수의 타자를 위한 사역 중에 상당 부분을 차지하고 있는 것이 치유 사역이다. 마태는 이렇게 묘사한다. "예수께서 온 갈릴리에 두루 다니사 그들의 회당에서 가르치시며 천국 복음을 전파하시며 백성 중의 모든 병과 모든 약한 것을 고치시니 그의 소문이 온 수리아에 퍼진지라 사람들이 모든 앓는 자 곧 각종 병에 걸려서 고통 당하는 자, 귀신 들린 자, 간질하는 자, 중풍병자들을 데려오니 그들을 고치시더라" 마 4:23-24 마가는 병 고치는 사건을 이렇게 묘사한다. "예수께서 각종 병이 든 많은 사람을 고치시며 많은 귀신을 내쫓으시되 귀신이 자기를 알므로 그 말하는 것을 허락하지 아니하시니라" 막 1:34 마가는 특히 귀신을 내어 쫓은 사건을 유달리 상세히 기록한다. 무엇 때문일까? 그는 인간을 회복하고 자유케 하며 억눌린 자를 놓아주는 메시아였기 때문이다. 귀신을 그가 치유하셨다는 것은 단순한 의미의 귀신 축사만을 의미하지 않는다. 그것은 한 인격의 회복이요 주체성의 회복이며 사회성의 회복을 의미한다. 마가는 귀신에 사로잡혀, 사람들이 살지 않는 무덤에 거하며 소리 지르고 자신을 돌로 해하는 귀신들린 자에 대한 이야기를 기록하고 있다. 귀신들려 자신을 어떻게 할 수 없다는 것은 주체성의 상실을 의미한다. 그는 결코 자발적 존재가 아니었다. 외부적인 힘에 사로잡혀 행동하는 자였던 것이다. 그리고 그가 사람이 살지 않는 곳에 산다는 것은 바로 사회성의 상실을 의미한다. 그러한 그가 예수로 말미암아 해방되었던 것이다. 이것은 바로 그가 상실하였던 사회성의 회복, 주체성의 회복, 즉 온전한 인간으로 다시 되돌아 왔음을 의미한다.

그러나 한 가지 분명한 것은 예수의 귀신 축출은 단순히 개인의 실존적 억압으로부터의 해방을 의미하는 것만은 아니라는 점이다. 개인의 내적 혹은 외적 샬롬만을 의미하는 것도 아니다. 이 사역은 전 우주적인 하나님 나라의 시작, 하나님의 통치의 시작을 의미한다. 누가는 이렇게 기록한다. "그러나 내가 만일 하나님의 손을 힘입어 귀신을 쫓아낸다면 하나님의 나라가 이미 너희에게 임하였느니라"눅 11:20 마태도 같은 맥락으로 "그러나 내가 하나님의 성령을 힘입어 귀신을 쫓아내는 것이면 하나님의 나라가 이미 너희에게 임하였느니라"마 12:28고 전한다. 그러므로 하나님의 치유 사역은 궁극적으로 완성될 전 우주적 하나님 나라의 시작이요, 하나님 나라에서 이루어질 샬롬의 선취인 것이다Moltmann, *WJC*, 156ff.

예수의 선포의 핵심인 하나님 나라에 대해 좀 더 이어 가 보자. 세례 후 이어지는 사건은 마귀의 첫 유혹 사건이다. 그는 성령에 이끌려 광야로 나갔다. 거기서 40일 금식한 후에 마귀의 시험이 찾아왔다. 물질의 유혹, 명예의 유혹, 권세의 유혹을 하나님의 말씀으로 이긴 후 공생애를 시작하면서 예수가 외친 첫마디는 "하나님 나라가 가까이 왔다"는 선포였다. 그가 선포한 하나님의 나라, 그 나라는 하나님의 주권 혹은 하나님의 통치를 의미하는 말이다. 그런데 그 나라가 이미 매우 가까이 와 있다는 것이다. 이것은 하나님 나라의 미래성을 의미하는 말이다. 예수의 선포에는 미래적 하나님 나라에 대한 선포가 포함되어 있다.

다른 한편으로 예수는 놀라운 선언을 하신다. 하나님 나라는 여기 있다 저기 있다 할 수 없고 이미 하나님 나라는 너희 가운데 있다는 것이다. "바리새인들이 하나님의 나라가 어느 때에 임하나이까 묻거늘 예수께서 대답하여 이르시되 하나님의 나라는 볼 수 있게 임하는 것이 아니요 또 여기 있다 저기 있다고도 못하리니 하나님의 나라는 너희 안에 있느니라"눅 17:20-21 도대체 하나님의 나라는, 다시 말해서 하나님의 통치는 어찌하여 그리 임박했으며 또 이미 임했다는 것은 무엇인가? 우리는 그로부터 다음과 같은 답을 듣는다: "그러나 만일 내가 하나님의 손을 힘입어 귀신을 쫓아내는 것이면 하나님의 나라가 이미 너희에게 임하였느니라"눅 11:20 예수의 귀신 축출 사건은 이미 하나님의 나라가 임하였음을 보여주는 사건인 것이다. 이 구절을 통하여 우리는 하나님의 통치가 예수의 사역을 통해 이미 이 땅에 임했음을 볼 수 있다. 마가의 기록에 따르면, 예수를 따르던 제자들은 그가 하나님의 아들임을 알지 못했으나, 영적 세력인 귀신들은 그가 하나님의 전능하신 능력을 지니고 이 땅에 오신 분임을 이미 알고 있었다. 또한 귀신들은 예수의 오심과 그의 능력이 자신들의 세력과 영역, 지배력을 제한할 것임을 깨닫고 있었다.

이와 연결하여 누가는 이미 "하나님의 나라가 너희 안에 있느니라"눅 17:21고 말한다. "너희 안에"라는 우리말 번역은 너희 가운데 혹은 너희 사이에 라고 번역하는 것이 더 타당할 것이다. 이 구절은 바리새인의 물음에 대한 예수의 답변이었다. 바리새인들 사이에 누가 있었는가? 바로 예수 자신이 있었다. 그러므로 "너희들 사이에"라는 말은 바리새인들 사이에 있는 예수 자신을 가리킨다. 예수 자신의 오심, 그것은 곧 하나님 나라의 시작이요 하나님

통치의 시작인 것이다. 물론 아직 완성은 아니다. 마태의 기록에 의하면 "오실 메시아가 바로 당신이십니까"라고 묻는 세례 요한의 제자들에게 예수는 다음과 같이 답한다: "너희가 가서 듣고 보는 것을 요한에게 알리되 맹인이 보며 못 걷는 사람이 걸으며 나병환자가 깨끗함을 받으며 못 듣는 자가 들으며 죽은 자가 살아나며 가난한 자에게 복음이 전파된다 하라."^{마 11:4-5} 예수가 '내가 메시아다'라고 직접 말하지 않는 선문답식 표현을 사용한 것은, 그의 인격과 사역을 통해 하나님의 통치가 이미 임했으며 하나님의 나라가 시작되었음을 보여주기 위함이었다.

자신의 활동과 기적을 통하여 이미 하나님의 나라가 임하였음을 선언하고 있음에도 불구하고 유대인들이 열망하던 그런 하나님의 나라, 정치적 사회적 억압으로부터 해방됨으로써 이 땅에 이루어지는 하나님의 나라, 이런 나라를 예수는 기대하거나 사모하거나 추구하지 않았다. 그래서 그는 정치적 하나님의 나라를 폭력을 통해서라도 이룩하려는 열심당의 투쟁을 지지하지 않았다. 그가 원하는 하나님의 나라는 비폭력을 통한 평화의 하나님의 나라였으며, 예수 자신의 고난과 죽음을 통하여 이루어지는 그런 나라였다. 그리고 그가 원하던 하나님의 나라는 단지 이 세상적인 나라만도 아니요 그렇다고 현실이 전혀 배제되어 세상과 관계없는 그러한 나라도 아니었다. 그의 나라는 하늘에서 이루어진 것 같이 땅에서도 이루어지는 나라였다.

그러면 예수가 가르친 하나님의 나라는 미래적 성격은 전혀 없는 현재적 하나님 나라일 뿐인가? 아니다. 그는 분명히 현재적인 하나님의 나라와 미래적 하나님의 나라를 동시에 말하고 있다. 이미 예수의 인격과 사역을 통하여 하나님 나라는 시작되었고 역사적 미래에 이 나라는 완성될 것이다. 이미 예수 안에서 시작되고 그러나 아직 이루어지지 않는 상황 속에 사는 그리스도인들은 이 땅 위에서 하나님의 나라가 이루어지도록 해야 할 것이다. 하나님의 평화와 사랑과 공의를 이 땅에서 실현해야 할 것이다. 그러므로 예수는 하나님 나라에 상응하는 인간의 회개와 결단을 요청하고 있다.

8. 나무 십자가의 의미 — 전통적 속죄론에 대한 이해

지금까지 예수의 삶에 대해 살펴보았다. 비록 충분하지 않은 설명이지만, 추후 보완하기로 하고 이제 십자가로 넘어가 보려고 한다. 십자가는 기독교의 핵심이다. 그래서 루터는 "십자가는 모든 것을 시험한다"고 말했다. 몰트만도 "기독교에 있어서 기독교적이라 불릴 수 있는 모든 것을 증명하는 것은 십자가"Moltmann, 『십자가에 달리신 하나님』, 19라고 주장했다. 그는 또 이렇게까지 말하기도 했다. 어느 고고학자가 아무것도 없는 황야의 모래벌판에서 작업을 하다 십자가를 발굴한다면, 그는 당연히, 과거 언젠가 이곳에 교회가 있었구나 하고 확신할 것이라고 말이다.Moltmann, 『십자가에 달리신 하나님』, 52 그만큼 십자가는 교회와 기독교의 강력한 상징이다.

그런데 우리는 십자가가 무엇을 의미하는지, 십자가를 따른다는 것이 무엇인지 정확히 알고 있을까? 십자가는 결코 아름답게 꾸며진 장식도 아니고 낭만의 상징도 아니다. 그것은 예수가 매달려 피를 흘리고 숨을 헐떡이며 어찌하여 날 버리셨냐고, 목마르다고 절규하던 나무 형틀이었다. 우리는 그것이 나무 십자가였음을 분명히 기억해야 한다. 나무에 달린다는 것은 유대인들에게는 하나님께 버림받고 저주받은 것이었다. "그 시체를 나무 위에 밤새도록 두지 말고 그날에 장사하여 네 하나님 여호와께서 네게 기업으로 주시는 땅을 더럽히지 말라 나무에 달린 자는 하나님께 저주를 받았음이니라"신 21:23 제자들 뿐만 아니라 바울도 이것을 잘 알고 있었다. 갈라디아서 3장 13절에서 "그리스도께서 우리를 위하여 저주를 받은 바 되사 율법의 저주에서 우리를 속량하셨으니 기록된 바 나무에 달린 자마다 저주 아래에 있는 자라 하였음이라"라고 바울은 기록하고 있다. 로마인의 입장에서 볼 때도 십자가형은 매우 수치스럽고 불명예스러운 것이었다. 반란죄를 지은 사람에게나 내리는 벌이었다. 그런데도 사도들은 예수가 나무 십자가에 달린 메시아임을 선포하는 것을 주저하지 않았다. 그것은 바로 우리의 저주를 대신 감당하시려고^{갈 3:13}, 우리에게 죄 사함을 주시려고^{행 5:30-31}, 우리를 살리려고^{벧전 2:23-24} 당한 죽음이었기 때문이다. 그러므로 첫째, 십자가는 우리를 위한 것이다. 둘째, 우리를 대신하는 것이며 대리하는 것이다. 셋째, 십자가에 하나님의 고통과 아픔이 포함되어 있다. 넷째, 십자가는 단순히 제자들의 신앙고백에만 존재하는 사건이 아니라 역사적 사건이다. 다섯째, 예수의 십자가는 수동적이 아닌 자발적 사랑을 담고 있다.

예수의 죽음과 관련된 또 하나의 문제는 예수는 인간 개인을 위해서만 죽었는가 하는 것이다. 물론 인간의 죄 때문에 오신 것은 사실이다. 그러나 우리가 여기서 생각해 보아야 할 것은 이 세계의 죄는 어떻게 할 것인가의 문제가 등장한다. 이 세계는 바로 폭력의 세계라는 점이다. 개인과 사회와 전 세계를 뒤덮고 있는 이 폭력, 이 폭력 하의 세계를 위해 예수는 무엇을 하셨는가? 이 질문에 대하여 밀리오리는 다음과 같이 말하고 있다. 첫째로 "그리스도는 우리를 대신하여 죽으심으로 우리의 폭력의 세계가 어떠한가를 폭로하셨다. 곧 이 세계는 하나님의 심판 아래 있으며 억압에 기초해 있으며 죽음을 향하고 있다는 것이다." ^{Migliore, 『기독교 조직신학 개론』, 233} 둘째로는 "그리스도는 우리를 대신하여 죽으심으로 폭력의 희생자로서 우리와 밀접한 유대를 이루시며, 폭력의 조장자로서 우리에게 하나님의 용서를 전해주신다는 것이다." ^{Migliore, 『기독교 조직신학 개론』, 234} 십자가는 폭력에 굴복하는 것도 아니며 그렇다고 복수 정신을 일깨우는 것도 아니다. 그리스도의 십자가가 전파되는 곳에는 폭력과 대항 폭력의 악순환이 부서지고 폭력의 지배에서 비폭력의 세계로의 전향을 촉구한다. ^{Migliore, 『기독교 조직신학 개론』, 234} 셋째로, "그리스도는 우리를 대신하여 죽으심으로 인간에게 새로운 세계, 새로운 미래를 열어 주신다." ^{Migliore, 『기독교 조직신학 개론』, 234} "그리스도의 십자가는 하나님의 값비싼 사랑의 선물로서 이 폭력의 세계 가운데 하나님의 용서와 우정을 전해준다." ^{Migliore, 『기독교 조직신학 개론』, 234}

예수의 십자가와 죽음은 전통적으로 속죄론과 관련이 있다. 기독교 전통이 가지고 있었던 속죄론을 간단히 살펴보자. 첫째는 배상설이다. 이것은 주로 고대교회의 신학자들이 주장한 이론으로, 하나님이 인류를 구원하시기 위한 대가로 아들을 마귀에게 내주었다는 이론이다. 타락한 이후로 인간은 마귀의 권세하에 있었기 때문에 마귀에게 아들의 생명을 속전으로 지불한 후 인간을 구원했다는 이론이다. 사실상 오늘날의 입장에서 이 이론은 그리 설득력이 없어 보인다. 그러나 노예를 해방하기 위해서 속전을 주고 사고팔 던 고대 로마 시대를 염두에 둔다면 이해 못 할 일도 아니다. 예수 그리스도의 십자가를 설명하기 위해 당시로서는 최적의 설명이었을지 모른다.

둘째는 만족설이다. 중세 시대 안셀름 Anselm of Canterbury 이 주장한 이론이다. 인간의 타락으로 인하여 인간을 지은 하나님의 명예가 손상을 입게 되었다. 하나님의 명예를 회복하기 위해서는 인간이 어떤 대가를 치러야 하나, 죄인인 인간으로서는 도저히 그것이 가능하지 않았다. 그래서 하나님은 인간을 대신하여 자기 아들을 십자가에서 죽게 했고, 그로 인해 하나님은 명예가 회복되고 이에 만족하여 인간을 용서해 주셨다는 이론이다. 이 이론도 수용하기에는 쉽지 않은 이론이다. 그러나 중세의 이론이라는 것을 기억해야 한다. 중세의 "법, 범법, 보상, 사회적 의무들에 대한 이해를 전제" Migliore, 『기독교 조직신학 개론』, 225 한다면, 그리고 "하나님과 인간을 중세의 영주와 농노 사이의 관계" Migliore, 『기독교 조직신학 개론』, 225 로 이해해 본다면, 당시로서는 십자가에 대한 최상의 설명이었을 것이다.

셋째는 도덕설, 혹은 도덕 감화설이다. 예수의 십자가는 하나님에게 만족을 주기 위한 사건이 아니라, 사람에게 감화를 주기 위한 것이라고 주장하는 이론이다. 다시 말해서, 예수의 십자가는 자신의 명예를 회복하기 위한 사건이 아니라, 하나님의 사랑이 얼마나 큰지를 보여주어서 그 사건을 목격하고 감화를 받아 인간들도 도덕적인 생활을 하도록 하기 위한 것이라는 이론이다.

넷째는 승리자 그리스도론이다. 예수님의 십자가와 부활은 사탄과의 싸움에서 예수님이 이기신 승리의 사건이라고 고백하는 이론이다. 그러므로 속죄는 악의 세력과의 전투에서 승리하신 예수 그리스도의 십자가와 부활의 결과다 한마디로 "예수는 승리자"임을 확고히 믿는 이론이다. 칼빈은 그리스도의 예언자, 제사장, 왕으로서의 삼중직과 관련하여 속죄론을 전개하고 있다. "예언자로서의 그리스도는 다가오는 하나님의 통치를 선포함으로 우리에게 그 나라에 합당한 삶을 살도록 권면하다. 제사장으로서의 그리스도는 우리를 대신하여 하나님께 완전한 사랑과 순종의 제사를 드린다. 왕으로서의 그리스도는 악의 세력의 완악함에도 불구하고 이 세계를 다스리며, 하나님의 공의와 평화의 다스림이 궁극적으로 승리할 것을 약속하신다." Migliore, 『기독교 조직 신학 개론』, 228

정리하면, 예수의 십자가를 우리는 이렇게 이해해 볼 수 있다. 그의 죽음과 십자가는 바로 인간의 죄 때문이다. 결코 예수 자신의 죄 때문이 아니다. 그의 죽음은 인간을 대신하여 죽은 죽음이고, 희생적인 죽음이며, 대속적인 죽음이다. 그러나 그의 죽음은 단순히 죽음으로 끝난 것이 아닌, 악마에 대한 승리였다. 그것은 악마의 세력을 오히려 파하는 죽음이다. 그러므로 그의 십자가는 바로 용서와 은혜의 십자가다. 우리는 십자가의 고통을 간과하는 것도 잘못이지만, 십자가에서 형벌과 비참함과 죽음과 고난만을 보아서도 안 된다. 십자가는 우리를 위한 승리요, 사랑이요, 용서다. 처참한 그분의 십자가가 우리에게는 감사와 감격과 찬양일 따름이다. 그러므로 고통의 십자가가 우리에게는 은혜요 아름다운 것이다.

지금까지 네 가지의 속죄론을 소개했다. 각 이론에는 장단점이 있다. 우리는 어느 하나의 이론만을 고수할 것이 아니라 성경에서 말하는 십자가의 다양한 측면을 수용할 필요가 있다. 밀리오리는 속죄론을 풍성하게 이해하기 위해서는 다음과 같은 원칙을 갖는 것이 좋다고 권고한다. 적절한 원칙이라고 생각되어 여기에 소개해 본다.

1) 우리는 모든 것을 하나의 공통 분모로 환원시키려 하기보다는 속죄함에 대한 신약성경의 은유들의 풍성함과 고전적 표현들의 다양성을 존중해야 한다. 2) 그리스도의 속죄의 사역은 전 복음서 이야기, 곧 그의 사역, 가르침, 십자가, 그리고 부활을 다 포괄하는 것이다. 3) 속죄의 사역은 하나님의 은혜로운 주도하심에 기초하는 가운데 동시에 인간의 응답을 요청한다. 4) 하나님의 은혜는 심판을 포함하며 하나님의 심판은 은혜의 목적을 위해 봉사한다. 5) 그리스도 안에서 일어난 하나님의 속죄의 사역은 개인과 사회, 전 우주에 모두 그 중요성을 가진다. Migliore, 『기독교 조직신학 개론』, 228-229

9. 부활을 논리적으로 증명할 수 있을까?

부활 신앙은 기독교의 존립을 좌우할 만큼 중요한 진리다. 부활 신앙이 없었으면 기독교도 존재하지 않았을 것이다. 그래서 교회는 부활 신앙을 소중히 여기고 절기로 지켜 오고 있다. 교회의 대부분의 신조와 신앙고백서에는 예수의 부활에 대한 고백이 포함되어 있다. 이미 본대로 『사도신경』은 "장사된 지 사흘 만에 죽은 자 가운데서 다시 살아나셨으며"라고 고백하고 있고, 『니케아-콘스탄티노플 신조』는 "그분은 성경대로 사흘 만에 죽은 자 가운데서 부활하사 하늘에 오르시고, 하나님 우편에 앉으셨습니다"라고 고백하고 있다. 이러한 부활 신앙은 중세를 거쳐 종교 개혁, 개신교 정통주의, 그리고 20세기 신정통주의, 오늘날의 기독교학자들에 이르기까지 이어져 내려오고 있다.

그러면 부활이 어떤 의미가 있어서 그리스도인들이 목숨을 걸고 그 신앙을 지켰을까? 예수의 부활은 첫째, 악에 대한 그리스도의 승리를 의미한다. 둘째, 예수 그리스도의 부활을 통해 교회가 생성되었다. 셋째, 부활은 죽음이 우리를 영원히 지배하지 못한다는 희망적 증거이다. 넷째, 우리도 종말에 다시 부활할 것이라는 하나님의 약속의 징표이다. 하지만 그만큼 믿기 어려운 것도 부활 신앙이다. 인간의 이성과 자연 법칙과 과학적 상식을 벗어나 있기 때문이다. 부활 신앙의 부정은 어느 시대나 있었지만, 가장 극을 달리던 시대는 계몽주의 영향을 받은 18~19세기 자유주의 시대였다. 스트라우스 David Friedrich Strauss 라는 자유주의 학자는 부활 사건을 인간의 이성으로는 인정할 수 없는 하나의 신화라고 보았다. 슈트라우스만이 아니다. 계몽주의 시대의 학자들은 대체로 부활을 인정하지 않았다. 그들에게는 부활 사건이 도무지 있을 수 없는 신화에 불과했다. 결코 역사적 사건이 될 수 없었다. 유대 땅에서 활동했던 예수는 다만 인간 예수일 뿐이지 결코 성육하신 하나님이라거나 부활하였다거나 하는 사실들을 인정하지 않았다. 오늘날에도 많은 무신론자가 부활을 의심하며 신화이거나 제자들의 꾸며낸 이야기이거나 착각이거나 환상이라고 말하는 사람이 많이 있다. 부활은 소위 과학과 모순되거나 충돌한다고 생각하기 때문이다.

여기서는 예수의 부활을 신학적으로 다룬다기보다는 논리적으로 어떻게 증명할 수 있는지를 살펴보겠다. 실제 예수의 부활이 일어나지 않았는데도 예수의 부활이 있었다고 주장한다면, 그것은 아마 다음 중 하나일 것이다. 제자들이 예수의 시체를 훔쳐 숨겨 놓고 부활했다고 말했거나, 무덤을 착각했거나, 제사장이나 군인들이 시체를 유기했거나, 다시 살아난 것과 같은 환상을 보았거나, 잠깐 기절했다가 깨어났거나, 나중에 부활 이야기를 꾸며냈거나, 세월이 흘러 신화가 되었기 때문일 것이다. 이에 대한 반박으로 가이슬러 Norman Geisler 와 튜렉 Frank Turek, 니콜스 T. Nichols, 조시 맥도웰 Josh McDowell 등의 글들을 참고하여 다음과 같이 요약·정리해 보았다. 참고문헌 참조

첫째, 제자들이 로마 군인이 잠든 사이에 시체를 훔쳤을 것이라는 설에 대한 반론. 1) 로마 군인이 잠들었다는 것은 지나치게 임의적 설정이다. 엄중한 사건이었고 3일 후에 부활할 것이라는 이야기가 있었는데 잔다는 것은,

그것도 한둘이 아니라 모든 군인이 잠들었다는 것은 이해하기 어렵다. 2) 설사 잠들었다 하더라도 군인들 몰래 육중한 돌문을 옮기는 것은 불가능했으리라. 3) 예수의 제자들은 시체를 훔칠 만큼 용기가 있던 사람들이 아니다. 그들은 예수가 잡혀갈 때 다 도망쳤으며 그나마 뒤따라간 베드로도 죽음이 두려워 결국 예수를 부인하고 말았다. 4) 시체를 훔쳐 놓고 부활했다고 말할 만큼의 사악한 사람들은 아니다. 성경은 그들을 단순하고 열정적인 사람으로 묘사하고 있다. 5) 만일 시체를 훔쳤다면 제자들 사이에서는 이미 소문이 펴졌을 것이고 마리아를 비롯한 여성들도 들었을 가능성이 있으므로, 후에 여성들이 무덤에 올라가면서 누가 돌문을 옮겨줄 것인가 걱정하지 않았을 것이다. 그 소문을 들었다면 아예 무덤에 가지도 않았을 것이다. 6) 제자들이 시체를 훔쳤다면 누군가 예수가 부활했다고 말해도 제자 자신들이 절대 믿지 않았을 것이다. 그런데 제자들 중 어느 누구도 부활을 부정한 사람이 없다는 것은 매우 특이한 일이다. 7) 더구나 죽은 시체를 옆에 두고 부활했다고 말하기도 어려웠을 뿐만 아니라, 또한 죽은 예수를 두고 살았다고 믿고 순교까지 하기는 더더욱 불가능했을 것이다.

　　둘째, 무덤을 착각했을 것이라는 설에 대한 반론. 1) 일어난 지 얼마 되지 않은 사건에 무덤을 착각했다고 하는 것은 설득력 없다. 2) 무덤은 개인 무덤_{아리마대 요셉}이므로 착각할 염려가 없다. 여성들이 무덤에 갈 때도 무덤을 찾을 수 있을지를 걱정한 적은 없다. 3) 수많은 사람이 착각할 수 없다_{여자들, 그리고 제자들이 순차적으로 무덤을 확인했다}. 4) 설사 착각했다 하더라도 제사장과 서기관과 바리새인과 기타 유대인 전부가 착각했다고 볼 수 없다.

　　셋째, 제사장들이나 로마 군인이 시체를 유기했을 것이라는 설에 대한 반론. 1) 그들은 시체를 유기할 이유가 없다. 오히려 무덤을 봉인하고 시체를 지키고 있었다. 2) 시체는 부정한 것이므로 제사장들은 시체를 가까이하지 않았다. 3) 시체를 훔쳤다면 부활했다는 소문이 있을 때 시체를 보여주면 됐을 텐데 그렇게 하지 않은 이유가 무엇이겠는가? 4) 시체를 버렸다면 자신들이 언제, 어디에 시체를 버렸다고 말해 줄 수 있었을 것이다. 5) 시체를 직접 보여주었거나 유기했다는 사실을 확실히 말해 주었다면, 부활을 믿는 사람들이 없었을 것이며, 바울 등의 제자들도 그렇게 자신 있게 부활을 선포하지 못했을 것이다. 교회는 더더욱 형성되지 못했을 것이다.

넷째, 예수가 다시 살아난 것과 같은 환상을 보았다는 설에 대한 반론. 1) 환상을 그렇게 많은 사람이 목격하였다는 것은 불가능하다. 2) 여러 사람이 함께 집단적으로 환상을 보거나 착각했다는 것도 불가능하다. 3) 환상은 어떤 사건에 대한 강렬한 소원이나 갈망이 있어야 가능한데, 제자들 자신도 부활을 강렬하게 소원한 사람들은 아니었다. 4) 예수의 부활을 의심했던 도마에게도 나타났다.

다섯째, 고통 때문에 잠시 기절했다가 깨어났을 것이라는 설에 대한 반론. 1) 십자가에 달렸다는 것 자체가 이미 죽음을 의미한다. 드리스콜^{Mark Driscol} 이 생생하게 묘사하고 있는 대로 십자가에 달리기 전 가혹한 매질이 가해졌다. 채찍은 보통 아홉 가닥의 가죽끈으로, 그 끝에는 쇠갈고리나 무거운 금속구가 매달려 있었다.^{Driscoll, 『예수 그리스도』, 165-168} 보통 채찍질 후 십자가에 달리기 때문에, 기절했다 깨어나는 것은 불가능하다. 2) 심각한 부상을 입고 많은 피를 흘렸는데 치료 없이 살아나올 수 있다고 상상하는 것이 오히려 불합리하다. 3) 더구나 기진한 상태에서 자기의 몸을 동여매고 있는 것들을 풀고 병사들 몰래 무거운 돌문을 열고 빠져나온다는 것은 불가능에 가까울 것이다. 4) 나왔다 하더라도 금방 붙잡혔을 것이며, 제자들이 그런 예수를 보고 부활했다고 말하기는 어려웠을 것이다. 5) 기절했다는 것으로는 성경이 증언하는 부활을 다 설명할 수 없다.

여섯째, 꾸며낸 이야기 혹은 신화라는 설에 대한 반론. 1) 꾸며낸 이야기라고 하기에는 너무 많은 기록이 있다^{기록 연대가 다른 복음서뿐 아니라 바울의 기록에도 있다}. 어떤 제자도 다른 제자가 부활 사건을 기록한 것을 놓고 갑론을박하지 않았다. 2) 만일 제자들이 꾸며냈다면, 자신들이 꾸며낸 이야기에 자신들이 핍박받고,

고난당하고, 순교까지 할 것이라고는 상상조차 할 수 없다. 3) 꾸며낸 이야기라고 하기에는 너무 구체적인 인물들이 등장한다. 이 인물들이 당시에 모두 살아 있는 사람들이었는데, 부활이 거짓이라면 이 많은 사람이 조용히 있었겠는가? 4) 예수가 죽은 후, 제자들은 실망하여 원래의 직업으로 되돌아간 사람이다. 꾸며낼 것이라면 원래의 직업으로 돌아갈 이유가 없다. 5) 성경이 보고하고 있는 제자들의 성격이나 모습들을 참고하면 꾸며낼 만한 인물들이 아니다. 가룟 유다라면 모를까. 6) 전설이나 신화가 되기에는 시간이 충분치 않다. 7) 전설이나 신화로 만들어지기에는 당시 상황이 그리 녹록지 않다. 8) 꾸며낸 이야기라면, 실망하고 좌절해 있던 제자들의 태도와 삶이 갑작스럽게 변한 이유를 설명하기 어렵다. 9) 더구나 예수의 추종자를 박해하던 바울이 수많은 고난을 견디고 순교까지 하면서 부활을 기대하고 선포한 이유를 설명하기 어렵다. 10) 여성들의 증언을 부활의 첫 증언으로 서술한 것 자체가 부활에 관한 성경 기록의 사실성을 입증해 준다고 하겠다. 당시 여성들의 증언은 증거 능력으로 인정되지 않았다. 그럼에도 여성을 첫 증언자로 내세운 것은 초자연적인 놀라운 사건을 사실 그대로 설명하려는 성경 기자들의 의지의 반영이라고 할 수 있다. 만일 제자들이 부활 사건을 조작하려는 의도를 가지고 있었다면 남성 제자를 첫 증언자로 기록했을 것이다. 11) 토요일인 안식일에 모여 예배하는 것이 유대인의 아주 오래된 민족 전통이었다. 그러나 초기 그리스도인들은 예배하는 날을 토요일에서 일요일로 바꿨다. 그것은 아주 대단한 파격이었다. 그렇게 한 이유는 예수의 부활이 일요일에 일어났기 때문에, 그것을 기념하기 위한 것이었다. 그들이 부활을 믿지 않았다면 오랜 관습이나 전통을 그렇게 급진적으로 바꾸지는 않았을 것이다.

제자들이 예수의 부활을 전함으로써 그들에게 돌아오는 유익은 아무것도 없었다. 오히려 박해와 죽음과 고난뿐이었다. 그런데도 그들이 그렇게 행동한 이유는 무엇이겠는가? 예수가 메시아이며 부활이 사실이라고 전하는 제자들을 핍박하는 사람들에게 가말리엘이라는 존경받는 랍비가 한 말을 되새겨볼 필요가 있다.

> 말하되 이스라엘 사람들아 너희가 이 사람들에게 대하여 어떻게 하려
> 는지 조심하라 이전에 드다가 일어나 스스로 선전하매 사람이 약 사
> 백 명이나 따르더니 그가 죽임을 당하매 따르던 모든 사람들이 흩어
> 져 없어졌고 그 후 호적할 때에 갈릴리의 유다가 일어나 백성을 꾀어
> 따르게 하다가 그도 망한즉 따르던 모든 사람들이 흩어졌느니라 이제
> 내가 너희에게 말하노니 이 사람들을 상관하지 말고 버려두라 이 사
> 상과 이 소행이 사람으로부터 났으면 무너질 것이요 만일 하나님께로
> 부터 났으면 너희가 그들을 무너뜨릴 수 없겠고 도리어 하나님을 대
> 적하는 자가 될까 하노라 하니 ^{행 5:35-39}

이스라엘 역사에 수많은 메시아가 나타났다 사라졌다. 그들을 따르는
많은 추종자도 흩어졌다. 가말리엘은 그 사실을 지적하고 있다. 드다나 갈릴
리의 유다도 같은 운명이었으니 예수의 무리도 어떻게 될지 그냥 지켜보자
는 것이다. 성경을 보면 예수의 제자들도 처음에는 비슷한 과정을 거쳤다. 예
수가 죽을 때 아무도 그의 곁에 있지 않았다. 베드로는 예수를 부인하고 저주
까지 했다. 원대한 꿈을 갖고 시작했던 메시아 운동이 실패하자 그들은 다 실
망하여 뿔뿔이 흩어졌다. 예수를 고발하면 기적과 능력으로 로마 군인을 물
리쳐 로마에서 유대를 해방시킬 것으로 착각했던 유다는 예수가 죽자 곧 자
살했다. 예수 공동체는 와해되었고 제자들은 과거의 직업으로 되돌아갔다.
그런데 왜 갑자기 그들은 다시 모이고 과감하게 대중 앞에 섰을까? 그들 앞
에 기다리는 것은 고난과 죽음뿐이고, 누릴 수 있는 세속적 유익은 아무것도
없는데도 말이다. 명예와 부와 권력을 위해서라면, 예수의 부활을 부인하고
당시의 기득권 종교나 국가 권력에 복종하는 것이 훨씬 더 유리했을 텐데, 도
대체 왜 그들은 목숨 걸고 부활을 선포했을까? 부활을 직접 목도하고 체험했

기 때문이라는 것 외에는 그들의 행동을 설명할 다른 이유가 없다.

10. 부활 신앙과 그리스도인의 삶

"부활을 믿습니까?" 과학 문명이 세계를 지배하고, 최첨단의 기술들이 우리의 삶의 구석구석까지 통제하고 있는 시대에도 이 질문에 "아멘"으로 답하는 그리스도인들이 많다는 사실은 희망적이다. 그런데 "부활이 당신의 삶에 어떤 의미를 주고 있습니까"라고 묻는다면 망설이는 사람들이 상당히 있을 것이다. 사실상 부활 신앙은 그리스도인의 신앙과 삶의 모든 것이다. 그러므로 부활의 의미를 다시 한번 새겨보며, 부활을 믿는 그리스도인들이 부활과 관련하여 어떻게 살아야 할 것인가를 생각해 보는 것은 매우 의미 있는 일이라 생각한다.

첫째, 부활 신앙은 성경의 권위를 인정하는 것이다. 성경을 하나님의 말씀으로 인정하는가? 그렇다면 그는 성경이 증언하고 있는 부활을 믿어야 할 것이다. 부활 신앙으로 사는 자는 분명히 성경을 하나님의 말씀으로 고백하고 삶 속에서 성경을 통해 하나님의 음성을 들으려고 하는 자이며, 또 그렇게 해야 한다. 왜냐하면 그리스도의 부활을 우리에게 증언해 주는 책은 바로 성경뿐이기 때문이다.

둘째, 부활 신앙은 "예수 그리스도"의 "역사적 부활"을 믿는 것이다. 옛날부터 줄곧 이 부활 사건의 역사성을 의심하는 사람들이 많이 있었다. 인간의 이성으로는 부활 사건을 이해하기 어렵고 매우 특별한 사건임이 분명하다. 그래서 많은 사람들이 앞서 살펴본 것처럼 허위설, 기절설, 환상설 등을 주장했다. 하지만 예수의 부활은 실제 역사적 사건이다. 단순한 회상이나 기억이 아닌 역사적 사실인 것이다. 따라서 부활을 고백한다는 것은 우리의 구주이신 예수 그리스도의 부활이 역사적 사건임을 인정하는 것이다. 성경은 이 부활 신앙에 대하여 여러 곳에서 역사적 사실로 증거하고 있다. 안식 후 첫날 예루살렘 여인들은 빈 무덤을 보았다고 말한다. 예수의 부활을 의심하던 제자들도 예수 부활의 증거인 빈 무덤을 보았다고 성경은 증언하고 있다. 무엇보다도 바울이 예수 부활의 증인이다. 부활을 믿는 자들을 박해하던 자가 아닌가. 그러던 그가 가장 강력하게 예수의 부활을 주장하는 자가 되었다는 것이 놀라울 뿐이다. 사실상 초대 교회 모두가 부활 사건을 결코 의심하지 않았다. 바로 그 믿음 때문에 교회가 세워진 것이다. 그렇다면 부활 신앙으로 산다는 것은 무엇인가? 그분의 첫 제자들처럼 그분의 역사적 부활을 증거하며 살아가는 것이다.

셋째, 부활 신앙은 억압과 죽음의 세력에 저항하는 삶이다. 부활을 믿는가? 죽음과 억압의 세력에 저항하라. 죄의 권세에 도전하라. 나아가 자유하라. 하나님 나라를 위하여 자유하라. 해방의 기쁨을 누리라. 부활을 믿으면서도 여전히 사망의 음침한 골짜기에서 절망하며 좌절하면서 살아간다면 그것은 죄다. 왜냐하면 예수 그리스도의 부활은 억압과 죽음의 세력을 극복하는, 우리의 해방과 기쁨과 희망의 사건이 되기 때문이다. 예수의 죽음이 억압과 죽음의 세력에게는 영원한 웃음과 노래가 된 것처럼 보였다. 그러나 부활로 인하여 모든 것이 달라졌다. 그의 부활은 해방된 자의 노래요, 웃음이다. 이 사건은 그리스도를 통해 해방되어 자유를 얻은 이들의 기쁨과 환희를 불러일으키는 축제적 사건이다.

그런데 오늘 우리의 현실은 어떠한가? 예수 그리스도를 믿는다고 하면서 죽음의 절망 속에 살아가고 있지는 않은가? 그분이 죽음을 극복하셨다. 그러므로 우리에게 영원한 죽음은 존재하지 않는다. 그것이 희망이 아니고 무엇인가? 이런 희망 속에 사는 사람은 현실 도피적이 될 수 없다. 현실의 아픔이 너무나 크고, 죽음의 세력이 강하다고 해서 현실을 피해서 저 하늘나라만을 희망하며 이 땅의 어두움을 모른 척해서는 안 될 것이다. 부활 신앙을 가진 사람들이라면 이 땅에서 죽음과 어둠의 세력을 몰아내고 하나님의 의와 영광이 이뤄지도록 해야 한다.

넷째, 부활 신앙은 하나님의 능력을 인정하는 것이다. 이 시대는 과학 만능의 신화에 사로잡혀 사는 사람들이 절대다수인 시대다. 부활을 믿는 것이 쉽지 않다. 그러나 부활을 믿는 것은 과학 시대에도 여전히 살아 역사하시는 하나님의 능력을 인정하는 것을 의미한다. 이것은 어떤 시대를 맞이하건 변할 수 없는 진리다. 간혹 창조주 하나님은 고백하면서 부활을 믿지 못하는 사람들이 있다. 창조주 하나님은 곧 하나님의 절대 주권과 자유와 전능을 의미하는 것인데, 그 능력의 하나님이 부활 사건을 일으키지 못한다는 것이 말이 되겠는가? 하나님은 완전하신 분인데 부활을 일으킬 수 없다고 한다면 그분은 도대체 완전하신 분인가? "나를 지으신 이가 하나님"이라고 고백하는가? 그러면 그 하나님이 나를 부활시키시는 분이라는 것도 믿어야 할 것이다.

다섯째, 부활 신앙은 예수 그리스도의 부활은 바로 우리의 부활을 증명하는 희망적 사건임을 고백하는 것이다. 예수 그리스도의 부활은 우리도 마지막에 부활할 수 있다는 확신과 소망을 주신 사건이다. 그래서 예수는 "나는 부활이요 생명이니 나를 믿는 자는 죽어도 살겠고 무릇 살아서 나를 믿는 자는 영원히 죽지 아니 하리니 네가 이것을 믿느냐"고 묻는다. 우리는 역사의 종말에 일어날 부활의 희망 속에 살고 있다. 정말 그때는 죽음도 슬픔도 고통도 없는 세계일 것이다. 영원히 하나님 나라에서 주님과 함께 만찬을 나누며 찬송하며 살아갈 것이다. 이것을 우리는 무엇을 통해 알 수 있으며 무엇을 통해 미리 맛보았는가. 바로 예수 그리스도의 부활이다. 그러므로 부활을 믿는 사람들은 종말론적 축제의 삶을 살아야 한다. 교회가, 교회의 예배와 친교와 나눔이, 그리고 성만찬이 바로 영원한 부활에 참여할 자들의 예행연습이어야 하며 미리 맛보는 축제이어야 한다. 그런데 우리는 어떻게 살고 있는가? 마치 우리의 미래는 축제가 아닌 장례식인 것처럼 신앙생활하고 있지는 않는가?

여섯째, 부활 신앙은 하나님이 우리를 포기하지 않으심을 믿는 것을 의미

한다. 부활은 죽음이 우리를 영원히 지배하도록 내버려 두지 않는다는 것을, 하나님이 우리를 끝까지 포기하지 않는다는 것을 의미한다. 죽음이 우리를 지배하는 것처럼 보일지라도 그분은 역사의 마지막 순간까지 우리를 포기하지 않으시고 그분의 영광에 참여하게 하시려고 우리를 부활시키신다. 그러므로 부활 신앙은 바로 하나님의 신실하심과 지속적인 사랑의 은혜에 감사하는 것이다. 우리는 정말 매 순간 부활의 감격 속에 살아가는가를 점검해 볼 필요가 있다.

일곱째, 부활 신앙은 곧 예수 그리스도의 주되심과 그분이 나의 희망되심을 "증언"하는 신앙이다. 부활 신앙은 선교로 나타나야 한다. 부활을 목격하고 믿었던 제자들은 증인의 삶을 살았다. 신약성경은 예수 그리스도의 십자가와 죽음과 그리고 부활에 대한 증언이다. 우리는 부활절을 맞이하면서 단순히 2천 년 전의 그리스도의 부활을 회상하고 기념하는 것으로만 끝내는 경우가 종종 있다. 그것으로는 부족하다. 그리스도인의 삶을 산다고 고백한다면 그분이 부활하셨다는 것을 몸으로 증언하는 선교적 삶을 살아야 한다. 그리스도의 부활은 우리와 교회를 향한 하나님의 복음이기 때문이다.

대체로 한국 교회의 부활절은 기념하는 것으로 끝난다. 부활절 상징들, 설교들, 행사들은 단순히 그분의 부활을 기념하는 것에 제한되는 것을 볼 수 있다. 그러나 진정한 부활 신앙은 참여하는 것이고 그분처럼 희망 속에서 그분을 따라 살아가는 것이다.

11. "다른 이름은 없다!" — 종교다원주의에 대한 비판적 평가

1) 종교다원주의란?

그리스도론을 마치면서 다루지 않을 수 없는 주제가 바로 종교다원주의다. 종교다원주의는 구원에 있어서 예수의 이름이 아닌 다른 이름으로도 구원받을 수 있다고 주장한다. 우선 종교다원주의가 무엇인지 설명하고, 이에 대한 비판적 평가를 시도하고자 한다. 종교다원주의는 다른 종교의 체험을 인정하고, 다른 종교를 통한 구원의 가능성을 인정하며, 나아가 기독교의 신앙 체험이나 타 종교가 가지는 체험이 하나의 동일한 신적 존재에 대한 다양한 체험에 불과하다고 주장하는 이론이다. 쉽게 말하면 다른 종교를 통해서도 구원받을 수 있으며, 각 종교가 믿는 신은 같은 신이라는 것이다. 그러므로 종교다원주의는 이 세계 속에 있는 다양한 종교와 다양한 종교 현상 중 어느 하나에 특별성이나 절대성을 부여하지 않고 여러 종교의 신이나 종교 경험을 동일하게 인정하는 것을 의미한다. 그러니 이들에게는 이슬람이나 불교의 절대자가 배타적 우위를 차지할 수 없듯이, 기독교의 하나님도 절대적인 신이 될 수 없다. 달리 말하면, '어느 한 종교가 다른 하나보다 더 우월하다고 말할 수 없다', '모든 종교는 상대적이다', '모든 종교적 체험은 질적으로 동일하다'는 주장인 것이다. 이렇게 주장하는 데는 다양한 이유가 있다. 종교다원주의의 주요 논거 중 하나는 다음과 같다. 현재 전 세계에는 다양한 종교가 존재하며, 각각이 자신들의 종교가 절대 진리라고 믿고 있는데, 어느 종교가 진정한 진리인지 판단하기는 어렵다는 것이다. 불교, 힌두교, 이슬람교가 완전하지 않듯이 기독교 역시 완전할 수 없으므로, 어떤 종교도 자신만이 절대 진리라고 고집해서는 안 된다는 것이다. 대신 각 종교는 자신의 위치에서 진리를 드러내기 위해 노력하면 된다는 것이다.

이런 생각을 대변하는 유명한 이야기가 있다. 독일 작가인 레싱^{Gotthold} ^{Ephraim Lessing}의 『현자 나단』이라는 드라마에 나오는 우화 『세 개의 반지』다. 그 이야기의 대략은 이렇다.

고대 동방의 한 가정에 유산으로 내려오는 신비한 반지 하나가 있었다. 신과 인간 누구에게나 사랑받게 하는 신비한 능력의 반지였다. 그

반지를 물려받은 아버지는 다시 아들에게 물려주었다. 이렇게 물려 내려오던 신비의 반지는 마침내 세 아들을 가진 어느 아버지에게 이르게 되었다. 세 아들 모두를 사랑하는 아버지는 차마 반지를 어느 한 아들에게만 물려줄 수가 없었다. 그래서 아버지는 두 개의 모조품을 정교하게 만들어 진짜 반지와 함께 세 아들에게 나눠 주었다. 아버지가 죽고 난 후 아들 사이에는 분쟁이 일어났다. 그럴 수밖에 없었을 것이다. 세 반지가 다 정교해서 어느 것이 진짜인지 분간할 수가 없는데다, 세 형제가 다 자기 반지가 진짜라고 우겼기 때문이다. 생각다 못해 그들은 재판관을 찾았다. 재판관도 판단하기가 쉽지 않았다. 숙고하던 재판관은 그 반지가 진짜를 소유한 사람만 신과 인간에게 사랑받을 수 있게 하는 신비한 반지라고 하던 말이 떠올랐다. 그래서 그는 아들들에게 이렇게 조언했다. "당신들은 각자에게 주어진 반지를 그대로 받으시오. 여러분은 각자가 아버지로부터 각각의 반지를 직접 받았소. 각자는 자기 반지가 진짜라고 믿으시오. 당신들의 아버지는 그중 어느 한 아들이 폭군 노릇하는 것을 허락할 수 없었소. 당신들의 아버지는 당신들 모두를 똑같이 사랑했으며, 한 사람을 더 사랑함으로 다른 두 형제를 억압하려 하지 않은 것 같소. 이제 각자는 편견에 사로잡히지 말고 사랑으로 우열을 가리도록 하시오. 각자는 결과에 의해서 반지의 위력을 증명함으로 승리해보시오. 그리고 온유와, 마음에서 우러난 친절, 자비와, 하나님께 대한 헌신으로 각자의 반지의 위력을 보존하도록 힘쓰시오. 그리고 만일 반지의 위력이 당신의 손자 대에서 증명된다면 나는 그들을 몇백만 년 후에 이 심판대 앞으로 다시 호출하겠소. 그때에는 나보다 더 현명한 재판관이 여기에 앉아서 이를 판결할 것이오." Livingston, 『현대 기독교 사상사』, 31

레싱의 이야기의 의도를 요약하면, 첫째, 하나님은 사랑이어서 어느 종교만을 편애할 리가 없으므로 어느 종교를 믿든 상관없으며, 둘째, 어느 종교가 참 진리^{진짜 반지}를 소유했는지 우리는 알 수 없으므로 타 종교에 대해 관용을 베풀어야 하며, 셋째, 각 종교는 자신의 진리성을 입증하기 위하여 각자가 온유와 관용의 마음으로 사랑의 실천에 힘써야 한다는 것이다. 물론 레싱의 이야기는 오늘날과 같은 의미의 종교다원주의를 주장하려고 한 것은 아니다. 계몽주의시대의 유산이라 할 수 있는 관용의 정신을 설파하기 위한 이야기다. 그런데 오늘날의 종교다원주의와 일맥상통하는 생각을 가지고 있는 것은 분명하다. 이런 주장을 신학적으로 수용하여 좀 더 급진적으로 전개한 신학자가 바로 자유주의 신학자인 트뢸치^{Ernst Troeltsch}다. 그에게 있어서 예수님은 단순히 위대한 다른 종교의 창시자들과 동일한 인물에 불과했다. 그는 『기독교의 절대성과 종교사』라는 책에서 어떤 종교도 절대적이거나 궁극적일 수 없으며, 그러므로 기독교 역시 절대적이거나 궁극적일 수 없다고 주장했다. 각각의 종교는 자기 나름대로의 진리 요소를 가지고 있다고 보았기 때문이다.

신학자가 이런 주장을 하다니 당황스럽지만, 당시에는 이보다 더 혼란스러운 주장들이 많았다. 물론 그 시기가 인간의 이성과 합리성, 자연과학을 인식과 판단의 기준으로 삼던 계몽주의의 절정기였으니 이해할 만하다. 그들의 관점에서는 당연한 결론이었을 것이다. 그런데 문제는 위에서 언급했듯이, 오늘날 다양한 종교적, 사상적 상황과 맞물리면서 이러한 주장이 더욱 확산되고 있다는 점이다. 과거에는 기독교 배타주의자들이 다른 종교인들을 사탄의 추종자처럼 여겼던 현상이 이제는 역으로 일어나고 있다. 종교다원주의에 근거한 반기독교적 정서가 들불처럼 번지고 있다. 기독교 진리를 조금이라도 언급하면 악성 댓글과 비난이 쏟아진다. 기독교에 별다른 관심도 없던 이들이 갑자기 "종교 차별이야!"라고 외치기 일쑤다. 다른 종교의 장점만을 보면서 기독교의 티는 그리도 잘 찾아내는 외눈박이들도 많다. 물론 기독교에 전혀 잘못이 없다고 항변하려는 것은 아니다. 다만 기독교와 다른 종교들을 공평하게 바라보지 않는 태도와, 이로 인해 기독교의 이미지가 크게 실추되는 현실에 마음이 무거울 뿐이다.

어쨌든 종교다원주의 논란을 보면서, 기독교인이라면 당연히 이런 질문을 던지지 않을 수 없을 것이다. 그렇다면, 예수 이름으로만 구원받는 것이 아니라 다른 종교의 절대자나 메시아를 통해서도 구원받을 수 있다는 말인가? 종교다원주의자들은 당연히 그렇다고 답한다. 다른 종교, 다른 메시아, 다른 신, 다른 이름을 통해서도 구원받을 수 있다는 것이다. 불교인이나 힌두교도는 그들의 메시아나 절대자를 통해서, 기독교는 예수를 통해서, 이슬람은 그들 나름의 메시아를 통해서 구원을 얻을 수 있다고 생각한다. 가끔 재미있는 사람들을 만날 수 있다. 종교다원주의자이면서도, 즉 다른 종교를 통해서도 구원을 얻을 수 있다고 생각하면서도, "예수 그리스도가 나의 유일한 구세주야"라고 말하는 사람들이다. 종교다원주의자들은 이 모순처럼 보이는 말을 수긍한다. 아니, 수긍하는 정도가 아니라 때로는 적극적인 옹호 논리를 펴기도 한다. 그렇다면 과연 그 말이 맞는 것인가? 다른 종교에도 구원이 있다고 말하면서 예수 그리스도가 나의 유일한 구세주라고 말할 수 있는 것일까? 그들은 이런 비유를 든다. 어느 날 한 남자가 자신의 아내를 바라보면서 "당신이야말로 세상에서 가장 아름다운 여인이오. 그러니 나에게는 오로지 당신뿐이오"라고 고백했다고 하자. 정말 자신의 아내가 이 세상에서 객관적으로 가장 아름다운 여인이어서, 그런 여자가 정말로 자신의 아내가 유일하다고 생각하기 때문에 그렇게 말한 것은 아니리라. 그 남자는 자신의 아내와 살아온 순간순간을 회상하면서 고마운 마음으로 아내에게 이렇게 고백했을 것이다. 그 아내가 자신에게는 유일한 존재라고 생각했기 때문이다. 그 남자는 어떤 경우에도 자신의 아내가 다른 사람에게도 유일한 사람, 가장 아름다운 사람이라고 생각하고 그렇게 말한 것은 결코 아니다. 종교도 이와 같다는 것이다. 즉, 예수가 다른 사람이 아닌 '나에게는' 유일한 구세주라는 것이다. 즉, '나에게'다. 그 여성이 다른 사람이 아닌 나에게 유일한 고마운 여자인 것처럼 말이다. 그러므로 자신의 종교를 결코 남에게 강요할 수 없다. 다른 사람에게도 역시 유일한 메시아가 있을 수 있기 때문이다. 내 아내를 다른 사람과 공유할 수 없듯이, 다시 말해 내 아내에 대한 나의 생각을 다른 사람에게 강요할 수 없듯이, 내가 믿는 종교를 남에게 강요해서는 안 된다는 것이다. 그것은 또 다른 폭력이라는 것이다. 그렇다면 그 기독교인은 복음을 온 천하에 전하라는 예수님의 명령을 어떻게 지키고 있는지 궁금해진다. 이 문제는 나중에 다시 논의하기로 하고 여기서 잠시 멈추겠다. 부가적으로 한 가지 언급하고 싶은 점은, 종교는 아내가 아니라는 것이다. 종교나 종교적 진리를 아내에 비유하는 것은 적절하지 않다고 생각한다. 이제 종교다원주의에 대해 비판적으로 검토해 보도록 하겠다.

2) 성경인가, 아니면 경험이나 상황인가

오늘날 우리의 신앙과 신학의 규범은 무엇일까? 무엇을 기준으로 판단해야 할까? 분명히 성경이 기준이 되어야 한다고 생각한다. 성경만이 우리의 신학적 사고의 기준이자 규범이 되어야 한다. 상황이나 개인의 경험이 성경의 가르침보다 우선시되어서는 안 된다. 오늘날의 종교적 다양성과 동등성 개념이 성경 해석에 개입되어서는 안 된다. '내 조상은 예수 이름을 들어본 적도 없는데', '내 부모는 타 종교를 믿는데' 하는 생각이 성경 해석을 좌우해서는 안 된다. 물론 자신의 전제들을 버리고 성경 해석을 하는 것은 거의 불가능할지도 모른다. 누구나 자신의 경험이나 전제나 교육이나 환경이 성경을 해석하는 데 무의식적으로 개입하기 때문이다. 고난의 경험이 많은 사람과 평범한 삶을 산 사람 사이에 욥을 바라보는 심정은 엄청나게 다를 것이다. 유목민들이 이해하는 아브라함과 농경민들이 이해하는 아브라함 사이에는 황야의 계곡만큼이나 큰 차이가 있을 수 있다. 그러나 자신의 전제들이 성경 기자의 관심이나 맥락이나 상황이나 의도를 통제하거나 지배해서는 안 된다.

그리고 성경에 명백히 등장하는 반종교다원주의적 내용들을 "그건 당시의 종교적 상황이야, 지금은 적용할 수 없겠지. 그 의도는 알겠는데, 다종교적 상황에서는 적용하기 힘든 것 아냐?"라는 식으로 배제해서는 안 된다. 당시 성경의 의도와 목적은 오늘날의 의도 및 목적과 동일하기 때문이다. 어떤 종교학자는 성경을 "따져보고 믿어야" 한다고 주장한다. 따져보지 않고 무조건 믿는 것은 비이성적이요 비합리적이라는 것이다. 금방 오신다던 예수가 아직도 안 왔는데 기독교인들은 아직도 그 성경 구절을 믿고 있다고 힐난한다. 이러한 주장 이면에는 그의 성경관이 들어있다. 그에게 있어서 성경은 단순히 고대 동양의 오래된 문헌 정도에 불과하다. 오늘날의 이성과 경험에 근거하여 선별적으로 받아들여야 한다는 생각을 갖고 있는 것이다. 이것이 오늘의 경험과 상황이 성경을 지배하는 것이다. 종교인이 아니라 그리스도인이라면, 종교 철학자가 아니라 기독교 신학자라면, 자신의 정체성과 성경에 대한 입장이 분명해야 한다.

3) 성경은 종교다원주의를 허용할까

아니다. 성경을 들여다보자. 이스라엘은 타 종교에 둘러싸여 살았다. 애굽의 신들, 가나안의 종교들, 바벨론의 종교들 속에 살았다. 성경은 바로 그런 틈바구니 속에서 야훼 하나님 신앙을 지키고자 했던 신앙 공동체의 기록이다. 하나님은 왜 그토록 이방신을 떠나라고, "나는 질투하는 하나님"이라고 말씀하셨을까? 보편적 하나님, 창조주 하나님, 만유의 하나님을 말하는 곳에서도 왜 하나님은 그토록 "나 외에 다른 신에게 절하지 말라고, 나 외에 다른 신이 없다"고 말씀하셨을까? 하나님은 왜 그토록 이스라엘 종교를 가나안 종교와 구분하려 하였을까? 왜 성경의 하나님은 애굽의 신들에게 재앙을 내리셨을까? 왜 예수는 "나를 통하지 아니하고는 아버지께로 올 자가 없다"고, "내가 곧 길"이라고 선언하셨을까? 왜 바울은 이방의 많은 신 앞에서 유독 그리스도 예수를 강조하며 고행의 길을 자처하였을까? 출애굽 시대에, 사사 시대에, 모세와 여호수아 앞에서 이방 종교를 믿는 자들은 어떤 대접을 받았는가? 성경의 전체적 맥락 속에서 종교다원주의라는 종교가 설 자리가 있을까? 결코 없다. 종교 혼합주의나 종교다원주의를 성경은 용납하지 않는다. 다시 말하면, 야훼 신앙은 끊임없이 바알 종교^{당시의 가나안 민족 종교이며 토착 종교}를 거부했다. 타 종교를 끌고 들어오는 왕들에게는 여지없이 하나님의 심판이 임했다. 바알이나 아세라나 애굽의 태양신을 통해서도 구원받을 수 있다는 종교다원주의를 성경은 용납하지 않았다. 그것은 바울도 예수도 마찬가지다. 제우스를 통해서도 구원받을 수 있다고 설교하는 바울을 상상할 수 있는가? "내가 곧 길이요, 진리"라고 선언하신 예수님이 다른 종교를 통해서도 구원받는다고 선포하시는 모습을 상상할 수 있겠는가? 결코 그럴 수 없을 것이다. 종교다원주의는 결코 성경적이 아니다.

4) 그리스도는 구원의 하나의 길인가?

종교다원주의자들에게 있어서 언제나 예수 그리스도는 걸림돌이다. 기독교는 그분만이 참 메시아이며 그분만이 유일하고 절대적인 길이어서 모든 사람이 그리스도 안에 있어야 한다고 주장하기 때문이다. 그래서 그들은 예수 그리스도의 구원의 중보성은 인정하면서도 절대적이고 유일한 길이 아니라 여러 길 중의 하나의 길, 여러 메시아 중의 하나의 메시아라고 생각한다. 오늘의 다종교적 상황이 규범이요 기준이라면 아마도 그렇게 말할 수 있다. 그러나 성경이 우리의 기준과 규범이 되어야 한다면 종교다원주의자들처럼 많은 구원의 길 중 하나로 말해서는 안 된다. 성경에 의하면, 그는 유일하며 절대적인 길이다. 그분을 통하지 않고는 아버지께로 이를 자가 없다. 이것은 그분이야말로 하나님의 절대적 계시이기 때문이다. 하나님은 "하늘에 있는 자들과 땅에 있는 자들과 땅 아래 있는 자들로 모든 무릎을 예수의 이름에 꿇게 하시고 모든 입으로 예수 그리스도를 주라 시인하여 하나님 아버지께 영광을 돌리게 하셨다."빌 2:10 성경에 근거한다면, 어찌 "다른 복음"이 있을 수 있으며 "다른 이름"이 있을 수 있으며, "다른 길"이 있을 수 있겠는가.

종교다원주의자들이 애용하는 구절이 바로 "하나님은 사랑이시다"라는 구절이다. 당연히 하나님은 사랑의 하나님이다. 온 세상 만민을 사랑하셔서 누구에게나 햇빛과 단비를 내리시며, 모든 인간이 구원 얻기를 원하는 하나님이다. 그러나 그 사랑은 공의에 기초한 사랑이다. 하나님의 의지와 상관없는 어쩔 수 없이 베푸시는 그런 사랑이 아니다. 하나님의 사랑은 자유의 사랑이며 자발적인 사랑이며 공의의 사랑이다. 더구나 기독교의 하나님의 사랑은 그리스도 없는 사랑이 아니다. 그리스도 안에서 자신을 드러내신 사랑이다. 그리스도의 십자가는 이래도 좋고 저래도 좋은 사랑이 아니라, 바로 아픔과 고통과 죽음을 통한 사랑, 공의가 담겨 있는 사랑이다. 또한 하나님은 공의의 하나님이다. 종교다원주의자들에게는 이것이 없다. 공의는 결코 폭력적이며 무자비한 것이 아니다. 마음대로 판단하고 자신의 힘을 아무렇게나 행사하는 그런 공의가 아니다. 공의는 하나님의 사랑에 근거한 공의다. 하나님의 사랑은 공의의 사랑이며, 하나님의 공의는 사랑의 공의다.

5) 종교다원주의는 선교의 열정과 복음을 약화시킨다

종교다원주의를 주장하면 필연적으로 선교의 열정과 복음이 약화될 수밖에 없다. 이는 선교의 의미 자체를 무력화시킨다. 종교다원주의자들은 타종교와의 대화를 통해 기독교가 더욱 본질적인 모습을 찾을 수 있다고 주장하지만, 예수 그리스도를 통한 구원과 삼위일체 하나님의 역사를 포기하는 순간 기독교는 그 정체성을 잃게 되며, 복음 선교의 동력도 상실될 수밖에 없다. 타 종교에도 구원이 있는데 무엇 때문에 목숨을 건 선교를 감행하겠는가? 예루살렘과 유대와 사마리아와 땅끝까지 이르러 예수의 증인이 아니라면 누구의 증인이 되어야 하는가? 기독교의 기초를 세웠다고 할 수 있는 바울을 생각해 보자. 그는 헬라 문화와 종교와 철학을 잘 알고 있었다. 그가 만일 다른 종교나 철학으로도 구원받는다고 생각했다면, 그는 결코 그 엄청난 수고를 기울이지 않았을 것이다. 그가 다닌 거리만 해도 상상할 수 없을 정도다. 갖은 고난과 어려움은 말할 수도 없다. 그는 이렇게 고백한다. "내가 수고를 넘치도록 하고 옥에 갇히기도 더 많이 하고 매도 수없이 맞고 여러 번 죽을 뻔하였으니 유대인들에게 사십에서 하나 감한 매를 다섯 번 맞았으며 세 번 태장으로 맞고 한 번 돌로 맞고 세 번 파선하고 일주야를 깊은 바다에서 지냈으며 여러 번 여행하면서 강의 위험과 강도의 위험과 동족의 위험과 이방인의 위험과 시내의 위험과 광야의 위험과 바다의 위험과 거짓 형제 중의 위험을 당하고 또 수고하며 애쓰고 여러 번 자지 못하고 주리며 목마르고 여러 번 굶고 춥고 헐벗었노라 이외의 일은 고사하고 아직도 날마다 내 속에 눌리는 일이 있으니 곧 모든 교회를 위하여 염려하는 것이라"고후 11:23-28 왜 그랬을까? 예수 그리스도만이 인류를 위한 참 구원자라고 생각했기 때문이다.

이렇게 말한다면 아마도 하나님의 선교가 아닌 교회의 선교를 고수하고 있다고 비판할지 모른다. 그러나 하나님의 선교는 어디까지나 성령 안에서 그리스도를 통한 생명의 선교이지, 그리스도 밖의 선교가 아니다. 하지만 이는 타 종교인들을 적대시하고 악마시하며 모든 대화를 단절하자는 뜻이 아니다. 대화는 반드시 필요하다. 그러나 그 대화가 복음을 약화시키거나 자신의 정체성을 상실하는 대화여서는 안 된다. 자신의 정체성을 포기한 대화는 대화의 상대가 없는 독백일 뿐이다. 비그리스도인들과의 대화는, 어느 학자가 말한 대로, 자신의 복음적 정체성과 그리스도 구원의 절대성과 유일성을 근거로 한 "선교적 대화"이어야 한다.

종교다원주의는 기독교의 복음적 정체성에 대한 주장을 배타주의로 매도해서는 안 된다. 일부 배타적 태도가 있는 것은 사실이다. 그렇다고 해서 기독교 전체를 배타적 종교로 매도해서도 안 된다. 종교다원주의를 받아들이지 않으면 "계속 교회로부터 이탈해 가는 사람이 많아지고, 점점 개신교 숫자는 격감할 것"이라는 예언성 발언을 그들은 하고 있는데, 교회는 결코 사람의 수로 따져지지 않는다. 교회에게는 복음의 정체성이 중요한 것이지, 사람 수가 중요한 것이 아니기 때문이다. 사람의 수라는 관점으로 생각한다고 해도, 교회가 세속적이 되고, 복음의 정체성과 복음에 대한 열정이 강하지 못한 곳에서 오히려 숫자가 줄어들고 있다는 사실을 종교다원주의자들은 명심해야 한다.

6) 다시, "너희는 나를 누구라고 하느냐"

예수가 제자들을 향하여 자신의 정체성을 확인한 곳은 가이사랴 빌립보다. 앞에서 이야기 한 대로, 예수가 평상시에는 잘 다니지도 않던 로마 황제의 도시 가이사랴 빌립보에서 "너희들은 나를 누구라고 하느냐"고 물어보신 이유는 무엇일까? 앞으로 이방 종교의 도시들을 다니며 전도하게 될 제자들에게 "내" 증인이 되라고 한 이유는 무엇일까? 예수 그리스도를 따르는 자들의 정체성을 분명히 해야 함을 말하기 위함이 아니었을까? 타 종교의 상황 속에서 무엇보다도 우리는 예수 그리스도에 대한 정체성을 분명히 해야 한다. 기독교는 물음표?의 종교가 아니라 느낌표!의 종교이다. 진리는 두루뭉술하지 않다. 기독교는 "오직 예수 이름으로만?"의 종교가 아니라, "오직 예수 이름으로만!"의 종교다. "다른 복음은 없다?"의 종교가 아니라 "다른 복음은 없다!"의 종교다.

하나님은 성경보다 더 크신 분이지만, 우리는 결코 성경보다 더 크지 않다. 성경 안에 머물러야 하며 성경을 규범으로 하여 우리의 신앙과 신학을 비추어 보아야 한다. 성경을 규범으로 하는 것을 배타적이라고 말해서는 안 된다. 우리는 하나님을 제한해서는 안 된다. 우리는 하나님을 하나님 되게 해야 한다. 이때 우리가 믿는 하나님은 성경의 하나님이어야 하며, 종교다원주의가 말하는 추상적 하나님이 되어서는 안 된다. 하지만 복음의 정체성과 예수 그리스도의 절대성을 지킨다는 명목으로 비그리스도인들을 배척하거나 악마시해서는 안 된다. 만약 그런 태도를 보인다면 그리스도인들이 먼저 회개해야 한다. 그들도 그리스도 안에 있어야 할 하나님의 피조물이기 때문이다. 우리는 그들이 그리스도 안에서 진정한 구원과 해방을 경험할 수 있도록 사랑과 자비를 베풀어야 한다. 이를 위해 대화가 필요하다. 단, 그들과 동화되기 위한 대화가 아닌, 복음의 확신에 근거한 선교적 대화여야 한다. 오늘날 종교적 다원성이 강조되고 반기독교 정서가 심각한 상황에서, 우리는 성경에 근거한 예수 그리스도의 복음적 정체성으로 무장해야 한다. 우리는 끊임없이 "너는 나를 누구라 하느냐?"라는 예수 그리스도의 질문을 되새겨야 한다.

제 10 장
"찬송"에 나타난 그리스도론

—

1. 시인 예수

예수의 삶을 다루는 항에서 문학가 예수를 다룬다는 것은 다소 생소해 보인다. 그래도 필자의 관심이니 한 번 소개해 보려 한다. 이것은 앞에서 말한 모든 예수의 모습을 인정하는 것을 전제로 하는 말이다. 필자는 종종 예수의 실제 모습을 상상하곤 한다. 노을 지는 갈릴리 호숫가에 있을 땐 무슨 생각을 하실까, 몰려드는 병자들을 보면서 불쌍히 여기는 표정은 어떻게 지을까, 길가의 풀이나 꽃을 보시면 무슨 반응을 하실까, 어린아이들을 보면서 근엄한 표정을 지을까, 아니면 웃음을 띠고 다정한 말 한마디 걸어 줄까, 땅에 글을 쓰셨다니 평상시에도 글을 쓰셨을까, 새벽에 일어나서 기도하러 가실 때는 누구와 어떤 표정으로 무슨 말을 하면서 걸으실까, 내내 백성들 걱정에 하나님 나라 이야기만 하실까, 성경에 나와 있지 않은 그의 빈 시간엔 무엇을 하실까 등…. 늘 예수전(傳)을 쓰고 싶다는 생각에 이런저런 사소한 생각을 해 볼 때가 많다.

어느 날 갑자기 예수님은 문학을 좋아하실까, 만일 시를 쓰신다면 무슨 시를 쓰셨을까, 신학자나 목회자가 아닌 시인이 예수님의 많은 비유나 산상수훈을 읽는다면 어떤 평론을 할까 궁금했다. 우리는 너무 익숙해서 별 감흥이 없을지 모르나 예수님의 비유나 이야기들을 곱씹어 보면 대단한 문학적 소양을 갖추고 계신 것처럼 보이기 때문이다. 그러다 이런 시를 발견하게 되었다.

> 그는 모든 사람을 시인이게 하는 시인
> 사랑하는 자의 노래를 부르는 새벽의 사람

해 뜨는 곳에서 가장 어두운 고요한 기다림의 아들

절벽 위에 길을 내어 길을 걸으면 그는 언제나 길 위의 길

절벽의 길 끝까지 불어오는 사람의 바람

들풀들이 바람에 흔들리는 것을 용서하는 들녘의 노을 끝

사람의 아름다움을 아름다워하는 아름다움의 깊이

날마다 사랑의 바닷가를 거닐며 절망의 물고기를 잡아먹는 그는

이 세상 햇빛이 굳어지기 전에 홀로 켠 인간의 등불

정호승 시인의 "시인 예수"라는 시다. 두고두고 암송하고 싶은 시다. 그래도 첫 줄이 제일 마음에 든다. "모든 사람을 시인이게 하는 시인." 김현승 시인도 1966년 『기독교사상』에 발표한 3쪽짜리 "시인 예수"라는 글에서 "복음서에 기록된 예수의 언행록을 읽어 내려가노라면 예수는 이 세상의 누구보다도 탁월한 시인 중의 시인임을 아니 느낄 수가 없다"라고 하였다. 그 이유를 그는 다음과 같이 설명한다. 첫째는 "감각적 표현"을 사용했다는 점이다. "시란 작자의 감정이나 감각을 통하여 읽거나 듣는 사람들의 감정이나 감각에 호소하는 작업"인데, "예수는 유대인들의 상상의 눈을 통하여 자신의 위대한 의미의 고독을 정경적^{情景的}으로 보여 주었기" 때문이다. 둘째는 "감정이나 감각의 언어를 사용하므로 언제나 어린아이의 말과 같이 쉽고 선명하다는 점"이다. 예수는 어느날 들에 핀 백합화를 가리키며, 유대인들에게 "솔로몬의 모든 영화로도 입은 것이 이 꽃 하나만 못하였다"고 표현하면서 "인생의 진정한 미"가 어디 있는가를 지적해 주었다. 셋째는 "생의 근원적인 본질을 추구함에 있어, 예수의 정신과 시의 이상적인 정신이 하나로 일치하고 있기" 때문이다. 넷째는 "시에 등장하는 역설"이 예수에게 잘 드러나 보인다는 것이다. 다섯째, 예수는 침묵을 통한 행동의 시를 보여주었기 때문이다. 재미있게도 김현승은 성탄절을 "구세주와 함께 위대한 시인이 탄생하신 날"이라고 정의하고 있다.

신약학자 타이쎈은 『역사적 예수』라는 그의 역작에서 예수를 시인으로 설명하고 있다.[Theissen, 『역사적 예수』, 459ff.] 타이쎈의 말에 따르면, 그를 문학가나 시인으로 묘사할 수 있는 이유는 앞에서 시인들이 지적한 바와 같이 그의 비유 사용에 있다. 그는 자신의 메시지를 전파하기 위하여 비유를 아주 탁월하게 사용하였다는 것이다. 일상적이면서도 상징적인 언어를 사용하였고, 메타포를 적절히 사용하였다. 예를 들면 "천국은 마치 밭에 감추인 보화와 같으니"[마 13:44]와 같은 비유다. 그에 따르면, 탕자의 비유는 단순히 교훈 전달이 아닌 이야기의 형식, 서사의 형식을 빌려 하나님의 사랑을 문학적으로 표현하려는 시도이다. 문학에 종종 나타나는 갈등과 역설의 구조도 중요한 문학의 형식이다. 이에 대표적인 비유는 아마 포도원 일꾼의 비유일 것이다.

2. "시와 찬송과 신령한 노래들로" — 대림과 성탄 찬송으로 배우는 그리스도론

구경애 시인은 "파릇한 숲 속/이슬 먹고 숨어 피는/작은 들꽃//돌 틈 사이 흐르는/실팍한 물길 위/젖은 나뭇잎//조약돌에 얹힌 이끼 한 줌과/흐르는 상념 속/노랗게 피어나는/금불초//아침 강물 위에/영롱하게 반짝이며/몸 씻는/별들의 눈물//얕은 웅덩이에 모여/조잘거리며 치장하는/작은 산새들/내 눈동자만 바라보며/죽도록 사랑하는/나의 해바라기/그대"를 "아름다운 것들"이라 노래한다. 소정희 시인은 "어느 삶 자락에서 뼈마디가 녹진해진/인생이 몽땅 진이 되어/고추 대처럼 말라버린/우리 어머니의 어머니이신", "목욕탕에서 만난 어느 할머니의 앙상한 발에서", "아름답다는 것을 느낀 적이 있다"고 고백한다.

여기서 시인들이 외치는 아름다움은 우리가 흔히 생각하는 숭고하고 웅장하며 거대한 것의 아름다움이나, 청춘의 아름다움, 혹은 자연풍경의 아름다움처럼 고정관념에 갇힌 아름다움이 아니다. 아기자기한 자연의 풍경에서 인간의 삶에 이르기까지 모든 것이 아름다움이다. 그들이 찬양하는 진정한 아름다움이란 말라버린 추한 노인의 발에서 나오는 삶의 역설이요, 나만을 바라보며 사랑하는 인간이 진정한 아름다움이요, 삶의 경탄이다. 이성의 규정을 넘어서는 고백과 감탄과 찬양이 바로 아름다움에 대한 규정이다. 기독교적으로 해석하자면 우리만 죽도록 사랑하여 세상으로 오신 그대, 그 안에 생명을 담고 있는 태초의 말씀이며, 조롱과 채찍으로 뼈마디가 녹진해지고, 삶이 몽땅 진이 되고, 피땀을 다 쏟아 말라비틀어질 십자가의 운명임을 알고도 이 땅에 인간으로 오신 그분의 오심은 인간의 이성으로는 규정할 수 없는 아름다움 아니겠는가! 그러므로 그분을 향한 회상과 그리움과 굽혀 경배함으로 기다리는 이 대림절을 아름다움이 아닌 다른 그 무엇으로 정의할 수 있겠는가!

해마다 우리는 대림절을 맞는다. 그리고 하나님의 오심을 올해도 기다린다. 하나님의 오심, 성육신의 은총에 감격하여 "시와 찬송과 신령한 노래들로 서로 화답하며 너희의 마음으로 주께 노래하며 찬송하며 범사에 우리 주 예수 그리스도의 이름으로 항상 아버지 하나님께 감사"엡 5:19할 뿐이다. 우리는 하나님 찬양을 위해 존재한다. 우리에게 다른 이름이 있다면 그것은 "하나님께 영광, 하나님 찬양"이다. 우리의 존재와 삶은 찬양으로 규정 지워져 있기 때문이다. 그래서 아우구스티누스는 그의 『고백록』 첫 머리를 이렇게 시작한다.

오 주님, 당신은 위대하시니 크게 찬양을 받으실만 합니다. 당신의 능력은 심히 크시고 당신의 지혜는 헤아릴 수 없습니다. 그러기에 당신의 피조물의 한 부분인 인간이 당신을 찬양하기 원합니다. 당신은 우리 인간의 마음을 움직여 당신을 찬양하고 즐기게 하십니다.선한용 역

하나님은 찬양받으시는 분이시고, 인간은 하나님 찬양을 위해 지음을 받았다는 고백이다. 이것은 소요리문답의 첫째 문답과 상통한다. "사람의 제일 되는 목적은 하나님을 영화롭게 하고 그를 영원토록 즐거워하는 것"이다. 인간의 근본 목적은 하나님 찬양이라고 바꿔 쓸 수 있는 문장이다. 교회와 신학의 목적은 하나님 찬양이다. 몰트만은 "본래의 신학은, 다시 말하여 하나님의 인식은 감사와 찬양과 예배를 통하여 표현된다. 그리고 찬미를 통하여 표현되는 그것이 본래의 신학이다. 구원의 경험을 감사와 찬양과 기쁨 속에서 표현하지 않고는 구원을 경험할 수 없다. 구원의 경험은 찬미를 통하여 비로소 완전한 구원의 경험으로 표현된다"Moltmann, "조직신학," 186-87고 말한다. 그러므로 신학, 즉 하나님에 대한 진술은 하나님에 대한, 하나님을 향한 찬양이다. 역으로 찬양은 하나님에 대한 인간의 언어이다. 논리적 언어로만 하나님을 말할 수 있는 것은 아니다. 이것은 곧 개념적, 논리적 언어로 행해지는 신학만이 신학이 아니라는 것을 의미한다. 설교도 신학이요 찬송도 신학이며 기도도 신학이다. 때로는 논리적, 개념적 언어보다 시적 언어, 찬미적 언어, 표상적 언어가 하나님과 하나님 체험을 더 풍부히 표현할 수도 있다. 신학을 전실존적 고백이라고 한다면 오히려 찬송 속에서 하나님을 고백하는 것이 더 신학적이라고 말할 수 있을지도 모른다.

3. "참신과 참사람이 되시려고 저 동정녀 몸에서 나시었네"
― 과학 시대에 불러야 할 찬송

"이 세상에 주께서 탄생할 때에 참신과 참사람이 되시려고 저 동정녀 몸에서 나시었네." 찬송가 122장 찬송의 한 구절이다. 이 찬송은 기독교가 오랫동안 고백해 온 핵심 교리를 담고 있다. 『사도신경』은 예수 그리스도의 탄생을 "성령으로 잉태되어 동정녀 마리에게서 나시고"라고 고백하고 있다. 그렇다면 장로교의 교리 문서들은 예수 그리스도에 대해 어떻게 고백하고 있을까?

> 그분은 우리 인류와 우리의 구원을 위해서 하늘로부터 내려오사, 성령과 동정녀 마리아를 통하여 성육신하셔서 인간이 되셨습니다.「니케아-콘스탄티노플 신조」

> 그는 때가 차매 사람의 본성을 입으셨다. 사람이 가지는 모든 근본적 요소와 거기서 나오는 일반적 결점을 가졌으나 죄만은 가지지 않으셨다. 그는 성령의 힘으로 동정녀 마리아에게 잉태되어 그 여인의 몸에서 탄생하셨다.「웨스트민스터 신앙고백서」, 8.2

> 우리는 예수 그리스도가 하나님의 아들로서 사람이 되셨다는 것과 그가 하나님이시요, 또한 사람이시며, 하나님과 사람 사이의 유일의 중보자가 되신 것을 믿는다. 그는 성령으로 잉태하사 동정녀 마리아의 몸에서 나시사 완전한 사람이 되어 인류 역사 안에서 생활하셨다. 이와 같은 그리스도의 성육신은 단 한 번으로써 완결된 사건이요, 최대의 기적에 속하는 사건이다.「대한예수교장로회신앙고백서」, 3.1

대림절과 성탄절 찬송들은 방금 언급한 교리 문서들의 신앙고백을 거의 그대로 담고 있다. 그리고 그리스도의 오심을 기다리고 준비하며 그의 탄생을 기뻐 노래하고 있다. 몇 구절을 인용하면 다음과 같다. "우리 주 보좌를 떠나서 사람 몸을 입었네"98장. "사람 몸에 나시어"99장. "이새의 뿌리에서"101장. "만왕의 왕 예수님 이 세상에 오시었네"106장. "여호와의 말씀이 육신을 입어"122장. 위에서 언급한 교리 문서들이나 찬송가가 공통으로 묘사하고 있는 것은 예수의 실존성이다. 즉 예수는 이 땅에 실제로 오셨던 역사적 인물이라는 고백이다. 성경 역시도 예수님의 탄생이 실제 역사임을 구체적으로, 생생하게 기록하고 있다. 그들이 기록한 예수 이야기가 결코 꾸며낸 이야기나 신화가 아님을 확신했다는 증거다. 꾸며낸 이야기라면 화려하고 대단한 왕궁에서 대단한 사람들의 축하를 받으면서 태어났다고 기록할 법도 한데 성경은 그렇게 기록하고 있지 않다. 그래서 찬송도 "그 어린 주 예수 눌 자리 없어 그 귀하신 몸이 구유에 있네"¹¹⁴장 라고 노래한다. 이것을 우리는 의심할 여지 없이 받아들여야 한다. 우리의 신앙과 선포의 모든 것이기 때문이며, 예수 그리스도가 없다면 우리의 신앙은 허무한 것이 되고 말기 때문이다. 우리는 성탄 찬송을 부르면서, 2천여 년 전 이스라엘 땅에 직접 오시고 거기서 사시고 죽으셨던 예수의 역사성을 이 과학 시대에도 마음에 깊이 새겨야 할 것이다.

찬송에서 드러난 중요한 또 하나의 고백은 바로 동정녀 탄생에 관한 것이다. 찬송가 122장 등은 동정녀 탄생을 노래하고 있다. 이것은 분명히 성경에 기초한 것이다. "보라 처녀가 잉태하여 아들을 낳을 것이요 그 이름은 임마누엘이라 하리라." 예수의 탄생은 동정녀인 마리아의 몸을 통하여 이루어진 것이다. 그것은 그분이 참으로 인간이 되셨음을 의미한다. 달리 말해 "그는 근본 하나님의 본체시나 하나님과 동등됨을 취할 것으로 여기지 아니하시고 오히려 자기를 비워 종의 형체를 가지사 사람들과 같이 되셨음을"빌 2:6-7 의미한다. 그는 성장하였고, 문화적 종교적 유산을 배워 나갔다. 공생애 기간 동안 그는 배고픔과 목마름을 경험하였고 지치기도 하였으며 나사로의 죽음 앞에서 상실의 아픔을 경험하기도 하였다. 그는 배반당하였고 체포 당하였으며 고문당하였다. 그는 참으로 인간의 비참함, 유한성, 버림받음의 깊은 곳까지 체험하였다. 주의할 것은 그분은 동시에 참 하나님이시라는 점이다. 그의 인간되심을 강조하려다 그의 신성을 상실해서는 안 될 것이다. "그는 근본 하나님의 본체"이시기 때문이다.

이러한 동정녀 탄생에 대한 신앙은 고대교회에도 이어졌다. 고대 기독교의 중요한 신조들 뿐 아니라 이그나티우스 Ignatius of Antioch, 이레네우스 Irenaeus of Lyons, 오리게네스Origenes, 터툴리아누스Tertullianus 등 고대교회의 교부들도, 그리고 종교개혁자들도 성령을 통하여 동정녀의 몸에서 예수가 탄생했다는 것을 고백하였다. 19세기에 이르러 인간의 합리성과 이성에 근거한 계몽주의의 영향을 받은 자유주의 신학은 대체로 예수의 동정녀 탄생을 거부하였다. 생물학적 남녀 결합이 없는 출생은 있을 수 없다는 과학 논리적 사고에 사로잡혀 있었기 때문이다. 그러나 우리가 믿는 하나님은 과학 시대에도 전능하신 하나님이시다. 하나님의 전능을 믿는다면 동정녀 탄생 정도는 아무 문제 없이 믿을 수 있을 것이다. 하나님의 전능을 믿으면서 동정녀 탄생을 믿지 못한다면 그것이 오히려 이상한 일이 아닌가.

4. "기쁘다 구주 오셨네" — 성탄은 인간의 기쁨이자 하나님의 기쁨

"눈보라 속에서도 매화는 꽃망울을 트고…눈 덮인 겨울의 밭고랑에서도 보리는 뿌리를 뻗듯이"문병란, "기쁨은 슬픔에서 자라고 희망은 절망에서 자라는 것"최일화인가 보다. 그날도 그렇게 예수님은 오셨다. 눈보라 속에서 오셨고, 겨울 밭고랑을 타고 오셨다. 슬픔을 깨뜨리고 오셨고, 어두움과 외로움을 뚫고 오셨고, 절망을 딛고 오셨다. 아니, 오셔야 했다. 그들이 그토록 기다리지 않았는가. 그러나 정작 인간의 몸으로 오시는 그날엔 번잡한 사람들의 흥청거리는 소리뿐, 맞이하는 사람도 몸을 누일 장소도 없었다. "있을 곳이 없습니다"no room! 라는 말에 요셉과 마리아는 발길을 돌렸다. 그리고 천천히 마구간 안으로 들어갔다. 그곳은 성화에 나오듯 그렇게 낭만적인 곳이 아니었다. 천사들이 노래하고, 예쁜 등불이 켜져있고, 나귀들조차 찬양하는 듯한, 조용하고 포근한 장소가 아니었다. 냄새나고 비참한 곳, 결코 머물고 싶지 않은, 그러나 있을 곳이 없어 어쩔 수 없이 몸을 의지했던 곳, 그러한 곳이었다. 대단히 역설적이게도 바로 거기, 외로움과 슬픔과 절망의 장소로부터 기쁨과 희망과 생명의 주님이 탄생하였다.

성탄에 우리는 이렇게 찬송을 부른다. "기쁘다 구주 오셨네"Joy to the World, 115장. "만백성 기뻐하여라"117장. 구세주가 오셨음을 기쁘게 외쳐야 한다. 여전히 이 땅에는 슬픔과 아픔과 고통이 존재한다. 주님이 구세주임을 모르는 사람들이 점점 더 많아져 간다. 이천 년 전처럼 여전히 위기이고, 여전히 암울하다. 여전히 주님 모실 빈방이 없다. 그래도 불러야 한다. 아니 그래서 불러야 한다. "기쁘다 구주 오셨네." 온 마음과 온 힘을 다해 불러야 한다. 그리스도인들과 교회만이 아니라, 온 세상이 외쳐야 한다. 만물들도 외쳐야 한다. "기쁘다 구주 오셨네." 그만이 세상의 구원자이시고, 그만이 평화의 왕이시고, 그만이 기쁜 소식이기 때문이다.

성경은 기쁨의 책이다. 창세기 첫 장부터 창조하신 만물을 보면서 기뻐하시는 하나님의 기쁨으로 시작한다. 이외에도 성경 곳곳에 기뻐하시는 하나님의 모습이 생생하게 그려져 있다. "너의 하나님 여호와가 너의 가운데에 계시니 그는 구원을 베푸실 전능자이시라 그가 너로 말미암아 기쁨을 이기지 못하시며 너를 잠잠히 사랑하시며 너로 말미암아 즐거이 부르며 기뻐하시리라 하리라"습3:16-17 성경의 하나님은 인간과 온 세상 만물을 기뻐하시는 하나님이시다. 무신론자들이 생각하듯, 우리의 하나님은 결코 무서운 하나님도 폭력적인 하나님도 아니다. 사랑과 자비의 하나님이요, 자신의 피조물을 기뻐하시는 하나님이시다. 이 하나님의 사랑과 기쁨의 결정판이 바로 예수를 이 땅에 보내신 성육신 사건, 즉 성탄의 사건이다. 그러므로 성탄은 인간에게만 기쁜 날이 아니라 하나님에게도 기쁜 날Merry Christmas!이다. 아이의 출생을 누구보다 부모가 기뻐하듯, 하나님은 아들의 탄생을 누구보다 기뻐하셨다. 이것을 누가는 잘 표현한다.

천사가 이르되 무서워하지 말라 보라 내가 온 백성에게 미칠 큰 기쁨의 좋은 소식을 너희에게 전하노라 오늘 다윗의 동네에 너희를 위하여 구주가 나셨으니 곧 그리스도 주시니라 너희가 가서 강보에 싸여 구유에 뉘어 있는 아기를 보리니 이것이 너희에게 표적이니라 하더니 홀연히 수많은 천군이 그 천사들과 함께 하나님을 찬송하여 이르되 지극히 높은 곳에서는 하나님께 영광이요 땅에서는 하나님이 기뻐하신 사람들 중에 평화로다 하니라 눅 2:10-14

마구간뿐만 아니라 온 세계에 충만한 기쁨이 생생히 느껴지는 듯하다. 그러므로 이 성탄절에 하나님이 기뻐하시니 우리도 기뻐해야 한다.

기독교는 기쁨의 종교다. 약속된 예수 그리스도의 오심 때문이다. 오셔서 우리와 함께 계시며 Immanuel, Schechinah 기쁨을 방해하는 모든 것에서 우리와 만물을 구원하시고 해방하기 때문이다. 그래서 성탄 찬송들은 그를 한마디로 구세주, 메시아라고 노래한다. 시편은 인간의 부정적 감정들로 가득 찬 책이다. 질병, 박해, 고독, 부끄러움, 박탈감, 가난, 학대, 배신, 쇠잔, 죽음 등에 대한 한탄과 탄식이 널려 있다. Brown, "Happiness and Its Discontents in the Psalms", 96f. 기뻐하는 인간보다 절망에 가득 차 있는, 그래서 절규하는 인간이 더 도드라져 보인다. 그러나 누구보다 행복과 기쁨에 대해 많이 이야기하는 책이 시편이기도 하다. 하나님은 모든 악에서 구원하시는 하나님이시기 때문이다. 신약학자 라이트는 시편과 연결하여 예수로 인한 구원의 기쁨을 다음과 같이 진술하고 있다.

그것은 구약 시편 126편과 그 외 다른 곳에 표현되어 있는 기쁨, 즉 이스라엘의 하나님이 드디어 자기가 약속한 것을 행하셔서 이스라엘을 포로로부터 구원하시고 용서와 회복과 새로운 삶을 주신다는 것, 그것을 발견한 기쁨, 바로 그 기쁨을 새로운 메시아적 방식으로 새롭게 표현한 것이다. 그리고 그것은 하나님의 새로운 현존, 즉 하나님의 새로운 행위인 예수 그리스도의 인격과 행위에서 경험되어야 할 기쁨,

애굽이나 바벨론이 아닌 죽음 자체로부터 사람들을 건져내시는 행위에서 경험되어야 할 기쁨인 것이다." Volf and Crisp, *Joy and Human Flourishing*, 48

다시 말하지만, 성탄은 우리에게도, 하나님에게도, 만물에게도 기쁨의 날이다. 크게 소리 높여 찬양하자. "기쁘다 구주 오셨네."

5. "우리 가운데 거하시매" — 성육신의 의미

성육신은 하나님이 인간이 되신 사건으로 다음 구절에 근거한다. "그는 근본 하나님의 본체시나 하나님과 동등됨을 취할 것으로 여기지 아니하시고 오히려 자기를 비워 종의 형체를 가지사 사람들과 같이 되셨고 사람의 모양으로 나타나사 자기를 낮추시고 죽기까지 복종하셨으니 곧 십자가에 죽으심이라" 빌 2:6-8 "말씀이 육신이 되어 우리 가운데 거하시매 우리가 그의 영광을 보니 아버지의 독생자의 영광이요 은혜와 진리가 충만하더라" 요 1:14

그렇다면 성육신이 내포하고 있는 의미는 무엇인가? 첫째, 성육신은 하나님이신 예수 그리스도의 지상적 삶이 시작된다는 의미를 내포하고 있다. 동시에 인간들을 향하신 하나님의 구원 역사가 예수의 인격 안에서, 그리고 이 땅에서 성취되는 사건이다. 선지자나 제사장이나 사사士師들을 통한 하나님의 구원 행위와는 질적으로 다른 행위다. 그는 하나님의 아들이기 때문이다. 둘째, 이미 본 대로, 성육신은 감춰진 하나님이 드러나는 사건, 즉 하나님의 결정적 자기 계시 사건을 의미한다. 동시에 그것은 하나님이 우리 인식의 대상이 되셨음을 의미한다. 셋째, 성육신은 하나님이 자신을 낮추어 시간과 공간의 세계에 오셨음을 의미한다. 하나님은 본래 시공간을 초월해 계시는 분이다. 그럼에도 그는 자발적으로 자신을 제한하여 역사와 세상에 들어 오셨다. 넷째, 그가 온전한 한 인간이 되셨음을 의미한다. 성육신한 그리스도는 절반은 신이고 절반은 인간인 그러한 존재가 아니다. 또 인간의 형체를 가지고 있는 천사가 되신 것도 아니다. 그는 참으로 인간이 되셨다. 그렇다고 그가 우리 인간과 모든 면에서 동일한 존재가 되었다는 말은 아니다. 인간이 되셨음에도 불구하고 여전히 그는 신성을 소유하고 있으며, 죄인의 세계 속으로 들어오셨으나 그는 결코 죄인이 아니기 때문이다.

물질과 자연의 관점에서도 성육신은 의미가 있다. 우리는 종종 예수가 인간이 되셨으므로 인간만을 예수 그리스도의 사랑과 구원의 대상으로 생각하는 경우가 있다. 그러나 그렇지 않다. 성육신은 예수 그리스도가 물질과 자연에게도 의미 있음을 선언하는 사건이다. 달리 말하면, 성육신은 이 자연 세계의 긍정을 의미한다. 때로 신학은 세계를 악한 것으로, 선하지 못한 것으로, 그러므로 철저히 파괴되어 없어져야 할 것으로, 그리고 정신과 영은 선한 것으로 묘사해 왔다. 그러나 그것은 잘못된 생각이다. 성경은 결코 물질세계가 악하다거나 파괴되어 영원히 사라져야 할 존재로 그리지 않는다. 만일 그것이 그렇게 부정적이라면 하나님은 육체를 입고 오지 않았을 것이다.

또 하나의 관점을 생각해 보자. 인간이 되신 하나님은 철저하게 인간과 함께, 인간의 일상 속에서 살아가셨다. 그분은 사람들의 일상적인 삶과 문화와 동떨어져 홀로 거하지 않았다. 그분은 구름을 타고 다니지도 않았고, 이슬만 먹고 살지도 않았다. 말 그대로 그분은 우리와 같이 되셨다. 구체적으로 말하면, 예수는 그 지방 음식을 먹었고, 아람어를 사용하셨고, 백성의 노래를 불렀고, 똑같이 흙먼지를 밟으며, 익숙한 동네 길을 걸었다. 지나가는 어린이들에게 말을 걸고, 들풀과 공중의 새들을 쳐다보며 묵상했다. 이것은 무엇을 의미하는가? 그리스도가 세상에 오셨다는 것, 그것은 우리도 사람들의 문화와 삶, 사람들의 평범한 삶 속으로 뛰어 들어가 그들에게 하나님 나라를 전하며, 그들을 위로하며 그들을 섬겨야 한다는 것을 의미한다.

성육신은 문화와 복음의 관계를 다시 생각하게 한다. 우리는 종종 문화를 타락한 것으로, 그래서 문화와 복음은 적대적이며 상호 모순되는 것으로 판단하고, 문화와 분리되는 복음이 참 복음이라고 생각한다. 그것은 예수의 방식이 아니다. 예수는 세상의 문화 안으로 뛰어 들어오셨다. 교회는 복음을 들고 문화 안으로 뛰어 들어가야 한다. 레너드 스윗 Leonard Sweet 은 성육신을 이렇게 해석한다. "예수는 포괄적이고 문화 중립적인 양식으로 옷을 입으시거나 당시의 사람들과 동떨어진 의복을 입지 않으셨다. 그분은 자신이 살던 시대의 통상적인 옷을 입었다. 그분은 자신이 살았던 시대의 언어로 말했으며, 철저히 1세기의 문화적 공간 안에서 거주하셨다." Sweet, 『모던 시대의 교회는 가라』, 111 그는 "하나님은 문화를 통해 모든 민족과 모든 세대에 역사하신다. 중간에 어떤 매개를 거치지 않는 복음은 없다" Sweet, 『모던 시대의 교회는 가라』, 113 고 단정한다. 그리고 "성육신 모델은 시대의 조화를 고려하나 시대의 새로운 정신을 창조한다. 이것은 그저 시대 정신을 붙잡지 않고, 새로운 정신을 창조하도록 돕는다. 이것은 문화와 접촉하나 그것에 동조하지는 않는다. …포스트모던 시대의 성육신적인 교회는 문화의 모든 과학 기술적인 발전을 이용하여 기꺼이 그 세계에 복음을 더 효과적으로 증거하는" 과제를 가져야 한다고 주장한다. Sweet, 『모던 시대의 교회는 가라』, 114

프로스트 Frost 와 허시 Hirsh 는 성육신의 의미를 선교적 차원으로 확대한다. 그들은 성육신을 "하나님과 인간 사이의 화목과 그에 따르는 연합을 위해 하나님이 우리 세계와 삶과 실재의 심층부로 들어오시려고 스스로 취하신 숭고한 사랑과 겸손의 행위" Frost and Hirsh, 『새로운 교회가 온다』, 75 로 정의하면서, 선교적 차원에서 성육신의 의미를 다음과 같이 밝혔다. 첫째, "성육신은 어떤 그룹의 사람들에게 의미와 역사 감각을 제고하는 고유한 문화적 틀을 해치지 않고 복음이 진짜로 그들의 것이 될 수 있게 하는 선교적 수단을 제공해 준다." 둘째, "성육신적 선교는 복음의 진리를 타협하지 않고 가능한 모든 방식으로 그들과 동일시해야 함을 의미한다." 셋째, "성육신적 선교는 한 그룹의 사람들 가운데서 현실적이고 영속적으로 성육신적 동참을 실천하는 것이다." 넷째로, "상황과 관련된 선교적 자세의 측면에서 성육신적 선교는 데려오기보다 보내는 추진력을 의미한다. …성육신은 제자들이 살게 될 다양한 상황 속에서 철저하게 구체화될 수 있도록 하기 위한 모종의 보냄을 내포한다." 다섯째, "성육신적 선교란 복음을 성육신적으로 합당한 방식으로 구체화하여, 사람들이 자신의 문화^{의미 체계}와 삶 속에서 예수를 경험하게 하는 일을 의미한다." Frost and Hirsh, 『새로운 교회가 온다』, 79-83 이처럼 성육신은 다양한 함의를 가지고 있음을 인식할 필요가 있다.

제 11 장
오늘의 성령론

—

1. 성령의 임재와 성령 충만에 대한 오해

우리는 그렇게 성령을 강조하면서도 성령이나 성령 충만에 대해 오해하는 경우가 많다. 그래도 지금은 많이 정리되고 오해가 풀렸지만, 예전엔 성령을 받는다는 것에 대한 많은 오해가 있었다. 첫째, 신비 체험을 해야만 성령 충만한 것으로 여기는 것이다. 필자는 어렸을 적에 매우 신비적인 교회에서 자랐다. 주변 또한 신비적 성령 체험을 중시하는 분위기였다. 방언은 물론이고 입신이나 신유의 역사를 목격하는 것은 다반사였다. 심지어 사람의 마음을 꿰뚫어 본다는 투시의 은사를 받았다는 목회자가 있었는가 하면, 새와 나무와 대화한다는 부흥 강사도 직접 본 적이 있다. 함께 부흥회에 참석한 친구는 천사를 목도하는 환상을 보았다고 간증하여 시샘을 받기도 했다. 문제는, 그렇게 해야만 성령 체험을 했다든지 성령 충만하다고 하는 것이다. 어렸을 적 부흥 강사들은 대부분 그렇게 가르쳤다. 신비 체험을 하지 못한 것은 회개하지 못한 죄가 있기 때문이고, 죄를 다 회개하면 신비 체험을 할 수 있으며 그것이 바로 성령 충만한 증거라고. 신비 체험을 모두 다 부정할 수는 없다. 부정해서도 안 된다. 분명히 성경에도 나타나고 있으며, 성령께서 하시고자 한다면 오늘날도 분명히 그런 신비가 나타나리라고 확신하기 때문이다. 문제는 신비 체험 자체에 있지 않다. 신비 체험을 해야만 성령 받은 것이라고 하는 데 문제가 있는 것이다. 성령의 역사는 꼭 신비 체험으로만 나타나는 것은 아니기 때문이다.

둘째, 또 하나의 오해는, 성령 충만하면 반드시 방언으로 그 증거가 나타나야 한다고 믿는 것이다. 특히 오순절 교단의 특징이기도 하다. 그렇게 생각하는 사람들은 그 주장의 근거를 사도행전에 주로 의존한다. 특별히 사도행전 2장에 나타나는 오순절 사건을 매우 중요하게 고려한다. "저희가 다 성령의 충만함을 받고 성령이 말하게 하심을 따라 다른 방언으로 말하기를 시작하니라." 이 구절에 의하면, 초대 교회의 성령 체험은 방언으로 시작하고 있다. 사도행전 10장에 있는 고넬료 가정에서 일어난 성령의 역사도 그 증거 자료다. 그들은 이 구절을, 이방인의 가정에도 성령의 은사가 내린다는 사실을, 방언을 말하는 것을 보고 알았다고 해석한다. 만일 이 증거가 없었다면 이방인들이 성령 받았다는 것을 유대인 제자들이 전혀 인정하지 않을 수도 있었다는 것이다. 사도행전 19장도 마찬가지다. 바울은 에베소에서 성령을 알지 못하는 제자들을 발견하고 그들에게 복음을 전하고 난 후에 세례를 베풀었다. 바울이 안수하자 그들에게 성령이 임하였고 동시에 방언을 말하게 되었다. 이런 구절에 근거하여, 성령 세례는 반드시 방언을 동반한다고 믿었다.

어렸을 적 다니던 교회의 고등학생들은 거의 모두가 방언을 경험했다. 또 그래야 한다고 배웠다. 그 당시 방송으로 들었던 어느 목사님의 설교를 아직도 생생히 기억한다. 방언을 받아야 성령 받은 것이라고. 방언을 받는 것은 기쁘고 좋은 일이다. 성령의 은사 중 하나를 받은 것이기 때문이다. 성령께서 원하신다면 우리에게 언제든지 방언을 주실 것이다. 그러나 성령 받은 증거가 반드시 방언으로만 나타나야만 하는 것은 아니다. 성령의 다른 은사도 얼마나 많은가. 바울은 고린도전서에서 다음과 같이 설명한다.

어떤 사람에게는 성령으로 말미암아 지혜의 말씀을, 어떤 사람에게는 같은 성령을 따라 지식의 말씀을, 다른 사람에게는 같은 성령으로 믿음을, 어떤 사람에게는 한 성령으로 병 고치는 은사를, 어떤 사람에게는 능력 행함을, 어떤 사람에게는 예언함을, 어떤 사람에게는 영들 분별함을, 다른 사람에게는 각종 방언 말함을, 어떤 사람에게는 방언들 통역함을 주시나니…다 병 고치는 은사를 가진 자이겠느냐 다 방언을 말하는 자이겠느냐 다 통역하는 자이겠느냐 고전 12:8-10, 30

바울은 성령을 받는 사람은 모두 다 방언한다고 가르치지 않는다. 오히려 성령을 받았다고 해서 어찌 다 방언을 받았겠냐고 반문한다. 방언을 받는다면 감사하고 기쁜 것이지만, 결코 방언이 목표가 되어서는 안 된다. 성령 충만의 증거가 반드시 방언만인 것도 아니다. 더구나 방언을 연습하는 것은 더더욱 아니다. 결코 선한 방식이 아니다. 이렇게까지 해서 방언을 받은 것처럼 해야 하는 이유가 도대체 무엇인가? 믿음의 확신이 방언에 좌우되는 것은 아니지 않은가? 하나님의 말씀인 성경으로 충분하지 않은가? 거기에 우리를 향한 하나님의 모든 뜻이 담겨 있는데 그것으로 부족한가? 꼭 방언을 억지로 해야 하는 것인가? 방언을 부정할 생각은 추호도 없다. 그러나 방언을 받아야만 성령 충만한 것은 아니다.

셋째, 흥분하고 감정적이 되어야 성령 받은 것으로 여기는 것도 오해다. 사실 우리는 조용히 기도하는 사람을 향해 성령 충만하다고 말하기를 망설이는 경우가 많다. 성령 충만을 감정 충만이라고 오해하기 때문이다. 우리는 종종 기뻐 날뛰며, 소리 지르며, 흥분한 모습을 성령 충만이라고 오해하기 쉽다. 물론 성령 충만하면 우리 마음이 기쁘고 흥분할 수도 있다. 그러나 성령 충만이 꼭 그런 것만은 아니다. 조용하게, 은밀하게 성령이 역사할 수도 있다. 가끔 독일 교회에 대해 이러쿵저러쿵 이야기하는 것을 많이 듣는다. 그중 대표적인 비판이 독일 교회는 죽었다는 것이다. 이유를 물으면 이구동성으로 성령 충만하지 않기 때문이라고 한다. 그 근거가 무엇이냐고 다시 물으면, 으레 기도나 찬송이나 예배가 조용하다 못해 냉랭하기 때문이라는 것이다. 과연 그렇게 이야기해도 되는 것일까? 조용하면 성령 충만하지 못한 것인가? 성령 충만하면 꼭 큰 소리로 감정 충만하여 예배드리고 찬송해야만 맞는 것일까? 묵상 기도는 기도가 아닌가? 묵상으로 기도하면 성령이 임하지 않는 것인가? 큰 소리로 기도하거나 찬송하는 것에 이의를 제기하는 것은 아니다. 필자도 어려서부터 이런 방식에 익숙해 있고, 이렇게 하기를 원할 때도 많다.

그러나 이래야만 성령 충만으로 생각하는 그 생각은 잘못이다. 우리는 지나치게 우리 생각으로 성령을 제한하는 경우가 없는지 깊이 생각해 보아야 한다.

넷째, 성령 받는다는 표현 때문에 성령을 마치 물건이나 물질인 것처럼 생각하는 것도 심대한 오해다. 성령 받는다는 표현이 무엇인지 그 의도를 충분히 이해할 수 있다. 아마도 성령의 은사나 성령의 능력이나 성령의 도우심을 받는 것을 의미할 것이다. 그렇다면 틀린 표현은 아니다. 그러나 이것이 마치 성령이 물질이나 주고받는 물건처럼 이해한다면 그것은 잘못이다. 성령 자체는 하나님이시며, 삼위일체 하나님의 한 위시요, 인격적인 분이시기 때문이다. 다시 한번 강조하지만, 성령은 물질이 아니다. 물건도 아니다. 단순한 에너지도 아니다.

다섯째, 성령의 역사나 성령이 구약 시대에는 없었다고 하는 것 역시 오해다. 성령이라는 단어가 구약에 구체적으로 나와 있지 않다고 하면서 구약에는 성령의 역사가 없었다고 떠들어대는 사람을 본 적이 있다. 신약과는 달리 구약은 성령이라는 단어를 그렇게 많이 언급하지 않는다. 더구나 과거에 사용했던 개역한글판 구약성경에는 성령이라는 단어가 없고 대신 성신이라는 단어가 몇 번 나온다. 그래서 마치 구약에는 성령의 역사가 없었다는 오해를 받기도 한다. 성령님은 영원하신 삼위일체 하나님이시기 때문에 구약에 존재하지 않았다고 말하는 것은 엄청난 오류다. 또 성령이 구약에 존재했다 할지라도 역사하시지는 않았다고 말하는 것도 큰 잘못이다. 왜냐하면 성령의 역사가 구약에도 다양하게 나타나기 때문이다.

여섯째, 자신의 성령 체험만 참이라고 생각하는 것도 잘못된 것이다. 다른 사람의 성령 체험은 무시하고 자신만이 특별한 성령 체험을 받았다고 자만하는 것은 잘못이다. 성령의 은사가 아주 다양하다는 것을 인식한다면 쉽게 이런 주장을 하지 못할 것이다. 진정으로 성령 체험을 했다면 오히려 겸손해져야 마땅하다. 마가의 집에 모여 기도함으로 성령을 충만히 경험했던 초대교회의 사람들을 보라. 그들은 성령을 목적으로 기도한 적도 없거니와 그들 메시지의 핵심도 성령은 아니었다. 그들은 모두 다 성령을 충만히 체험했다. 그렇다고 해서 그들은 자신들만 성령 체험했다고 교만하거나 그들의 성령 체험을 자랑하거나 하지 않았다. 성령 충만한 그들은 오직 예수 그리스도를 선포하고 예수 이름으로 받는 세례를 선포했을 뿐이다. 그러나 성령 충만이 중요하지 않다는 것이 아니다. 다만 성령 충만 엘리트주의에 빠지지 않도록 조심해야 한다는 것이다. 교회의 역사에는 유독 성령 충만을 강조하던 집단이 많이 있었다. 대체로 그들은 황홀경에 빠져 자신들만이 진정한 성령 공동체라 여기고, 오직 자신들만이 하나님의 직통 계시와 신비한 뜻을 받았다고 주장하며 교회를 혼란스럽게 했다. 이것은 결코 성령 받은 자들의 바른 자세가 아니다.

일곱째, 성령 받았다고 하면서 마치 교회 밖에만 성령이 역사하시는 것처럼 생각하는 오해이다. 교회에서는 성령이 역사하지 않는다는 무의식적 생각에 사로잡힌 사람들이 있다. 그래서 그들은 늘 성령 받기 위해서 교회를 떠나 산으로 들로 나간다. 기도원에 가야만 은혜받을 수 있으며, 성령을 충만히 체험할 수 있다고 생각한다. 성령님께서 어찌 자신의 전^{성령의 전}인 교회에서는 역사하지 않고 산에서만 역사하시겠는가?

여덟째, 성령은 우리 일상과 아무 관계가 없다는 것 역시 심각한 오해다. 주일날 축도를 끝으로 성령과 단절해 살다가 주일날 다시 교회 문을 열고 들어가면서 성령을 만나는 사람들이 있다. 그들은 아무도 보지 않는 것처럼, 아무도 없는 것처럼 세속적으로 살다가 교회 문 앞에 서서 목소리를 가다듬고, 옷매무새를 만지고, 옷의 먼지를 툭툭 털면서 갑자기 거룩한 모습으로 들어선다. 이런 그리스도인들로 인해 한국 교회는 비난받고, 삶으로 하나님을 증명하지 못하는 것이다. 성령 충만한 사람은 일상에서 진정 그리스도인으로 살아가는 사람이다. 아무도 보지 않을 때, 나 혼자 있을 때 진정한 그리스도인이어야 한다는 말이다. 때로는 일상에서 겪는 슬픔과 고통, 아픔을 위로해 줄 사람이 아무도 없다고 생각하며 쉽게 절망하는 그리스도인들이 있다. 이들은 일상의 삶을 혼자 살아간다고 생각하며, 성령님을 만나려면 교회에 가야 한다고 여긴다. 하지만 이는 잘못된 생각이다. 성령님은 우리의 일상 속에서도 늘 함께하시며, 위로하시고 치유하시며 우리의 상처를 싸매어 주시는 분이시다.

아홉째, 성령은 지성이나 이성에 반대되는 것으로, 감성적으로 신비적으로 가야만 성령 충만하다고 믿는 것 또한 오해다. 성령 충만했다고 해서 지나치게 흥분하거나 광적 신앙을 갖는 성경의 인물은 없다. 성령 충만했던 베드로나 삼층천을 갔다 온 바울도 결코 이성을 비웃거나 무시하지 않았다. 성령 충만했던 베드로는 오히려 담담하게 예수 그리스도의 복음을 전했다. 바울만큼 이성적으로 복음을 전한 이도 드물 것이다. 그는 많은 변론과 변증 상황 속에서 냉철했다. 마치 이성이나 지성의 영을 받은 것처럼. 아레오바고의 법정에서도 그는 냉철한 지성으로 복음을 변증했다. 오로지 무아지경이나 황홀경에 빠져야만, 그래서 아무런 이성적 판단을 하지 못하는 상황에 빠져야만 성령 충만이라고 여기는 것은 오해다. 성령은 결코 이성을 무시하거나 배제하지 않는다.

2. 오늘날은 성령론 충만의 시대?!

교회 전통은 성령론에 관심을 크게 갖지 않았던 것 같다. 성령론이 중요하지 않아서가 아니다. 아마 성령론으로 생존을 걸 만한 이유가 없어서일 것이다. 고대교회는 삼위일체론이나 기독론에 집중했다. 그것은 생존의 문제였고, 기독교의 기초를 세우는 문제였기 때문이다. 예수가 하나님의 아들이며 하나님과 동일 본질임을 입증하는 데 교회의 흥망이 걸려 있었던 셈이다. 그러니 당연히 성령에 대한 논의는 밀려날 수밖에 없었다. 또한 고대의 몬타누스Montanus나 중세의 왈덴파Waldenses와 같은 과격하고도 급진적인 성령 운동의 영향 때문이라고 할 수도 있다. 그들은 마치 성령을 독점하려는 듯한 인상을 주었다. 지나치게 체험적으로 흐르거나 신비적 경향을 보이기도 했다. 기성 교회와 대립하는 것은 다반사였다. 그래서 전통 교회는 반사적으로 성령에 대한 논의를 기피하거나 소홀히 하게 되었다.

그러나 성령을 강조하는 신학자가 전혀 없는 것은 아니었다. 바실리우스 St. Basilius, 아우구스티누스, 요아킴 Joachim de Floris, 칼빈 등이 그들 나름대로 성령을 강조했다. 그러나 칼빈의 뒤를 이어받은 칼빈 정통주의자들은 오히려 성령에 대한 중요성을 망각하고 말았다. 그들은 성경에 쓰인 글자 그대로의 영감을 주장하였기 때문에, 성경 안에서 혹은 성경을 읽으면서 역사하시는 성령의 역사를 소홀히 하였다. 그들은 또한 감성보다 이론적 신학 논쟁에 휘말려 있어서 신자들의 삶 속에 역사하는 성령을 느끼지 못했다.

근대에 이르러 성령에 대한 이해를 소홀히 한 이유는 계몽주의 영향 때문이라고도 할 수 있다. 계몽주의자들은 철저히 이성과 합리성을 기준으로 모든 것을 판단하려는 경향이 있었다. 중세에는 교회나 군주가 판결했고, 그것에 사람들은 복종했다. 그런데 근대주의 혹은 계몽주의 시대에는 이성이나 과학이 그 자리를 대신했다. 그러니 경험이나 신비나 감성과 관련 있는 성령론은 소외될 수밖에 없었다. 성령론이 무시되었거나 성령의 역사가 강조되지 못한 것은 결과적으로 밀리오리의 표현대로 "그리스도인의 삶과 기독교 신학에 적지 않은 손상"Migliore, 『기독교 조직신학 개론』, 242을 주었다. 그의 말을 인용해 보자. "신론과 성서론을 이해하는 데 있어서, 자연 질서의 중요성과 인간 문화의 가치를 이해함에 있어서, 그리스도와 그의 사역을 해석하고 교회의 본질과 그리스도인의 자유를 해석하는 데 있어서, 그리고 생명의 마지막 완성을 희망하는 데 있어서 많은 왜곡됨이 성령론의 경시로 인하여 빚어졌다"Migliore, 『기독교 조직신학 개론』, 242는 것이다. 그리고 성령의 사역이 무시됨으로 말미암아 "하나님의 능력은 멀리 떨어져 있는 가운데 계급적이고 강제적인 것으로 오해될 수 있으며, 그리스도 중심적 신앙은 그리스도 일원론으로 변질되고, 성경의 권위는 타율적 권위로 변질되며, 교회는 지배와 다스림만이 있는 경직된 권력 구조로 생각되고, 성례는 목회자 엘리트의 통제에 따라 행해지는 마술적 의례로 또한 변질된다"Migliore, 『기독교 조직신학 개론』, 242-43 는 것이다.

그런데 최근에 이르러 성령 신학이 많이 논의되고 있다. 혹자는 그것을 "성령 충만증"의 시대Moltmann, 『생명의 영』, 13라고 지칭하기도 한다. "성령론의 충만증 시대"라는 것이 좀 더 정확한 표현일 것이다. 그렇다면 그 이유는 무엇일까? 몇몇 학자는 모더니즘에서 포스트모더니즘으로의 이행을 그 이유로 꼽기도 한다. 이미 위에서 지적한 대로, 모더니즘은 철저히 인간의 이성과 합리성에 근거한 신념을 진리라고 생각했다면, 포스트모더니즘은 감성과 신비와 경험을 중요시한다. 사실상 포스트모더니즘이 모더니즘의 장벽을 허물었을 때 그 공허함을 메운 것은 교회가 아니라 감성적이며 영성적인 이방 종교이거나 명상 종교였다. 교회도 뒤따라 그 공백을 메우려 했다. 무엇으로 현대인들의 포스트모던적 감성과 접촉점을 찾을 수 있을까 고민한 것이다. 그때 발견한 것이 바로 교회 전통 안에 있는 성령론이었고 고대교회의 영성이었다.

또 다른 이유가 있다면 오순절 교단들의 성장일 것이다. 전 세계 교회가 어려움을 겪고 있다. 특히 서구 교회는 회복하기 어려울 만큼 쇠락의 길을 걷고 있다. 안타까울 따름이다. 그런데 신기하게도 오순절 형식의 교회는 대부분 성장하고 있다는 것이다. 필자가 경험한 바로도 그랬다. 소위 독립 교회들, 오순절 스타일의 교회들은 여전히 엄청난 군중이 모여 온몸으로 찬양하고 예배드리고 있었다. 벼랑 끝에 서 있는 국가 교회들 틈으로 여전히 성령은 역사하고 계셨다. 이런 사실을 서구 교회가 주목하기 시작했다. '왜 그들은 성장할까' 하고 궁금해했다. 그리고 연구하여, 이내 깨달았다. 성장 동력은 바로 성령에 대한 강조라는 것을. 곧 그들은 세계 교회의 연구 대상이 되었다. 그들이 어떻게 믿고 어떻게 예배하는지, 특징이 무엇인지, 무엇을 강조하며 어떤 신조를 가지고 있는지. 더구나 이들이 에큐메니칼 모임에 참여하면서 그들에 대한 관심은 더 많아졌다. 아울러 성령에 대한 연구가 많아진 것도 당연한 일이었다.

또 하나 중요한 이유가 있다. 생태계의 위기, 혹은 생명의 위기 현상 때문이다. 오늘날 환경파괴는 심각하다. 인간 욕망으로 인하여 일어난 이 자연의 파괴는 결국 인간에게 위기를 불러왔다. 이런 상황 속에서 이 위기를 타개할 수 있는 기독교 신학이 무엇일까를 많은 신학자와 목회자가 숙고하게 되었다. 그래서 발견한 것이 바로 자연의 보존자이며 양육자인 성령이었고, 이에 따라 생태계의 위기와 관련된 성령론이 많이 등장하게 되었다. 하지만 그뿐만이 아니다. 우리 사회는 자연의 죽음만이 문제가 아니다. 자살, 안락사, 낙태, 가난, 후쿠시마 사태, 전쟁, 죽음, 그리고 저주의 굿판이 만연해 있다. 이런 세상 속에서 오늘 우리에게 진정으로 필요한 것은 바로 생명을 살리는 것, 즉 생명의 문화이다. 살리고 위로하고 돌보고 고치고 해방하고 건져내는 일을 가능케 하는 것, 이것을 사람들은 성령론에서 찾아내게 되었다. 성령이야말로 살리는 영이며, 생명을 존중하게 하고 생명을 거룩하게 하는 영 Moltmann, 「생명의 영」, 234ff. 이기 때문이다. 이것을 가장 잘 말하고 있는 이 시대의 신학자는 아마 몰트만일 것이다.

몰트만은 그의 성령론의 제목을 『생명의 영』이라고 정했다. 성령을 '생명의 영'으로 보았기 때문이다. 그는 그러한 제목으로 성령론을 쓰게 된 동기를 생명 혹은 삶과 연관된 근래의 여러 사건 때문 Moltmann, 「생명의 영」, 11 이라고 밝히고 있다. 그 사건은 생명을 부정하는 사건뿐만 아니라 생명을 긍정하는 사건들이었다. Moltmann, 「생명의 영」, 11 1986년, 인간의 생명뿐만 아니라 자연의 생명까지도 비참하게 파괴한 체르노빌의 원전 사고를 그는 마음 아프게 바라보았다. 1991년에 일어난 걸프 전쟁 속에서 그는 생명과 삶을 파괴하는 죽음의 재난을 목도하였다. 동시에 그는 생명을 긍정적으로 바라본 사건, 즉 1989년 이후 동독과 동유럽에서 일어난 사건들을 목격하였다. 삶을 부정하는 세력, 삶을 억압하던 쇠사슬을 깨뜨리고 삶의 희망을 가지고 거리로 뛰쳐나오던 사람들을 그는 감격스럽게 지켜보았다. 주변에 둘러쳐진 장벽을 뛰어넘는 삶의 혁명과 힘을 그는 인상 깊게 경험하였다.Moltmann, 『생명의 영』, 11 그뿐만 아니라 엄청난 속도로 파괴되어 가는 자연의 아픔도 느끼게 되었다. 또한 그는 종교 안에서 일어나고 있는, 내세 지향적인 사상으로 말미암아 나타나는 이 땅의 생명과 삶에 무관심한 현상도 직시하였다.Moltmann, 『생명의 영』, 11f. 이러한 모든 현상 속에서 "삶을 조건 없이 긍정하고 생명을 경외하는 종교는 어디에 있는 가"Moltmann, 『생명의 영』, 12라는 질문을 몰트만은 던지지 않을 수 없었던 것이다. 이러한 사건들이 몰트만으로 하여금 "'생명의 영'으로서의 성령론"을 전개하게끔 하였다.

3. 성령론의 역사

초기 교리의 역사는 단연코 삼위일체론과 그리스도론이 핵심이었다. 성령론은 그리스도론이나 삼위일체만큼 관심을 끌지는 못했다. 그러나 성령에 대한 논의가 없었던 것은 아니다. 니케아 회의 이전에도 다양한 교부들 사이에 논의가 분명히 있었다. 이그나티우스나 폴리캅Polycarp of Smyrna, 알레산드리아의 클레멘트Clement of Alexandria, 타티아누스Tatianus, 순교자 유스티누스Justinus Martyr, 이레네우스, 터툴리아누스, 오리게네스, 키프리아누스Cyprianus of Carthago와 같은 니케아 회의 이전의 교부들이 그들이다.Thiselton, 『성령론』, 251ff. 니케아 이후의 교부들에는 포이티어의 힐라리우스Hilary of Poitiers, 암브로시우스Ambrose of Milan, 아타나시우스, 알렉산트리아의 키릴로스Cyril of Alexandria, 바실리우스Basil of Caesarea 등이 활약하여 성령에 대한 교회의 고백을 기초하였다. 이들에게 있어서 우선적인 것은 성령의 신성에 관한 문제였다. 많은 논쟁 끝에 성령을 피조물이나 에너지로 생각지 않고, 하나님과 유사한 존재로 생각지도 않고 하나님과 동일한 본질로 인정하는 결론에 이르게 되었다. 마침내 381년 『니케아-콘스탄티노플 신조』는 성령에 대한 다음과 같은 고백을 확정하게 되었다.

"우리는 주님이시고, 생명의 부여자이신 성령님을 믿습니다. 그분은 아버지로부터 나오시고, 아버지와 아들과 더불어 동일한 예배와 영광을 받으십니다. 이 성령님은 예언자들을 통하여 말씀하셨습니다."

그런 논의에 깊이 공헌한 교부가 바로 바실리우스가 아닌가 한다. 바실리우스는 필자의 종합시험 주제 중 하나여서 그를 자세히 살펴본 적이 있다. 그는 참 여러모로 중요한 인물이었음을 발견하게 되었다. 교회가 공인된 후 교회는 재산이 많아지고 타락하기 시작했다. 누구보다 그것을 안타까워한 교부였다. 그래서 그는 교회를 개혁하고자 했다. 그리고 교회의 성결을 위해 수도원 운동을 전개했다. 어떻게 보면 최초의 종교개혁자라고도 할 수 있을 것이다. 무엇보다 그는 성령에 관심이 많았다. 그는 "아버지와 아들과 성령의 이름으로 받는 세례"를 언급하면서 성령이 결국 아버지와 아들과 같이 신적 본성을 소유하고 있음을 주장하였다. 나아가서 바실리우스는 성령이 아버지와 아들과 함께 우리 예배의 대상이 된다고까지 말함으로써 성령의 신성을 굳게 확신하고 있었다.[Thiselton, 『성령론』, 327; 이종성, 『성령론』, 16] 교부들이 성령의 신성을 주장하게 된 이유는 다음과 같다. 맥그래스가 지적한 대로[McGrath, 『역사 속의 신학』, 370], 첫째로 성경이 하나님의 모든 명칭을 성령에게 적용하고 있고, 둘째는 성령이 가지고 있는 기능이나 사역이 신이 아니라면 불가능하며. 셋째는 교회 안에서 베풀어지고 있는, "아버지와 아들과 성령의 이름으로 받는 세례" 공식 때문이다.

중세 시대로 넘어오면서 성령론 논쟁은 또 다른 양상을 띠기 시작했다. 이때의 문제는 성령의 출원 혹은 기원에 관한 것이었다. 다시 말해서 성령이 누구로부터 나왔느냐, 즉 성령은 아버지로부터 나왔느냐, 아니면 아버지와 아들로부터 동시에 나왔느냐 하는 문제였다. 이것을 우리는 보통 라틴어를 따라서 필리오케[filioque] 논쟁이라고 부른다. 이것 역시 그리 간단한 논쟁은 아니었다. 이로 인해 결국 교회가 동·서방 교회 둘로 나뉘게 되었으니 말이다. 오늘 우리가 보기에는 하나의 이론적이고 사변적인 논쟁인 것 같으나 당시 그들에게는 매우 중요한 문제였고, 이단과 정통을 나누는 그런 문제였던 것 같다.

좀 더 구체적으로 설명해 보려 한다. 성령이 "아버지로부터"[ex Patre] 나왔다고 하는 견해는 주로 동방 교회가 주장했다. "그리고 아들로부터도"[filioque] 나왔다는 주장은 단호하게 거부했다. 성령이 "아버지뿐 아니라 아들로부터도" 나왔다는 필리오케의 문제는 아우구스티누스를 비롯한 서방 교회의 주장이었다. 삼위일체 신경이라고도 말할 수 있는『아타나시우스 신경』에는 서방 교회의 입장에 따라 이렇게 고백하고 있다. 일부만 소개한다.

6. 그러나 성부와 성자와 성령의 신성은 하나이시며, 영광도 동일하며, 그 위엄도 영원히 공존합니다. 7. 성부께서 계심같이, 성자께서도 그렇게 계시고, 성령께서도 그렇게 계십니다. 8. 성부께서도 창조함을 받지 않으셨고, 성자께서도 창조함을 받지 않으셨고, 성령께서도 창조함을 받지 않으셨습니다. 10. 성부께서도 영원하시고. 성자께서도 영원하시고, 성령께서도 영원하십니다. 11. 그러나 세 영원하신 분이 아니고 한 영원하신 분이십니다. 12. 또한 세 창조함을 받지 않으신 분이 아니시고 세 측량할 수 없는 분이 아니시고, 한 분 창조함을 받지 않으신 분이시고, 한 분 측량할 수 없는 분이십니다. 13. 동일한 방식으로, 성부께서도 전능하시고, 성자께서도 전능하시고, 성령께서도 전능하십니다. …23. 성령께서는 만들어지지도 않으셨고, 창조되지도 않으셨고, 나시지도 않으셨고, 성부와 성자로부터 나오셨습니다.

이 신조는 23항에 "성부와 성자로부터"라고 고백함으로써 필리오케를 인정하고 있다. 이것은 어떤 의미인가? 성령이 만일 "아들로부터도" 나온다면 성령의 근원이 둘이 되는 셈이다. 아버지에게서도 나오고 아들에게서도 나오기 때문이다. 이해를 위해 샘으로 비유해 보자. 서방 교회의 주장에 따르면, 성령이라는 물은 아버지라는 샘과 아들이라는 샘에서 나오는 것이 된다. 샘의 근원이 둘이다. 그래서 동방 교회는 신성의 근원신의 원천이 둘일 수 없다고 주장하며 서방 교회의 주장을 비판했다. 동방 교회는 신성의 원천은 오직 하나이어야 한다고 생각했다. 그러나 아우구스티누스를 비롯한 서방 교회는 성령이 하나님으로부터만 나온다면, 하나의 신적 근원은 담보할 수 있지만, 성령과 아들과의 관계가 모호해지고, 아들과 성령이 전혀 관계없는 상태가 되어버린다고 보았다. 서방 교회는 아들과 성령의 관계를 긴밀하게 하기 위하여 성령이 "아버지로부터"뿐만이 아니라 "아들로부터도" 나온다고 했던 것이다. 왜냐하면 성령은 아버지와 아들의 영이기 때문이다.

지금까지 말한 것을 정리하면, 동방 교회는 성부가 신성의 유일한 원천이라는 것을 고수하고 싶었고, 서방 교회는 성자와 성령의 상호 친밀한 관계를 보여주고 싶었다. 이 문제로 인하여 교회는 첨예하게 대립하게 되었고, 이를 해결하기 위해 여러 차례 회의를 열었으나 의견 차이를 좁히지 못하고 결국 둘로 분열하고 말았다. 물론 그 사이에 여러 신학자가 두 내용을 중재하려고 애썼다. 그 한 시도가 바로 "아버지와 아들로부터도"ex patre filioque 라는 공식이 아닌 "아들을 통하여 아버지로부터"ex patre per filium 라는 공식이었다.

종교 개혁 시대로 건너가면 종교 개혁자들의 성령 이해는 중세와는 사뭇 다른 관점을 가지고 있었다. 중세가 주로 성령의 출원 문제에 관심을 두었다면, 종교 개혁자들은 주로 성령의 사역에 관심을 가지고 있었다. "성령의 신성은 그의 사역에서 입증된다"Calvin, 『기독교 강요』, I,13,14 는 칼빈의 말에서 이것을 알 수 있다. 한편 루터의 주 관심은 성령론이 아니라 율법과 복음, 믿음과 칭의의 문제였다. 그는 연옥설이나, 행위를 통한 구원, 미사와 교황 제도를 가진 로마 가톨릭과 싸우고 있었기 때문이다. 그럼에도 루터는 신앙의 창조자로서 성령, 구속 사역에 있어서 그리스도의 동반자로서의 성령, 성경의 해석자로서 성령 등 성령의 다양한 사역에 관심을 두었다.이종성, 『성령론』, 24

종교 개혁 시대에 누구보다 성령에 큰 관심을 가진 인물은 바로 칼빈이었다. 그의 주 저서인 『기독교 강요』에는 성령에 관한 항목을 따로 두지는 않았다. 그러나 현대 신학자들에 의해 '성령의 신학자'라고 불릴 만큼 성령을 매우 비중 있게 다루었다. 그는 성령의 신성을 철저히 인정하였다. 그것을 입증하기 위해 많은 성경 구절을 인용하였다.^{Calvin, 『기독교 강요』, I,13,14-15} 그뿐만이 아니다. 성경의 이해와 성령과의 관계를 밝히는 데도 많은 노력을 기울였다. ^{Calvin, 『기독교 강요』, I,7,4} 성경이 하나님의 영감에 의한 것이므로 성령에 의하지 아니하고는 성경을 정확하게 이해할 수 없다는 것이다. 또한 칼빈은 성령을 우리를 그리스도와 연합시켜 주며^{Calvin, 『기독교 강요』, III,1,1}, 인간의 칭의와 중생과 성화를 가능케 하시고^{Calvin, 『기독교 강요』, I,13,14}, 신앙을 형성하고 견인하시는 분으로 묘사하였다.^{Calvin, 『기독교 강요』, III,1,4} 그리고 4권에서는 성례전, 즉 세례와 만찬에도 역사하시는 성령으로 설명하였다.

　　무엇보다도 칼빈의 성령론의 독특성은 바로 성령의 우주적 사역에 있다. 다시 말해서 칼빈에 의하면, 성령은 전 우주 만물 가운데 계시며, 그들을 보호하시고, 양육하시며, 소생케 하시고, 생명을 부여하시며, 인도하시며, 피조물의 아름다움을 가능케 하는 분이다. 크루쉐^{Werner Krusche}는 이를 잘 지적하였다. "하나님은 자신의 성령의 놀라운 힘과 감동으로써 자신이 무로부터 창조한 것들을 보존하시는" 보존자^{conservator}이시다^{Krusche}. 또한 크루쉐는 칼빈이 말하는 살리는 영^{vivificator}으로서의 성령에 대해 다음과 같이 설명하였다. "성령의 힘은 세상의 모든 부분들에 걸쳐서 퍼져 있다. 그것은 자신의 위치에 그들이 보존되게 한다. 그는 하늘과 땅의 힘을 주시고 또한 생명체들에게 움직임을 부여하신다. 성령은 하늘에서나 땅에서나 어디에나 퍼져 있고 모든 것을 떠받들고 활기를 주며 살린다. 하늘에 있는 것이나 땅에 있는 것이나 그 어떤 것도 하나님의 영의 현존과 비밀스런 흘러듦 없이 활기를 갖지 못한다."^{43f.} 이러한 사상은 환경 위기에 직면한 오늘날에도 훌륭한 대안이 될 수 있는 성령론이라고 할 수 있다. 칼빈의 말을 직접 인용해 본다.

성령께서는 온 우주에 편재하시어, 하늘과 땅 위에 있는 만물을 유지하시고 그것들을 성장케 하시며 그것들을 소생시키신다. 또한 그분께서는 아무런 제한도 받지 않기 때문에 피조물의 범주에 속하지 않는다. 그러나 만물에게 생기를 불어넣고 그것들에게 본질과 생명과 운동을 불어넣어 주심에 있어서, 확실히 그는 하나님이신 것이다. Calvin, 『기독교 강요』, I,13,14

17~18세기 정통주의자들은 칼빈과 루터의 가르침을 체계화·교리화한 사람들이었다. 그러나 그들은 개혁자들이 강조한 성령의 사역을 그리 중요하게 생각지는 않은 것으로 보인다. 이종성이 지적하고 있는 대로 이종성, 『성령론』, 32f., 1648년 발표된, 매우 중요한 교리 문서인 『웨스트민스터 신앙 고백서』에 성령론 항목 자체가 아예 없다는 것을 고려해 보면, 그들이 얼마나 성령론을 체계화하고 전달하는 데 무관심했는가를 엿볼 수 있다. 이종성, 『성령론』, 32 그럴 수밖에 없었던 이유가 있다. 그들은 성경이 하나님의 감동으로 된 것임을 아주 많이 강조했다. 그들에게 성경은 조금도 오류가 없는 정확한 하나님의 말씀이었다. 심지어 글자, 문법 하나하나까지도 다 영감된, 아무런 오류가 없는 것이었다. 그래서 그들은 성경을 이해하는 데 굳이 성령의 도우심을 강조할 필요가 없었다. 그들은 성령의 체험이나 내적 감동보다는 교리적 주장이 훨씬 더 중요했다. 이종성, 『성령론』, 33)

19세기의 자유주의 신학도 그들 나름의 이유대로 성령을 거의 강조하지 않았다. 감정을 강조한 슐라이어마허 Friedrich Schleiermacher 는 성령을 강조했을 법한데, 성령에 대해서는 별로 기술하지 않았다. 자유주의 시대의 신학자인 알브레히트 리츨 Albrecht Ritschl 은 중생과 성령 체험과 개인의 경건을 강조했던 경건주의를 신비주의라고 비판하기도 했다. 19세기 성령론 분위기에 대한 현대신학의 시각은 대체로 비판적이다. 황승룡은 이에 대해 『성령과 기독교 신학』에서 "합리주의적 세계관과 경험주의적 세계관이 지배하던 근대 시대에서 성령의 위치는 더욱 좁아질 수밖에 없었습니다. 과학적으로 또한 논리적으로 증명될 수 없는 성령의 존재는 비합리적인 것으로 여겨졌으며, 일부 신자들만이 경험하였다고 주장하는 개연성 낮은 성령은 학문의 대상으로의 위치를 부여받지 못했습니다."황승룡, 『성령과 기독교 신학』, 22라고 지적하였다. 이러한 성령에 대한 무관심이 현대 오순절 운동, 그리고 미국의 대각성 운동 등이 일어나면서 사라지게 되었다.

4. 성령 — 생명의 창조자creator 이자 삶의 영vivificator

"성령!" 하면 무엇이 떠오르는가? 오늘날 한국 교회는 성령에 대해 무엇을 말하고 있을까? 성령 충만, 성령 세례, 능력, 아니면 방언 정도가 아닐까 한다. 여기서 묻고자 하는 질문은 이것이다. 오늘날 한국 교회는 성령을 말할 때 무엇을 말해야 하는가, 어떤 성령 이해가 필요한가, 하는 것이다. 여기서는 좀 다른 각도에서 한국 교회의 성령 이해를 보충해 보려고 한다.

우리가 보통 성령이라고 말하는 용어는 주로 신약에 등장한다. 그래서 우리는 흔히 구약에는 성령의 역사가 드러나지 않은 것처럼 오해하기 쉽다. 성령을 우리가 하나님이라고 고백한다면, 그리고 신약성경이 성령을 하나님으로 밝히고 있다는 점을 인정한다면, 성령 역사의 증거가 구약 속에 나타나 있지 않을 리가 없다. 우리가 기억해야 할 것은, 우리가 흔히 말하는 성령이 구약에서는 '하나님의 영', '하나님의 신'개역한글판, '여호와의 영'으로 표현되어 있다는 점이다. 히브리어의 루아흐ruach라는 용어가 우리말로 신 혹은 영으로 번역되어 있다. 이 루아흐는 다양한 의미를 갖고 있는데 '바람', '호흡', '생명', '목숨' 등을 의미한다. 그리고 이 단어가 동사로 사용될 때는 '바람이 불다', 혹은 '요동치다', '움직이게 하다' 등의 의미로 사용된다. 어떤 의미로 사용되든지 간에 루아흐가 사용될 때는 매우 역동적이고 생동적인 의미로 사용된다.

그리고 이 루아흐는 주체가 누구냐에 따라서 하나님의 루아흐, 혹은 인간의 루아흐라고 불린다. 인간의 루아흐라고 할 때는 이것은 주로 인간의 호흡, 생명, 목숨을 의미한다. 또한 성경은 피조물들의 루아흐를 말하기도 한다. 〈시편〉 104편은 인간 이외의 피조물들도 하나님이 그들에게서 그들의 루아흐를 앗아가면 죽음으로 돌아갈 수밖에 없다고 말하고 있다. 이때의 루아흐는 우리말 성경이 잘 번역하고 있는 대로 피조물들의 호흡 혹은 생명을 의미한다. 우리가 주목하고자 하는 것은 하나님이 주체로 표현되고 있는 루아흐, 즉 하나님의 루아흐이다. 이것을 우리는 '하나님의 영'으로 번역할 수 있으며, 이것을 우리는 신약의 성령과 동일한 지평에서 말하고자 한다. 다시 말해서, 우리가 성령을 언급하면서 구약의 하나님의 영을 포함해야 한다는 것이다. 이렇게 구약의 하나님의 영을 성령론 안에 포함시켜 말할 때에, 성령은 매우 풍성하고도 다양한 의미를 가지게 되며, 성령론은 오늘날의 많은 문제에 해답을 제시해 줄 수 있을 것이다.

지금부터는 성경에 근거하여 성령의 사역에 대해 서술해 보고자 한다. 우선적으로 언급할 성령의 사역은 바로 생명의 영으로서의 성령의 사역이다. 생명을 창조하시는 영이며, 살아가게 하는 삶의 영이며, 회복하고 다시 살리시는 영이시다. 성경에서 말하는 영은 기본적으로 생명의 영을 의미한다. 구약이나 신약에서 영 $^{ruach, pneuma}$은 원래 바람, 호흡, 폭풍, 생명력 등의 의미를 가지고 있다. 영은 본래의 의미가 드러내 주듯이 움직임, 생동감, 역동성, 살아 있음을 의미한다. 이 영이 하나님에게 속할 때도, 즉 하나님의 영일 때도 마찬가지다. 하나님의 영은 어디에나 현존하는 하나님의 활동을 의미한다.

> 내가 주의 영을 떠나 어디로 가며 주의 앞에서 어디로 피하리이까 내
> 가 하늘에 올라갈지라도 거기 계시며 스올에내 자리를 펼지라도 거기
> 계시니이다. 내가 새벽 날개를 치며 바다 끝에 가서 거주할지라도 거
> 기서도 주의 손이 나를 인도하시며 주의 오른손이 나를 붙드시리이

다…하나님이여 나를 살피사 내 마음을 아시며 나를 시험하사 내 뜻을 아옵소서" 시 139:7-10, 23

존재하는 모든 것은 바로 이러한 하나님의 영의 창조적이며 역동적인 힘과 에너지에 의하여 살아간다. Moltmann, 『생명의 영』, 65-7 거듭 언급한 대로 니케아-콘스탄티노플은 성령을 "생명의 부여자"로 고백하고 있다. 9세기 라바누스 마우루스 Rabanus Maurus 가 만들었다고 추정되는 성령의 임재를 간구하는 기도문에도 "오소서, 창조자 영이시여" Veni, Creator Spiritus 로 시작하고 있다. 중세 여성 신비주의자인 빙엔의 힐데가르트 Hildegard von Bingen 는 생명의 영에 대해 이렇게 노래한다. "성령은 살리는 생명이시요, 만물을 움직이시는 자와 모든 피조물의 근원이시다. 성령은 더러운 만물을 깨끗케 하시며, 성령은 죄악을 제거하시며, 성령은 상처에 기름을 발라 주신다. 성령은 빛나는 생명이시요, 찬양을 받기에 족하시며, 만물을 깨우시고 다시 일으키신다." Moltmann, 『생명의 샘』, 77

시편 기자는 새로운 생명을 주시는 창조자 하나님의 영을 이렇게 노래한다. "주께서 주신즉 저희가 취하며 주께서 손을 펴신즉 저희가 좋은 것으로 만족하다가 주께서 낯을 숨기신즉 저희가 떨고 주께서 저희 호흡을 취하신즉 저희가 죽어 본 흙으로 돌아가나이다. 주의 영을 보내어 저희를 창조하사 지면을 새롭게 하시나이다" 시 104:28-30 이 고백의 시는 태초의 첫 창조를 의미하는 것은 아니다. 이것은 이미 완전하게 창조된 모든 피조물 안에서 일어나는 변화의 창조이며 땅을 늘 소생시키시는 하나님의 영의 사역을 의미한다. 이처럼 하나님의 영은 태초의 창조에 개입하셨을 뿐만 아니라 지속적으로 그의 피조물들을 새롭게 하시며, 인간 안에 내주하셔서 인간의 영을 새롭게 하시는 새 창조의 영이시다.

그러므로 모든 살아 있는 존재는, 그로 말미암아, 자신의 생명을 보장받고 있다고 볼 수 있다. 하나님이 자신의 영을 취하면 모든 것은 무로 돌아갈 수밖에 없다. 하나님에 의하여 주어진 생명, 그것은 단순히 살아 있음 그 자체만을 의미하지는 않는다. 그것은 곧 관계성을 의미한다. 이 관계성은 생명을 창조하시는 하나님의 영에 의하여 부어지는 하나님의 은사다. 이 관계성을 통하여 살아 있는 모든 것들은 다른 피조물뿐만 아니라 하나님과의 관계를 가질 수 있는 존재가 된다. 그 생명은 단순히 자연 생명만을 의미하지 않는다. 인간의 생명을 포함한 모든 생명을 의미한다. 하나님의 영은 새 생명의 영이며 그를 통하여 인간이 새롭게 되며 자연이 새롭게 된다. 하나님의 영의 공동체인 교회는 생명의 공동체이며 생명의 영의 사역을 이 땅에서 이루어 나가는 공동체이다. 성령의 사역에 참여하는 그리스도인들과 교회는 진심으로 생명을 사랑하시는 하나님의 영의 생명 보존의 사역에 동참하여야 한다.

5. 공의와 정의를 가능케 하시는 하나님의 능력으로서의 성령

그의 위에 여호와의 영 곧 지혜와 총명의 영이요 모략과 재능의 영이요 지식과 여호와를 경외하는 영이 강림하시리니 그가 여호와를 경외함으로 즐거움을 삼을 것이며 그의 눈에 보이는 대로 심판하지 아니하며 그의 귀에 들리는 대로 판단하지 아니하며 공의로 가난한 자를 심판하며 정직으로 세상의 겸손한 자를 판단할 것이며 그의 입의 막대기로 세상을 치며 그의 입술의 기운으로 악인을 죽일 것이며 공의로 그의 허리띠를 삼으며 성실로 그의 몸의 띠를 삼으리라 사 11:2-5

이 본문은 성령의 능력과 관련하여 매우 독특한 의견을 보여준다. 즉, 하나님의 영과 결합된 놀라운 개념들을 제시한다. 그것은 바로 "정의, 정직, 공의, 성실"과 같은 단어들이다. 우리는 일반적으로 성령이 충만한 사람들에게서 나타나는 특징을 방언이나 예언, 신유와 같은 특별한 은사를 떠올린다. 그러나 이 본문은 특이하게도 하나님의 영이 임하면 여호와를 경외하게 될 것이고, 공의와 정직으로 판단하며 다스릴 것이고, 성실로 몸의 띠를 삼는다는 것이다. 다시 말하면, "하나님의 영을 지닌 자는 정의를 가져온다. 그는 의로운 것을 심판하며, 결정한다. 정의는 그의 허리에 두르는 띠이다. 그는 정의를 일으켜 세운다. …영을 가진 자는 눈에 보이는 것에 의하여 그리고 귀에 들리는 것에 의하여 판단하지 않으며, 그는 가난한 자들에게 공의를 베풀며, 그는 땅 위의 가난한 자들을 위하여 결정한다." Welker, 『하나님의 영: 성령의 신학』, 164 이와 유사한 구절이 바로 이사야 42장의 본문이다.

> 내가 붙드는 나의 종, 내 마음에 기뻐하는 자 곧 내가 택한 사람을 보라 내가 나의 영을 그에게 주었은즉 그가 이방에 정의를 베풀리라 그는 외치지 아니하며 목소리를 높이지 아니하며 그 소리를 거리에 들리게 하지 아니하며 상한 갈대를 꺾지 아니하며 꺼져가는 등불을 끄지 아니하고 진실로 정의를 시행할 것이며 그는 쇠하지 아니하며 낙담하지 아니하고 세상에 정의를 세우기에 이르리니 섬들이 그 교훈을 앙망하리라 사 42:1-4

이 본문 역시 하나님의 영을 부여받은 자에 대해 말한다. 그는 하나님의 영의 부으심을 힘입어 이방에 정의를 베풀고 정의를 시행하고, 세상에 정의를 세워 나간다는 것이다. 이처럼 하나님의 능력은 정의를 베풀고, 시행하고, 세우는 능력이다. 칼빈은 이 본문을 인간의 타락과 연결시켜 주석한다. 하나님의 임한 자에 대한 이사야 42장의 본문을 그리스도와 연결하여 다음과 같이 주석한다.

> 그러므로 우리는 만일 우리가 잘 되고 정의롭게 통치되기를 바란다면 그에게 순종하는 것을 배워야 한다. 이제 우리는 이 통치를 그의 나라의 본성으로부터 판단해야 하겠는데 그것은 외적인 것이 아니라 내적

인간에게 속하는 것이다. 왜냐하면 그것은 선한 양심과 삶의 공정성으로 구성되어 있으며, 인간들 앞에서 어떻게 여겨지는지가 아니라 하나님 앞에서 어떻게 여겨지는지가 문제되기 때문이다. 이렇게 볼 때 이 교의는 '우리가 모든 점에서 아담의 타락에 의해 부패되어 인간의 삶 전체가 타락되었으므로, 그리스도께서 우리의 성향을 변화시키고 그리하여 우리를 다시 새 생명으로 형성하시기 위하여 그의 영의 천상적 권세를 지니고 오셨다롬 6:4'라고 요약할 수 있다.

이사야 32장 15-17절에도 공의와 정의가 하나님의 영과 연결되어 나타난다. "마침내 위에서부터 영을 우리에게 부어 주시리니 광야가 아름다운 밭이 되며 아름다운 밭을 숲으로 여기게 되리라 그 때에 정의가 광야에 거하며 공의가 아름다운 밭에 거하리니 공의의 열매는 화평이요 공의의 결과는 영원한 평안과 안전이라." 이 구절은 땅의 황폐화, 이스라엘 민족과 사회의 불의와 범죄와 타락과 억압을 전제한다. 모든 것을 새롭게 하고 회복할 수 있는 존재는 위로부터 부어지는 하나님의 영이다. 하나님의 영의 능력으로 땅이 회복되고 갱신될 것이다. 나아가 하나님의 영은 민족의 회복과 갱신을 가져올 것이다. 정의와 공의가 회복될 것이며 평화와 평안이 주어질 것이다.Neve, 『구약의 성령론』, 149

부흥을 타락으로부터 돌아서는 것으로, 죄에 대한 회개와 용서로 그래서 개인과 민족과 피조물의 샬롬과 회복으로, 민족의 영적 갱신과 땅의 회복으로 정의할 수 있다면 정의와 공의를 가져오는 하나님의 능력으로서의 성령은 교회의 회복과 갱신을 위한 매우 중요한 신학적 대안이 될 것이다. 이미 앞에서 말한 대로 한국 교회 위기의 일면은 도덕적 타락이며, 불의와 부패의 모습이다. 이것이 한국 교회의 이미지를 부정적으로 만든 하나의 원인이라면, 교회는 공의와 정직과 정의의 영의 임재를 간구해야 할 것이다. 성령의 능력으로 충만하여 불의와 부패를 회개하고 불의와 타락에 대항하여 싸워야 할 것이다. 그러면 한국 교회는 다시 한번 하나님의 긍휼하심을 힘입어 부흥과 갱신과 성장을 맛보게 될 것이다.

6. 성령, 코이노니아의 원천

초기 예루살렘 교회는 코이노니아의 전형이다. 그 교회는 "사도의 가르침을 받아 서로 교제하고 떡을 떼며 오로지 기도하기를 힘쓰는" 교회였고, "다 함께 있어, 모든 물건을 서로 통용하고 또 재산과 소유를 팔아 각 사람의 필요를 따라 나눠 주는" 교회였으며, "날마다 마음을 같이하여 성전에 모이기를 힘쓰고 집에서 떡을 떼며 기쁨과 순전한 마음으로 음식을 먹고 하나님을 찬미하는" 교회였다고 사도행전은 소개한다. 실로 나눔과 섬김과 참여와 사귐과 연합의 코이노니아를 잘 실천한 이상적인 교회다. 바울 역시 서신 곳곳에서 교회의 코이노니아의 삶을 구체적으로 진술하고 있다. 그것은 구제하는 것, 위로하는 것, 여러 은사를 함께 나누는 것, 긍휼을 베풀며 성도의 쓸 것을 공급하고 손 대접하는 것, 마음을 같이 하고 서로 섬기는 것, 화목하게 지내는 것과 같은 것들이다.

성경이 말하는 코이노니아는 단순한 교회의 기능을 넘어서는 것으로, 본질적으로 성령의 코이노니아를 의미한다. 즉 교회의 코이노니아를 가능케 하는 분은 바로 성령이라는 것이다. 성령은 다름 아닌 코이노니아의 영이기 때문이다. 초기 예루살렘 교회를 보자. 그들은 친교 공동체가 되기 위해 무언가를 계획했는가. 이상적인 코이노니아의 교회를 만들기 위해 무슨 노력을 기울였는가. 성경은 전혀 그렇게 기록하고 있지 않다. 코이노니아는 그들의 기획이거나 노력이 아니다. 세속적 동기 때문도, 이스라엘 해방이라는 정치적 동기 때문도, 집단적 공동체 생활을 갈망한 때문도 아니다. 섬김과 나눔과 하나 됨을 위하여 스스로 한 것은 아무것도 없었다. 다만 기도하며 성령을 기다리는 것이 전부였다. 그때, 기다리던 성령이 임했고, 성령의 능력으로 충만했고, 예루살렘 교회는 변했다. 나눔과 친교의 공동체가 되었다. 거듭 말하지만, 그것은 철저히 성령의 임재 때문이었다. 성령이 코이노니아의 동인이었고, 코이노니아는 그 결과였다. 다시 말해 그들이 기뻐하고 나누고 섬기고 하나 될 수 있었던 것은 오직 성령의 역사였다. 성령께서 그들을 그렇게 만들어 주셨던 것이다.

바울 역시 코이노니아를 성령의 사역으로 보고 있다. 성령은 코이노니아의 영이라는 것이다. "주 예수 그리스도의 은혜와 하나님의 사랑과 성령의 교통하심코이노니아이 너희 무리와 함께 있을지어다"고후 13:13 이 구절에서 바울은 은혜는 그리스도에게, 사랑은 하나님에게, 코이노니아는 성령에게 귀속시키고 있다. 빌립보서에서도 그는 "성령의 교제"를 언급하고 있다. 에베소서는 "평안의 매는 줄로 성령이 하나 되게 하신 것"이라는 표현을 사용하고 있다.

그러므로 코이노니아는 교회의 행위이기 이전에 성령 하나님의 행위다. 그는 사귐과 일치와 연합과 나눔과 참여를 만드시는 분이시며 하나님의 사랑으로, 그리스도의 은혜로 초대하시는 분이시다. 유의할 것은 사귐과 나눔과 일치와 섬김은 사랑을 전제한다는 점이다. 사랑이 없는 사귐은 진정한 사귐이 아니며, 사랑이 없는 일치는 형식일 뿐이다. 바울의 말처럼 사랑이 없는 모든 것은 아무것도 아니다. 그러므로 코이노니아는 사랑에 근거한다. 사랑은 코이노니아를 만들며, 코이노니아는 사랑에서 나온다. 이것이 가능한 것은 바로 코이노니아의 영이신 성령은 사랑의 영이시기 때문이다.

정리하자면, 교회는 코이노니아 공동체라는 것, 코이노니아는 성령의 사역이라는 것, 그러므로 교회의 코이노니아는 교회를 세우고, 유지하고 돌보시는 성령의 코이노니아 위에서 가능하다는 것 등이다. 그러므로 역으로 성령으로 충만한 교회는 하나님의 영의 코이노니아에 참여하여 나누고 섬기며 하나 되게 하며 연대해야 한다. 성령의 코이노니아로 충만한 교회는 성도들의 상처를 치유하고, 교회의 분열을 막고, 성도들을 향한 나눔과 진정한 사권을 추구해야 한다. 나아가 코이노니아의 교회는 성령의 능력으로 세상을 향해야 한다. 세상의 아픔과 분열을 치유하고 평화를 심어야 하며, 세상을 진정으로 섬기는 공동체가 되어야 한다. 성도의 교제가 성도들만의 교제가 되어서는 안 된다. 오늘날 세계는 팬데믹과 자연재해와 전쟁의 위협으로 크나큰 상처와 분열과 아픔과 생명의 상실을 겪고 있다. 이러한 상황 속에서 교회는 코이노니아의 교회가 되어야 한다. 이것이 생명을 사랑하시고 불의를 제거하시며 아픔과 상처를 싸매시는 성령의 부르심에 응답하는 것이 될 것이기 때문이다. 코이노니아는 오늘의 교회와 세계를 위한 성령의 요청이다.

7. 소명 및 과제 수행을 위한 성령의 기름 부으심

성경에서의 성령의 역사는 매우 다양하다. 이제는 특별한 과제 수행 혹은 사명 감당을 위한 하나님의 영의 임재를 생각해 보려 한다. 구약 성경의 성령론의 중요한 특징이 있다. 그것은 특별한 개인에게 특별한 과제 수행을 위해 하나님께서 하나님의 영을 부어 주신다는 점이다. 이것은 보편적 하나님의 영의 임재가 아니다. 선택된 사람들에게 능력과 영감을 주어 특별한 과제를 수행케 하는 것이다.[Thiselton, 「성령론」, 24] 그것은 곧 "하나님의 구속의 목적을 증진시키는 것"이며[Thiselton, 「성령론」, 25], 이스라엘 공동체의 유익을 위한 것이다.[Thiselton, 「성령론」, 25] 이 은사는 지혜, 행정, 기능직, 군사적 리더십에서 예언과 육체적 능력에 이르기까지 광범위하게 걸쳐져 있다.[Thiselton, 「성령론」, 25] 그중의 한 예가 바로 사사를 선택한 것이다.

사사들은 하나님의 영에 사로잡힌다. 삼손, 기드온, 입다, 옷니엘, 드보라 등 사사들에게 하나님의 영이 임했다. 그것은 타락했으나 회개하고 하나님께 돌아오는 이스라엘 백성을 구원하기 위함이다. 이것은 사사기의 전형적인 도식이기도 하다. 1) 이스라엘은 여호와의 목전에 악을 행한다. 2) 하나님께서 이방 민족을 통해 자기의 백성을 심판하신다. 3) 이방 민족의 압제 하에 고통당하는 심판을 받게 되고 이스라엘은 고통을 하나님께 호소하며 구원을 요청한다. 4) 하나님은 한 사사를 선택하여 그의 영을 부어 주셔서 이스라엘 백성을 구원하신다. 5) 한동안 평화가 지속되면 또 다시 이스라엘은 타락의 나락으로 빠진다. 이런 반복적인 이스라엘 백성의 행동에도 하나님은 지속적으로 사사를 부르시고 영을 부어 주셔서 이스라엘 백성의 구원과 해방을 일으키신다.

여기서의 초점은 전쟁에서의 승리라기보다는, "하나님은 오히려 정의와 긍휼의 영으로서 곤경과 희망 없는 상태에서 구원한다는 사실, 그리고 또한 어떤 방식으로 구원하는가 하는 것이 잘 드러나는" Welker, 『하나님의 영: 성령의 신학』, 89 사건들이다. 사사들의 승리는 그들의 능력에 있는 것이 결코 아니라는 점이 잘 드러난다. 사사들은 대부분이 약점을 가지고 있었다. 에훗은 전쟁에 불편한 왼손잡이였고, 드보라는 여자였으며, 기드온은 최소한의 군사만 필요했고, 삼손은 인간적으로 결점이 많은 사사였다. Thiselton, 『성령론』, 27 이것은 이스라엘의 해방이 결코 인간의 능력과 작전에 있는 것이 아니라, 하나님의 영의 능력으로만 가능하다는 것을 보여주려는 것이었다. 결국 "하나님의 영에 대한 초기의 경험은 하나님의 백성의 공동체를 다시 일으켜 세우기 위하여 어떻게 한 새로운 시작이 실행될 수 있는가 하는 경험이며, 그것은 죄의 용서에 대한 경험이며, 눌리고 찢겨진 자들을 다시 바로 세우고 삶의 힘을 새롭게 하는 경험이다." Welker, 『하나님의 영: 성령의 신학』, 101

브살렐과 오홀리압의 경우는 사사들과는 다른 하나님의 영의 현존을 경험한다. 하나님은 하나님의 영을 부어주셔서 원래 가지고 있던 자신의 재능을 사용하여 하나님의 성소를 위해 봉사하게 한다. 하나님은 이들을 불러 하나님의 영을 충만하게 하여 맡은 일을 감당하게 하신다. 다음 성경은 이것을 잘 보여준다.

모세가 이스라엘 자손에게 이르되 볼지어다 여호와께서 유다 지파 훌의 손자요 우리의 아들인 브살렐을 지명하여 부르시고 하나님의 영을 그에게 충만하게 하여 지혜와 총명과 지식으로 여러 가지 일을 하게 하시되 금과 은과 놋으로 제작하는 기술을 고안하게 하시며 보석을 깎아 물리며 나무를 새기는 여러 가지 정교한 일을 하게 하셨고 또 그와 단 지파 아히사막의 아들 오홀리압을 감동시키사 가르치게 하시며 지혜로운 마음을 그들에게 충만하게 하사 여러 가지 일을 하게 하시되 조각하는 일과 세공하는 일과 청색 자색 홍색 실과 가는 베 실로 수 놓는 일과 짜는 일과 그 외에 여러 가지 일을 하게 하시고 정교한 일을 고안하게 하셨느니라 출 35:30-35

또 다른 곳에서는 하나님의 영의 감동으로 나타난 구체적 현상이 무엇인지 서술한다. 하나님의 영의 충만은 곧 지혜와 총명으로 나타난다. "브살렐과 오홀리압과 및 마음이 지혜로운 사람 곧 여호와께서 지혜와 총명을 부으사 성소에 쓸 모든 일을 할 줄 알게 하신 자들은 모두 여호와께서 명령하신 대로 할 것이니라 모세가 브살렐과 오홀리압과 및 마음이 지혜로운 사람 곧 그 마음에 여호와께로부터 지혜를 얻고 와서 그 일을 하려고 마음에 원하는 모든 자를 부르매" 출 36:1-2 그리고 이뿐만 아니라 하나님의 영은 사울이나 다윗에게도, 엘리야에게도 임한다. 모두가 사명과 관련이 있다. 하나님의 말씀을 선포하는 예언자들과 하나님의 영에 의하지 않고는 예언할 수 없었다. 이 모든 것을 고려할 때 하나님은 우리를 부르셔서 자신의 일을 하게 하실 때 하나님의 영을 부어 주신다. 그것은 우리가 어떤 특별한 자격이 있어서가 아니라 전적으로 하나님의 의지와 선택이다.

8. 성령의 은사

그리스도인들이 성령의 은사만큼 좋아하는 것도 없고 또 그것만큼 오해하는 것도 별로 없을 것이다. 누구나 성령의 은사를 사모하고 성령의 은사에 따라 사명을 감당하고자 한다. 그러나 정작 성령의 은사가 무엇인지에 대해서는 잘 모르는 경우가 적지 않다. 그래서 성경이 말하는 은사에 대해 생각해 보고 이와 관련하여 제기되는 문제들을 생각해 보고자 한다. 우선 성경 구절을 인용하겠다.

> 우리에게 주신 은혜대로 받은 은사가 각각 다르니 혹 예언이면 믿음의 분수대로, 혹 섬기는 일이면 섬기는 일로, 혹 가르치는 자면 가르치는 일로, 혹 위로하는 자면 위로하는 일로, 구제하는 자는 성실함으로, 다스리는 자는 부지런함으로, 긍휼을 베푸는 자는 즐거움으로 할 것이니라 사랑에는 거짓이 없나니 악을 미워하고 선에 속하라 형제를 사랑하여 서로 우애하고 존경하기를 서로 먼저 하며 롬 12:6-10

> 은사는 여러 가지나 성령은 같고 직분은 여러 가지나 주는 같으며 또 사역은 여러 가지나 모든 것을 모든 사람 가운데서 이루시는 하나님은 같으니 각 사람에게 성령을 나타내심은 유익하게 하려 하심이라 어떤 사람에게는 성령으로 말미암아 지혜의 말씀을, 어떤 사람에게는 같은 성령을 따라 지식의 말씀을 다른 사람에게는 같은 성령으로 믿음을, 어떤 사람에게는 한 성령으로 병 고치는 은사를 어떤 사람에게는 능력 행함을, 어떤 사람에게는 예언함을, 어떤 사람에게는 영들 분별함을, 다른 사람에게는 각종 방언 말함을, 어떤 사람에게는 방언들 통역함을 주시나니 이 모든 일은 같은 한 성령이 행하사 그의 뜻대로 각 사람에게 나누어 주시는 것이니라 고전 12:4-11

이 본문을 통해 알 수 있는 것은 첫째로 성경이 말하는 성령의 은사는 매우 다양하다는 것이다. 예언, 섬김, 가르치는 일, 위로, 구제, 다스림 등도 성령의 은사다. 은사에는 기적적이며 비범한, 특별한 은사도 있으나 평범한 은사, 일상에서 나타날 수 있는 은사도 존재한다. 우리는 종종 교회 현장에서 신비한 것, 기적과 같은 것을 드러내는 것만이 성령의 은사라고 생각하는 경향이 있다. 그런 생각을 가진 자들에게 바울은 이렇게 경고한다. "다 사도이겠느냐 다 선지자이겠느냐 다 교사이겠느냐 다 능력을 행하는 자이겠느냐 다 병 고치는 은사를 가진 자이겠느냐 다 방언을 말하는 자이겠느냐 다 통역하는 자이겠느냐 너희는 더욱 큰 은사를 사모하라 내가 또한 가장 좋은 길을 너희에게 보이리라."고전 12: 27-31 그래서 큉은 "카리스마는 오히려 교회의 삶 속에 나타나는 일상적인 현상들" Küng, *Die Kirche*, 256 이라고 정의한다.

둘째, 은사는 각 사람에게 각각의 은사가 주어진다는 것이다. 은사는 특별한 사명을 가진 자들에게만, 특별한 은혜를 체험한 이들에게만 주어지는 것이 아니다. 다음 구절들은 이를 잘 말해 준다. "나는 모든 사람이 나와 같기를 원하노라. 그러나 각각 하나님께 받은 자기의 은사가 있으니 이 사람은 이러하고 저 사람은 저러하니라"고전 7:7 "오직 주께서 각 사람에게 나눠 주신 대로 하나님이 각 사람을 부르신 그대로 행하라 내가 모든 교회에서 이와 같이 명하노라"고전 7:17 그리고 모든 사람에게 동일한 은사가 주어지는 것도 아니다. 그러므로 나는 성령의 은사가 없다거나 하는 인식은 은사에 대한 잘못된 인식일 것이다. 그리고 은사는 성령에 의하여 주어지는 것임을 명심해야 한다. 그래서 던은 은사에 대해 "주어진 그 무엇, 하나님의 은혜로운 행위의 결과 또한 표현이라는 성격을 지니고 있는 것" Dunn, 『바울신학』, 745 으로 묘사한다. 특이한 것은, 이미 본 대로, 섬김과 봉사, 교회의 여러 사역도 은사에 포함되어 있다는 점이다. 은사는 직임 혹은 직책과도 관련이 있다. 한스 큉은 "a. 사도, 예언자, 교사, 전도자 등과 같은 선포의 카리스마은사, b. 집사, 구호자, 간호자 등의 보조적 봉사의 카리스마, c. 관리자, 감독, 목자 등의 지도력의 카리스마"로 구분하였다.^{Küng, Die Kirche, 258} 그렇다고 신자마다 한 가지 은사만 갖고 있는 것은 아니다. 여러 은사를 받을 수도 있으며 하나를 가질 수도 있다. 또 은사가 개별적으로 임할 수도 있으나, 오순절 다락방의 제자들처럼 특별한 목적과 이유에 따라 전체적으로 동일한 은사가 임할 수도 있다.

셋째, 성령의 각종 은사는 그리스도의 몸을 세우기 위함이며 교회의 유익을 위함임을 기억해야 한다. 은사를 언급할 때 성경은 그리스도의 몸의 지체임을 함께 언급하고 있다. 은사는 하나됨을 위한 것임을 알 수 있다. 그리고 모든 은사는 교회의 유익, 공동체의 유익을 위함임을 바울은 언급하고 있다.

> 사랑을 추구하며 신령한 것들을 사모하되 특별히 예언을 하려고 하라 방언을 말하는 자는 사람에게 하지 아니하고 하나님께 하나니 이는 알아 듣는 자가 없고 영으로 비밀을 말함이라 그러나 예언하는 자는 사람에게 말하여 덕을 세우며 권면하며 위로하는 것이요 방언을 말하는 자는 자기의 덕을 세우고 예언하는 자는 교회의 덕을 세우나니 나는 너희가 다 방언 말하기를 원하나 특별히 예언하기를 원하노라 만일 방언을 말하는 자가 통역하여 교회의 덕을 세우지 아니하면 예언하는 자만 못하니라. …그런즉 형제들아 어찌할까 너희가 모일 때에 각각 찬송시도 있으며 가르치는 말씀도 있으며 계시도 있으며 방언도 있으며 통역함도 있나니 모든 것을 덕을 세우기 위하여 하라^{고전 14:1-5, 26}

> 그가 어떤 사람은 사도로, 어떤 사람은 선지자로, 어떤 사람은 복음 전하는 자로, 어떤 사람은 목사와 교사로 삼으셨으니 이는 성도를 온전하게 하여 봉사의 일을 하게 하며 그리스도의 몸을 세우려 하심이라 우리가 다 하나님의 아들을 믿는 것과 아는 일에 하나가 되어 온전한

사람을 이루어 그리스도의 장성한 분량이 충만한 데까지 이르리니 이는 우리가 이제부터 어린 아이가 되지 아니하여 사람의 속임수와 간사한 유혹에 빠져 온갖 교훈의 풍조에 밀려 요동하지 않게 하려 함이라 오직 사랑 안에서 참된 것을 하여 범사에 그에게까지 자랄지라 그는 머리니 곧 그리스도라 그에게서 온 몸이 각 마디를 통하여 도움을 받음으로 연결되고 결합되어 각 지체의 분량대로 역사하여 그 몸을 자라게 하며 사랑 안에서 스스로 세우느니라 엡 4:11-16

그러므로 그리스도인들은 하나님이 성령을 통하여 각자에게 주신 은사들을 섬김과 봉사를 위해, 교회의 하나됨과 풍성함을 위해 사용해야 할 것이며, 교회는 교회 안에 있는 교인들의 다양한 은사들을 적절하게 사용하도록 해야 할 것이다. 교회는 하나님이 주신 은사의 다양성, 직분의 다양성, 사역의 다양성을 잘 발휘하도록 하여 그리스도가 더욱 영광 받도록 해야 할 것이다.

넷째, 은사가 참된 것임을 판별하는 기준은 무엇인가를 생각하고 참된 은사를 추구해야 할 것이다. 던에 의하면 Dunn, 『바울신학』, 790, 바울이 제시한 은사가 참된 것임을 판별하는 기준은 다음과 같다. 1) 예수를 주라고 고백하는가 복음의 시금석, 2) 사랑으로 감당하는가 사랑의 시금석, 3) 교회의 유익을 위한 것인가 공동체의 유익의 시금석이다. 이것을 던에 따라 조금 더 설명해 보자. 첫째, 복음이라는 시금석 Dunn, 『바울신학』, 745f.이다. 바울은 방언을 언급하면서 방언 통역의 은사를, 예언의 은사는 영 분별의 은사를 동시에 언급하고 있다. 특히 예언에 있어서 성령에 의한 것인지 판단해야 한다고 권고하였다. 당시 거짓 예언자들이 교회를 혼란케 하고 복음을 혼동케 하는 경우들이 있었다. 고린도 교회 교인 중에는 영적 체험을 사모하는 자들이 있었다. 고린도 교회에는 오늘날 입신이라 불리는 신비 체험도 존재했었다. 이러한 신비 체험 속에서 어떤 자들은 "예수는 저주할 자다"라고 소리지르는 경우도 있었을 것이라고 제임스 던은 당시의 상황을 추정한다. Dunn, 『바울신학』, 790 이런 고린도 교회의 상황 속에서 신비 체험이나 성령 체험 혹은 영감 체험이 참된 것인지를 판별하는 기준으로서 바울은 복음, "예수는 주님이시다"는 복음을 제시하였다. 그 구절이 바로 다음의 구절이다. "그러므로 내가 너희에게 알리노니 하나님의 영으로 말하는 자는 누구든지 예수를 저주할 자라 하지 아니하고 또 성령으로 아니하고는 누구든지 예수를 주시라 할 수 없느니라" 고전 12:2-3

둘째, 사랑의 시금석이다. Dunn, 『바울신학』, 791 "사랑" 장이라 불리는 고전 13장이 은사를 말하는 12장과 14장 사이에 있음을 기억해야 할 것이다. 일군의 학자들은 사랑이 가장 큰 은사로 보는 것에 반대한다. 사랑은 그 성격상 은사라기보다 은사를 가능케하고 은사를 바르게 하는 근거, 즉 은사의 근거라고 본다. 왜냐하면 12장 31절에 가장 큰 은사라고 말할 때 은사는 복수형인 은사들을 지칭하는 것이기 때문에 단수인 사랑이 가장 큰 은사가 될 수 없다는 것이다. 또한 사랑이 가장 큰 은사라고 한다면 다른 은사들은 무의미하다는 결론에 이를 수 있기 때문이라는 것이다. 그리고 갈라디아서는 사랑을 성령의 은사로 보지 않고 성령의 열매로 보고 있다는 점에서 사랑은 은사라기보다 은사의 근거라고 주장한다. 여하튼, 사랑이야말로 위대한 것이며 "더 가치있는 것이고 더 큰 성숙의 표지" Dunn, 『바울신학』, 792 이다. 그러므로 사랑은 모든 은사를 판별하는 시금석이다. 왜냐하면 방언이나 예언이나 산을 옮길 만한 믿음도, 모든 구제와 순교도 사랑이 없다면 아무것도 아니기 때문이다. 고전 13장 필자는 사랑이 성령의 은사인가 아닌가 보다 사랑의 내용과 기능에 더 관심을 갖고자 한다. 사랑은 은사를 가능케 하는 근거이면서 동시에 은사를 판별할 수 있는 기준이 된다고 본다. 그렇다고 사랑을 은사가 아니라고 볼 필요도 없다. 왜냐하면 고린도서의 사랑은 하나님의 영의 능력에 의하지 아니하고서는 불가능하기 때문이며, 큰 은사로 지칭한다고 해서 반드시 작은 은사들을 무시하는 것도 아니기 때문이다. 세 번째의 시금석인 공동체의 유익이라는 시금석 Dunn, 『바울신학』, 792f. 은 앞에서 어느 정도 설명했으므로 여기서는 지나가려 한다.

제 12 장
기쁨, 행복, 그리고 은총의 삶의 신학

—

1. "사람은 무엇으로 사는가" ― 지난날을 돌아보며 묵상하는 삶의 의미

"사람은 무엇으로 사는가?" 이 물음은 톨스토이^{Lev Tolstoy}의 유명 단편의 제목이다. 저물어 가는 한 해를 돌이켜 볼 때마다 물어봄 직한 질문이다. 올한 해도 얼마 후면 진다. 이때쯤이면 종종 시편 기자의 절절한 탄식이 떠오른다.

> 주께서 사람을 티끌로 돌아가게 하시고 말씀하시기를 너희 인생들은 돌아가라 하셨사오니 주의 목전에는 천 년이 지나간 어제 같으며 밤의 한순간 같을 뿐임이니이다 주께서 그들을 홍수처럼 쓸어가시나이다 그들은 잠깐 자는 것 같으며 아침에 돋는 풀 같으니이다 풀은 아침에 꽃이 피어 자라다가 저녁에는 시들어 마르나이다. 우리는 주의 노에 소멸되며 주의 분내심에 놀라나이다 주께서 우리의 죄악을 주의 앞에 놓으시며 우리의 은밀한 죄를 주의 얼굴 빛 가운데에 두셨사오니 우리의 모든 날이 주의 분노 중에 지나가며 우리의 평생이 순식간에 다하였나이다 우리의 연수가 칠십이요 강건하면 팔십이라도 그 연수의 자랑은 수고와 슬픔뿐이요 신속히 가니 우리가 날아가나이다^시
> 90:3-10

삶의 무상함과 덧없음에 대한 고백이다. 삶의 용기와 희망, 그리고 의미는 전혀 모르는 듯하다. 오로지 인간이 느낄 수 있는 것은 "수고와 슬픔"뿐이고, 절망과 좌절뿐이다. 인생은 단지 "밤의 한순간"일 뿐이요, "저녁에 시들어

마르는 풀"일 뿐이다.

　시편 기자뿐만 아닐 것이다. 보통의 삶도 기본적으로 그러할 것이다. 삶은 고난과 아픔과 슬픔의 엮음이다. 날아가는 시간의 속도를 공감하게 되면, 아쉬움과 회한 추가다. 삶은 몇 조각의 기쁨과 행복, 대부분의 아픔과 상처로 이뤄진 퍼즐 같다. 기억이든 삶이든 내 힘으로 극복하고, 내 의지로 치유하기에는 무상함의 강도와 밀도가 너무 세다. 하지만 아픔과 상처와 후회의 여기 이 자리에 머물러만 있을 수는 없다. 고난과 슬픔으로만 호흡한다면 절망이다. 그것은 죄다. 절망이 절망으로 끝나버리면 그것은 죄다. 고난 속에 있는 위로와 기쁨을 보지 못한다면 그것은 죄다. 삶의 의미를 발견하지 못하고, 삶을 기쁨과 용기와 희망의 의지로 채우지 못한다면 그것도 죄다. 그렇다면 우리는 무엇을 해야 하는가? 사람은 무엇으로 살아야 하는가? 절망적인 상황에서 시편 기자도 아마 이런 질문을 했을 것이다. 인간이란 무엇이며, 인간의 덧없음 앞에서 삶의 의미를 어디서 찾을 것이며, 왜 삶의 의지를 가져야 하는가?

　여기서 실존적 긍정심리학자인 폴 웡[Paul Wong]의 생각을 소개해 보려 한다. 그는 독일 나치의 '죽음의 수용소'에서 살아남았던 빅토르 프랑클[Viktor Frankl]의 의미요법을 자신의 방법론의 토대로 삼았다. 비극적 상황에서도 존재와 삶의 의미를 발견하고 긍정하려는 정신과적 치료였다. 그것을 그는 비극적 낙관주의[tragic optimism]라고 불렀다. 그의 주장의 다섯 가지 요소는 다음과 같다. "바꿀 수 없는 것에 대한 수용, 삶의 의미와 가치의 긍정, 더 높은 목적에 봉사하는 자기 초월, 하나님과 타자에 대한 믿음과 신뢰, 곤경에 직면할 수 있는 용기."[Wong, "Tragic", 240ff.]

　좀 더 구체적으로 설명한다면, 첫째로 "바꿀 수 없는 것에 대한 수용"은 "희망의 포기를 의미하는 것이 아니라", "상황의 심각성을 정직하게 만나게 하는 것을 의미한다."[Wong, "Tragic", 242] 그것은 단순히 곤경과 희망 없는 상태를 인정하는 것만이 아니라, 살려고 하는 용감한 선택을 의미한다.[Wong, "Tragic", 242]

둘째로, "삶의 내적 의미와 삶의 가치의 긍정", 이것은 상처를 치유하고 비극적 상황을 극복하기 위해서는 "삶의 의미와 가치를 인정"하는 것, "현실적 비관주의라는 부정적 정서로부터 살아 있는 것의 긍정적 가치를 긍정하는 긍정적 정서로 돌아서는 것"을 의미한다.^{Wong, "Tragic", 243} 셋째, "자기초월은 자신의 이익과 어려운 환경을 넘어서서 타자를 섬기는 것"을 의미한다.^{Wong, "Tragic",} ²⁴⁵ 넷째, "하나님을 믿고 타인을 신뢰하는 것"이다. 이것은 "곤경 속의 희망이 자신으로부터 나오는 것이 아니라, 더 숭고한 궁극적인 힘으로부터 나오는 것임을 믿는 것이다."^{Wong, "Tragic", 246} 믿음이 없다면 희망하기 어렵다.^{Wong,} ^{"Tragic", 246} 이것은 믿음이 희망을 만들며, 희망은 믿음으로부터 나옴을 의미한다. "하나님에 대한 신앙과 기도는 희망이 없는 실제 상황 속에서 의존할 이 없는 개인들에게 힘과 낙관^{희망}의 근원이 된다. 흔히 말하듯, 인간의 곤경이 하나님의 기회다. 신앙은 터널 끝에서 반짝거리는 불빛과도 같다. 그것은 어둡고 절망적이었을 세상에서 가질 수 있는 유일한 긍정적 기대이다."^{Wong,} ^{"Tragic", 246} 다섯째, "어려움을 직면하고 극복하려는 용기다."^{Wong, "Tragic", 247} "용기는 곤경에 대면하는 능력, 위험에도 자신의 신념에 충실하는 것, 극도의 압박이나 외적인 힘에도 흔들리지 않는 것, 고통과 잔인함과 절망에도 생존하려는 능력을 의미한다."^{Wong, "Tragic", 247} 그에 의하면, "용기는 비극적 낙관주의의 핵심 요소다. 수용도 용기가 필요하며 삶의 의미를 인정하는 것도 용기가 필요하기 때문이다. 우리의 안전지대에서 나와 다른 사람을 돕거나 하나님을 섬기는 것 역시 상처받을 용기가 필요하기 때문이다."^{Wong, "Tragic", 247}

심리학자가 심리 처방을 하면서 이렇게 주장하다니 놀라울 따름이다. 이것은 서두에 밝힌 시편 기자의 생각과도 잘 상응한다. 이 시편 기자도 궁극적으로는 절망보다 소망을, 삶의 부정보다는 삶의 의미를 추구했기 때문이다. 그는 인생의 곤경과 무상함을 직면한다. 그리고 삶의 기쁨과 의미를 자신에게서가 아니라, 위에서, 즉 하나님에게서 찾는다. 빠르게 지나가는 시간을 회상하면서 "하나님의 자비", "야웨의 구원 사역의 기쁨", "하나님의 은총" Tate, 『시편 (중)』, 727 을 갈구한다. 여기에 진정한 기쁨과 삶의 의미가 있고 감사가 있기 때문이다. 사람은 무엇으로 사는가? 은총으로 산다. 돌아보면 모든 것이 은혜다.

2. 일상의 은총, 일상의 감사 ― 행복의 조건들 (1)

봄이 가면 여지 없이 여름이 오고, 여름이 가면 가을이 온다. 가을이 물러나면 겨울, 겨울 뒤엔 다시 봄이다. 새로운 한 해는 늘 그렇게 온다. 그런데 생각해 보면 모든 것이 어제 그대로다. 다만 달력이 바뀔 뿐이다. 어제의 수첩, 아직도 여백이 많은데 오늘부터 쓸 수 없어, 새해다. 그러나 새해는 달력을 바꾸고 수첩을 바꾼다고 오는 것이 아니다. 마음을 바꾸고 생각을 바꿔야 온다. 오늘이 어제와 다른 것은 마음이 다르기 때문이다. 불을 껐다 켜듯 마음을 껐다 켜야 새날이다. "꼬여있던 매듭도 풀고, 걸려 있던 가시도 빼내고, 내일을 위해 어제를 지워야" 오보영, "새출발" 새날이다. 미움은 끄고 용서는 켜야 새날이다. 불안과 절망은 끄고 용기와 희망은 켜야 새날이다. 불평과 불만은 끄고 찬송과 감사는 켜야 새날이다.

새날에 우리는 행복을 기원한다. 어제의 슬픔과 고통을 잊고 행복이 시작되기를 온 마음으로 기원한다. 인간의 본능은 행복에 있기 때문일지 모른다. 인간은 본능적으로 잘 살고자 한다. 잘 살고자 하는 의지는, 바르트의 말대로, "기쁨으로의 의지" Barth, KD III/4, 512 이며 "행복에의 의지" Barth, KD III/4, 512 다. 이쯤에서 이렇게 질문해 보자. 행복이란 무엇이며 행복은 어디서 오는 것인가? 행복해지기 위해 우리는 무엇을 해야 하는가? 이 질문이 아마 우리에게는 우문愚問일지도 모른다. 행복의 근원과 조건은 언제나 초월적이기 때문이다. 달리 말해 복과 은혜와 평강의 참 근원은 하나님이시기 때문이다. 민 6:24-26 참된 행복 신학을 추구했던 아우구스티누스나 토마스 아퀴나스도 결국은 이렇게 답을 내릴 수밖에 없었다.

최근 들어 인간의 행복과 웰빙을 연구하는 학문이 등장하였다. 이를 통칭하여 긍정심리학이라 부른다. 인간이 행복해지고 웰빙한 삶을 살려면 이러저러해야 한다고 여러 행복의 조건들을 제시한다. 용서, 화해, 희망, 용기, 고난 등 눈여겨볼 만한 주제들을 다룬다. 심지어 기도와 감사와 은혜와 영성을 주제로 하기도 한다. 기독교의 핵심 가치관과 덕목들을 세속학문인 심리학이 다루다니 놀라울 따름이다. 이에 대한 소개는 뒤로하고, 새해를 맞이하면서 필자가 넌지시 던져보는 화두는 일상의 행복에 관한 것이다. 제목이 말하듯, 평범한 하루하루의 일상의 삶을 은총으로 생각하고, 평범한 일상에 감사하는 것이 행복의 요건 중의 하나가 아니겠는가 하는 것이다.

평범한 일상에 감사하며 행복해하는 한 시인의 시를 여기에 옮겨본다. "무거운 눈꺼풀 비비며 맞이하는 어둠이 벗겨지기 시작한 신 새벽 반복되는 일상의 창을 열어 낯익은 풍경을 만날 수 있는 오늘은 내게 선물입니다/습관처럼 투박한 머그잔에 커피를 타들고 희미한 갓등 올라탄 먼지 손끝에 묻히며 계절 꽃 목긴 화병에서 은은하게 웃으면 눈가 마음의 주름하나 생겨날지라도 오늘은 내게 선물입니다/생각이 통하는 책장을 넘기고 세상으로 통하는 조간신문을 들추며 파란 불꽃 위에서 된장국 끓고 밥물 오르는 냄새 집안을 감돌면/채널 고정한 일기예보 좋긋해지는 오늘은 내게 선물입니다/변함없이 아끼고 사랑하는 가족 언제라도 고민을 들어주는 친구 기쁨과 행복, 슬픔과 아픔 함께 나누며 부족함 채워, 슬픔과 아픔 함께 나누는 오늘은 내게 선물입니다." 김설하, 「오늘은 내게 선물입니다」

늘 반복되는 일상, 때로는 일탈하고 싶은 일상이 당연한 것이 아니라 선물이라는 것이다. 그렇다. 삶은 당연한 것이 아니다. 아무리 평범한 것이라 할지라도 말이다. 그것은 선물이며 은총이다. 김남조 시인도 「설일」雪日 이라는 시에서 이렇게 고백하였다. "삶은 언제나 은총恩寵의 돌층계의 어디쯤이다. 사랑도 매양 섭리攝理의 자갈밭의 어디 쯤이다." 그러니 "이적진 말로써 풀던 마음 말없이 삭이고 얼마 더 너그러워져서" 감사하며 살자는 것이다. 그래서 바울도 "범사에 감사하라"고 권면하였다. "범사"라는 말에는 "고난 중에도 감사"뿐만 아니라 "평범한 일상에도 감사"가 포함된 말일 것이다.

기독교 교리들은 대부분 감사를 구속사적으로 풀어낸다. 하나님의 구원의 은총에 감사해야 하며 하나님의 자녀로 살게 됨을 감사해야 한다는 것이다. 당연한 말이다. 하나님의 구원의 은혜보다 더 감사한 일이 어디 있겠는가. 이러한 기본에 더하여 일상의 삶에 성령으로 역사하시는 하나님의 섭리의 은총에도 감사해야 한다. 일상도 하나님의 은총이다. 아무 일도 없이 지나가는 하루가, 그래서 아침에 다시 새로운 시간과 호흡이 주어진다는 것이 얼마나 감사한 일인가. 왜 우리는 병에 걸렸다 나아야 감사하며, 사고와 어려움을 극복하는 기적을 맛보고서야 감사하는가. 건강하고 사고가 없는 평범한 하루가 더 감사하지 않은가. 삶에서 기적이 일어나길 바라는가. 일상이 곧 기적이고 은혜다. 평범한 일상에 감사하는 것, 새날과 새마음과 새호흡이 매일마다 주어지는 것을 하나님의 은총으로 생각하는 것, 바로 그것이 행복의 시작이다.

3. 무엇이 우리를 행복하게 하는가 — 행복의 조건들 (2)

행복, 아마 인간의 가장 기본적이고도 본능적인 욕구일 것이다. 불행을 기대하고, 불행을 소망하는 사람은 없으리라. 인생의 목표는 당연히 행복한 삶이다. 매해를 시작하면서 복 받으라고, 행복한happy 한 해 되라고 기원하는 것도 그 이유일 것이다. 그런데 문제는 현실적으로 행복하다고 느끼는 사람보다 불행하다고 답변하는 사람들이 훨씬 많다는 사실이다. 불행이나 고통의 강도가 행복이나 기쁨의 강도보다 더 강한 탓이다. 행복이란 말의 홍수가 역설적으로 이를 증명한다. 신문에 오르내리는 낮은 행복지수도 이를 가리킨다.

새해에 한번 질문해 보자. 무엇이 행복이며, 무엇이 인간을 행복하게 하는가?

인간의 행복과 건강을 오랫동안 연구해 온 로버트 월딩어 Robert Waldinger 하버드대학 교수가 최근 한 국내 언론과의 인터뷰에서 "인생에 있어서 오직 중요한 한 가지는 '사람들과의 따뜻하고 의지할 수 있는 관계'"라고 밝혔다고 한다. 그는 이 관계가 인간의 행복뿐만 아니라 신체의 건강에까지 영향을 준다고 지적하였다. 그리 새로운 주장은 아니다. 이미 20여 년 전 하버드 대학 교수이자 의사인 베일런트 George E. Vaillant 가 『행복의 조건』이란 인생 성장 보고서를 내면서 좋은 사회적 관계를 행복의 조건으로 제시했었다. 이런 유의 연구들이 긍정심리학 혹은 행복학이라는 이름으로 세속학문과 대중들의 마당에 등장한 지도 20여 년이 훌쩍 넘었다.

지금까지 병리적 심리학은 주로 병적인 행동장애, 왜곡된 감정, 열등감이나 우울증과 같은 심적 질병 등 인간의 부정적인 측면들을 치료하는 데 힘을 쏟았다. 이런 과정에서 발견한 것은 치료 후에도 여전히 낮은 행복지수였다. 이것을 인식한 심리학자들은 인간의 질병 치유와 함께 삶의 질을 높이고, 인간이 가지고 있는 긍정적 정서와 장점들을 증진하는 방향으로 초점을 바꾸었다. 이것은 곧 전통적 질병 심리학의 모델에서 정신적 건강과 인간의 웰빙 증진에 초점을 맞추는 건강 wellness 모델로의 이행이었다.

이런 운동의 대표적인 인물이 셀리그만 Martin Selligman 이었다. 그는 『진정한 행복』이라는 책에서 긍정적 정서 Positive Emotion, 몰입 Engagement, 긍정적인 관계 Relationships, 삶의 의미 Meaning, 성취 Accomplishment 를 행복과 웰빙의 다섯 요소로 언급하였다. 이것은 심리학의 연구 방향에 심대한 영향을 주었고 긍정심리학, 행복심리학과 같은 긍정적 방향의 심리학을 발전시키는 동인 역할을 하였다. 그 이후 긍정심리학은 갑작스러운 소낙비처럼, 거대한 해일처럼 수많은 출판과 연구와 이론화 작업이 이뤄지기 시작했고, 다양한 분야에 영향을 미치거나 심도 있는 공동 연구들이 나타났다. 이에 뒤질세라 다양한 각도에서 긍정심리학의 관점을 담은 대중 서적들이 서점 가판대를 오르내렸다.

그런데 무엇이 문제인가? 문제는 그들의 연구 주제가 매우 다양하여 종교와 영성의 영역까지 넘나든다는 점이다. 볼트와 던은 행복과 좋은 삶의 요소로 사랑, 공감, 자기통제, 지혜, 몰입, 행복, 자기 존중과 겸손, 희망, 우정과 사회적 지지를 언급하였고, 컴튼과 호프만은 기분과 정서, 여가, 몰입, 명상, 최고의 성과, 사랑, 건강, 창조성, 미적·예술적 감각, 회복탄력성, 지혜, 성격, 종교 및 영성 등이 인간의 행복을 좌우한다고 보았다. 세속학문인 심리학이 행복한 삶의 요소로 사랑, 용서, 희망, 화해, 고난, 감사와 같은 기독교적 덕목들까지 다룬다는 것에 놀라움을 떠나 당황스럽기까지 하다. 기도의 효력을 언급하거나 용서가 행복의 조건이라거나 "주일날 교회 가는 것이 골프 치러 가는 사람들보다 더 건강하다"는 관점을 들을 때면 ^{KBS 보고서, 「마음」, 116}, 우리로서는 감사할 따름이다. 세속 학문인 심리학이 통계와 실험과 관찰 등의 과학적 방법을 통해 기독교의 가치관과 신념들을 증명해 주니 말이다.

그렇다면 이것이 왜 문제가 되는가? 바로 우리 앞에 수많은 근본적인 질문을 제기하기 때문이다. 행복한 한 해를 꿈꾸며 시작하는 우리에게 "너희들이 말하는 행복은 무엇이냐, 행복을 위해 무엇을 할 수 있느냐"고 도전해 오고 있기 때문이다. 그래서 몰트만도 사회의 어려움과 고통과 죽음의 현실 앞에서 "씻어야 할 눈물이 그렇게 많고, 매일 새로운 눈물이 더해지는데 어떻게 우리가 웃을 수 있으며 기뻐할 수 있는가", "어떻게 우리는 이방 땅에서 주의 노래를 부를 수 있겠는가" ^{Christianity: A Religion of Joy, 1-2} 하고 질문한 적이 있었다. 이제 다시 그들이 도전해 오는 질문들 앞에 서보자. 오늘의 암울한 상황 속에서 어떻게 행복과 기쁨을 노래할 수 있겠는가? 무엇이 진정으로 행복한 삶이며, 무엇이 의미 있는 삶인가? 그리고 무엇이 인간을 행복하게 하는가?

4. 무엇이 인간을 행복하게 하는가 — 행복의 조건들 (3)

행복한 삶을 원하는가? 인간이라면 누구나 묻는 질문이다. 누구나 삶이 기쁘고 행복하기를 원한다. 그래서 아우구스티누스는 "행복한 삶을 원하는 가라고 묻는다면 모두가 조금도 망설임 없이 그렇다고 답변할 것"이라고 단언하였다._{Augustinus, 『고백록』, 20, 29} 세상도 행복을 노래한다. "누군가를 보듬고 있다는 것은 행복한 일이다. 나무의 뿌리를 감싸고 있는 흙이 그렇고 작은 풀잎을 위해 바람막이가 되어 준 나무가 그렇고 텃밭의 상추를 둘러싸고 있는 울타리가 그렇다. 남을 위해 내 마음을 조금 내어 준 나도 참으로 행복하다."_{노원호, 「행복한 일」} 타자를 위한 품음과 나눔과 비움, 그것은 그리스도인들이 갖는 디아코니아와 케노시스의 행복에 잘 어울린다. 마음을 비우고 정연복 시인의 시 한 수를 음미해 보자.

> 너른 하늘 우러르며 영혼의 방 한 평 넓히기, 새들의 노랫소리에 맞추어 한 줄기 휘파람 불기, 흘러가는 구름 따라 앉은자리에서도 마음 여행하기, …지는 꽃 앞에서 세상 욕심 한 움큼 덜어내기, 거울 속 내 모습에게 다정히 안부 묻기, 잠깐 흙길 걸으며 나도 본래 한 줌 흙임을 기억하기, 연분홍 저녁노을 바라보며 내 목숨의 순한 끝 소망하기, 한밤중 창문 열고 스치는 바람 소리에 귀 기울이기, 빈 잔 가만히 어루만지며 비워 있음의 미덕에 소스라치기._{정연복, 「소박한 행복론」}

행복은 그리 거창한 것이 아니다. 이미 말한 바 있는 소소한 일상의 행복이다. 그리스도인들도 묵상해 봄 직한 "소박한 행복론"이다. 기독교는 행복의 종교다. 행복을 추구한다. 하나님은 인간이 행복하기를 원하시기 때문이다. 그러므로 기독교의 기본 교리는 인간의 행복 추구를 결코 죄악시하지 않는다. 왜냐하면 인간은 본래 행복하도록 창조되었기 때문이다. 『하이델베르크 요리문답』은 "하나님을 찬양하고 영화롭게 하면서 그와 영원히 행복하게 살도록 인간이 창조되었다"제6문고 고백한다. 『웨스트민스터 신앙고백서』는 타락 이전의 인간의 삶은 하나님과의 교제 속에서 주어지는 행복한 삶이었다고 지적한다.^{4, 2}

문제는 행복한 삶을 원하느냐, 아니냐의 질문이 아니라 무엇이 행복한 삶이고, 무엇이 인간을 행복하게 하느냐이다. 요즘 자주 불리는 "행복"이라는 찬양이 있다. 아마도 현세대 그리스도인들의 행복을 잘 표현하는 것 같아 소개해 본다.

> 화려하지 않아도 정결하게 사는 삶, 가진 것이 적어도 감사하며 사는 삶, 내게 주신 작은 힘 나눠주며 사는 삶, 이것이 나의 삶의 행복이라오. 눈물 날 일 많지만 기도할 수 있는 것, 억울한 일 많으나 주를 위해 참는 것, 비록 짧은 작은 삶 주 뜻대로 사는 것, 이것이 나의 삶의 행복이라오. 세상은 알 수 없는 하나님 선물, 이것이 행복이라오. 하나님의 자녀로 살아가는 것, 이것이 행복이라오. _{손경민, "행복"}

이 노래가 말하는 행복의 조건은 감사와 나눔과 인내와 기도에 있다. 하나님의 자녀로 사는 것이 행복이라고, 그것은 인간이 쟁취할 수 있는 것이 아니라 하나님의 선물이라고 노래한다.

신학의 역사에서 행복을 주제로 삼은 이가 바로 아우구스티누스이다. 그는 『고백록』에서 "무엇이 행복한 삶인가"를 질문하고 있다. 위의 노래와 같이, 행복은 주님으로 말미암아 오는 것이라 고백한다. "행복한 생활이란 주님을 구하여 주님으로 말미암아 주님을 위해 기뻐하는 일"_{Augustinus, 『고백록』, 22, 32}이라고 정의한다. 그것은 곧 다른 말로 말해 "진리를 기뻐하는 일"_{Augustinus, 『고백록』, 22, 33}이다. "하나님, 그리고 이 기쁨은 진리이며, 나의 빛이며, 내 얼굴의 구원이며 내 하나님이신 주님께 대한 기쁨"_{Augustinus, 『고백록』, 22, 33}이다. 그는 『행복한 삶』*de beata vita* 이란 저술에서도 이와 유사하게 답변한다. "행복한 삶이란 우리를 진리로 이끄시는 하나님을 믿음으로 그리고 완전하게 아는 것이다. 그럼으로써 인간은 진리를 온전히 기뻐하게 될 것이다." Augustinus, 『행복한 삶』, 4.35

필자가 하나님의 선물로서의 행복과 기쁨에 관심을 갖게 된 여러 이유 중 하나는 복음의 본질에 대한 생각 때문이었다. 복음은 우리를 죄와 불행과 슬픔으로부터의 해방이며 위로이자 기쁨의 소식인데, 우리는 이 복음을 진정으로 이해하고 있는가 하는 고민이 들었다. 또 다른 이유는 신학적 주제의 편중성 때문이었다. 달리 말하자면, 신학은 아름답고 기쁨이 넘치는 학문인데도 우리가 지닌 긍정적 가치관—희망, 용서, 사랑, 신뢰, 감사, 은총, 기쁨, 행복에 관한 연구는 거의 찾아보기 힘들었기 때문이다. 이와 더불어 행복과 기쁨, 즉 우리의 신앙과 신학이 지닌 긍정적 요소들을 연구하면서 발견한 긍정심리학의 도전 때문이기도 했다. 조직신학을 연구하는 필자에게는 매우 흥미로운 발견이었다. 깊은 관심을 갖고 조사한 결과, 최근 들어 영미권에서 긍정심리학과 신학과의 대화가 매우 활발하게 진행되고 있음을 알게 되었다. 이런 상황을 접하면서 본 연구자에게는 많은 질문이 생겨났다. 앞에서 이미 유사한 질문을 던졌었지만, 다시 한번 던져본다. 행복이라는 주제가 기독교의 핵심 주제인데도 왜 신학은 왜 행복과 기쁨을 말하지 않는가, 기독교야말로 진정한 기쁨의 종교이며 복음은 근본적으로 기쁜 소식임이 분명한데 왜 이 주제가 신학에서 소외되어 왔는가, 기쁨이라는 단어와 기뻐하라는 명령이 성경에 수없이 등장하는데 왜 현재의 신학은 이 주제들에 무관심하거나 이것들을 신학적 논의에서 배제하였는가, 왜 기독교 신학은 기쁨과 긍정의 분위기보다는 우울한 색채를 가진 신학이 되었다.

5. "주를 경외함이 행복이라" — 행복의 조건 (4)

진정 행복하기를 원하는가? "긍정적인 마음을 가지라. 웃어라. 자신에게 잘 대하라, 시간을 관리하고 좋은 친구를 사귀며 인생의 즐거움을 만끽하라." 긍정심리학, 행복심리학을 연구하는 심리학자들이 우리의 행복을 위해 가르치는 기술이다. 우리의 행복이나 즐거움은 결국 마음과 사회적 관계에 달려 있다는 말이다. 틀린 말은 아니다. 웃으면 몸에 좋은 엔도르핀이 발생한다는 말은 이젠 진부한 이야기가 되었다. 오래전 『뇌내혁명』이라는 책을 읽은 적이 있다. 실제로는 운동하지 않아도 운동한다고 계속해서 상상하면 운동 관련 호르몬이 분비되어 근육이 생긴다는 놀라운 내용이 들어 있었다. 상상과 긍정의 힘이다. 이렇게 작동하는 뇌를 생각하면 인간은 원래 행복하게, 기쁘게, 감사하면서 살도록 지어진 존재인 것 같다.

신문에 이런 광고가 실렸다고 한다. "자신의 삶이 만족스럽고 행복하다는 것을 증명하는 사람에게 상금 백만 달러를 지급하겠노라"고. 수많은 사람이 몰렸지만 아무도 이 상금을 받아 간 사람이 없었다고 한다. "정말로 행복하고, 정말로 지금의 삶에 만족한다면 왜 백만 달러가 필요하십니까?"라는 질문에 아무도 설득력 있는 답변을 하지 못했기 때문이다. 이것은 무엇을 의미하는가? 행복한 사람 찾기 어렵다는 것, 가짜 행복자가 많다는 것 아니겠는가? 요즘 행복에 관한 강의가 많아지고 행복의 비결들을 담은 책들이 홍수처럼 쏟아지고 있다는 것은 무슨 의미일까? 오히려 행복한 사람이 줄어들고 불평과 불만의 시대가 되어가고 있다는 역설 아니겠는가?

그리스도인의 진정한 행복의 비결이 무엇일까? 그 답은 성경에 있다. 인간의 참된 행복의 비결은 다름 아닌 여호와를 경외하는 것 바로 그것이다. 간단하고 명쾌한 답이다. 우리가 다 알고 있는 답이다. 인용해 보자. "이스라엘아 네 하나님 여호와께서 네게 요구하시는 것이 무엇이냐 곧 네 하나님 여호와를 경외하여 그의 모든 도를 행하고 그를 사랑하며 마음을 다하고 뜻을 다하여 네 하나님 여호와를 섬기고 내가 오늘 네 행복을 위하여 네게 명하는 여호와의 명령과 규례를 지킬 것이 아니냐"신 10:12-13 아마 이런 대답이 아닌, 뭔가 신비하고 대단한 답을 원하는 사람이 틀림없이 있으리라. 그러나 하나님이 주신 답, 우리 그리스도인들이 가져야 할 답은 바로 이것이다. "여호와를 경외하라." 또 인용해 보자. "이는 우리가 우리 하나님 여호와를 경외하여 항상 복을 누리게 하기 위하심이며 또 여호와께서 우리를 오늘과 같이 살게 하려 하심이라"신 6:24 이것은 어느 위대한 현인의 말이 아니다. 우리가 믿는 하나님의 말씀이다. 그렇다. 행복은 다른 데 있는 것이 아니라, 바로 하나님께 있다.

그런데 여호와를 경외한다는 것은 대체 무엇일까? 놀라운 것은 성경에 여호와를 경외하라는 말이 엄청나게 많다는 것, 그리고 그 뜻이 매우 다양하다는 점이다. 우선, 경외라고 함은 말 그대로 존경하며 두려워한다는 뜻이다. 우리는 하나님을 두려워하며 존경해야 한다. 그분은 절대자이시며 전능자이시기 때문이다. 경외하는 자를 하나님은 분명히 기억하신다. "여호와를 경외하는 자와 그 이름을 존중히 여기는 자를 위하여 여호와 앞에 있는 기념 책에 기록하셨느니라"말 3:16 그런데 두려워하며 존경한다는 것은 단순히 두려워하는 것으로 끝나는 것이 아니다. 그것은 곧 예배와 연결된 단어다. 시편 시인의 말을 직접 인용해 본다. "오직 나는 주의 풍성한 사랑을 힘입어 주의 집에 들어가 주를 경외함으로 성전을 향하여 예배 하리이다"시 5:7 경외는 곧 예배하는 것이고, 예배는 곧 경외다. 예배를 진정으로 드리지 않는다면, 결국 여호와를 경외하지 않는 것이 된다. 예배하고 찬양함으로 인하여 위로부터 내리는 은혜가 인간의 진정한 행복의 시작이 아닐까.

또 하나, 경외란 범사에 그를 인정하는 것이다. 다시 말하자면, 주님만 섬기고 그분만을 사랑하고 그분만을 내 모든 삶의 주인 삼는 것이다. 우리가 많이 부르고 있는 복음성가를 기억할 것이다. "내가 주인 삼은 모든 것 내려놓고 내 주 되신 주 앞에 나가 내가 사랑했던 모든 것 내려놓고 주님만 사랑해." 멋있는 가사다. 그런데 아무리 감격스럽게 부른다고 하더라도 부르는 것으로 끝난다면, 그것은 경외가 아니다. 실제로 그렇게 사는 것이 경외다. "이스라엘아 네 하나님 여호와께서 네게 요구하시는 것이 무엇이냐 곧 네 하나님 여호와를 경외하여 그의 모든 도를 행하고 그를 사랑하며 마음을 다하고 뜻을 다하여 네 하나님 여호와를 섬기고"신 10:12.

여호와를 경외하는 성도들은 악에서 떠나야 한다. 이 땅에 그리스도인들이 많은 데도 왜 이 사회는 점점 어두워만 가는 것인가? 밤하늘의 십자가는 많은데, 왜 교회는 점점 인식이 나빠져 가고 있는가? 물론 여러 이유가 있을 것이다. 일반인들이 교회를 몰라서, 방송이 편파적이어서 그럴 수도 있다. 그러나 가장 중요한 것은 진정으로 여호와를 경외하는 사람들이 많지 않기 때문이다. 아니, 말로만 하나님을 경외하는 성도들이 많기 때문이다. 여호와를 경외하는 것이 무엇일까? 다시 성경으로 돌아가 보자. "너희 각 사람은 자기 이웃을 속이지 말고 네 하나님을 경외하라"레 25:17 "오직 선행으로 하기를 원하노라 이것이 하나님을 경외한다 하는 자들에게 마땅한 것이니라"딤전 2:10 "여호와를 경외하는 것은 악을 미워하는 것이라. 나는 교만과 거만과 악한 행실과 패역한 입을 미워하느니라"잠 8:13 악을 멀리하고 정직하게 사는 것, 하나님이 원하시는 삶은 사는 것, 이것이 진정으로 하나님을 경외하는 것이다. 사회적 행복, 사회의 행복, 그것은 기독교인이 만들어야 하고, 그것이 바로 여호와를 경외하는 것의 하나다. 행복은 개인의 삶에만 해당하는 것이 아니다. 사회의 행복이 오히려 진정한 행복일지 모른다.

또한 성경에서 말하는 경외는 이웃을 돕는 것이다. 하나님을 섬긴다고 하면서 이웃의 아픔과 고통을 모른다면 그것은 하나님을 경외하는 삶이 아니다. 다음은 이를 위한 대표적인 구절이다.

너는 그에게 이자를 받지 말고 네 하나님을 경외하여 네 형제로 너와
함께 생활하게 할 것인즉 너는 그에게 이자를 위하여 돈을 꾸어 주지

말고 이익을 위하여 네 양식을 꾸어 주지 말라나는 너희의 하나님이 되며 또 가나안 땅을 너희에게 주려고 애굽 땅에서 너희를 인도하여 낸 너희의 하나님 여호와이니라 너와 함께 있는 네 형제가 가난하게 되어 네게 몸이 팔리거든 너는 그를 종으로 부리지 말고 품꾼이나 동거인과 같이 함께 있게 하여 희년까지 너를 섬기게 하라 그때에는 그와 그의 자녀가 함께 네게서 떠나 그의 가족과 그의 조상의 기업으로 돌아가게 하라 그들은 내가 애굽 땅에서 인도하여 낸 내 종들이니 종으로 팔지 말 것이라 너는 그를 엄하게 부리지 말고 네 하나님을 경외하라 레 25:39-43

하나님을 경외하는 성도는 이웃의 아픔을 함께 생각해야 한다. 경건과 경외는 구제와 연결이 되어 있음을 신약에서도 잘 드러내고 있다. "그가 경건하여 온 집안과 더불어 하나님을 경외하며 백성을 많이 구제하고 하나님께 항상 기도하더니" 행 10:2 나눔이 행복이고, 섬김이 행복이고, 공감이 행복이다. 이것은 최소한의 개인의 행복을 만드는 것이고, 개인의 행복이 모여 사회의 행복이 되는 길이다.

마지막으로 언급하고 싶은 중요한 것이 있다. 우리는 여호와를 경외하는 법을 배워야 한다는 것이다. "평생에 자기 옆에 두고 읽어 그의 하나님 여호와 경외하기를 배우며 이 율법의 모든 말과 이 규례를 지켜 행할 것이라" 신 17:19 "너희 자녀들아 와서 내 말을 들으라 내가 여호와를 경외하는 법을 너희에게 가르치리로다" 시 34:13 무엇을 통해 하나님을 경외하는 법을 배울 수 있을까? 그것은 바로 하나님의 말씀이다. 하나님의 말씀, 성경에는 하나님을 경외하는 모든 방법이, 경외함으로 인하여 얻는 복과 행복이 들어 있기 때문이다. 와서 들어야 한다. 와서 듣지 않으면 진정으로 하나님을 경외한다는 것이 무엇인지 알 수 없기 때문이다.

6. 기쁨, 위로, 행복, 그리고 성령

행복이라는 주제가 일반 대중에게 회자된 지 오래다. 그리고 세속 학문에서도 활발하게 논의되고 있다. 이러한 상황에서 몇 가지 의문이 제기된다. 왜 주류 신학계는 이 주제를 연구하지 않는가? 신학은 왜 행복과 기쁨을 다루지 않는가? 기독교야말로 진정한 기쁨의 종교이며 복음은 본질적으로 기쁜 소식인데, 왜 이 주제가 신학에서 소외되어 왔는가? 성경에는 기쁨이라는 단어와 "기뻐하라"는 명령이 수없이 등장하는데도, 현대 신학은 왜 이러한 주제들에 무관심하거나 신학적 논의에서 배제해 왔는가? 또한 기독교 신학은 왜 기쁨과 긍정의 분위기보다는 우울한 색채를 띠게 되었는가? 이런 물음을 염두에 두면서 성경이 무엇이라고 말하는지 귀 기울여 보자. 이미 잠시 언급했듯이 성경은 기쁨과 행복에 대해 많은 기록을 남겨두었다. 여기서는 기쁨과 행복의 근원인 성령에 대해서만 이야기해 보고자 한다.

인간은 나약한 존재이다. 그러므로 언제나 상처받을 수밖에 없는 존재이다. 성령은 이러한 인간의 아픔과 상처 가운데 오셔서 인간을 위하여 말할 수 없는 탄식으로 기도하시며 위로하시며 마음의 상처를 싸매어 주신다. 이사야 61장 1-3절은 다음과 같이 말하고 있다.

> 주 여호와의 영이 내게 내리셨으니 이는 여호와께서 내게 기름을 부으사 가난한 자에게 아름다운 소식을 전하게 하려 하심이라 나를 보내사 마음이 상한 자를 고치며 포로된 자에게 자유를, 갇힌 자에게 놓임을 선포하며 여호와의 은혜의 해와 우리 하나님의 보복의 날을 선포하여 모든 슬픈 자를 위로하되 무릇 시온에서 슬퍼하는 자에게 화관을 주어 그 재를 대신하며 기쁨의 기름으로 그 슬픔을 대신하며 찬송의 옷으로 그 근심을 대신하시고 그들이 의의 나무 곧 여호와께서 심으신 그 영광을 나타낼 자라 일컬음을 받게 하려 하심이라

이 말씀은 하나님의 영의 위로의 사역, 마음의 상처를 치유하시는 사역을 기록하고 있다. 하나님의 영으로 기름 부음 받은 자는 가난한 자에게 아름다운 소식을 전하는 자이며, 마음 상한 자를 고치고, 포로된 자에게 자유를 갇힌 자에게 해방을 선언하고, 슬픈 자를 위로하는 자이다. 한마디로 말하면 하나님의 영은 기쁨의 영, 위로의 영이다. 이 구절은 신약의 예수 그리스도에게 적용된다. 누가복음 4장 17-19절은 하나님의 영을 통한 기쁨의 선포, 억압으로부터의 자유, 슬픔의 위로가 예수 그리스도를 통하여 이 땅에 임하였다고 선언한다.

선지자 이사야의 글을 드리거늘 책을 펴서 이렇게 기록된 데를 찾으시니 곧 주의 성령이 내게 임하셨으니 이는 가난한 자에게 복음을 전하게 하시려고 내게 기름을 부으시고 나를 보내사 포로 된 자에게 자유를, 눈 먼 자에게 다시 보게 함을 전파하며 눌린 자를 자유롭게 하고 주의 은혜의 해를 전파하게 하려 하심이라 하였더라.

신약에 나타난 기쁨에 대한 직접적인 성령의 사역을 이제 언급해 보기로 한다. 몰트만은 "신약성서에 성령을 체험한 이야기들이 많이 나오는데, 여기에는 항상 기쁨이라는 용어가 함께 등장한다. 그것은 성령이 인간을 새로운 생명, 열린 생명, 진정한 기쁨의 생명으로 소생시키는 생명의 영이기 때문이다. 성령은 우리의 영혼과 감성이 하나님과 가까이 살도록 지속적인 생명의 감동을 주시는 영이다." Moltnamm, 『살아계신 하나님과 풍성한 생명』, 143 라고 말한다. 신약은 "성령의 기쁨" joy of the Holy Spirit, 살전 1:6 을 언급하고 있으며, 또한 "사랑love 과 희락joy 과 화평 peace"을 "성령의 열매" 갈 5:22 로, 하나님 나라는 "성령 안에 있는 의와 평강과 희락" 롬 14:17 으로 묘사하고 있다. 로마서 15장에는 소망과 기쁨과 평강과 성령의 능력이 연결되어 있다. 롬 15:13 로마서 5장은 성령과 사랑이

연결되어 나타나고 있다.^{롬 5:5}

이 성경 본문들에 의하면 인간의 기쁨과 평화와 사랑은 성령의 사역이며 성령의 능력이라는 것이다. 그러므로 인간의 삶의 행복은 삶의 영, 부활의 영, 기쁨의 영, 소망의 영으로 지칭되는 성령에 기인한다. 몰트만은 말한다. "우리가 삶의 영을 행복과 고통, 삶과 죽음의 이 긍정 속에서 경험한다면 이미 삶 속에 하나의 죽지 않는 영원한 삶이 있다." Moltnamm, 『살아계신 하나님과 풍성한 생명』, 317 그 영은 "인간을 새로운 생명, 열린 생명, 진정한 기쁨의 생명으로 소생시키는 생명의 영"이며, "우리의 영혼과 감성이 하나님과 가까이 살도록 지속적인 생명의 감동을 주시는 영" Moltnamm, 『살아 계신 하나님과 풍성한 생명』, 143 이다. 바르트 역시 기쁨을 성령론적으로 풀어내고 있다. 그에 의하면,

참된 기쁨은 오로지 하나님으로부터 오며 거기에서 오직 성령이 계시는 그곳에서 함께 체험된다. 실제로 우리에게 오시고 거기 함께 계시는 분은 성령이시며 바로 거기에 참된 기쁨이 생겨나는 것이다. 이는 다시 말해서 참된 기쁨은 스스로 오고 자신이 있고자 하는 곳에 존재하지만, 인간은 어디로부터 그것이 오는지 또한 어디로 우리를 이끌어 가는지 알지 못하는 것이다. 사람들은 미리 맛본 기쁨 속에서 단지 기회들을 만들어 갈 뿐이다. Barth, KD, III/4, 517

제 13 장
희망의 기독교 종말론

—

1. 종말론 없는 기독교?

종말론은 기독교의 핵심이다. 아니, 전부라고 할 수 있을지도 모른다. 종말론 없는 기독교는 존재하지 않기 때문이다. 종말과 궁극적 하나님 나라의 완성이 없다면 우리 신앙은 공허할 것이다. 하나님 나라를 죽어서만 가는 나라로 생각해서, 현실 도피적으로 살아서도 안 되지만, 미래적, 종말적 하나님 나라를 무시하거나 잊어서도 안 된다. 하나님 나라를 이 땅에 이루어지는 나라로만 생각하고 마치 기독교를 사회 복지 운동이나 인권 운동 단체로만 생각하는 것은 올바른 생각이 아니다. 그렇다면 하나님 나라는 현재적이면서 동시에 미래적인가 하는 질문이 생길 것이다. 그렇다, 하나님의 나라는 현재적이면서 미래적이다. 하나님 나라는 이미 와 있으면서 아직 완성되지 않았다. 기독교의 하나님 나라는 역설적이다. 기독교는 어떻게 보면 정말 역설을 좋아하는, 아니 역설 자체인 종교라는 생각이 든다.

기독교는 종말론적 희망을 갖고 살아간다. 하나님의 약속의 성취, 영원한 하나님의 나라의 희망 때문에 기독교는 존재한다. 그리고 철저히 이 희망에 이끌려 살아간다. 이 시대의 탁월한 종말론 학자인 몰트만은 다음과 같이 진술하였다.

실로 종말론은 희망의 대상만이 아니라 그것에 의해 움직이는 희망까지 포괄하는 그리스도교적 희망에 관한 가르침이다. 그리스도교는 단지 부록에서만이 아니라 전적으로, 그리고 완전히 종말론이요, 희망이며, 앞을 바라보는 전망이요, 앞으로 나아가는 행진이다. …종말론적인 것은 기독교에 속에 있는 그 어떤 것이 아니라 전적으로…모든 것을 조율하는 음이다. …왜냐하면 기독교 신앙은 십자가에 달린 그리스도의 부활로부터 살아가며, 그리스도의 보편적인 미래의 약속을 지향하기 때문이다. …그러므로 종말론은 애초부터 그리스도교적 교리의 한 부분일 수가 없다. 오히려 모든 그리스도교적 설교, 모든 그리스도교적 실존과 모든 교회의 특징은 종말론적인 방향을 지니고 있다. 그러므로 그리스도교적 신앙에는 오직 하나의 실제적인 문제가 있을 뿐인데, 그것은 바로 미래의 문제다.Moltmann, 『희망의 신학』, 22

위 주장은 어려운 말 같지만 사실상 내용은 간단하다. 기독교 신앙은 죽음 너머의 희망을 가져다준 종말적 사건인 예수 그리스도의 십자가와 부활에 전적으로 근거한 것이기 때문에, 그리고 기독교 신앙은 다시 오실 예수님을 믿는 믿음이기 때문에, 종말론 없는 기독교 신앙은 있을 수 없다는 설명이다. 밀리오리도 이와 유사하게 생각하고 있다.

우리가 아직 얼굴과 얼굴을 맞대고 보는 것이 아니라 거울을 통해 희미하게 본다는 것을 잊는다면 우리의 계시 이해는 왜곡될 것이다. 그 사랑이 창조와 구속, 완성을 통해서 확장될 삼위일체 하나님의 무한한 신비를 우리가 놓친다면 우리의 하나님 이해도 역시 왜곡될 수 있다. 아직도 모든 피조물이 해방되어 완성될 그때를 위해 신음하고 있음을 잊을 때 우리의 창조 이해는 불충분하게 된다. 우리의 주님이 단지 기억이나 현재의 경험뿐 아니라 오시는 분으로서 계신 분임을 놓칠 때 기독론은 또한 왜곡될 것이다. 만약에 우리의 교회론이나 성례론이 승리감에 도취되어서 이 창조 가운데 정의, 자유, 평화를 향한 하나님의 통치의 과정과 그 완성에 대해 무감각하다면 그 교회론과 성례론은 또한 왜곡될 것이다. 그러므로 마지막에서뿐 아니라 제일 처음에서도 기독교 신앙과 신학은 예수 그리스도의 복음 안에 있는 하나님의 다가오는 영광과 하나님의 약속의 성취를 향해 방향 지워져 있다. Migliore, 『기독교 조직신학 개론』, 238

이글을 간단히 정리하면, 종말론적 희망을 떠나서는 모든 기독교의 교리가 왜곡될 수밖에 없다는 주장이다. 전적으로 동의한다. 종말론적 희망이 없다면, 그리고 하나님 나라의 희망이 없다면, 계시 개념도, 삼위일체 개념도, 기독론도, 성령론도, 창조론도, 교회론도 부족하거나 왜곡될 것이다. 그런데 오늘날 설교 강단에서, 교육 현장에서, 이 아름답고 기대에 찬 종말론적 희망이 얼마나 선포되고 있는지, 하나님의 영광의 회복에 대한 메시지가 얼마나 선포되고 있는지 교회는 자문해 볼 필요가 있다.

2. "종말은 있다" — 교리 문서들에 나타난 종말론

"종말은 있다. 주님은 분명히 다시 오신다." 종말론은 기독교의 핵심이다. 종말론 없는 기독교는 기독교가 아니다. 종말, 즉 부활과 영생이 없다면, 궁극적 하나님 나라의 완성이 없다면, 새 하늘과 새 땅이 없다면, 우리 신앙은 공허할 것이다. 바울의 말처럼 "만일 죽은 자가 다시 살아나는 일이 없으면 그리스도도 다시 살아나신 일이 없었을 터이요 그리스도께서 다시 살아나신 일이 없으면 너희의 믿음도 헛되고 너희가 여전히 죄 가운데 있을 것이요 또한 그리스도 안에서 잠자는 자도 망하였으리니 만일 그리스도 안에서 우리가 바라는 것이 다만 이 세상의 삶뿐이면 모든 사람 가운데 우리가 더욱 불쌍한 자이리라" 고전 15:16-19.

대부분의 신앙 고백문서들은 종말론을 포함하고 있다. 특이한 것은 모든 교리서나 신학서적들이 종말론을 가장 마지막에 다룬다는 점이다. 당연한 순서일지 모른다. 성경의 내용 자체가 창조에서 시작하여 새 하늘과 새 땅으로, 모든 것의 시작에서 모든 것의 마지막으로 끝나고 있기 때문이다. 간단히 말해 모든 것의 시작에 관한 이론이 창조론이라면, 모든 것의 마지막에 관한 이론이 종말론이다. 용어가 보여주듯, 종말론eschatology은 "마지막, 최종적인 것, 궁극적인 것"을 의미하는 에스카톤eschaton과 이론을 뜻하는 로고스logos의 합성어다.

우리는 가끔 종말론을 소홀히 여기거나 신학의 부록처럼 여기는 경우가 있다. 성경의 종말 본문을 난해하다고 하여 기피하거나, 현대 과학으로 이해할 수 없다 하여 종말론을 신학적 논의에서 제거하기도 한다. 그러나 그것은 잘못이다. 기독교의 종말론은 신화도 아니요, 신학의 부록도 아니다. 몰트만이 『희망의 신학』에서 말했듯, 기독교는 종말의 희망 속에 사는 공동체이기 때문이다. 다시 말해 종말론 없이는 설 수 없는 종교이기 때문이다. "그리스도교는 단지 부록에서만이 아니라 전적으로, 그리고 완전히 종말론이요, 희망이며, 앞을 바라보는 전망이요, 앞으로 나아가는 행진이다."Moltmann, 『희망의 신학』, 22 그리고 종말론은 "모든 것을 조율하는 음이다."Moltmann, 『희망의 신학』, 22 그 이유는 바로, 바울이 의도했듯이, "기독교 신앙은 십자가에 달린 그리스도의 부활로부터 살아가며, 그리스도의 보편적인 미래의 약속을 지향하기 때문이다."Moltmann, 『희망의 신학』, 22 그러므로 "모든 그리스도교적 설교, 모든 그리스도교적 실존과 모든 교회의 특징은 종말론적인 방향"Moltmann, 『희망의 신학』, 22을 지향해야 한다.

이제 교리 문서들의 종말론을 소개해 보려 한다. 우선 사도신경이다. 매 주일예배에서 고백하고 있는 사도신경은 간단히 "몸이 다시 사는 것과 영원히 사는 것을 믿습니다"라고 고백하고 있다. 고대 교회의 중요 문서이자 현재 세계교회가 인정하고 있는 교리 문서인 『니케아-콘스탄티노플 신조』381년도 『사도신경』과 유사하게 "우리는 죽은 자들의 부활과 장차 임할 세상에서의 영생을 바라봅니다"라고 진술한다. 1907년 한국 장로교회가 채택한 『(12) 신조』는 좀 더 상세하게 "죽은 자가 마지막 날에 부활함을 얻고 그리스도의 심판하시는 보좌 앞에서 이 세상에서 선악 간에 행한 바를 따라 보응을 받을 것이다. 그리스도를 믿고 복종한 자는 현저히 사함을 얻고 영광중에 영접을 받을 것이다"라고 고백한다. 그리고 선교 백 주년을 맞이하여 본 교단 총회가 『웨스트민스터 신앙고백서』를 기초로 만든 『대한예수교장로회 신앙고백서』는 제 10 장 1항에서 "우리는 개인과 역사에 종말이 있는 것과 하나님의 마지막 심판에 의해서 우리의 구원이 완성되고 하나님의 나라가 완성될 것을 믿는다"고 선언한다. 1997년 발표한 『21세기 신앙고백서』는 다음과 같이 코이노니아 관점에서 종말론을 고백한다. "우리는, 예수 그리스도의 재림으로 새 하늘과 새 땅이 이루어질 것을 믿습니다. 그 세계는 부활한 하나님의 백성과 새롭게 된 만물이 하나님을 예배하며, 사랑과 생명의 교제를 나누는 영원한 나라가 될 것을 믿습니다." 이 문서의 특징은 코이노니아 개념뿐 아니라 피조물의 종말론을 언급하고 있다는 점이다.

마지막으로 개혁교회의 기본 신앙고백서라고 할 수 있는 『웨스트민스터 신앙고백서』에 나타난 종말론을 살펴보자. 제 32 장에서 「사람의 사후 상태와 부활」에 관하여 다룬다. 사람이 죽으면 육체는 땅으로 돌아가나 영혼은 죽지 않는다는 것이다. 그 영혼은 그리스도의 재림 때까지 기다렸다가 육체가 부활할 때 그 육체와 결합하여 영원한 세계에 참여하게 된다. 사람이 죽은 후 영혼은 수면의 상태에 있다는 일부 신학자들의 견해도 거부한다. 영혼은 죽지도 잠자지도 않는다는 것이다. 그렇다면 마지막 때까지 살아 있는 자들은 어떻게 될 것인가? 그들은 죽지 않고 변화되어 영원한 세계에 참여할 것이다.

제 33 장은 「최후의 심판」에 대하여 다룬다. "하나님은 예수 그리스도로 하여금 의로 세상을 심판하게 하시기 위하여 한 날을 정하셨다. …그날에는 배신한 천사가 심판을 받을 뿐만 아니라 이 땅에서 살던 모든 사람이 그리스도의 심판대 앞에 나타나 자기들의 생각과 말과 행실에 대해 결산을 하며, 그들이 육신으로 선을 행했든지 악을 행했든지 그들이 행한 그 일에 따라서

심판을 받을 것이다." 그러므로 "모든 사람들이 죄를 삼가도록, 그리고 역경 가운데서도 믿음을 지킨 사람들에 대하여 큰 위로를 주기 위하여 심판 날이 있다는 것을 우리가 확신하기를 그리스도는 원하셨다." 그러나 인간들이 항상 깨어 있을 수 있도록 그 날과 그 시는 감추어 두셨다.

3. 예수 그리스도 — "장차 오실 이"

종말에 나타날 중요한 사건은 당연히 예수 그리스도의 재림이다. 그의 재림을 믿지 못한다면 기독교의 종말의 희망은 결코 완성되지 못할 것이다. 성경에서 말하는 예수 그리스도는 당연히 "장차 오실 이"이다. 요한은 아시아에 있는 일곱 교회에 편지하면서 예수 그리스도를 "이제도 계시고 전에도 계셨고 장차 오실 이"계 1:4, 8로 표현한다. 이것은 매우 독특한 표현이다. 일반적으로는 "이제도 계시고, 전에도 계시고, 앞으로도 계실"이라고 말하는 것이 알맞은 표현일 것 같으나, 요한은 "장차 오실 이"라고 표현한다. 이것은 요한계시록의 목적이 예수 그리스도의 재림에 소망을 두고 있음을 의미한다. 기독교는 십자가의 종교인 동시에 부활의 종교다. 여기에 한마디를 덧붙인다면 기독교는 재림의 종교, 즉 장차 오실 이에 대한 기대와 소망으로 살아가는 종교다. 다시 말해 "마라나타"의 종교다. 그리스도의 재림의 소망이 없다면 부활의 소망도 의미 없을 것이다. 그런데 기독교 신학은 "그리스도론과 종말론을 나누어 버렸다. 그 결과 그리스도론과 종말론의 내적인 관련이, 많은 그리스도인의 시야에서 사라져 버렸다."Moltmann, WJC, 20 그러므로 교회는 종말론적 그리스도론과 그리스도론적 종말론을 회복해야 한다.Moltmann, WJC, 20

여기서 몰트만의 글을 빌려 앞에서 간단히 언급한 예수의 종말론적 인격에 관해 이야기해 보려 한다. 이 내용은 필자가 몰트만의 그리스도론을 연구하며 얻은 통찰이며, 필자 역시 그의 견해에 동의한다. 다시 한번 핵심 질문을 살펴보자. 예수의 종말론적 인격이란 무엇을 의미하는가? 몰트만에 따르면, 이는 종말론적 차원에서 예수의 정체성을 이해하는 것이다. 즉, 예수를 종말에 재림하실 메시아로, 이 세계를 새롭게 하실 창조주로 보는 관점이다. 이러한 이해에서 그의 고난은 단순한 고난이 아닌 메시아의 고난이며, 치유와 기적의 공생애는 메시아의 사역이고, 부활은 인류의 부활과 역사의 종말을 미리 보여주는 사건이 되는 것이다. 종말론적 관점에서 이해하는 예수 그리스도에 대한 칭호는 "장차 오실 이"이다. Moltmann, WJC, 19ff.

전통적으로 교회는 예수 그리스도에 대한 칭호를 "참 하나님", "참 인간"으로 표현하였다. 칼케돈 회의에서 승인된 참하나님이자 참 인간이라는 이것은 예수 그리스도의 인격에 관한 질문에 대한 답이었을 뿐, 종말론적으로 예수 그리스도를 표현한 칭호는 아니다. 이에 대해 몰트만은 자신의 그리스도론의 종말론적인 성격을 강조하면서 이 종말론적 성격을 잘 드러낼 수 있는 칭호로서 세례 요한의 질문 속에 나타난 칭호인 "장차 오실 이"를 선택하였다. Moltmann, WJC, 19 예수 그리스도를 성경적 관점에서 볼 때 그는 구약 메시아 약속의 성취요 완성으로 표현하는 것이 가장 적절할 것이고, 그것이야말로 예수 그리스도를 하나님의 전 역사의 드라마의 관점에서 보는 것이다. 이것이 성경적인 이유는 실제로 성경 속에서는 예수의 모든 선포와 활동이 메시아적 관점에서 이해되었기 때문이다. 제자를 시켜 "장차 오실 이가 당신이냐"고 묻는 세례요한 질문 속에는 이미 메시아적 관점에서 예수 그리스도의 정체를 묻는 질문이다. 그에 대하여 예수 동일한 관점에서 자신의 메시아적 정체성을 드러내었다. 즉 예수는 그렇다고 직접적으로 답하지 않고, 그의 메시아로서 행하시는 활동으로 대답을 대신하였다. "맹인이 보며 못 걷는 사람이 걸으며 나병환자가 깨끗함을 받으며 못 듣는 자가 들으며 죽은 자가 살아나며 가난한 자에게 복음이 전파된다 하라" 마 11: 5 그의 모든 선포와 활동, 그리고 그의 십자가와 죽음까지도 성경 속에서는 종말론적, 메시아적 관점에서 이해되었다. 그래서 몰트만은 다음과 같이 선언하고 있다.

'참으로 구약성서와 신약성서의 증언에 의하여 결정되어 있는 그리스도론은 종말론적일 수밖에 없을 것이다! 그것은 이미 오신 그분의 비밀을 주요 문제로 다룸으로써 그의 전반적인 인식에 있어서 장차 오실 그분을 가리켜야 할 것이다.' 그러나 장차오실 그분은 장차 오실 하나님의 길을 예비하고 그의 백성과 그의 땅을 그에게로 인도하는 메시아를 나타내는 암호일 뿐이다. Moltmann, *WJC*, 19

그리스도론의 전통을 보면 고대교회는 그리스도론의 근거가 구약의 메시아적 희망임을 이해하지 못했다. 구약성경에 나타나는 희망의 역사, 약속의 역사에 대해 깊은 관심을 두지 않았으며, 예수의 종말론적 선포와 활동에 대해서도 침묵했다. 재림 역시 관심의 대상이 아니었고, 오직 부활하고 승천하셔서 우주의 통치자로 찬양받는 모습에만 집중했다. Moltmann, *WJC*, 20 근대에 이르러 그리스도론은 예수의 역사적 삶에 초점을 맞추었는데, 이는 그리스도론이라기보다는 예수론에 가까웠다. 몰트만에 의하면 이 시기 역시 고대와 마찬가지로 구약성경의 약속의 역사는 특별한 관심을 받지 못했다. 약속은 희망이요 기다림이다. 성경은 약속으로 가득 찬 책이며, 하나님은 이스라엘에게 땅을 약속하시고 이를 성취하셨다. 구약의 핵심적 약속은 메시아 약속이며, 이는 종말론적 개념이다. Moltmann, *WJC*, 19 약속의 개념은 구약에만 있는 것이 아니라 신약에도 풍성하게 담겨있다. 구약의 약속의 성취로서 예수 그리스도는 그 자체가 약속이다. Moltmann, 『희망의 신학』, 163f. 그분의 부활은 우리 부활의 선취요 약속이며, 그분 자신이 "장차 오실 그분"이시기 때문이다.

4. 종말 — 공포인가 희망인가?

종말, 어떤 생각이 떠오르는가? 비극인가, 희망인가? 혹시 지옥, 전쟁, 파국, 적그리스도, 자연 재앙 등이 떠오르지는 않는가. 필자는 종말이라는 말을 들을 때 비극적인 역사의 심판, 공포의 사건들이 주로 머리에 떠오른다. 어렸을 때 주일학교에서 비극적 종말에 관한 이야기를 너무 많이 들었기 때문이다. 내가 다니던 교회는 늘 그런 분위기였다. 좀 과장해서 말하면, 교회만 가면 지옥, 재림, 사탄 등 그런 이야기뿐이었다. 손양원이 목사가 작사했다는 『주님 고대가』를 늘상 불렀다. "낮에나 밤에나 눈물 머금고 내 주님 오시기만 고대합니다. 가실 때 다시 오마, 하신 예수님 오 주여, 언제나 오시렵니까. 고적하고 쓸쓸한 빈 들판에서 희미한 등불만 밝히어 놓고 내 주님 오시기만 고대하오니 오 주여, 언제나 오시렵니까. 먼 하늘 이상한 구름만 떠도 행여나 내 주님 오시는가 해. 머리 들고 멀리멀리 바라보는 맘 오 주여, 언제나 오시렵니까." 도대체 어린 학생들에게 왜 이런 노래를 가르치고 부르게 했을까? 그래서 그런지 필자는 늘 하늘의 구름이 이상하지 않은지, 구름 타고 오시는 주님 재림의 징조는 아닌지 살폈다. 이상한 구름이 없는 하늘에 늘 안도의 숨을 쉬곤 했다. 필자는 이런 영향 때문인지 대파국과 대재앙을 말하는 계시록 주석서를 어렸을 적 이미 독파했을 정도였다. 왜 시키면 계시록 주석서를 그렇게도 읽어댔는지 지금도 자못 궁금하다.

민족이 민족을, 나라가 나라를 대적하여 일어나겠고 곳곳에 기근과 지진이 있으리니 이 모든 것은 재난의 시작이니라" 마 24:7-8, "…즉시 해가 어두워지며 달이 빛을 내지 아니하며 별들이 하늘에서 떨어지며 하늘의 권능들이 흔들리리라" 마 24: 29, "인자가 자기 영광으로 모든 천사와 함께 올 때에 자기 영광의 보좌에 앉으리니 모든 민족을 그 앞에 모으고 각각 구분하기를 목자가 양과 염소를 구분하는 것같이 하여 마이 말씀에 나타난 말세의 징조들이 어찌나 무섭던지, 곧 예수님이 재림한다는 말을 들을 때마다 공포에 시달리곤 했다. 그뿐만 아니라 계시록의 엄청난 대재앙의 상징들, 엄청난 환난의 생생한 이야기들을 읽을 때마다 종말의 공포에 싸이기도 했다. 주일학교 선생의 이야기한 말세나 당시 읽었던 계시록 해설서가 전해준 종말은 정말 공포스러운 것이었다. 계시록의 재난들을 오늘날의 사건들과 그대로 연결하여 해석하고, 3차 전쟁과 핵전쟁, 그리고 각종 질병과 재난을 마치 종말론의 모든 것인 양 소개했다. 컴퓨터와 유럽 연합국가와 소련과 중공 등을 요한계시록의 사건들과 연결하는 종말론 서적들은 공포와 불안으로 가득한 소설과도 같았다. 결론은 항상, 예수님은 머지않아 곧 오실 것이라는 것과 예수 믿지 않으면 영원한 지옥에서 슬피 울며 이를 갊이 있을 것이라는 메시지로 끝났다. 종말의 날은 희망과 기쁨과 위로의 날이 아니라 무자비하게 보복하시는 하나님의 진노의 날이었다. 초등학교 시절, 초저녁에 불그스레한 둥근 보름달이 떠오르자, 갑자기 "달이 핏빛으로 변하고…"라는 묵시적 말씀이 떠올라, "왜 예수님 벌써 재림하십니까"라고 교회 가서 울고불고했던 기억은 아직도 씁쓸하기만 하다. 어렸을 때의 제 기억 속에 있는 종말은 무서운 것이고, 하나님은 오로지 무서운 분이었다. 그러한 생각이 마음에서 씻겨 내려가기까지는 상당한 시간이 흐른 뒤였다. 하기야 당시의 선생님들에게 무슨 잘못이 있겠는가? 그들도 그렇게 배운 걸….

과거 몇몇 교회들은 종말론을 이렇게 가르쳤다. 한국에서는 종말론이 잊힌 듯 하나 지금도 잘못된 교육이 세계 곳곳에서 벌어지고 있다. 컴퓨터와 기술의 발전을 666으로 명명하고, 전쟁이 일어나면 아마겟돈 전쟁이라고 하고, 코로나, 에볼라, 사스 등의 질병에 말세 징조라며 불안에 떨었고, 컴퓨터, 바코드, RFID, 베리칩, QR코드가 혹시나 적그리스도의 징표가 아닐까 하며 두려워 떤다. 한때 주인공 한둘 남고 인류가 망하는, 종말에 관한 영화나 소설들이 유행하기도 했다. 과거를 돌아보면, 종말 공포가 좀비처럼 시간과 장소를 가리지 않고 나타났다. 현상적으로 종말은 언제나 공포와 불안과 비극이었다. 종말의 날은 무자비하게 보복하시는 하나님의 진노의 날인 것처럼. 그래서 종말이 온다는 사이비 종파의 망상과 허언 앞에 공포로 떨었다. 혹시 휴거携擧하지 못하고 계시록에 나오는 지상 7년 대환란에 남겨질 것 같아서였다. 도대체 왜 그리스도인들이 이러한 사설邪說에 넘어가 갑작스럽게 세상이 망할 것처럼 두려워하는가?

혹시 종말을 여전히 공포와 절망의 사건으로만 생각하는가? 이것은 단언컨대 잘못된 생각이다. 종말을 단순히 비극과 공포와 저주로만 생각한다면 그것이야말로 비극이다. 비극을 극복하시는 하나님의 희망과 사랑을 보지 못하는 것이다. 기독교 종말론은 파국론이 아니라 희망론이다. 이것이 오히려 성경적이고 기독교적이다. 따라서 오늘날의 많은 학자들이 종말론을 단순히 종말론으로 표기하지 않고 "기독교의 희망"이라고 이름 붙이기도 한다. 몰트만이라는 학자는 예수님의 부활에 근거한 그의 종말론을 '희망의 신학'이라고 명명하였다. 성경이 그렇게 말하고 있지 않은가. 성경은 역사의 마지막을 파국이라고 묘사하지 않는다. 요한계시록의 마지막을 잘 보라. 결코 대재앙으로 마감하지 않는다. 아름다운 새 하늘과 새 땅을 소개하는 것으로 끝맺음한다.

> 하나님이 그들과 함께 계시리니 그들은 하나님의 백성이 되고 하나님은 친히 그들과 함께 계셔서 모든 눈물을 그 눈에서 닦아주시니 다시는 사망이 없고 애통하는 것이나 곡 하는 것이나 아픈 것이 다시 있지 아니하리니 처음 것들이 다 지나갔음이러라 보좌에 앉으신 이가 이르시되 "보라 내가 만물을 새롭게 하노라" 계 21:3-5

> 또 그가 수정같이 맑은 생명수의 강을 내게 보이니 하나님과 및 어린

양의 보좌로부터 나와서 길 가운데로 흐르더라 강 좌우에 생명나무가 있어 열두 가지 열매를 맺되 달마다 그 열매를 맺고 그 나무 잎사귀들은 만국을 치료하기 위하여 있더라 다시 저주가 없으며 하나님과 그 어린 양의 보좌가 그 가운데에 있으리니 그의 종들이 그를 섬기며 그의 얼굴을 볼 터이요 그의 이름도 그들의 이마에 있으리라 다시 밤이 없겠고 등불과 햇빛이 쓸데없으니 이는 주 하나님이 그들에게 비치심이라 그들이 세세토록 왕 노릇 하리로다 ^{계 22:1-5}

얼마나 아름다운 세계인가! 그 세계를 영원히 누릴 수 있다니. 그것도 하나님과 그리스도를 직접 대면하여 만나는 세계라니. 우리에게 종말은 비극일까, 아니면 희망일까. 한마디로 희망이다. 예수 그리스도를 믿고 고백하는 우리에게는 종말은 결코 비극이나 공포가 아니다. 오히려 희망의 우주 드라마다. 반전과 또 반전에도 불구하고 해피엔딩으로 끝나는 가슴 벅찬 감동 드라마다. 그 이유는 무엇일까?

첫째, 종말은 악의 승리가 아니라 하나님과 예수 그리스도의 최종적 승리, 새 하늘과 새 땅을 선포하는 시간이기 때문이다. 현재 이 세상에 악이 존재하는 것은 분명하다. 그러나 그 악의 종말은 분명하다. 악과 사탄은 최종적 승리자이신 하나님께 무릎을 꿇을 것이다. 하나님은 만유 안에 만유가 되실 것이다. 밀리오리는 다음과 같이 말한다. "하나님의 사랑이 증오를 이길 것을, 하나님의 정의가 불의를 이길 것을, 하나님의 자유가 모든 사슬을 풀어줄 것을, 하나님과의 공동체가 모든 분리를 이겨낼 것을, 그리고 하나님의 생명이 죽음의 권세를 이길 것을 희망한다." ^{Migliore, 『기독교 조직신학 개론』, 335} 그 하나님이 바로 우리의 하나님이다. 그러므로 종말은 우리에게도 희망과 승리의 순간이다.

둘째, 마지막 대재앙을 말하고 있는 요한계시록의 의도는 대재앙 자체를 말하기 위함이 아니라 고난받는 그리스도인들의 최종적 승리와 희망을 말하기 위함이기 때문이다. 우리는 종종 요한계시록의 의도가 세상의 종말에 있다고 착각한다. 마치 노스트라다무스의 예언록 같은 정도의 책으로 말이다. 요한이 밧모섬에서 미래에 대한 하나님의 계시를 기록한 목적은 그리스도인들에게 희망을 주기 위함이었다. 당시 요한은 수많은 고난과 고통, 순교를 목격했다. 거대한 사탄이 세상을 지배하는 것처럼 보였다. 예수를 믿는다는 이유만으로 사람들이 죽고 또 죽어갔다. 요한은 그들을 진정으로 위로하고 싶었다 — 이것이 끝이 아니라고, 악이 아무리 강해도 하나님 앞에서는 아무것도 아니라고. 그것은 그가 이미 하나님의 최종적 승리를 미리 보았기 때문이다. 그리고 순교자들과 셀 수 없는 흰옷 입은 무리가 주님과 함께 하나님을 찬양하는 광경을 목격했기 때문이다. 그래서 그는 그리스도인들에게 편지했다. 하나님이 최종적으로 승리하시니 조금만 더 인내하라고, 이 환난을 견디면 생명의 면류관과 영원한 새 하늘과 새 땅이 있을 것이라고, 두려워하지 말고 그리스도의 승리를 믿으라고. 요한의 이 메시지는 오늘 우리에게도 동일하다. 종말을 기다리는 우리에게 두려워하지 말고, 하나님의 최종적 승리를 기대하며, 믿음을 끝까지 굳게 지키라는 권고다.

셋째, 하나님은 사랑이기 때문이다. 하나님은 우리를 사랑하셔서 자기의 아들을 아끼지 않고 우리를 위해 내어준 분이시기 때문에 어제나 오늘이나 영원무궁토록 우리를 포기하지 않으시는 분이다. 최후 심판의 순간에도 마찬가지다. 하나님의 말씀은 다음과 같이 선포한다. "그러나 이 모든 일에 우리를 사랑하시는 이로 말미암아 우리가 넉넉히 이기느니라 내가 확신하노니 사망이나 생명이나 천사들이나 권세자들이나 현재 일이나 장래 일이나 능력이나 높음이나 깊음이나 다른 어떤 피조물이라도 우리를 우리 주 그리스도 예수 안에 있는 하나님의 사랑에서 끊을 수 없으리라" 롬 8:37-39 종말은 우리에게 공포가 아니라, 새로운 시작이며 희망이다!

5. 인간의 삶은 뇌의 죽음으로 끝인가?

　죽음, 그 이후는 무엇인가? 인간의 그 무엇이 남아 죽음 이후에도 삶을 이어가는가? 아니면 지상의 삶으로 끝나는 것인가? 기독교의 답은 분명하다. 사후세계는 존재하며, 죽음이 끝이 아니라 새로운 삶이 시작된다는 것이다. 우리의 교리 문서인 『웨스트민스터 신앙고백서』는 개인의 죽음에 대해 이렇게 고백하고 있다. "사람의…영혼은 죽거나 자는 것이 아니라 죽지 않는 생을 가지며 죽은 후에는 그것을 주신 하나님께로 돌아간다. 의로운 자의 영혼은 완전히 거룩하게 되어 가장 높은 하늘에 올라간다. 거기서 그들은 빛과 영광 가운데서 하나님의 얼굴을 보며 그들의 육신이 완전히 구속되기를 기다린다." 간단히 말하면, 사람에게는 죽지 않는 영혼이 있어, 죽음 이후에도 삶이 지속된다는 것이다.

　최근 유행하는 학문이 있다. 바로 뇌의 물리적, 정신적 기능을 연구하는 뇌과학이다. 뇌과학에 여러 흐름이 존재하는데, 문제가 되는 것은 무신론적이며 유물론적인 뇌과학자들이다. 그들은 모든 것을 뇌의 작용으로 환원시킨다. 그들에 의하면, 마음이나 의식이나 의지가 모두 뇌의 화학작용이다. 사랑이나 공감력이나 감성도 뇌의 현상이다. 심지어 믿음, 기적, 하나님 체험과 같은 모든 종교적, 신비적, 영적 체험도 초월적인 것이 아니라 뇌가 만들어낸 것이라고 주장한다.^{Beauregard, Spiritual Brain} 영혼의 기능처럼 보이는 것조차 뇌의 작용이라는 것이다. 따라서 뇌가 죽은 이후에 육체 없이 존속하는 영혼은 더욱 있을 수 없으며, 뇌가 죽음으로써 인간에게는 모든 것이 끝난다고 주장한다.

　소개하고 싶은 한 비유가 있다. "위성 전화 한 대가 외딴섬의 해변에 떠내려갔다. 그리고 그 섬에는 현대 문명과 접촉해 본 적이 없는 부족이 산다. 원주민들은 번호판의 숫자를 갖고 놀다가 어찌 어찌해서 여러 번호를 연속으로 누르게 되었고 거기서 다른 목소리를 듣게 된다. 처음에 그들은 그 소리가 정체 모를 장치에서 나오는 소음이라고 생각한다. 그런데 부족의 과학자 몇몇이 똑같은 복제품을 조립해서 그 숫자들을 다시 누르자 똑같은 목소리를 듣게 된다. 이제 결론은 명백해 보인다. 크리스털과 금속과 화학물질을 이런 식으로 조립하면 인간의 음성처럼 들리는 소리를 만들게 된다. 그 음성은 이 장치의 특성일 뿐이다. 그런데 이 부족의 현인이 과학자들을 소집해 토론을 벌였다. 그는 이 문제에 대해 골똘히 생각하여 다음과 같은 결론에 이르렀다고 말한다. '이 도구에서 나오는 음성은 우리와 같은 사람들의 것이 분명하네. 다른 언어로 말하고 있을 뿐, 그들은 살아있고 의식이 있는 사람들이라네.' 현자는 그 음성을 전화기의 특성으로 치부하지 말고 어떤 신비한 통신망을 통해 그들이 다른 인간들과 접촉할 수 있는 가능성을 연구해야 한다고 주장한다. 그런 식으로 점점 더 깊이 연구하다 보면 그들의 섬 너머에 있는 세계를 더 깊이 이해하게 될지도 모른다고 말한다. 그러나 과학자들은 현인을 비웃으며 이렇게 말한다. '보세요, 이 기계에 손상을 가하면 더 이상 소리가 들리지 않습니다. 그러니까 그 음성은 리튬과 회로판과 발광다이오드의 독특한 결합으로 만들어지는 소리에 불과한 겁니다.' Flew, 『존재하는 신』, 99f.

이 비유는 앤터니 플루라는 철학자가 만든 풍자다. 그는 유명 무신론자이자 무신론자들의 정신적 지주였다. 그는 어느 날 자신의 무신론 철학을 들으러 온 청중 앞에서 "신은 존재한다고 믿습니다"라고 고백하고 말았다. 무신론의 위대한 정신적 지주였으니 엄청난 혼란이 일어나는 것은 뻔한 일이었다. 온 언론 방송들이 난리였다. 그를 칭송하고 찬양해 마지않던 사람들이 그를 향해 무수한 돌을 던졌댔다. 그 후 그는 『존재하는 신』이라는, 마치 고백록과 같은 자전적 책을 저술한다. 거기서 그는 유신론으로 돌아설 수밖에 없었던 이야기를 담담히 고백한다. 증거를 좇아가다 보니 어느덧 유신론의 문턱에 와 있더라는 것이다. 그래서 이 비유를 우리에게 들려준 것이다. 이 비유야말로, 모든 것이 뇌의 현상이라는, 오늘날의 유물론적 뇌과학자들에게 던져야 할 촌철이 아닌가 한다. 문득 세계적으로 유명한 심장병 전문의인 반

롬멜Pim Van Lommel의 "의식이 뇌에서 발생하는 것이 아니라, 반대로 의식이 뇌로 보내진다는 이론"이 생각난다. 단순화시켜 말하자면, 라디오가 전파를 수신하는 것과 마찬가지로, 뇌도 역시 의식을 받아들이는 기관이라고 말하는 것이 더 타당하지 않을까 하고 말이다. Nichols, *Death and Afterlife*, 108

앤터니 플루는 초월자의 음성을 기대하는 마음으로 그 비유를 다음과 같이 마무리한다. "과학자들은 그 전화가 다른 인간들과 접촉할 수 있는 매개물이라는 현인의 제안을 작업가설로 받아들인다. 더 많은 연구 끝에 그들은 그 전화가 진짜 사람들의 목소리를 전달하는 네트워크와 연결되어 있다는 것을 확증한다. 이제 그들은 지적 존재들이 '저기 바깥에' 존재한다는 이론을 받아 들인다. …그들은 전화로 들은 소리를 해독하는 작업에 착수하고, 전화기에서 들리는 소리를 이해할 수 있는 패턴과 리듬을 파악한다. 그들의 세계가 통째로 달라진다." 이제 전화기 너머로 이런 소리가 들릴지 모른다. "이제 내 목소리가 들리느냐?" Flew, 『존재하는 신』, 163f.

6. 사후세계는 있는가? 현대 의학의 임사체험near death experience 논쟁

사후세계는 있는가? 참으로 진지하게 물어야 할 질문이다. 우리는 종종, 아니 거의 매일 죽음과 죽음 이후를 망각하고 살아간다. 무신론자들은 하나님도, 죽음 이후의 삶도 없으므로 지금 여기의 삶을 즐기자고 말한다. 고대 철학자 에피큐로스는 "내가 살아 있다면 나는 죽지 않았다. 내가 죽었다면 나는 살아 있지 않다. 내가 살아 있는 동안에 왜 나는 죽음을 생각해야 하는가? 죽음에 대한 나의 생각은 삶에 대한 나의 생각을 손상시키며 나의 노동을 방해한다. 이 삶 속에 모든 것이 있다. 죽음과 함께 나에게는 모든 것이 지나간다" 몰트만, 『오시는 하나님』, 91 고 주장한다. 이러한 주장을 접하면서 우리는 이렇게 질문하며 살아갈 필요가 있다. 과연 죽음으로 모든 것이 끝인가? 죽음 이후에도 남아 사후세계를 살아가는 그 무엇^{영혼}이 인간에게는 전혀 없다는 것인가?

근대 과학의 발전은 영혼과 사후세계의 부정으로 이어졌다. 죽음 이후의 삶이나, 육체의 죽음 이후에도 존속하는 영혼의 개념은 전형적인 종교의 영역으로 한정되었다. 이런 이야기는 전혀 과학이 아닌 미신과 망상으로, 심지어는 뇌의 발작으로 치부되었다. 드라마나 영화에나 등장하는 이야기라는 것이다. 뇌과학의 태동은 더욱 이러한 경향을 부추겼다. 육체를 떠나서도 존재할 수 있는 영혼^{마음}에 대해 저술한 뇌과학자들이 일부 있었으나 편견과 선입견이 전제된 비과학적인 연구로 비웃음의 대상이 되기도 하였다.

그런데 최근 과학계에서 놀라운 일들이 벌어지고 있다. 개인적 경험의 진술로 치부되거나 종교적 신앙 체험으로만 여겨지던 '임사체험'이 '임사학'이라는 학문으로 발전하여 죽음과 죽음 이후의 삶에 관한 연구를 자극하고 있다는 점이다. 임사체험은 1975년 의사 레이몬드 무디^{Raymond Moody}의 책 『생명 이후의 생명』의 출판과 더불어 논란의 중심에 서게 되었다. 이 책이 논란이 된 것은 그가 냉철한 이성을 지닌 철학자였으며 정신과 의사였고 대학의 교수였기 때문이다. 더구나 이 책은 단순히 자신의 경험만을 서술한 것이 아니라 의사로서 150여 명의 방대한 임사체험 기록을 담고 있기 때문이다. 그 외에도 심장외과 의사인 마이클 세이봄^{Michael Sabom}의 『빛과 죽음』, 방사선 종양의학과 교수인 제프리 롱^{Jeffrey Long}의 『사후 삶의 증거: 임사체험학』, 버지니아 대학의 정신의학 및 신경행동과학 명예 교수인 브루스 그레이슨^{Bruce Greyson}의 『애프터 라이프』, 하버드 신경외과 의사이며 세계적인 뇌과학자인 이븐 알렉산더^{Eben Alexander}의 『나는 천국을 보았다』 등의 책들이 출판되고, 핌반 롬멜의 임사체험 연구가 유명 의학 전문 잡지인 『란셋』^{Lancet}에 실리는 등 일일이 다 열거할 수 없을 만큼의 관련 서적과 전문 연구 논문들이 쏟아져 나왔다.

정신과 의사이며 '임종과 죽음' 연구 분야의 세계적 권위자인 퀴블러-로스^{Elisabeth Kübler-Ross}는 "인간의 육체는 영원불멸의 자아를 둘러싼 껍질에 지나지 않는다. 따라서 죽음은 존재하지 않으며, 다른 차원으로의 이동이 있을 뿐이다"라며 사후의 삶을 인정하였다. 서울대 의대 교수인 정현채 교수는 『우리는 왜 죽음을 두려워할 필요 없는가』에서 이렇게 고백한다. "죽음은 사방이 꽉 막혀있는 벽이 아니라 다른 세계로 이동하는 문이라는 걸 확신하게 됐다. 죽음으로써 끝나는 게 아니라는 걸 안다면 자살하는 이들이 크게 줄 것이며, 말기 암 환자 등 죽음을 앞둔 이들도 존재가 소멸한다는 생각에서 오는 불안과 공포를 해소할 수 있을 것이라 생각했다. …많은 사람이 죽음의 의미를 제대로 직면하고 사유하여 살아 있는 순간순간을 충실하게 살다가 존엄한 죽음을 맞이할 수 있도록 이끄는 일이라는 자각에서…'죽음학' 강의를 시작했다"고.

임사학에 대해 신경학자들의 많은 반대가 제기되었음은 물론이다. 그들의 주장은 한결같다. 임상체험이 사후세계를 증명하는 것이 아니라 이것조차도 한마디로 모두 뇌의 현상일 뿐이라는 것이다. 이에 반해 이븐 알렉산더는 "어떤 가설로도 관문과 중심근원의 경험^{초강력 현실}이 지닌 풍부하고도 복잡한 상호작용성을 설명할 수 없었다" Alexander, 「나는 천국을 보았다」, 236 고 고백한다. 결과적으로 임사체험에 대한 연구는 종교학, 철학, 의학뿐 아니라 신학적, 신앙적, 변증적 논의에도 많은 자극을 주었다. 사후의 삶, 영혼의 존재를 수월하게 인정할 수 있는 하나의 근거를 제공해 준 셈이다. 물론 과학이 증명했기 때문에 사후세계를 믿을 수 있다는 말은 당연히 아니다. 그리고 임사학의 주장이 반드시 성경적이거나 신학적이라는 말도 아니다. 삶과 죽음의 문제에 대한 우리의 바른 이해는 성경에 근거해야 한다. 하지만 임사체험에 대한 현대 과학의 논쟁은 죽음과 영혼에 대한 기독교의 주장이나 교리가 비합리적이거나 비과학적인 것은 아니라는 단초를 제공해 준 것이 사실이다.

7. 영혼, 사후에도 존속하는가

기독교는 전통적으로 "사후死後 영혼 존속설"을 믿어왔다. 이것을 일명 영혼불멸설이라 부르기도 한다. 인간의 영혼은 하나님에 의해 부여되는 실체로서 인간의 죽음 후에도 존속한다고 보았다. 칼빈은 철저히 몸의 부활을 믿었다. 이것은 『사도신경』에도 잘 나타나 있다. "몸이 다시 사는 것과 영원히 사는 것을 믿습니다." 하지만 역사의 마지막 재림의 날이 아닌, 지금 죽음을 겪는 사람들의 영혼은 어떻게 될까? 칼빈은 여러 성경 구절을 근거로 죽음을 맞는 순간에 육은 죽어도 영혼은 죽지 않는다고 생각하였다. 전통적 교리 문서들에도 이것이 잘 나타나 있다. 1563년 독일 하이델베르크에서 공표된 『하이델베르크 요리문답』은 "내 영혼이 이 생명을 마치자마자 그리스도, 곧 내 머리이신 그분께로 데려가질 뿐만 아니라, 이 육체도 그리스도의 능력으로 부활하여 내 영혼과 다시 합쳐져 그리스도의 영광스러운 몸과 같이 될 것임을 확신한다."제57문의 답라고 고백하고 있다. 개인의 죽음에 대한 기독교전통의 전형적인 답이다. 인간이 죽을 때 영혼이 죽느냐 아니냐의 문제에 국한하여 본다면 이 요리문답은 다음을 의미한다. 육체가 죽더라도 인간의 영혼은 죽지 않고 살아남아 그리스도에게로 들리어 올라간다는 것이다.

1560년에 제정된 『스코틀랜드 신앙고백서』는 제17장 "영혼의 불멸"이라는 항에서 "선택된 사람들로서 이미 세상을 떠난 사람들은 화평을 누리고 있다. 이 들은 세상의 모든 일을 벗어 버리고 안식하고 있다. 어떤 열광주의자들의 주장처럼 이들은 결코 잠을 자고 있거나 망각 속에 있는 것이 아니다"라고 선언하고 있다. 스위스 종교개혁자인 불링어Heinrich Bullinger가 작성하고 1566년 공식 채택된 『제 2 스위스 신앙고백서』7장은 "하나는 불멸의 영으로서 육신에서 분리되었을 때에 자거나 죽은 것이 아니라 불멸 상태에 들어간다"고 고백함으로써 죽음 이후에도 영혼은 존속한다고 말하고 있으며, 제 26장에서도 신자들의 영혼은 몸을 떠나 직접 그리스도에게로, 불신자들의 영혼은 직접적으로 지옥에 던져진다고 고백한다. 1648년 영국 국회가 채택한, 한국장로교회의 기본 교리 문서로 자리한 『웨스트민스터 신앙고백서』도 하나님이 모든 것을 창조하실 때 인간에게는 "이성적이고 불멸의 영혼"4장을 주셨다고 고백하고 있다. 그러므로 "그들의 영혼은 죽거나 자는 것이 아니라 죽지 않는 삶을 가지며 죽은 후에는 그것을 주신 하나님께로 돌아간다. 의로운 자의 영혼은…그들의 육신이 완전히 구속되기를 기다린다. 사악한 자의 영혼은 지옥에 던지운다. 거기서 그들은 고통과 어두움 가운데서 심판의 날을 기다리고 있다."32장

그렇다면 이런 주장을 뒷받침할 수 있는 성경 구절이 있는가? 대표적인 몇 구절만 인용해 보기로 한다. 우선 언급할 수 있는 구절이 "몸soma은 죽여도 영혼psyche은 능히 죽이지 못하는 자들을 두려워하지 말고 오직 몸과 영혼을 능히 지옥에서 멸하실 수 있는 이를 두려워하라"마 10: 28라는 예수의 말씀이다. 무엇보다 많이 인용되고 있는 본문은 "부자와 나사로의 비유"로 불리는 누가복음 16장 19-31절이다. 이 본문의 내용을 요약하면, 1) 죽음 이후에 나사로는 아브라함 품에, 부자는 하데스에 있다는 것, 2) 죽은 후의 상태이지만 영혼 자체가 사라진 것이 아니라 부자는 고통과 목마름을 느낄 수 있는 감각을 소유하고 있다는 것, 3) 죽음 이후의 존재가 대화하고 요청하는 한 인격체로 묘사되고 있다는 것, 4) 과거 지상의 삶을 기억하고 있다는 것 등이다. 그러므로 이 본문은 비유이기는 하나 사후에도 영혼은 죽지 않고 존속한다는 것을 잘 보여준다. 영혼의 사후 존속을 잘 보여주는 또 하나의 구절이 바로 십자가에서 예수님이 강도에게 하신 말씀이다. "예수께서 이르시되 내가 진실로 네게 이르노니 오늘 네가 나와 함께 낙원에 있으리라 하시니라." 중요한 또 하나의 본문은 바로 순교자들의 영혼이 탄원하는 요한계시록 6장 9-10절의 말씀이다. "다섯째 인을 떼실 때에 내가 보니 하나님의 말씀과 그들이 가진 증거로 말미암아 죽임을 당한 영혼들psychas이 제단 아래에 있어 큰 소리로 불러 이르되 거룩하고 참되신 대 주재여 땅에 거하는 자들을 심판하여 우

리 피를 갚아주지 아니하시기를 어느 때까지 하시려 하나이까 하니." 순교한 자들의 영혼이 하나님의 제단 아래서 하나님께 탄원하는 내용이다. 분명한 것은 탄원하고 있는 인격들을 요한은 영혼*psyche*이라고 지칭하고 있다. 그들은 순교했으므로 육체는 지금 땅에 있을 것이다. 그들은 지금 하나님께 "우리의 피를 갚아 달라"고 간청하고 있다. 이 모든 구절은 인간의 죽음 이후에도 영혼이 사라지지 않고 존속한다는 주장의 근거가 되는 구절들이다.

8. 종말의 징조들에 대한 오해 — 사이비 종말론 현상

한국 교회는 잘못된 종말론 때문에 시끄러웠던 적이 한두 번이 아니다. 선교 초기부터 자칭 메시아나 재림주라는 사람들이 등장하여 교인들을 유혹하고, 예수님의 재림 날짜를 구체적으로 예언한다고 하여 교회와 사회를 혼란스럽게 했다. 20년도 훨씬 더 지난 거리 풍경을 여전히 기억하는 사람이 많이 있으리라. 곧 휴거가 일어나고 종말이 온다는, 지하철, 버스, 골목골목마다 외치는 걸쭉한 목소리들이 난무했다. 물론 당시의 잘못된 종말론 현상은 새천 년으로 전환하는 와중에 일어난 전 세계적 현상이었다. 당시의 신문이나 잡지들도 온통 종말에 관한 이야기로 지면을 채웠다. "사이비에 빠진 사회 지도층 많다", "인터넷도 종말론에 감염", "태양계 행성 직렬과 종말 논쟁", "예루살렘에서 예수 재림 기다리겠다", "전세계가 각종 종말론 몸살…사교 집단에 종말론 비즈니스까지…" 등, 모두 자극적인 제목이었다. 구체적인 내용을 보면 더 기가 차다. 국내 종말론 집단 수가 70~80개라는 보도, 북이 남침하고 휴거가 일어난다는 기사, 노스트라다무스의 특집 방송, 방공호 짓기와 비상식량 세트 준비 등 국내외적으로 일어난 별별 일들이 다 보도되었다. 예루살렘에 들어가 예수님이 재림할 때까지 무작정 기다리겠다는 사람들, 심지어 재림 날 예수와 함께 휴거 하겠다며 여권을 찢어버렸다는 사람들, 그런 종말론에 편승해 사업하는 사람들....

잘못된 사이비 종말론 현상은 우리나라에만 있는 것도, 현대에만 나타나는 현상도 아니다. 초대 교회 때부터 오늘에 이르기까지 시대가 혼란스러울 때마다, 혹은 시대가 분기할 때마다 여지없이 잘못된 종말론이 횡행했다. 종말론 이단들은 말할 것도 없고 신학 교과서에 등장하는 유명 신학자들이나 목회자 중에도 예수의 재림 날짜, 이 세상의 종말을 구체적으로 며칠 몇 시라고 예언한 사람들이 숱했다. 전 세계 통계에 의하면 10년 주기로 이런 현상이 나타난다고 하니, 지금도 세계 어디에선가 사이비 종말론 집단이 기승을 부리고 있을지도 모를 일이다.

사이비 종말론자들이 이구동성으로 언급하는 종말의 징조가 바로 666 이다. 666을 적그리스도로 언급하는 것이 잘못된 것은 아니다. 분명히 성경에도 짐승의 수인 666이 언급되어 있다. 잘못은 666의 오해와 오용과 악용에 있다. 역사적으로 666은 정말 다양하게 해석되었고 적용 의도도 다양했다. 공산주의, 유물주의, 인본주의 등의 사조를 666이라 여겼다. 또 교황과 전 미국무부 장관인 키신저Henry Kissinger 와 소련 공산당 서기장인 고르바초프Mikhail Gorbachev 와 같은 인물을 666이라 보았으며, 개신교 조직을 666이라 칭했다. 마르틴 루터도 한때 666으로 몰렸으니, 이 666을 얼마나 악용했는지 알 수 있으리라. 또 컴퓨터를 말세에 나타날 적그리스도라 우겨댔다. 666 대상이 컴퓨터에서 바코드로, 바코드에서 베리칩으로, 최근에는 QR 코드에 이르기까지 계속해서 변해 갔다. 앞으로 또 무엇을 666이라 할지 궁금하기 짝이 없다. 바코드가 등장했을 때의 그들의 주장을 옮겨 보겠다. "성경은 이 666표 바코드 받으면 지옥 간다고 했습니다. …누구든지 666표 바코드를 손이나 이마에 받는 자는 모두 죽어 지옥행이 될 것입니다. …참 교회는 666표를 받지 말라고 가르칠 것이며, 거짓 교회는 666표는 상징일 뿐이며 바코드는 666표가 아니고 생활에 편리하게 하기 위한 수단이나 받아도 상관없다고 말할 것입니다. 여러분, 지금 이 글을 기억해두셨다가 여러분이 다니는 교회가 666표를 받아도 된다고 말하거든 그 교회는 죽은 교회인 것을 아시고, 그 교회로부터 탈출하시기 바랍니다." 이에 대한 비판은 다음으로 남겨둔다.

그런데 왜 이런 현상이 나타날까? 전쟁, 기근, 자연 재해, 기후변화, 경제위기 등과 같은 사회적·정치적·경제적·환경적 격변으로 인한 불안 때문에 사이비 종말론이 일어나는 경우가 적지 않다. 특히 사회적 약자층 같은 경우는 현실 도피의 수단으로 사이비 종말론에 심취하거나 의지하는 경우가 많다. 엄청난 과학의 발전으로 인한 불안과 두려움도 그 한 이유가 된다. 세기가 바뀔 때의 불안 심리도 원인일 수 있다. 해가 이천년으로 바뀔 무렵, 컴퓨터 인식 오류로 인해 대재앙이 일어날지도 모른다는 불안과 공포가 전 세계를 뒤덮었던 기억은 아직도 생생하다.

한 가지 짚고 넘어가야 할 것은 상당수의 사이비 종말론이 기독교적 색채를 띠고 있다는 점이다. 사실상 사이비 종말론은 정통 기독교와 교회에 대한 도전이다. 기존의 교회가 바른 종말론을 제대로 가르치지 못했음을 보여주는 현상이다. 이는 종말론에 대한 종합적이고 체계적인 성경 해석을 접하지 못한 결과다. 맹신주의적·열광주의적 신앙 행태 역시 이러한 문제를 심화시켰다. 한편으로는 기성 교회가 건강한 체험적·신비적 신앙은 부족한 채 윤리나 합리성만을 지나치게 강조하다 보니, 교인들이 오히려 신비적이고 체험적인 신앙을 갈망하여 사이비 단체로 빠져드는 것은 아닌지 우려된다. 현재는 잠잠해졌으나 언제든 사이비 종말론이 교회에 다시 도전해 올 수 있다. 이에 대비하여 바른 성경적 종말론 교육을 미리 실시해야 할 것이다.

9. 666, 그것은 컴퓨터나 바코드인가

잘못된 종말론은 현상으로 교회는 물론이고 사회도 혼돈과 무질서를 경험했었다. 그만큼 잘못된 사이비 종말론은 해악이 크다. 무엇보다 심각한 것은 성경과 교리의 왜곡과 오해를 불러온다는 점이다. 그래서 잘못된 신앙을 갖게 한다. 그러므로 사이비 종말론을 냉정하게 비판 평가하고 바른 종말론을 갖는 것이 무엇보다 중요하다. 먼저 지적하려는 것은 666에 관한 주장이다. 666은 요한계시록의 말씀을 근거로 한 것이다. "그가 모든 자 곧 작은 자나 큰 자나 부자나 가난한 자나 자유인이나 종들에게 그 오른 손에나 이마에 표를 받게 하고 누구든지 이 표를 가진 자 외에는 매매를 못하게 하니 이 표는 곧 짐승의 이름이나 그 이름의 수라 지혜가 여기 있으니 총명한 자는 그 짐승의 수를 세어 보라 그것은 사람의 수니 그의 수는 육백육십육이니라"계 13:16-18 이로 보아 666이 적그리스도의 숫자인 것만 큼은 분명하다. 문제는 누가 666이냐 하는 점이다. 요한의 의도로 보아 컴퓨터나 바코드나 베리칩 혹은 QR코드를 666으로 해석하기에는 상당한 무리가 따른다. 요한이 666을 말할 때 일차적으로 기독교를 박해하던 당시의 로마 황제를 염두에 두었다는 것이 학자들의 공통된 의견이다. 즉, 사람을 염두에 두었다는 말이다.

666은 결코 기계나 컴퓨터, 또는 컴퓨터 기반의 기호나 표시가 아닌 "사람의 수"임이 분명하다. 요한은 그 666인 적그리스도를 짐승으로 비유하면서 666은 "사람의 수"라고 분명히 언급하고 있다. 고대 헬라인이나 히브리인들은 숫자 대신에 알파벳을 쓰는 경우가 흔했다. 숫자 1, 2, 3 …대신에 각각 α, β, γ …을 사용하기도 했다. 예를 들어, 네로 황제 이름의 철자를 숫자로 치환하여 합하면 666 혹은 616이 된다. 여기서 한 가지 기억할 것은 고대 교회에서는 꼭 666만 적그리스도의 수가 아니라 616도 적그리스도의 수로 간주 되었다는 점이다. 요약하면, 성경의 666은 '숫자의 합'이 666이거나 616인 '사람 이름을 구성하는 알파벳'의 조합을 상징하는 것이다. 그러므로 기계나 바코드 자체를 666이라고 보는 것은 억지에 불과하다.

만일 컴퓨터 바코드나 베리칩이 666이라고 한다면 그들의 주장에는 모순이 생긴다. 꼭 이마나 손에 새겨야만 지옥 가고, 새기지 않고 그냥 사용하면 괜찮다는 모순이다. 만일 바코드가 666이며, 하나님을 대적하는 적그리스도라고 가정해 보자. 이마나 손에 새겨 넣으면 지옥 가고, 새기지 않고 이용한다면 지옥에 안 가는 것인가? 그들의 논리대로 하자면 새기든 새기지 않든 그것을 사용하면 이미 잘못된 것이다. 어떤 경우든 적그리스도에 이용되는 것이고 동조하는 것이기 때문이다. 요즘은 바코드를 사용하지 않으면 물건 매매가 불가능하다. 슈퍼에서 작은 과자 하나 사더라도 바코드가 찍혀있다. 아마 그들도 오늘날 분명히 이 바코드를 사용하고 있을 것이다. 바코드를 이마나 손목에 새겨서는 안 된다는 그들의 논리는 바코드를 사용하지 않을 수 없는 현실을 비켜나가기 위한 변명에 불과하다. 분명한 것은 바코드나 컴퓨터는 하나의 도구일 뿐이다. 그것을 악하게 사용하는 사람이 나쁜 것이지, 바코드나 컴퓨터 자체가 나쁜 것은 아니다.

사이비 종말론자들의 또 하나의 잘못은 오늘의 현실에서 일어나는 재앙적인 사건들을 곧바로 성경의 숫자나 상징이나 종말적 사건에 대입한다는 점이다. 예를 들어. 적그리스도를 상징하는 666은 컴퓨터 바코드이며, 열 뿔은 EC혹은 EEC 공동체의 10개국EC의 후신인 EU는 현재 27개국이며, 첫째 대접의 재앙은 화학전, 둘째 대접은 페르시아만 석유 유출 사건, 셋째는 함포 사격으로 인한 피바다, 넷째 대접의 재앙은 바그다드의 폭격기 포격 사태로 연결하여 지금이 일곱째 대접을 쏟았으니 곧 종말이 닥친다는 것이다. 이런 해석과 더불어 성경의 날짜나 상징적인 수의 계산을 토대로 하여 '예수님의 재림은 언제, 언제다'라고 계산해 내는 작업을 한다. 이러한 해석은 지극히 자의적이라 하겠다. 성경의 종말 예언과 현대의 사건들을 연결 짓는 것은 언제든 가능한 일이니, 이는 성경이 종말의 징조를 구체적인 날짜로 명시하지 않고, 단지 기근, 전쟁, 내란, 거짓 선지자의 출현, 천체와 지구의 이상 현상, 자연계의 붕괴, 악질, 지진이 있을 것이라고만 말하고 있기 때문이다. 이러한 재앙들은 역사상 늘 있었으며, 어느 때나 일어날 수 있는 일들이다. 실제로 페스트 발병, 제1차 세계대전, 리스본 대지진이 발생했을 때 많은 이들이 종말이 왔다며 예수님의 재림을 기다렸으나, 이는 모두 오판으로 드러나고 말았다. 그렇다고 하여 종말의 징조가 없다거나 성경의 진술들을 불신해서는 아니 될 것이다. 다만 오늘날의 사건들을 성경의 말세 징조와 무분별하게 연결하여 곧 휴거나 종말이 올 것처럼 공포를 조장하는 것은 지양해야 할 것이다.

10. "그날과 그때는 아무도 모르나니" — 시한부 종말론 비판

앞의 글에 미처 언급하지 못했던 사이비 종말론에 대한 비판과 평가를 이어가려 한다. 사이비 종말론의 결정적 오류는 예수님의 재림 날짜를 구체적으로 적시한다는 점이다. 이것을 시한부 종말론이라고 한다. 과거 한국 교회도 시한부 종말론 때문에 심한 어려움을 겪었다. 특히 1980년대 말에서 90년대 말에 이르기까지 한국 교회와 사회를 시끄럽게 했던 어느 사이비 단체의 시한부 종말론과 휴거에 대한 소동은 교회의 이미지를 추락시키는 데 크나큰 영향을 끼쳤다. 궁금한 점은 동서양을 막론하고 사이비 종말론자들이 예수님의 재림 날짜에 집착한 이유가 무엇인가 하는 점이다. 과거 수없이 명멸했던 시한부 종말론 현상을 분석해 보면 여러 이유가 있음을 알 수 있다. 무엇보다 자신들에게만 하나님이 예수님의 재림 날짜를 계시해 주셨다는 잘못된 확신 때문이다. 이것을 소위 직통계시라 부른다. 때로는 종말 선포로 그들이 얻는 사적 이익의 유혹도 그 이유 중 하나다. 재림과 종말에 대한 불안과 공포심을 조장하여 물질적 이득을 취하기도 하며, 자신을 말세에 나타날 메시아로 각인시켜 자신의 말에 복종케 하기도 한다. 결론은 분명하다. 메시아 역사적으로 나타났던 시한부 종말론은 모두 틀렸다는 점이다. 그들이 받았다는 직통 계시도 거짓이고, 받았다는 날짜도 거짓이다. 본질상 거짓의 영에 사로잡혀 교회와 사회를 어지럽힌 것이다.

성경을 넘어서는 계시는 없다. 성경과 다른 계시도 없다. 성경이 바로 하나님의 계시이기 때문이다. 하나님의 계시인 성경과 어긋나는 하나님의 또 다른 특별 계시를 주장한다면, 그것은 성경을 무력화하려는 시도일 뿐만 아니라 하나님을 모순의 하나님으로 만드는 것이 된다. 자신의 주관적인 신비 체험을 하나님 말씀보다 우선시해서는 안 된다. 여기서 질문해 보자. 무엇을 근거로 그들의 경험을 하나님의 계시라고 단정할 수 있는가? 그들이 그렇게 주장하면 그것이 하나님이 계시가 되는가? 우리는 모든 것을 성경에 근거해야 한다. 성경을 자신의 체험에 맞추는 것이 아니라, 우리 체험을 성경이라는 기준에 비추어보아야 한다.

과거 사이비 종말론이 1999년을 굳이 고집한 이유는 창조 이후부터 역사의 종말까지를 6천 년으로 보고 7천 년을 영원한 안식의 시작으로 보는 세대 구분 방식 때문이었다. 그들은 1999년이 역사의 마지막이라고 생각했다. 그다음 해를 천년왕국이 시작되는 해로 보았다. 인류의 역사를 이렇게 6천 년으로 한정한 이유는 창조의 날짜를 6일간의 창조로 보고 7일에 하나님이 안식하셨듯이, 하나님에게는 하루가 천 년과 같으므로 7천 년째를 안식 기간인 천 년 왕국으로 보는 것이 타당하다고 생각했기 때문이다. 그러나 역사를 이런 식으로 나누는 것이 별로 설득력이 없거니와 성경적 근거도 없다. 설사 인류 역사를 6천 년이라 가정하더라도 7천 년째에 세상의 종말과 천년왕국이 온다는 것은 추측일 뿐, 성경 어디에도 그 근거를 찾을 수 없다.

이러한 사이비 종말론자들은 역사를 비관적으로 바라본다. 이들은 이 땅과 역사 속에서 이루어지는 하나님 나라를 거부하며, 역사를 단지 도피해야 할 현실로 여긴다. 그들에게 이 세상은 오직 소돔과 고모라일 뿐이다. 이는 결국 역사에 대한 하나님의 주권을 부정하는 것이다. 역사적 시련이 있다 하더라도 하나님은 인간의 역사 속에 끊임없이 개입하시며 그 안에서 자신의 뜻을 드러내셨다. 이들은 자신들만이 구원받을 것이라는 집단 선민주의에 빠져, 자신들에게 동조하지 않거나 집단에 참여하지 않는 이들을 저주하고 비난한다. 우리는 이러한 현상을 분별하고 사이비 종말론에 빠지지 않도록 신앙을 견고히 해야 한다.

사이비 종말론의 또 하나의 오류는 성경에는 종말이나 종말의 징조들을 지칭하는 듯한 많은 숫자를 지나치게 자의적으로 해석한다는 점이다. 666이나 일곱 대접, 7인, 다니엘서에 나오는 일곱 이레, 육십 이레, 2300, 1260일 등의 숫자를 임의로 해석하고 대입하고 추측한다. 특별한 기준이 없다. 자기 주관과 생각대로다. 종말의 날을 먼저 설정해놓고 역산하기도 한다. 혹자는 마가복음에 나오는 무화과를 이스라엘의 독립으로 생각하여 이런저런 숫자를 더하여 날짜를 계산하고, 어떤 이는 다니엘과 신약에 등장하는 "멸망의 가증한 것"을 주후 688년 예루살렘에 들어선 이슬람사원이라고 해석하여 그것을 기준으로 하여 이런저런 날짜를 더하여 예수님 재림 시기를 산출해 내기도 한다. 또 어떤 이는 '공산당 선언문' 발표일을 기준으로 계산하기도 한다. 계산이야 어떻든 결론은 그들의 모든 날짜 계산이 틀렸다는 점이다. 왜 이렇게 성경의 숫자들을 무리하게 해석하여 종말의 날짜를 추정하려고 하는지, 꼭 그래야 하는지 궁금하기 짝이 없다. 지난 세월에 비해 지금은 종말론 소동이 잠잠해진 것은 사실이다. 그러나 언젠가 다시 이러한 소동이 일어날 것이다. 그때는 다시 흔들리지 않기를 간절히 바랄 뿐이다.

반드시 주님은 다시 오시며, 심판의 날은 분명히 있다. 아무리 이단과 사이비들이 혼란케 해도 이 사실을 부인해서는 안 된다. 그러나 그날이 구체적으로 몇 날 몇 시일 것이라고 역사의 시계를 거기에 맞추는 것은 옳은 일이 아니며 아무 유익도 없다. 우리가 할 일은 항상 깨어 있어 예수님의 재림을 대비하는 것뿐이다. 『웨스트민스터 신앙고백서』는 이렇게 고백한다. "그날을 모든 사람에게 감추어 두어서 그들이 모든 인간적인 안전감을 버리고 주님이 언제 오실지 모르므로 항상 깨어 있어서 언제든지 "주 예수여, 어서 오시옵소서"라고 할 수 있도록 준비케 하셨다."[33.3]

11. 종말의 징조들과 바른 종말론

지금까지 종말의 징조들을 어떻게 해석할 것이냐를 놓고 많은 논란과 이설들이 있음을 보았다. 이런 상황 속에서 우리는 어떤 종말론을 가져야 할 것인가. 이에 대해 몇 가지 생각을 정리해보고자 한다. 첫째, 예수의 재림과 세상의 종말은 반드시 있다는 사실이다. 아무리 시한부 종말론자들의 횡포와 그로 인한 혼란이 크다 하더라도 부인할 수 없는, 또 부인해서는 안 되는 사실은 바로 분명 언젠가 그가 재림하신다는 것, 인간과 역사와 세계의 종말이 있다는 것, 바로 그것이다. 그러나 구체적인 시간과 장소는 우리의 권한 밖에 있다. 그것은 종말의 시기에 관심을 갖기보다 매 순간순간 진정한 그리스도인으로 살아갈 것을 원하셨기 때문이리라.

둘째, 종말의 징조들은 각성과 회개의 삶을 살라는 신앙적 의미를 담고 있다. 재림의 징조들은 신앙으로 미래를 대비하라는 자명종 역할을 한다. 그리고 이것은 그리스도인들에게는 공포가 아니라 모든 것을 극복하시고 새 하늘과 새 땅을 완성하시는 하나님의 새 창조의 행위를 기대하게끔 하는 기능을 한다. 요한계시록에 나타난 묵시적 재앙과 징조들은 곧 이 세계를 새롭게 변형시키고자 하시는 하나님의 새 창조의 과정임을 인식하는 것이 좋을 것이다. 그러나 동시에 한 가지 기억해야 할 것이 있다. 모든 자연 재난이 예수의 재림 혹은 종말의 징조라고 단언해서는 안 된다는 점이다.

셋째, 무엇보다 성경에 근거해야 한다. 기독교의 모든 이야기와 설교와 교육은 성경에 근거해야 한다. 성경을 벗어난 이야기는 아무리 그럴듯해 보여도 잘못된 것이다. 그리고 성경을 해석할 때는 종합적으로 이해해야 한다. 어느 한 구절을 지나치게 확대하여 잘못된 결론을 유추해서는 안 된다. 원래 본문이 의도하고 있는 정확한 의미가 무엇인지를 파악하려는 자세가 중요하다. 종말 본문도 마찬가지다. 종말 본문이라고 해서 무조건 미래를 예언하는 본문이라고만 생각해서는 안 된다. 어떤 상황과 배경 속에서 그 본문이 나왔고, 어렵더라도 그 본문 자체가 쓰였을 당시의 의미가 무엇인지 우선적으로 파악하려고 해야 한다. 더구나 종말의 징조나 종말을 지칭하는 상징과 상징수는 이해하기 어려워 더더욱 사사로이 풀어서는 안 된다.

넷째, 복음의 순수성을 회복하는 것이 중요하다. 우리는 어떤 다른 신기한 신학 이론이나 신기한 성경 해석에 관심을 기울이기보다 가장 기본적인 "예수 그리스도를 통한 구원의 기쁨"에 우리의 모든 것을 다 걸어야 한다. 복음만큼 신비하고 복된 것이 어디 있겠는가? 지금뿐만 아니라 마지막 종말에도 우리를 그리스도에게로 자신 있게 나아갈 수 있게 해주는 것은 그리스도의 복음 외에는 없다. 그렇다고 하나님에 대한 신비적 경험을 교회는 소홀히 해서는 안 된다. 오히려 강조할 필요가 있다. 이는 신앙이 논리나 이성만으로는 이해할 수 없기 때문이다. 감정이나 체험 역시 신앙의 중요한 도구이다.

다섯째, 분명히 기억해야 할 것은 사이비 종말론자들이 장담했던 예수의 재림 날짜는 전부 다 틀렸다는 것이다. 지난 2천 년 동안의 이런 유의 예언은 모두 빗나갔다. 이 사실을 강조하는 이유는 예수의 재림이 없다는 말을 하기 위해서가 아니다. 그런 시한부 종말론에 흔들리지 않아야 함을 말하기 위함이다. 통계상 앞으로 재림 날짜를 예언하는 사이비 종말론자들이 다시 나타날 것이다. 이럴 때 과거를 돌이켜 보아야 한다. 그럴듯해도 믿지 말 것이다. 모든 예언은 틀렸어도 자신들은 틀리지 않을 것이라 장담했던 자들도 모두 틀렸기 때문이다.

여섯째, 새로운 이야기, 새로운 진리라는 말에 지나치게 호기심을 갖지 않는 것도 한 방편이다. 호기심이 문제의 발단인 경우가 많다. 더구나 교회가 다 틀렸다는 식의 이야기는 단호히 배제해야 한다. 교회가 잘못한 점들이 있어도 지금까지 하나님께서는 그들을 통해 역사해오셨기 때문이다. 아울러 무엇보다 교회의 가르침과 전통을 소중히 여겨야 한다. 교회는 수많은 종말론 이단과 싸우면서 지금까지 종말론에 대한 가르침들을 간직하고 발전시켜 왔다. 이것이 잘못된 종말론을 막을 수 있는 가장 손쉬운 방법이면서 안전한 방법이다.

　여기서 마지막으로 하고 싶은 말이 있다. 종말론은 현실 도피적인 사상이 아니라는 점이다. 먼 미래의 종말만 기대하고 현실을 도외시하면서 우두커니 하늘만 쳐다보는 것은 결코 기독교 신앙이 아니다. 죽음과 슬픔과 고통에서 영원히 해방되기를 기다리는 사람들이라면, 이 땅에서도 죽음과 억압과 부자유의 세력에 맞서 하나님의 자유의 나라가 이루어지도록 해야 한다. 그리고 또 하나, 진정으로 하나님 나라의 소망을 가지고 산다면, "소망의 이유를 묻는 사람들에게" 확신 있는 답을 줄 수 있어야 한다. 내 안에 소망을 품고 사는 이유는 영원한 하나님 나라를 소망하기 때문이며, 예수님의 십자가와 부활이 이를 증명하고 약속하기에, 이 땅의 어떤 고난과 고통도 견딜 수 있으며, 우리는 영원한 승리의 날을 기다린다고 말이다.

참고문헌

김도훈. "긍정심리학과 신학의 대화에 기초한 긍정신학(Theologia Positiva)의 시론적 (試論的) 연구." 『한국조직신학논총』 49권 (2017. 12), 7-43.

_____. 『길위의 하나님: 일상, 생명, 변증의 눈으로 보는 신학』. 서울: 조이웍스, 2014.

_____. 『생태신학과 생태영성』. 서울: 장로회신학대학교출판부, 2009.

_____. 『성경적 개혁신학적 종말론』. 서울: 장로회신학대학교출판부, 2021.

_____. 『포스트모던과 디지털 시대의 성경적 변증적 성육신적 교회론』. 서울: 고요아침, 2021.

_____. "몰트만 그리스도론의 방법론적 특성." 『장신논단』 21 (2004), 213-35.

김현승. "시인 예수." 『기독교사상』 10-11 (1966. 12), 76-78.

이영돈. 『마음(KBS 특별기획 다큐멘터리)』, 예담, 2006.

이장식. 『기독교신조사』, I. 서울: 컨콜디아사, 1979.

_____. 『기독교신조사』, II. 서울: 컨콜디아사, 1980.

이종성. 『신앙고백집』. 서울: 대한예수교장로회총회교육부, 1968.

_____. 『성령론』. 서울: 대한기독교출판사, 1984.

_____. 『춘계 이종성 저작 전집』. 서울: 한국기독교학술원, 2001.

_____. 『조직신학개론』. 서울: 종로서적, 1984.

정현채. 『우리는 왜 죽음을 두려워할 필요 없는가』. 서울: 비아북, 2023.

최형진. "공감(Compassion)개념에 대한 이해." 『JKAQR』 5-1 (2020. 5), 40-53.

황승룡. 『성령과 기독교신학』. 서울: 대한기독교서회, 1999.

『하이델베르크 요리문답』. 서울: 성약출판사, 2004.

Alexander, Eben. *Proof of Heaven*. 고미라 역. 『나는 천국을 보았다』. 서울: 김영사, 2013.

Augustinus, Aurelius. *Confessiones*. 선한용 역. 『고백록』. 서울: 대한기독교서회, 2003.

_____. *Confessiones*. 최민순 역. 『고백록』. 서울: 바오로딸, 2010.

Barth, Karl. *Die Kirchliche Dogmatik* I/1-IV/4. 김재진 역. 『교회교의학 I/1-IV/4』. 서울: 대한기독교서회, 2017.

_____. *Dogmatik im Grundriss/Credo*. 신경수 역. 『교의학개요/사도신경해설』. 서울: 크리스찬다이제스트, 1997.

_____. *Einführung in die evangelische Theologie*, 이형기 역. 『복음주의 신학입문』. 서울: 크리스찬 다이제스트, 1989.

Beauregard, Mario ,and Denyse O'Leary. *Spiritual Brain*. 김영희 역. 『신은 뇌 속에 갇히지 않는다』. 서울: 21세기북스, 2010.

Bohren, Rudolf, (ed). *Einführung in das Studium der evangelischen Theologie*. 김정준 외 6인 역. 『신학연구총론』. 서울: 한국신학연구소, 1986.

Brand, Paul, and Philip Yancey. *The Gift of Pain*. 송준인 역. 『고통이라는 선물』. 서울: 두란노, 2009.

Brown, William P. "Happiness and Its Discontents in the Psalms." In *The Bible and the Pursuit of Happiness*. Edited by Brent Strawn. New York: Oxford University Press, 2012.

Brueggemann, Walter. *Genesis, Interpretation*. 강성렬 역. 『창세기, 목회자와 설교자를 위한 주석』. 서울: 한국장로교출판사, 2000.

Calvin, Jean. *Institution of the Christian Religion*. 김종흡, 신복윤, 이종성, 한철하 역. 『기독교 강요』. 서울: 생명의 말씀사, 1988.

Compton, William C., and Edward Hoffman. *Positive Psychology: The Science of Happiness and Flourishing*. Belmont, CA: Wadsworth, 2013.

Cowan, Steven B., ed. *Five Views on Apologetics*. Grand Rapids, MI: Zondervan Publishing House, 2000.

Craig, William Lane. *Reasonable Faith: Christian Truth and Apologetics*. 정남수 역. 『오늘의 기독교 변증학』. 서울: 그리스도대학교출판국, 2006,

Dawkins, Richard. *The God Delusion*. 이한음 역. 『만들어진 신』. 서울: 김영사, 2007.

Dostoyevsky, Fyodor. *Brat'ia Karamazovy*. 이대우 역. 『까라마조프씨네 형제들』. 서울: 열린책들, 2000.

Driscoll, Mark. *Vintage Jesus*. 소을순 역. 『예수 그리스도』. 서울: 부흥과개혁사, 2012.

Dunn, James D. G. *The Theology of Paul the Apostle*. 박문제 역. 『바울신학』. 서울: 크리스찬다이제스트, 2003.

_____. *WBC Vol. 38B, Romans 9-16*. 김철 역. 『WBC 성경주석, 로마서 (하)』. 서울: 솔로몬, 2005.

Flew, Antony. *There Is a God*. 홍종란 역. 『존재하는 신』. 서울: 청림출판, 2011.

Frankl, Viktor E. *Man's Search for Meaning*. 이시형 역. 『죽음의 수용소에서』. 서울: 청아, 2012.

_____. *The Will to Meaning: Foundations and Applications of Logotherapy*. 이시형 역. 『삶의 의미를 찾아서』. 서울: 청아, 2005.

Frost, Michael, and Alan Hirsch. *The Shaping of Things to Come*. 지성근 역. 『새로운 교회가 온다』. 서울: IVP, 2009.

Geisler, Norman. *Systematic Theology*. Minneapolis, MN: Bethany House, 2002.

_____, and Frank Turek. *I Don't Have Enough Faith to Be an Atheist*. 박규태 역. 『진리의 기독교』. 서울: 좋은씨앗, 2009.

_____. *Christian Apologetics*. Grand Rapids, MI: Baker Academic, 2013.

Gibbs, Eddie, and Ryan Bolger. *Emerging Churches: Creating Christian Community in*

Postmodern Cultures. Grand Rapids, MI: Baker Academic, 2005.

Grootuis, Douglas. *Christian Apologetics.* 구혜선 역. 『기독교변증학』. 서울: CLC, 2015.

Goodell, Jef. *The Heat Will Kill You First.* 왕수민 역. 『폭염살인』. 서울: 웅진, 2024.

Hagner, Donald. *Word Biblical Commentary (WBC) 33A, Matthew I.* 채천석 역. 『마태복음 (상)』. 서울: 솔로몬, 1999.

Hahne, Peter. *Leid- Warum lässt Gott das zu.* 홍미경 역. 『고통』. 서울: 예루살렘, 2007.

Hartley, John E. *Word Biblical Commentary (WBC) 4, Leviticus.* 김경열 역. 『레위기』. 서울: 솔로몬, 1992.

Hawthorne, Gerald. *Word Biblical Commentary (WBC) 43, Philippians.* 채천석 역. 『빌립보서』. 서울: 솔로몬, 1999.

Heppe, Heinrich. *Reformierte Dogmatik.* 이정석 역. 『개혁파 정통교의학』. 서울: 크리스찬다이제스트, 2007.

Hine, Dougald. *At Work in the Ruins.* 안종희 역. 『우리에게 내일이 없더라도』. 서울: 한문화, 2024.

Hoekema, Anthony A. *Saved by Grace.* 이용중 역. 『개혁주의 구원론』. 서울: 부흥과개혁사, 2012

Holthaus, Eric. *The Future Earth: A Radical Vision for What's Possible in the Age of Warming.* 신봉아 역. 『미래의 지구』. 서울: 교유서가, 2021.

Käsemann, Ernst. *Gottesgerechtigkeit bei Paulus.* Göttingen: Vandenhoeck & Ruprecht, 1968.

Koenig, Harold. "Spirituality and Pain." In *The Positive Psychology of Meaning and Spirituality.* Edited by Paul T. P. Wong, Lilian C. J. Wong, and Marvin J. McDonald. Charlottesville, VA: INPM Press, 2012.

Kraus, Georg. *Vorherbestimmung: Traditionelle Prädestinationslehre im Licht gegenwärtiger Theologie.* Freiburg: Herder, 1977.

Krusche, Werner. *Das Wirken des Heiligen Geistes nach Calvin.* 정일권 역. 『칼빈의 성령론』. 부산: 고신대 개혁주의학술원, 2017.

Kübler-Ross, Elisabeth, and David Kessler, *Life Lessons.* 류시화 역. 『인생수업』. 파주: 이레, 2006.

Kübler-Ross, Elisabeth. *On Life after Death.* 최준식 역. 『사후생』. 서울: 청아출판사, 2020.

Küng, Hans. *Die Kirche.* 정지련 역. 『교회』. 서울: 한들출판사, 2007.

Längle, Alfried. "Suffering from an Existential-Analytic Perspective." In *The Positive Psychology of Meaning and Spirituality.* Edited by Paul T. P. Wong, Lilian C. J. Wong, and Marvin J. McDonald. Charlottesville, VA: INPM Press, 2012.

Lennox, John. *Cunning for God.* 노동래 역. 『현대 무신론자들의 헛발질』. 서울: 새물결플러스, 2020.

Leonhardt. Rochus. *Grundinformation Dogmatik.* 장경노 역. 『조직신학 연구방법론』. 서울: CLC, 2018.

Lewis, C. S. *Problem of Pain*. 이종태 역. 『고통의 문제』. 서울: 홍성사, 2002.

Lincoln, A. T. *Word Biblical Commentary (WBC) 42, Ephesians*. 배용덕 역. 『에베소서』. 서울: 솔로몬, 2006.

Livingston, James C. *Modern Christian Thought*. 이형기 역. 『현대 기독교 사상사』. 서울: 한국장로교출판사, 2000.

Lochmann, J. M. *Das Apostolische Glaubensbekenntnis*. 오영석 역. 『사도신경해설』. 서울: 대한기독교출판사, 1984.

Lohfink, Gerhard. *Welche Argumente hat der neue Atheismus?* 이영덕 역. 『오늘날의 무신론은 무엇을 주장하는가?』 서울: 가톨릭대학교출판부, 2012.

Martin, R. P. *WBC Vol. 40. 2 Corinthians*, 김철 역. 『WBC 성경주석, 고린도후서』. 솔로몬, 2007.

McGrath, Alister E. *Christian Theology*. 김홍기 외 역. 『역사 속의 신학: 그리스도교 신학 개론』. 서울: 대한기독교서회, 1998.

_____. *Why God won't Go Away?* 이철민 역. 『신 없는 사람들』. 서울: 한국기독학생회 IVP 출판부, 2012.

_____. *The Genesis of Doctrine*. 류성민 역. 『교리의 기원』. 서울: 생명의 말씀사, 2021.

_____. *Mere Apologetics*. 전의우 역. 『기독교   변증학』. 서울:국제제자훈련원, 2014.

Migliore, Daniel L. *Faith Seeking Understanding*. 장경철 역. 『기독교 조직신학 개론: 이해를 추구하는 신앙』. 서울: 한국장로교출판사, 1994.

Moltmann, Jürgen. "조직신학." *Einführung in das Studium der evangelischen Theologie* 『신학구총론』. 서울: 한국신학연구소, 1986.

_____. *Trinität und Reich Gottes*. 김균진 역. 『삼위일체와 하나님의, 나라』. 서울: 대한기독교츨판사, 1982.

_____. *Der Gekreuzigte Gott*. 김균진 역. 『십자가에 달리신 하나님』. 서울: 대한기독교서회, 2011,

_____. *Der lebendige Gott und die Fülle des Lebens*. 박종화 역. 『살아계신 하나님과 풍성한 생명』. 서울: 대한기독교서회, 2017.

_____. *Erfahrungen theologischen Denkens*. 김균진 역. 『신학의 방법과 형식』. 서울: 대한기독교서회, 2001.

_____. *Im Ende - der Anfang: Eine kleine Hoffnungslehre*. 곽미숙 역. 『절망의 끝에 숨어 있는 새로운 시작』. 서울: 대한기독교서회, 2006.

_____. *Der Geist des Lebens* 김균진 역. 『생명의 영: 총체적 성령론』. 서울:대한기독교서회, 1992.

_____. *Die Quelle Des Lebens*. 이신건 역. 『생명의 샘: 성령과 생명신학』. 서울: 대한기독교서회, 2000.

_____. *Gott in der Schöpfung*. 김균진 역. 『창조 안에 계신 하나님』. 서울: 대한기독교서회, 1986.

_____. *In der Geschichte des Dreieinigen Gottes*. 이신건 역. 『삼위일체와 하나님의 역사』. 서울: 대한기독교서회, 1998.

_____. *Theologie der Hoffnung*. 이신건 역. 『희망의 신학:그리스도교적 종말론의 근거와 의미에 대한 연구』. 대한기독교서회, 2002.

_____. *Kirche in der Kraft des Geistes*. 박봉랑 외 역. 『성령의 능력 안에 있는 교회』. 한국신학연구소, 2007.

_____. *Wer ist Christus für uns heute?* 이신건 역. 『오늘 우리에게 그리스도는 누구신가?』. 서울: 대한기독교서회, 1997.

_____. *Der Weg Jesu Christi*. 김균진, 김명용 역. 『예수 그리스도의 길』. 대한기독교서회, 1990.

_____. "Christianity: A Religion of Joy." In *Joy and Human Flourishing*. Edited by Miroslav Volf and Justin E. Crisp. Minneapolis, MN: Augsburg Fortress Pub, 2015.

Neve, Lloyd. *The Spirit of God in the Old Testament*. 차준희, 한사무엘 역. 『구약의 성령론』. 서울: 새물결플러스, 2017.

Nicholi, Armand M. *C. S. Lewis and Freud*. 홍승기 역. 『루이스 vs. 프로이트』. 서울: 홍성사, 2004.

Nichols, Terence. *Death and Afterlife: A Theological Introduction*. Grand Rapids, MI: Brazos Press, 2010.

Nolland, John. *Word Biblical Commentary (WBC) 35a, Luke 1:1-9:20*. 김경진 역. 『누가복음 (상)』. 서울: 솔로몬, 2008.

Pannenberg, Wolfhard. *Systematische Theologie I*. 신준호, 안희철 역. 『조직신학 I』. 파주: 새물결플러스, 2017.

Peterson, Christopher. *A Primer in Positive Psychology*. 문용린, 김인자, 백수현 역. 『긍정심리학 프라이머』. 서울: 물푸레, 2010.

Pöhlmann, Horst Georg. *Abriss der Dogmatik*. 이신건 역. 『교의학』. 서울: 신앙과지성사, 2012.

Roloff, Jürgen. "εκκλησια." In *Exegetical Dictionary of the New Testament*, Vol 1. Edited by Horst Balz and Gerhard Schneider. Grand Rapids, MI: Eerdmans, 1990.

Schaff, Philip. *Creeds of Christendom*. 박일민 역. 『신조학』. 서울: 기독교문서선교회, 1984.

Sweet. Leonard. *The Church at the Perfect Storm*. Nashiville: Abingdon Press, 2008.

_____. *Aqua Church*. 김영래 역. 『모던 시대의 교회는 가라』. 서울: 좋은씨앗, 2004.

Tate, Marvin. *Word Biblical Commentary (WBC) 20*, 손석태 역. 『시편 (중)』. 서울: 솔로몬, 2002

Theissen, Gerd. *Der Historische Jesus*. 이신건 역. 『역사적 예수』. 서울: 다산글방, 2001.

Thiselton, Anthony. *Holy Spirit*. 장호익 역. 『성령론』. 서울: 솔로몬, 2021.

Volf, Miroslav, and Justin E. Crisp, eds. *Joy and Human Flourishing: Essays on Theology, Culture and the Good Life*. Minneapolis: Fortress Press, 2015.

von Rad, Gerhard. *Das fünfte Buch Mose, Deuteronomium*. 이신건 역. 『국제성서주석 5, 신명기』. 서울: 한국신학연구소, 1986.

Welker, Michael. *Gottes Geist: Theologie des Heiligen Geistes.* 신준호 역. 『하나님의 영: 성령의 신학』. 서울: 대한기독교서회, 1995.

Wong, Paul T. P. et al., eds. *The Positive Psychology of Meaning and Spirituality.* Charlottesville, VA: INPM Press, 2012.

_____. "The Positive Psychology of Suffering and Tragic Optimism." In *The Positive Psychology of Meaning and Spirituality,* edited by Paul T. P. Wong et al., 237-58. Charlottesville, VA: INPM Press, 2012.

_____. *The Human Quest for Meaning,* London& NY: Routledge, 2012.

Wright, N. T. *The Resurrection of the Son of God.* 박문재 역. 『하나님의 아들의 부활』, 서울: 크리스챤다이제스트, 2005.

Wright, Tom. *Scripture and the Authority of God.* 박장훈 역. 『성경과 하나님의 권위』. 서울: 새물결플러스, 2011.

"Re-Digging The Wells of Revival." https://hilltoptlh.org/wp-content/uploads/2015/06 Redigging_The-Wells_of_Revival_6_19_15.pdf, [2024.10.3. 접속].

Budiselić, Ervin. "The Old Testament Concept of Revival within the New Testament." https://hrcak.srce.hr/file/184365. [2024.10.3. 접속].

DeYoung, Kevin. "What Is True Revival?" https://clearlyreformed.org/what-is-true-revival/. [2024.10.3. 접속].

Castleberry, Joseph. "12 Signs of Revival." https://www.northwestu.edu/president/blog/12-signs-of-revival-and-a-bonus. [2024.10.3. 접속].